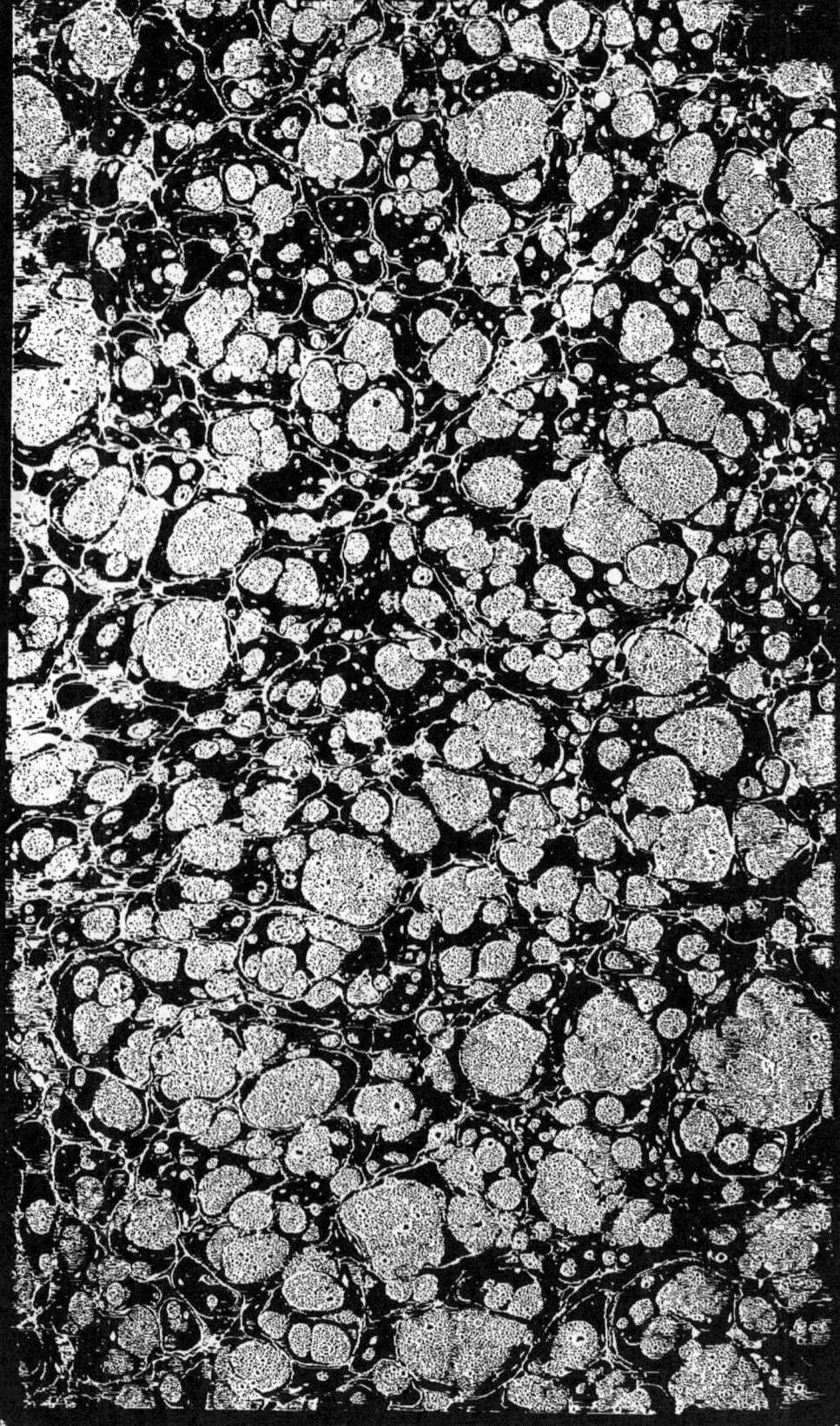

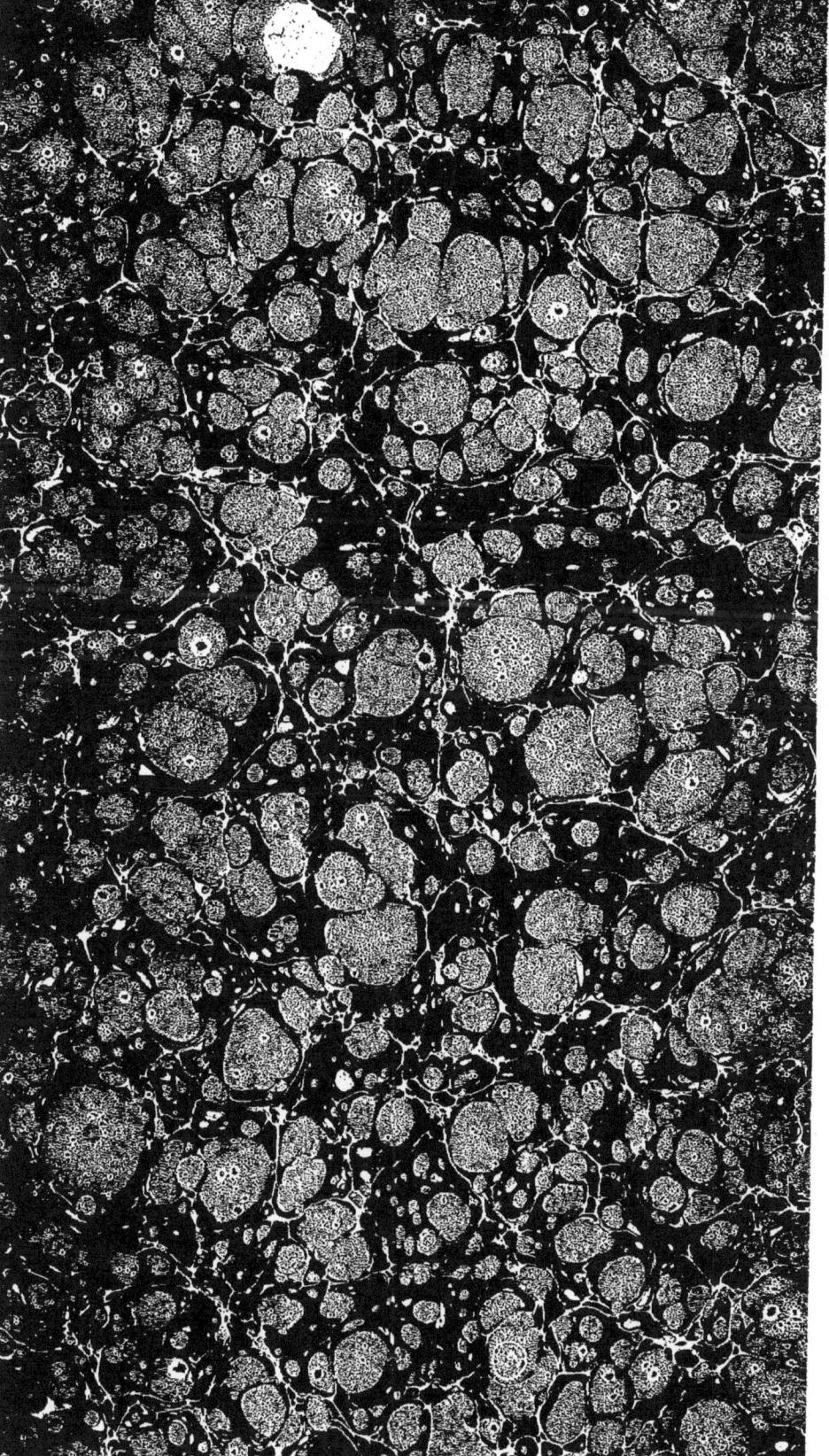

L'EUROPE

PENDANT

LE CONSULAT ET L'EMPIRE

DE NAPOLÉON.

PARIS — IMPRIMERIE D'AMÉDÉE GRATIOT ET C°,
11, rue de la Monnaie.

L'EUROPE

PENDANT LE CONSULAT ET L'EMPIRE

DE

NAPOLÉON

PAR

M. CAPEFIGUE

Tome quatrième.

PARIS

PITOIS-LEVRAULT ET Ce, RUE DE LA HARPE, 81.

A l'Étranger

Dulau et Cie, à Londres.	Zeelt, à Amsterdam.
Rohrmann et Schweigerd, à Vienne.	Bellizard et Cie, à Saint-Pétersbourg.
Al. Duncker, à Berlin.	Jugel, à Francfort-sur-le-Mein.
Bocca, à Turin.	Brockhaus, à Leipzig.
Dumolard et fils, à Milan.	Artaria et Fontaine, à Mannheim.

1840.

L'EUROPE

PENDANT

LE CONSULAT ET L'EMPIRE

DE NAPOLÉON.

CHAPITRE I.

DOMINATION DU CONSUL SUR LES GOUVERNEMENTS

ALLIÉS DE LA RÉPUBLIQUE.

Plan diplomatique du premier Consul. — 1° L'Italie. — Le Piémont. — Réunion définitive. — Consulte à Lyon. — Institution de la république italienne. — Présidence de Bonaparte. — 2° Hollande. — Modification dans la république batave. — Armements. — Occupation militaire. — 3° La Suisse. — Action secrète du gouvernement français. — Troubles publics. — Acceptation de la médiation. — 4° L'Allemagne. — Intervention de la France dans la Confédération germanique. — Protection accordée à la Bavière. — Médiation commune de la France et de la Russie. — Négociation de M. de Laforest à Ratisbonne. — Marche vers un *conclusum*. — Inquiétudes de l'Europe.

1801-1802.

Les transactions diplomatiques peuvent être méconnues de deux manières : ou par la violation expresse de leurs clauses et des articles formellement stipulés entre les parties contractantes, ou par l'extension de ces articles, de manière à grandir démesurément l'influence d'un des gouvernements intervenus dans les traités, au préjudice de l'autre. Dans ces deux hypothèses, le droit public européen établit la possibilité d'une rupture et d'une guerre; car il ne faut pas toujours s'en tenir aux textes, ils ne sont qu'une feuille morte et l'interprétation de leur esprit fait tout. Si l'une des puissances prend des mesures qui compromettent le repos et la sécurité des nations, les autres cabinets s'en émeuvent et préparent les moyens d'arrêter la marche du peuple ou du chef trop ambitieux ; c'est ce qui arriva lorsque l'on vit le premier Consul conquérir moralement, en pleine paix, plus de puissance diplomatique que la guerre ne lui en avait donné.

Pour s'expliquer toute la diplomatie du Consulat, il faut revenir au manifeste que publia M. d'Hauterive[1]. M. de Talleyrand, sous l'inspiration duquel il avait été écrit, y posait les principes du droit fédératif en Europe, en faisant parfaitement comprendre : « Que la France devait exercer sur ses voisins une influence décisive, parce que telles étaient les traditions de l'ancienne monarchie. » On rappelait que le traité d'Utrecht, base de la diplomatie de Louis XIV, devait servir de point de départ à tout l'ensemble de la politique d'un gouvernement fort et national en France; or, cette influence se résumait : 1° pour l'Espagne, aux conséquences du pacte de famille ; ce pacte n'existant plus matériellement, il fallait en rétablir l'autorité morale sur de nouvelles bases, et nulle cour ne pouvait se plaindre de la prépondérance qu'avait acquise le premier Consul à Madrid.

---

[1] *Voyez* le ch. VII du tome 2 de cet ouvrage.

2° La Hollande, après ses premières tentatives contre Louis XIV, avait également subi l'action absolue du cabinet de Versailles; la diplomatie de l'Europe n'avait donc pas à murmurer si la France, sous le premier Consul, renouait une telle alliance sur des bases rajeunies. 3° Il en était de même de la Suisse; en capitulant ses régiments au service des Bourbons, elle servait de frontière à leur monarchie. 4° Le Piémont s'appuyait aussi sur la France, et la maison de Savoie-Carignan donnait, aux dernières époques de Louis XV, des femmes aux cadets de la maison de Bourbon. 5° Au centre de l'Italie, la vieille monarchie s'était constamment posée comme l'alliée de tous les petits princes : Naples comptait des Bourbons de la branche cadette; Gênes et Venise étaient ses alliés, et souvent l'influence de l'ambassadeur de France avait été décisive dans le conclave pour l'élection d'un pape. 6° Enfin l'Allemagne, depuis Richelieu, formait un des théâtres habituels de la politique du cabinet de Versailles; les princes et les électeurs étaient en rapport incessants avec le roi de France; toujours la diplomatie française avait cherché à dominer les diètes et à faire un contre-poids à la maison d'Autriche [1]. D'où le premier Consul concluait que tous les actes faits en vertu de ces principes, étaient légitimes et conformes au droit public de l'Europe [2].

C'était donc en vertu de ces maximes, que la diplomatie de Bonaparte avait agi dans ses rapports avec ses voisins. L'Italie d'abord appelait vivement l'attention du cabinet des Tuileries. Premier théâtre de la gloire

---

[1] *Voir* mon Louis XIV, tome 3.
[2] *Manifeste* de M. d'Hauterive, ch. 4.

du Consul, c'est là qu'il avait achevé tant de merveilleuses conquêtes, tant de victoires si facilement accomplies; son influence était grande parmi les peuples d'Italie, se glorifiant de le compter parmi ses enfants les plus illustres.; il en parlait facilement la belle langue, il aimait à s'entretenir avec les hommes de science et d'art qui avaient pris naissance sous ce ciel magnifique, Alfieri et Canova. Le Directoire avait organisé une multitude de républiques reconnues par le traité de Lunéville; homme d'expérience et d'avenir, Bonaparte n'avait pas une confiance extrême dans toutes ces créations éphémères, quoique l'Autriche même eût reçu les envoyés de ces démocraties. Tout esprit d'une certaine portée voyait bien que ce n'étaient là que des établissements passagers, sur lesquels on ne pouvait compter[1].

Le Consul avait d'autres desseins sur l'Italie; et comment aurait-il pu se confier en la durée de ces institutions qui n'avaient aucune racine, ni dans les mœurs, ni dans les habitudes des peuples. Si ces formes étaient utiles pour des situations improvisées; à mesure qu'on marchait vers un gouvernement régulier, elles ne pouvaient servir de bases à l'établissement d'un régime fort et durable. Bonaparte avait déjà manifesté sa volonté; le Piémont qu'il tenait en réserve sous le nom de division militaire, fut définitivement réuni à la France, comme les cinq départements de la rive gauche du Rhin. Cet acte hardi blessait directement les engagements pris envers la Russie, pour la restauration des Carignan, et les clauses secrètes arrêtées avec Paul Ier; on avait bien conservé les formes d'un gouvernement général sous

---

[1] Discussion au conseil d'État, an x.

la main de Jourdan[1]; mais les circonscriptions françaises étaient déjà organisées, et l'on préparait à Paris un système de préfecture, qui aurait réduit le Piémont aux dimensions d'un simple département.

Des notes parties du secrétariat intime du premier Consul, avaient insinué l'idée d'une consulte à Lyon, afin de régler en commun les intérêts italiens. La note conservait encore par ménagement, au gouvernement de Milan, le titre de *république Cisalpine*; la volonté de Bonaparte était d'y constituer une nationalité plus large, de former un tout de ces peuples divisés, d'organiser enfin une république Italique, à l'imitation des Romains, tout en s'en réservant la présidence. Idée hardie et féconde, mais menaçante pour l'Autriche, et qui bouleversait toutes les conventions diplomatiques. Si l'on constituait la république Italique, que devenaient Naples, les États pontificaux, le royaume d'Étrurie, récemment organisé? Ne tendait-elle pas à tout engloutir : le duché de Parme et les dernières possessions autrichiennes dans la Péninsule? Une république italienne sous la présidence de Bonaparte, n'était et ne pouvait être qu'une annexe de la France, et cet accroissement immense devait effrayer la politique des cabinets.

Cependant le Consul n'hésita pas un moment; tout ce qu'il avait conçu, il voulait l'exécuter avec énergie et persévérance; il n'aimait pas les États sans force, les titres sans effet; or[2], que pouvait être la Cisalpine ou la Transalpine? des mots vides de sens, et Bonaparte, pour

---

[1] Jourdan avait le titre d'administrateur général.

[2] « La Consulte de Lyon, composée de quatre cent cinquante-deux députés, se réunit le 31 décembre. Rien ne fut oublié pour donner de l'éclat à cette grande solennité. La salle d'assemblée était ornée avec toute la richesse et le goût d'une nation amie des arts et de l'industrie ; une tribune entourée de trophées qui rappelaient les victoires

faire cesser un état de choses mol et sans vie, convoqua immédiatement à Lyon une consulte de tous les députés de ces républiques créées par la conquête et le caprice. Ces députés étaient nombreux; on en compta au palais de l'archevêché de Lyon, quatre cents cinquante, tous choisis avec soin parmi la noblesse et la bourgeoisie, les deux classes qui en Italie s'étaient le plus spécialement dévouées aux intérêts de la France. Presque tous les nobles compromis dans le mouvement révolutionnaire, avaient donné des gages aux troubles publics, et ils cherchaient, sous la protection de Bonaparte, une garantie contre le retour possible des anciens gouvernements; en Italie, comme en Espagne, le bas peuple seul avait conservé le sentiment de sa nationalité; il n'était point représenté dans la Consulte.

A Lyon, on vit se manifester le caractère italien : la souplesse des manières, l'adulation des formes; Bonaparte avait tout préparé dans son conseil secret : les institutions, les articles mêmes qu'il voulait imposer à l'Italie. Les députés n'eurent plus qu'à sanctionner la volonté d'un maître absolu [1]; on effaçait d'un seul trait de plume les souvenirs des républiques primitives, on

d'Italie et d'Égypte, était réservée au premier Consul. Le plafond représentait un ciel de l'azur le plus pur sans aucuns nuages; divers emblèmes exprimaient l'amitié de la France et de l'Italie, et le dessein de s'unir encore plus intimement. L'assemblée était présidée par le comte Marascalchi. Mais, avant de s'ouvrir, le premier Consul avait envoyé à Lyon le ministre des relations extérieures, M. de Talleyrand, et le ministre de l'intérieur, M. Chaptal, l'un habile à captiver les hommes par la finesse et la séduction de son éloquence; l'autre par son savoir et ses profondes connaissances dans les arts d'industrie propres à les étonner. La magnificence des envoyés français, leur politesse, leurs prévenances gagnaient tous les cœurs. Ils étaient déjà préparés par le ministre plénipotentiaire de France, le conseiller d'État Petiet, qui, placé auprès de la république Cisalpine plutôt comme tuteur que comme ambassadeur, avait su par sa sagesse et les charmes d'un caractère doux et conciliant, conquérir tous les suffrages. La Consulte ouvrit ses séances le 4 janvier, et composa ses bureaux. Le premier Consul ne s'y rendit que le 11. »

(Cahier de la Consulte.)

[1] « La république Cisalpine, disaient les membres de la Consulte, chercherait en

faisait une sorte de 18 brumaire moral, sans violence parce que la timidité du caractère italien se plie à toutes les concessions; on formulait une grande institution, telle que le Consulat en France, par l'acte du Sénat. Bonaparte se rendit de sa personne à Lyon, il avait foi dans la puissance de sa parole; l'Italie tout entière lui obéissait avec enthousiasme, et depuis la signature des préliminaires de paix tous les cœurs volaient au-devant de lui. Magnifique cortége que la pompe de sa marche rapide sur Lyon; il entrait dans cette ville laborieuse au bruit des mêmes éclats d'amour qui saluèrent son retour de Marengo; il visita tout : les manufactures, les monuments, la place de Bellecour, dont il avait posé la première pierre; les façades des grands hôtels entourant naguère la statue de Louis XIV, se relevaient de leur ruine; il se manifestait une attraction telle vers sa personne, que tous accouraient pour le voir et le saluer comme un roi dans ses jours de gloire et de fêtes [1]. La Consulte entraînée sous ce charme, ne délibéra pas; elle accepta le décret

vain dans ses propres ressources les moyens d'assurer son indépendance et son bonheur. Quoique solennellement reconnue par les traités de Tolentino et de Lunéville, elle ne saurait prétendre, dès sa naissance, à cette considération que le temps peut seul donner aux États.

« Elle a besoin d'un appui devant lequel disparaissent tous les obstacles; elle a besoin d'un chef qui, par l'ascendant de son nom, de sa puissance et de son génie, l'élève et la soutienne au rang qu'elle doit occuper parmi les nations; mais cet appui, où le trouverons-nous? Nos regards se sont inutilement arrêtés sur tout ce que la République renferme de plus digne de notre confiance; personne de nous n'offre encore la garantie qui nous est nécessaire.

« Ce n'est pas assez de donner une constitution, il faut savoir la maintenir. Dans notre situation présente, un seul homme est capable de faire de nous un peuple indépendant et respecté; et le seul vœu que nous ayons à former, c'est que le général Bonaparte veuille honorer la République en continuant de la gouverner, en associant à la direction des affaires de France, le soin de nous diriger en même temps, jusqu'à ce que nos lois soient assises, que toutes les parties de notre territoire soient façonnées aux mêmes lois et que l'indépendance de la république Cisalpine soit reconnue par toutes les puissances de l'Europe. »

[1] Voici ce qu'on écrivait de Lyon sur l'entrée du Consul.

« Le 21 nivôse, toutes les autorités con-

tel qu'il avait été préparé par le conseil secret de Bonaparte. On avait proclamé une constitution pour la Cisalpine ; un trait de plume suffit pour rayer ces mots, on y substitua une république italienne, dont on offrit unanimement la présidence au premier Consul, en attendant la couronne de fer, déposée pour lui dans la Monza. Le Consul s'exprima avec cette grandeur de paroles antiques, qu'il savait déployer quand il avait un dessein vaste à accomplir et une séduction à exercer; il dit aux députés : « La république Cisalpine doit son existence au traité de Campo-Formio. Depuis ce temps, elle a subi de nombreuses vicissitudes ; les efforts qu'on a faits pour la constituer ont mal réussi. Envahie récemment par des armées ennemies, elle paraissait perdue, lorsque pour la seconde fois, le peuple français est venu vous venger, et vous rendre votre indépendance. Depuis cette époque, que n'a-t-on pas tenté pour vous démembrer ? mais la protection de la France l'a emporté. Vous avez été reconnus de nouveau à Lunéville ; votre territoire s'est accru d'un cinquième ; votre existence s'est affermie ; vous existez plus puissants et avec plus d'espérance. Vous m'avez fait connaître ce qu'il m'importait de savoir pour remplir la tâche auguste que m'imposait mon devoir, comme premier magistrat du peuple français, et comme créateur de votre république. En vous donnant des magistrats, je n'ai obéi à aucun esprit de parti, à aucune

---

situées et les fonctionnaires publics se sont réunis chez le ministre de l'intérieur : le cortége s'est mis en marche à deux heures après midi, dans l'ordre indiqué par l'arrêté du conseiller d'État préfet, et celui du général Duhesme : il est venu jusqu'à la montée de Balmont, où le premier Consul est arrivé à huit heures : pendant tout le trajet, une foule immense, sortant de toutes les places, bravait le froid et les frimas pour prodiguer au héros français ses vœux, ses acclamations, ses cris de : Vive Bonaparte! Une cavalerie brillante, nombreuse, et partageant la joie commune, galopait en avant et à la suite de la voiture du premier Consul, sans désordre, sans écart, sans faire éprouver à personne le moindre accident. »

prévention de localité ; je n'ai consulté que vos intérêts. Quant aux fonctions éminentes de président, je n'ai trouvé personne parmi vous qui eût assez de droits sur l'opinion publique, qui fût assez libre de préjugés, qui eût rendu d'assez grands services à son pays, pour les lui confier. J'ai lu avec attention les observations que m'a présentées votre comité des Trente ; les circonstances intérieures et extérieures où vous vous trouvez, y sont analysées avec autant de précision que de vérité. J'en ai été pénétré. J'adhère au vœu que vous m'avez exprimé. Je conserverai encore, pendant tout le temps que les circonstances l'exigeront, la grande pensée de vos affaires[1]. » Déjà le Consul, s'exprimant presque en souverain, décidait les destinées de la patrie italienne, dont il parlait si dignement la langue. Comme pour la France, il n'avait plus qu'à ceindre la couronne.

Cet établissement d'une république nationale, menaçait, je l'ai dit, Rome, Naples et la Toscane, et nulle réclamation ne fut encore faite ; la tendance était si généralement à la paix, que les hostilités auraient été mal accueillies par les populations ; avec des griefs réels, on savait néanmoins attendre pour manifester un ressentiment. L'Autriche surtout dut se préparer de longue main à faire la guerre ; elle ne pouvait pas se dispenser de reparaître sur un champ de bataille, pour empêcher l'envahissement de sa puissance. En vain la diplomatie des Tuileries insinuait que la présidence de

---

[1] « Le premier Consul a reçu les membres de la Consulte extraordinaire, au nombre de 450, et c'est dans leur propre langue qu'il les a entretenus des changements dont ils s'occupaient dans l'organisation de leur république, du respect qu'ils devaient prendre pour eux-mêmes en devenant une nation libre, et des devoirs qui en résulteraient pour eux ; les exhortant à mettre au premier rang le maintien des propriétés et le respect pour la religion. »

(Dépêche du lieutenant général de police à Fouché.)

Bonaparte était une garantie pour la stabilité des rapports en Italie, et qu'elle n'avait rien de commun avec la magistrature du Consulat en France; en vain des notes diplomatiques expliquèrent : « Qu'on éviterait par là les troubles et les menaces propagandistes des révolutionnaires »; le cabinet de Vienne vit bien que c'en était fait de l'indépendance du peuple d'Italie, et que Bonaparte visait à mettre plus tard cette couronne sur sa tête, dans la cathédrale de Milan. La police, pour atténuer l'effet politique d'un tel progrès dans la carrière de l'ambition, répandit au dehors une multitude de bruits; on annonça même pour plaire aux royalistes, que Bonaparte ne se préparait un établissement en Italie, que pour assurer son sort et la destinée des siens ; on ajoutait, que son but définitif était de restaurer les Bourbons sur le trône de France, en se créant, lui, roi des Lombards. Ce bruit était absurde; mais quelles nouvelles ne croit pas un parti, lorsqu'elles flattent ses goûts, ses espérances et ses émotions?

Les actes de la Consulte de Lyon et la création de la présidence italienne au profit de Bonaparte occupaient vivement l'Autriche; et les journaux anglais n'étaient pas moins inquiets de la tendance des affaires de la Hollande qui passait encore sous l'influence absolue de Bonaparte. Lors de la signature des préliminaires d'Amiens, les princes de la maison d'Orange, si intimement liés à l'Angleterre, avaient publiquement réclamé en faveur de leur stathoudérat[1]; vieux alliés de la maison de Hanovre, les princes d'Orange ne comprenaient pas que

---

[1] Voici le texte de la protestation :
Note du prince d'Orange en quittant l'Angleterre, à lord Hawkesbury.
« Le prince d'Orange, informé que les ratifications des articles préliminaires de paix entre S. M. B. et la République française, signées le 1ᵉʳ de ce mois, ont été échangées le 10, et ayant pris connaissance

BONAPARTE ET LA HOLLANDE (1801-1802).

le cabinet britannique eût ainsi abandonné leurs droits sans les défendre à fond ; ils protestaient en conséquence contre tout ce qui s'était fait depuis la Révolution française dans la Hollande leur patrimoine : princes réformés, ils avaient assuré à ce peuple commerçant d'immenses avantages coloniaux ; tout cela était-il oublié? La protestation authentique fut adressée directement à lord Hawkesbury par le prince d'Orange. Dès que les préliminaires eurent été signés, Bonaparte résolut de répondre à cette demande de Guillaume en rattachant de plus en plus la Hollande aux intérêts français ; et pour cela il crut nécessaire de briser ce simulacre des états-généraux, avec ce bavardage d'assemblées qui avait tourmenté la politique et les intérêts des Pays-Bas. Il suivait à La Haye la même politique qu'au 18 brumaire à Saint-Cloud, avec cette différence néanmoins que les Hollandais avaient un caractère plus calme, moins disposé à ses résistances bruyantes qui menaçaient les mouvements politiques en France.

de ces articles, tels que le gouvernement les a fait publier, ne croit pas pouvoir différer plus longtemps, dans une conjoncture aussi importante pour ses intérêts et ceux de sa maison, d'exposer sans réserve ses sentiments et ses vœux à S. M.

« Les circonstances malheureuses qui ont obligé le prince d'Orange, ainsi que sa famille, à se rendre en Angleterre dans l'année 1795, sont trop connues pour qu'il soit nécessaire de les rappeler ici. Accueilli par S. M. avec la bonté la plus touchante, comblé de ses bienfaits, le prince d'Orange n'a cessé d'éprouver dans ce pays l'hospitalité la plus généreuse et de recevoir dans toutes les occasions les assurances et les preuves les moins équivoques de l'intérêt soutenu que S. M. et son gouvernement continuaient de prendre non seulement à sa personne et à sa famille, mais aussi aux nombreux et fidèles adhérents de la maison d'Orange, et de l'ancienne constitution dans la République des Provinces-Unies. Ces preuves d'intérêt ont été si multipliées, que le prince d'Orange ne s'est pas même cru dans la nécessité de réclamer formellement les engagements solennels, par lesquels l'Angleterre a garanti en 1788 le stathoudérat et les autres dignités héréditaires dans sa maison. Le prince d'Orange a vu avec douleur le cours des événements amener insensiblement un état de choses bien différent de celui dans lequel ces engagements furent contractés, et diminuer de jour en jour la probabilité qu'ils pussent sortir leur plein effet. Néanmoins, tant que la guerre a duré, il n'a jamais dû renoncer entièrement à cet espoir, et il a attendu en silence l'issue des événements.

Les trois idées que Bonaparte voulut réaliser sur la république Batave furent celles-ci : centraliser le pouvoir dans les mains d'un conseil d'État sous un président, ce conseil serait le gouvernement réel du pays. Toutes les assemblées devaient être secondaires et obéissantes; tout symptôme de liberté étant complétement aboli, la dictature morale resterait aux mains du conseil d'État et du président élu. Cette organisation gouvernementale devait être garantie non seulement par le vote du peuple, mais encore par une occupation militaire des Français de 15 à 20,000 hommes, dans des postes, à cet effet désignés, situation qui permettait à une armée de prendre possession de la Hollande dans une ou deux semaines. Enfin, on publierait une amnistie, les proscriptions cesseraient, les biens seraient rendus à leurs anciens possesseurs, et on reconstituerait un pouvoir aussi fort que celui du stathoudérat, mais sans les princes d'Orange. Ainsi se formulait partout l'œuvre du premier.

« Maintenant que les préliminaires de la paix sont conclus aux conditions connues du public, sans que le prince d'Orange soit informé *qu'il ait été rien stipulé à son sujet,* il se croit dans l'obligation de rompre ce silence, et regarde comme un devoir indispensable de recommander, de la manière la plus forte et la plus instante, à la sollicitude et à la plus puissante protection du roi, à l'occasion des conférences qui vont avoir lieu pour la rédaction d'un traité définitif, ses propres intérêts, ceux de sa maison et d'un grand nombre de ses compatriotes, devenus les victimes infortunées de leur zèle inébranlable pour sa personne et pour sa cause, de leur fidélité à toute épreuve à l'ancien gouvernement de leur patrie, et de leur attachement au système qui a si longtemps et si étroitement uni la république des Provinces-Unies à la Grande-Bretagne.

« Le prince d'Orange croirait faire tort aux sentiments généreux du roi et de son gouvernement, s'il alléguait les motifs sur lesquels il fonde cette réclamation. Il n'a aucun doute que S. M. ne les trouve dans son propre cœur, et il aime à se flatter que les dispositions qu'il rencontrera à cet égard, ajouteront encore aux obligations de tout genre qu'il lui a, et dont le souvenir reconnaissant ne s'effacera jamais de sa mémoire.

« Le prince d'Orange prie mylord Hawkesbury de mettre la présente note sous les yeux du roi, et de lui faire connaître les intentions de S. M. sur son contenu. Il saisit cette occasion, pour assurer lord Hawkesbury de sa parfaite considération. »

Signé. Guillaume, prince d'Orange.
Hampton-Court, 13 octobre 1801.

Consul pour la restauration de l'autorité [1]. A Paris, depuis le 18 brumaire, Bonaparte marchait à la monarchie sans les Bourbons; à La Haye on réorganisait la vieille Hollande moins les princes d'Orange, ses véritables fondateurs et ses chefs héréditaires.

Cette révolution inquiéta vivement le cabinet de Londres. Cependant il ne pouvait se plaindre; engagé déjà par les préliminaires, signés et ratifiés, il essaya de simples réclamations en demandant ce que voulaient dire les événements accomplis en Hollande : « Espérait-on en faire une annexe à la France avec la Belgique et donner au Consul dans le nord ce qu'il avait déjà obtenu au midi par l'Italie ? » Il fut répondu : « Que chaque État avait le droit et le pouvoir de s'organiser pour le mieux de ses intérêts; la Hollande libre, parfaitement libre, avait son représentant à Paris comme toute puissance indépendante. Ce qui se passait à La Haye ne s'opposait en aucune façon aux arrangements ultérieurs, et tout ce qui marchait alors vers la reconstitution de la société devait être accueilli par l'Europe comme un témoignage de l'esprit d'ordre et de justice qui animait le premier Consul. » Sans parler du rétablissement de la maison d'Orange ; on faisait entrevoir que les événements accomplis à La Haye préparaient évidemment une restauration orangiste; elle pouvait même surgir dans un remaniement général des intérêts européens.

Ces explications devaient être facilement réfutées par la connaissance intime de tous les faits; la cour de Londres était assez éclairée pour savoir que la révolution de La Haye avait été préparée d'avance par le premier Consul, de concert avec M. Shimmelpenninck, ambassadeur de la république Batave à Paris, homme

---

[1] La constitution nouvelle de la Hollande est du 17 octobre 1801.

d'esprit et de tact et complétement dévoué aux intérêts de la France. Le parti orangiste en Hollande informait exactement ses princes de toutes les manœuvres des agents français ; de sorte que rien n'était ignoré à Londres ; les griefs s'accumulaient sans qu'on pût contrarier la tendance des esprits, tellement à la paix que les motifs les plus puissants n'auraient été accueillis ni par le peuple anglais ni par la bourgeoisie. Il arrive des temps ainsi où un homme hardi et fort peut tout oser en diplomatie ; ne trouvant point d'obstacle devant lui, il peut marcher sans crainte ; mais les mécontentements s'accumulent, on en garde mémoire, et lorsque le temps est venu, la guerre éclate avec d'autant plus d'énergie qu'elle a été longue à se préparer. Telle fut la situation réelle des rapports entre la France et l'Angleterre pendant cet intervalle ; la guerre acharnée suivit les concessions ; dès la signature des préliminaires de paix les griefs existaient violents de part et d'autre.

Si l'Italie et la Hollande étaient placées sous l'influence absorbante de Bonaparte, la Suisse n'était pas plus indépendante ; le gouvernement consulaire continuait la politique peu loyale du Directoire exécutif [1].

---

[1] Voici comment Bonaparte s'adressait aux cantons suisses :

Bonaparte, premier Consul de la République française, président de la république Italienne, aux dix-huit cantons de la république Helvétique. — A Saint-Cloud, le 8 vendémiaire an XI.

Habitants de l'Helvétie,

« Vous offrez depuis deux ans un spectacle affligeant ; des factions opposées se sont successivement emparées du pouvoir ; elles ont signalé leur empire passager par un système de partialité qui accusait leur faiblesse et leur inhabilité.

« Dans le courant de l'an X, votre gouvernement a désiré que l'on retirât le petit nombre de troupes françaises qui étaient en Helvétie. Le gouvernement français a saisi volontiers cette occasion d'honorer votre indépendance ; mais bientôt après, vos différents partis se sont agités avec une nouvelle fureur, le sang des Suisses a coulé par la main des Suisses.

« Vous vous êtes disputés trois ans sans vous entendre : si l'on vous abandonne plus longtemps à vous-mêmes, vous vous tuerez trois ans sans vous entendre davantage. Votre histoire prouve d'ailleurs que vos guerres intestines n'ont jamais

En étudiant un peu la situation fédérative de ces montagnes et de ces vallées, de ces beaux lacs et de ces glaciers, de ces peuples si diversement répartis, on pouvait facilement apprécier les articles faibles et irritables de cette constitution : des populations si diverses, des intérêts si hostiles, avaient naturellement une tendance vers l'anarchie ; rien n'était plus facile à une volonté forte que de dominer ce pays pour construire un pouvoir passif sous la médiation de la France. La question suisse n'avait pas qu'une seule face, elle était allemande, italienne et française tout à la fois ; ces trois esprits s'en disputaient la prééminence comme les trois langues ; or, depuis la Consulte de Lyon, les éléments italiens étaient complétement absorbés par Bonaparte ; il y avait confusion absolue entre l'action française et l'action italique ; on ne devait plus lutter que contre l'influence autrichienne, et le premier Consul devait la combattre franchement. Dans le mouvement anarchique qui se pro-

pu se terminer que par l'intervention efficace de la France.

« Il est vrai que j'avais pris le parti de ne me mêler en rien de vos affaires ; j'avais vu constamment vos différents gouvernements me demander des conseils, et ne pas les suivre, et quelquefois abuser de mon nom, selon leurs intérêts et leurs passions.

« Mais je ne puis ni ne dois rester insensible aux malheurs auxquels vous êtes en proie ; je reviens sur ma résolution : je serai le médiateur de vos différends; mais ma médiation sera efficace, telle qu'il convient aux grands peuples au nom desquels je parle.

« Cinq jours après la notification de la présente proclamation, le sénat se réunira à Berne.

« Toute magistrature qui se serait formée à Berne depuis la capitulation, sera dissoute, et cessera de se réunir et d'exercer aucune autorité.

« Les préfets se rendront à leur poste.

« Toutes les autorités qui auront été formées, cesseront de se réunir.

« Les rassemblements armés se dissiperont.

« Les 1re et 2e demi-brigades helvétiques formeront le garnison de Berne.

« Les troupes qui étaient sur pied depuis plus de six mois, pourront seules rester en corps de troupes.

« Enfin tous les individus licenciés des armées belligérantes, et qui sont aujourd'hui armés, déposeront leurs armes à la municipalité de la commune de leur naissance.

« Le sénat enverra trois députés à Paris : chaque canton pourra également en envoyer.

« Tous les citoyens, qui, depuis trois ans,

nonçait en Suisse, Bonaparte avait espoir que les cantons viendraient se placer sous sa médiation absolue ; or, médiation dans le sens du gouvernement français, c'était la domination complète, incontestée ; la Suisse cessant d'être indépendante, ne conserverait plus même, à l'égard de l'Allemagne, aucune intimité de confédération, capable de balancer l'influence absorbante du premier Consul ; la médiation devenait le triomphe de la prépondérance française.

Pour l'Autriche c'était une question peut-être plus grave que celle de la possession de l'Italie, car la Suisse offrait les passages militaires ; les montagnards gardaient la clef de l'Allemagne ; il n'y avait plus de sûreté pour l'empire si une armée française pouvait se précipiter du haut des Alpes au cœur des États héréditaires. La Suisse, dans sa neutralité, était une barrière pour tous ; soumise à Bonaparte, elle devenait une route militaire pour Augsbourg, Munich et Vienne. Pouvait-on se dissimuler

ont été landammans, sénateurs, et ont successivement occupé des places dans l'autorité centrale, pourront se rendre à Paris pour faire connaître les moyens de ramener l'union et la tranquillité, et de concilier tous les partis.

« De mon côté, j'ai le droit d'attendre qu'aucune ville, aucune commune, aucun corps ne voudra rien faire qui contrarie les dispositions que je vous fais connaître.

« Habitants de l'Helvétie, revivez à l'espérance ! ! !

« Votre patrie est sur le bord du précipice : elle en sera immédiatement tirée ; tous les hommes de bien seconderont ce généreux projet.

« Mais si, ce que je ne puis penser, il était parmi vous un grand nombre d'individus qui eussent assez peu de vertus pour ne pas sacrifier leurs passions et leurs préjugés à l'amour de la patrie, peuple de l'Helvétie, vous serez dégénéré de vos pères ! ! !

« Il n'est aucun homme sensé qui ne voie que la médiation dont je me charge, est pour l'Helvétie un bienfait de cette Providence qui, au milieu de tant de bouleversements et de chocs, a toujours veillé à l'existence et à l'indépendance de votre nation, et que cette médiation est le seul moyen qui vous reste pour sauver l'une et l'autre.

« Car il est temps enfin que vous songiez que si le patriotisme et l'union de vos ancêtres fondèrent votre république, le mauvais esprit de vos factions, s'il continue, la perdra immédiatement ; et il serait pénible de penser qu'à une époque où plusieurs nouvelles républiques se sont élevées, le destin eût marqué la fin d'une des plus anciennes. »

Signé, Bonaparte.

la nature de la médiation offerte? quels étaient sa portée et son esprit? L'Europe connaissait le premier Consul; partout où se posait sa main, elle appelait l'obéissance; jamais il ne se mêlait d'un gouvernement sans le dominer dans toutes les formes du pouvoir; le protectorat offert aux cantons, l'intervention de sa diplomatie se transformait en une occupation armée, pour la Suisse comme pour l'Italie; déjà des capitulations assuraient à la France huit régiments complets recrutés dans les montagnes, renouvellement des capitulations conclues sous la vieille monarchie. Les députés des cantons se disposaient à se rendre à Paris pour y discuter le pacte médiateur, et, sous prétexte de réprimer les troubles qui agitaient la Suisse, plusieurs régiments français étaient dirigés sur Berne et les villes principales des cantons; on disait bien que c'était pour prêter main forte à un gouvernement ami; mais le premier Consul n'inspirait aucune confiance, quand il parlait de sa modération dans la victoire; l'Europe savait à quoi s'en tenir.

[1] Une note adressée par M. de Talleyrand à M. de Cetto, ministre de Bavière, donne la mesure de la politique de Bonaparte à l'égard de la Suisse :

Paris, le 23 vendémiaire, an XI.

« Monsieur, les rapports de voisinage qui existaient entre la Bavière et la Suisse, et que doivent resserrer encore les nouvelles acquisitions que S. A. S. E. va faire en Allemagne, ont dû lui faire porter une attention toute particulière sur les derniers événements dont l'Helvétie a été le théâtre. Ce pays est depuis longtemps divisé. Une influence d'intrigue et d'argent y a empêché jusqu'à ce jour que le gouvernement établi, par les suffrages du plus grand nombre, pût y prendre le pouvoir nécessaire à sa conservation.

« Tant que l'opposition s'est bornée à des mesures insidieuses et obscures, le premier Consul n'a pas cru devoir intervenir dans des discussions auxquelles le temps et l'influence du repos général de l'Europe promettaient toujours de mettre un terme. Mais enfin les ennemis du peuple helvétique ont tenté une opposition d'éclat; le sang a coulé, et l'Helvétie a été menacée d'un bouleversement. Dans cette conjoncture effrayante, tous les vœux ont demandé la médiation du premier Consul. Le parti même qui s'était armé contre le gouvernement, entraîné par l'opinion des hommes qu'il avait dû égarer pour les attacher à lui, se vit forcé de réclamer solennellement la médiation de la France.

« Les puissances continentales, voisines de l'Helvétie, n'ont pu envisager sans

Cette intervention diplomatique si active et si envahissante, Bonaparte la reportait même sur le centre de l'Allemagne. La diète, réunie à Ratisbonne, avait sanctionné le traité de Lunéville, quoique fort onéreux pour les princes allemands; les électeurs princes, évêques du saint-empire, accueillirent avec une triste sollicitude le rescrit que l'empereur leur adressait pour les engager à ratifier les stipulations arrêtées entre les plénipotentiaires de France et d'Autriche à Lunéville; fatale nécessité pour l'Allemagne, après la victoire que le général Moreau avait remportée à Hohenlinden, et Bonaparte à Marengo. Mais ce traité de Lunéville supposait un vaste système d'indemnités accordées aux princes sacrifiés par les stipulations diplomatiques; et, par exemple, le grand-duc de Toscane, quelle compensation devait-il recevoir pour les États qu'il avait perdus? La cession de plusieurs départements de la rive gauche à la France exigeait aussi des indemnités par suite de la dépossession de plusieurs princes souverains et des évêques qui

crainte les suites extérieures d'un désordre dont le foyer était établi dans ce pays, et dans cet état de choses, l'humanité, l'intérêt de la France et de l'Europe, demandaient que le premier Consul se désistât de la détermination qu'il avait prise de ne pas se mêler des affaires de la Suisse. Il a parlé comme médiateur, comme ami, et l'Helvétie a été pacifiée. Le peuple est rentré dans ses foyers. Ces hommes simples et droits voyant qu'ils avaient été abusés, ont menacé de leurs armes, les chefs qui avaient cherché à diffamer la France dans leur esprit, et qui dans leurs actes publics s'étaient permis de l'outrager. Le mépris général fait aujourd'hui justice de leurs clameurs.

« Tels sont, Monsieur, les faits que j'ai cru devoir vous communiquer. Le premier Consul n'a pas dû, n'a pas voulu abandonner un pays qui a besoin de l'amitié de la France, et qui, sans le bienfait de son influence, eût passé en peu de temps par toutes les horreurs de l'anarchie sous l'ancien joug qu'il se sent heureux d'avoir brisé. Mais en même temps qu'il a reconnu la nécessité d'aider la nation helvétique à fixer enfin elle-même, et d'une manière irrévocable, sa destinée constitutionnelle, il n'a pas cessé un moment d'envisager que la plus parfaite indépendance devait être la base de sa constitution. Le droit de s'organiser, acquis à l'Helvétie, est un des résultats glorieux de la guerre que la France a soutenue contre les plus fortes armées de l'Europe, et des traités qui l'ont terminée.

« C'est parce que l'Helvétie tient ce droit des victoires et de la politique bienveillante de la France, que le premier Consul veut

y exerçaient leur puissance. Quelle compensation devait-on donner? Dans ces stipulations on ferait aussi la part de la Bavière; cet électorat, sans doute, avait essayé la guerre contre la République; mais, suivant les anciennes traditions, la France devait la protéger contre les envahissements de la maison d'Autriche. Toutes ces questions devaient donc être traitées à la diète, alors réunie à Ratisbonne.

Dans les délibérations d'une assemblée des princes électeurs, le premier Consul voulut se ménager une action diplomatique au centre même de l'Allemagne; il avait peu d'intérêt positif à des arrangements purement germaniques; on lui cédait la rive gauche du Rhin comme exécution pure et simple du traité de Lunéville, seul point qui l'intéressait; l'affaire des compensations était toute allemande; il s'agissait de régler des intérêts de famille, la diète devait donc rester maîtresse, et nulle puissance ne pouvait s'immiscer dans ses délibérations. Cependant Bonaparte n'entendit pas que

aujourd'hui en protéger l'exercice, et s'assurer qu'une poignée d'émigrés turbulents, déserteurs des armées étrangères, et qui viennent de porter le fer et la flamme dans leurs pays, ne réussiront pas à priver de leurs droits la presque totalité de leurs concitoyens. Ce n'est point par de tels hommes que le traité de Lunéville peut être invoqué en ce qui regarde l'Helvétie, mais bien par la grande portion du peuple qu'ils auraient voulu opprimer, et dont le traité garantit l'indépendance. Ces hommes sont-ils une partie aussi estimable, aussi importante de l'Helvétie que l'Argovie, le pays de Vaud et les bailliages autrefois sujets, dont la France a garanti les droits politiques, non seulement au traité de Lunéville, mais dans tous ceux qui depuis la guerre ont resserré les anciens liens de la France et de l'Helvétie?

« On conçoit que ce sont eux qui chercheront à répandre que la république Helvétique pourrait être amenée par esprit d'imitation à avoir avec le premier Consul les rapports qui l'unissent à la république Italienne. Mais cette pensée est aussi loin de la prévoyance du premier Consul, qu'opposée à toutes ses déterminations; et son intention formelle est de ne concourir à l'organisation de la Suisse, que pour lui assurer une indépendance. Je me persuade, Monsieur, que vous voudrez bien transmettre à S. A. S. E. les communications que j'ai l'honneur de vous faire, et dont elle ne manquera point d'apprécier l'importance. »

Recevez l'assurance de ma haute considération.

Ch. Maur. Talleyrand.

les affaires germaniques pussent se régler sans lui il désira se créer dans la diète une action médiatrice, comme le cardinal de Richelieu l'avait autrefois exigé; il sembla se rappeler que le grand cardinal soudoyait tous les petits princes protestants contre l'Autriche, et que plus d'un traité et des alliances de famille avaient uni la Bavière et le Wurtemberg, les princes palatins à la couronne de France; d'où il concluait que le cabinet des Tuileries pouvait légitimement prendre un rôle dans la délibération de la diète réunie à Ratisbonne.

Afin d'arriver à ce résultat d'une action diplomatique influente, Bonaparte résolut d'agir de concert avec une grande puissance également envieuse d'exercer un pouvoir sur l'Allemagne; seul, peut-être, le Consul eût trouvé des obstacles, en engageant une lutte directe avec la maison d'Autriche, et la diplomatie française n'aurait pas été suffisamment écoutée à Ratisbonne. Comme on voulait exercer une action prépondérante sur la diète, on fit des ouvertures à la Russie. Si les liens intimes qui unissaient Bonaparte et l'empereur Paul avaient cessé d'exister; si le nouvel empereur ne se rapprochait du premier Consul qu'avec méfiance, ces préventions n'allaient pas jusqu'à faire méconnaître à la Russie ses propres intérêts: quand donc le Consul fit proposer à Alexandre une intervention commune dans les affaires d'Allemagne, il le trouva très disposé à agir de concert. C'était une des plus anciennes prétentions de la Russie, que d'intervenir au centre de l'Allemagne; comme la France, la Russie y cherchait ses alliances de famille; plusieurs grandes-duchesses russes étaient nées au sein de l'empire germanique, et y possédaient des fiefs et des apanages.

Dès lors, Alexandre dut saisir avec empressement la proposition que lui faisait la France d'une intervention commune, d'un protectorat simultané; tout ce qui faisait marcher le pouvoir de la Russie vers les grandes destinées était un mobile pour le cabinet de Saint-Pétersbourg : il le prenait de quelque main que cette offre lui vînt. Le premier Consul accrédita près de la diète de Ratisbonne un plénipotentiaire habile et habitué aux négociations diplomatiques : M. de Laforest, le premier secrétaire de Joseph au congrès de Lunéville. M. de Laforest appartenait à la vieille diplomatie, car il était déjà chevalier d'ambassade sous M. de Luzerne, ministre aux États-Unis : esprit d'expérience et d'habitude diplomatique, M. de Talleyrand lui avait donné sa confiance, et après la paix de Lunéville, il fut envoyé comme ministre à Munich. De là, M. de Laforest vint à Ratisbonne [1] pour s'entendre avec M. de Bulher, envoyé russe; tous deux agissaient comme médiateurs; dès ce moment ils in-

---

[1] Toute la correspondance de M. de Laforest à la diète de Ratisbone est parfaitement conduite; en voici quelques pièces importantes :

« Le soussigné, ministre extraordinaire de la République française près de l'empire germanique, s'est empressé de transmettre à son gouvernement le rescrit communiqué par M. le subdélégué de Bohême à la députation extraordinaire de l'empire, dans la séance du 24 août 1802, et pareillement communiqué au soussigné, le 23 dudit mois. Il est chargé de faire parvenir à la députation les observations suivantes : le premier Consul a été vivement affecté de voir que ses intentions pour l'affermissement de la paix et la prospérité du corps germanique aient été méconnues. Puisqu'on lui reproche de n'avoir point répondu aux ouvertures faites par S. M. I. et R., depuis la conclusion du traité de Lunéville, et d'avoir ainsi retardé, pour l'Allemagne, cette intéressante portion de l'Europe, les avantages de la paix, il doit déclarer que les ouvertures, quoique confidentielles et secrètes, sont aujourd'hui rappelées publiquement par la cour de Vienne, bien loin d'être propres à procurer l'exécution de l'art. 8 du traité de Lunéville, et ne pouvaient tendre qu'à l'éloigner, en cela qu'au lieu d'indiquer les moyens de pourvoir à l'indemnisation de tant de princes séculiers, qui avaient fait des pertes si considérables, elles n'avaient pour tout but que de régler le dédommagement de l'archiduc Ferdinand, en y employant des domaines laïcs et héréditaires. Les projets de la cour de Vienne tendaient à porter son territoire jusqu'à Loch et auraient eu par conséquent

terminèrent de concert. Les notes furent signées simultanément pour donner plus de poids à l'intervention des puissances médiatrices, qui toutes deux prirent la défense de la Bavière dans la diète germanique; l'intérêt des médiateurs était d'établir en Allemagne des États de second ordre capables de comprimer la maison d'Autriche. Cette influence avait été exercée par la France à toutes les époques, et la Russie voulut également se l'assurer.

Les notes des deux ministres insistent spécialement pour que la Bavière possède une barrière redoutable du côté de l'Autriche, et l'Inn doit être dominé par la place et la forteresse de Passau; Passau, position militaire admirable, qu'entourent les ravins, et les grandes rivières qui se confondent dans le Danube, le fleuve majestueux. Dans cette diète de Ratisbonne, commence l'influence directe de la France sur les affaires de l'Allemagne, domination qui plus tard se développa dans des proportions exorbitantes. La race italienne était domptée,

---

pour effet de rayer la Bavière du nombre des puissances.

« La justice et la générosité, qui sont toujours les premières écoutées dans le cœur du premier Consul, lui ont donc fait une loi d'oublier ce que l'électeur pouvait avoir eu de torts envers la République, et de ne pas laisser périr un État affaibli, menacé, mais garanti cependant jusqu'ici par la politique des gouvernements intéressés au maintien d'un juste équilibre en Allemagne; car si l'équilibre de l'Europe veut que l'Autriche soit grande et puissante, celui de l'Allemagne exige que la Bavière, soit conservée intègre et mise à couvert de tout envahissement ultérieur. Que deviendrait le corps germanique, si les principaux États qui le composent voyaient leur indépendance à tout moment compromise? Et l'honneur même de cette antique fédération ne souffrirait-il pas de l'affaiblissement d'un prince, dont la maison a si honorablement concouru à l'établissement et au maintien de la constitution germanique? Ce n'est donc pas à Paris que les instructions de la cour de Vienne, sur les affaires d'Allemagne, ont pu être accueillies; et quoiqu'elle les ait renouvelées depuis à Saint-Pétersbourg, elles n'ont pas pu y avoir un meilleur succès. L'âme grande et généreuse de l'empereur Alexandre ne pouvait lui permettre de négliger les intérêts de la Bavière qui lui étaient également recommandés par les liens du sang et par tous les calculs d'une sage politique. N'ayant pu réussir ni à Saint-Pétersbourg, ni à Paris, la cour de Vienne n'en poursuivait pas moins à Munich l'exécution de ses projets, et ce fut la communication que fit l'électeur de ses inquiétudes aux gouverne-

Bonaparte pouvait l'absorber; la Suisse n'était qu'une annexe de montagnes aux frontières de la République; la Hollande recevait respectueusement les ordres du cabinet des Tuileries. Il ne restait donc plus que l'Allemagne, et l'influence française commence à s'y faire sentir; successivement elle se développe pour arriver à son dernier terme, la confédération du Rhin.

Une des fautes immenses de Bonaparte, fut de ne point savoir s'arrêter, de marcher toujours en avant, jusqu'à ce que son pouvoir se montrât aux peuples comme une odieuse tyrannie. Le cardinal de Richelieu avait exercé une influence diplomatique sur l'Allemagne, sans bouleverser les intérêts, sans blesser l'orgueil des nationalistes; et il trouva partout des auxiliaires, braves champions contre la maison d'Autriche. Bonaparte, à la face de la race germanique, s'exprima comme un maître dur et hautain; il ne lui laissa aucune liberté, il commanda impérativement, ne demandant pas des alliés, mais des sujets. Ici se révèle la tendance de son pouvoir en Allemagne, et comment il se fit plus tard une réaction

ments de France et de Russie, qui contribua surtout à leur faire sentir la nécessité de réunir leur influence pour protéger les princes héréditaires, garantir l'exécution de l'article 7 du traité de Lunéville, et ne pas laisser tomber au dernier rang une maison des plus anciennes et naguères des plus puissantes de l'Allemagne. Le soussigné est donc chargé de déclarer à la députation que les États héréditaires de S. A. S. l'électeur palatin de Bavière, ainsi que les possessions qui lui sont destinées comme dédommagements et comme nécessaires au rétablissement de l'équilibre en Allemagne, se trouvent naturellement et indispensablement placés sous la protection des puissances médiatrices; que le premier Consul, personnellement, ne souffrira pas que la place importante de Passau demeure aux mains de l'Autriche, ni qu'elle obtienne aucune partie du territoire que la Bavière possède à la droite de l'Inn; car il regarde qu'il n'y aurait point d'indépendance pour la Bavière, du moment où les troupes de l'Autriche seraient si voisines de sa capitale. Il reste encore au soussigné à exprimer à la députation le regret qu'éprouve le premier Consul, de divulguer des négociations qui n'ont eu lieu que sous le sceau de la confidence, et dont le secret par conséquent aurait dû demeurer sacré; mais il y a été contraint par une juste représaille et par le prix qu'il attache à l'opinion et à l'estime du brave et loyal peuple germain »

A Ratisbonne, le 26 fructidor an x (13 septembre 1802).

Signé, Laforest.

contre sa domination politique. Les Allemands étaient un peuple brave, avec autrement d'énergie que les Italiens ; bons et doux quand on savait les protéger, ils s'indignèrent quand la France prétendit aller au-delà ; chaque race voulait rester marquée de son caractère. Bonaparte en marchant droit à l'oppression des peuples, ne voyait pas cette résistance, qui se lèverait au nom de la liberté contre son pouvoir sur plus d'un champ de bataille. L'origine de la grande lutte part de la diète de Ratisbonne, premier acte d'envahissement de la diplomatie française, dans le mouvement purement germanique ; la race allemande ne repoussait pas un allié, mais elle était humiliée du pouvoir impératif d'un maître étranger [1]. Bonaparte commençait son œuvre, et l'Allemagne contribua puissamment à le renverser : action et réaction mystérieuses et terribles, une des causes de la chute de l'Empire. On n'avait pas compris le caractère éminemment patriotique de cette jeunesse fervente, qui s'illumina d'un grand amour pour la vieille Germanie ; elle lisait Goëte, Schiller, et l'idée de liberté fermentait dans toutes ces jeunes têtes.

---

[1] Voici les cessions principales qu'on demandait à l'Autriche.

« L'Autriche cédera l'Ortenau au duc de Modène, et recevra en échange les évêchés de Trente et de Brixen, pour être incorporés à la monarchie autrichienne. Le grand-duc de Toscane, invité de renoncer à Trente et à Brixen, obtiendra l'évêché d'Eichstett, à l'exception cependant des six bailliages supérieurs de ce pays qui seront réunis à la principauté de Wurtzbourg, et de plus une partie du Haut-Palatinat ; mais il s'engagera formellement à ne pas fortifier la place d'Eichstett. La Bavière devant conserver les six bailliages supérieurs de cet évêché, dédommagera le grand-duc pour les revenus annuels qu'il en pourrait tirer, par une quantité considérable de biens fonds que l'électeur, en son ancienne qualité de duc des Deux-Ponts, possède dans la Bohême. L'électeur gardera toutes ses possessions sur l'Inn ; la ville de Passau lui sera cédée par l'Autriche, et il sera dégagé de l'obligation, qui lui avait été imposée d'abord, de payer 350,000 florins qui manquent encore pour compléter les revenus annuels de l'électeur archi-chancelier. Ce dernier prince obtiendra tous les péages du Rhin, sur la rive droite de ce fleuve. Brandebourg gardera la partie du territoire de Nuremberg qu'elle a occupée dans le cours de la dernière guerre, mais le roi de Prusse sera tenu de payer les dettes de cette ville impériale. »

Ces envahissements des pouvoirs et des nations en pleine paix, devaient soulever les vives inquiétudes de l'Angleterre et des puissances les plus intéressées aux destinées du continent; la Russie seule pouvait marcher actuellement avec la France, parce qu'elle était éloignée de tout contact; mais combien la Grande-Bretagne n'avait-elle pas de motifs de communiquer ses craintes aux autres puissances continentales? La Prusse devait voir avec une secrète inquiétude l'influence directe que prenait Bonaparte à la diète de Ratisbonne : ce n'était pas assez que par la possession de la Belgique et la domination morale de la Hollande, la France enlaçât la monarchie prussienne, il fallait encore que son cabinet se mêlât des affaires purement domestiques de la Germanie. L'Autriche avait aussi tout à craindre lorsque le Consul, ne dissimulant plus ses desseins, se précipitait sur l'Italie, la Suisse, et ne respectait pas même les États qui restaient debout : Rome, Naples, la Toscane, le grand-duché de Parme, pouvaient, d'un jour à l'autre, subir sa domination; quelle garantie restait ici à l'Autriche? Comme complément de ce système, le cabinet des Tuileries prenait en main la cause de la Bavière, et cherchait à dominer la diète de Ratisbonne.

Au milieu de tous ces griefs jetés aux cabinets du continent, les plaintes de l'Angleterre furent plus favorablement écoutées; elle cessait d'être la seule à deviner et à suivre l'ambition de Bonaparte; ses ambassadeurs semaient partout la défiance; il n'y avait pas encore de coalition formulée; les esprits étaient à la paix; on avait besoin d'une trêve, la suspension d'armes était indispensable au repos général des peuples. Telle était la puissance de ce sentiment de la paix générale, que l'Angleterre elle-même ne fit que des représentations vagues, dans l'intervalle qui s'écoula depuis la signature des préliminaires jusqu'au traité d'Amiens. Le gouvernement français marcha librement à ses desseins sur le continent, et l'Angleterre se plaignait à peine; c'est qu'elle considérait tout cela comme du provisoire: pour ressaisir son influence sur le continent, Pitt avait besoin de prouver l'ambition effrénée de Bonaparte; il fallait un temps de repos pour entraîner l'Autriche, la Russie et la Prusse même dans une coalition. Pitt voulait faire une grande expérience; et c'est dans ce but qu'il s'était retiré du gouvernement de son pays: les tories devaient prouver qu'avec le système de Bonaparte, la paix était pour l'Europe plus onéreuse que la guerre!

CHAPITRE II.

CONGRÈS ET TRAITÉ D'AMIENS,
RÉSULTATS COMMERCIAUX.

Lord Cornwallis. —Arrivée de l'ambassadeur à Paris. — Joie publique. — Fixation d'Amiens pour le congrès. — Joseph Bonaparte. — Véritable caractère du congrès d'Amiens. — Discussion. — Signature des articles.—Résultat du traité.—Le général Andréossy à Londres.—Lord Witworth à Paris. — Mouvement commercial. — Le Hâvre. — Lorient. — Bordeaux. —Cette.—Marseille. — Balance des exportations et des importations. — Sécurité générale.

1802.

Les clauses principales de la paix avec le gouvernement britannique, avaient été fixées dans des articles préliminaires signés à Londres par M. Otto et lord Hawkesbury [1] ; cette convention publiée en France était devenue obligatoire, à la suite des ratifications des deux cabinets ; néanmoins, quelques articles paraissant susceptibles d'interprétations diplomatiques, un congrès définitif avait été fixé à Amiens. Ces solennités plaisaient à Bonaparte, elles rappelaient les anciennes traditions des grandes époques de la monarchie ; depuis le XVIe siècle, toutes les négociations s'étaient terminées dans des congrès, à Munster, à Aix-la-Chapelle, à Nimègue, à Riswick, et tout récemment encore à Luné-

---

[1] Voyez, t. 3, chap. xiv.

ville ; les assemblées de diplomatie n'étaient souvent que de grandes formes pour sanctionner des arrangements déjà pris[1]. Tout semblait réglé entre la France et l'Angleterre dans les préliminaires de Londres ; cependant Bonaparte voulait que son plénipotentiaire parût à Amiens, accompagné de ses auxiliaires et de ses alliés, la Hollande et l'Espagne ; il tenait à ce témoignage publiquement donné de la triple alliance, afin de constater sa bonne situation diplomatique aux yeux de l'Europe.

Dès la signature des préliminaires, les deux gouvernements avaient désigné les plénipotentiaires officiels qui devaient les représenter au prochain congrès ; tous deux y mettaient de l'importance pour donner un certain poids à leur parole, car tous les griefs depuis dix ans allaient se réveiller dans les discussions sérieuses. A cet effet, le cabinet britannique fit choix de lord Cornwallis[2], un des plus remarquables généraux de la Grande-Bretagne. Charles, marquis de Cornwallis, avait déjà soixante-quatre ans à l'époque du congrès d'Amiens, et il en avait passé près de quarante au service de son pays ; officier de distinction dans les guerres d'Amérique, Cornwallis, après l'acte d'indépendance, fut nommé gouverneur-général du Bengale ; il conduisit en chef la guerre du Mysore

---

[1] Voyez mon Louis XIV, t. 3 et 6.

[2] Voici dans quels termes enthousiastes on parlait de l'arrivée de lord Cornwallis à Calais :

« Le marquis de Cornwallis est parti pour la capitale de la République, le 2 novembre (jour des Morts), par un orage effroyable de vent et de pluie qui ne l'a pas quitté jusqu'à son arrivée à Douvres. Le noble lord était accompagné du vicomte de Broome, son fils ; de M. Singleton, son gendre ; du colonel Littlehales, du colonel Nightingale et de M. Moore, du bureau des affaires étrangères, frère du brave général de ce nom. Leur suite était fort nombreuse, huit domestiques couraient à cheval à côté des voitures.

« L'ambassadeur et son cortége s'embarquèrent le 3, à huit heures du matin, sur trois bâtiments de passage. La traversée

contre Tippoo-Saëb, campagne vigoureuse qui s'accomplit par le siége de Séragapatam; Cornwallis resta dans l'Inde jusqu'à l'année 1797; il fut remplacé par lord Wellesley; son administration avait été sage, ferme, et le cabinet Pitt l'appela au grade de grand-maître de l'artillerie, belle retraite pour un vieux soldat. Cornwallis fut successivement vice-roi d'Irlande et général en chef des troupes britanniques qui s'y déployèrent avec vigueur; le cabinet désigna Cornwallis tout exprès, lui, une des gloires militaires de la Grande-Bretagne, afin de produire quelque impression sur l'esprit du premier Consul; on envoyait près de la puissante tête militaire, qui avait rêvé la conquête de l'Inde, le plus habile et le plus courageux gouverneur de ces pays, le général qui avait habité dix ans les vastes palais de Calcutta. Lord Cornwallis était haut de taille; sa physionomie avait quelque chose de vénérable comme celles de ces vieux généraux qui ont passé à travers toutes les vicissitudes de la guerre[1]; son port était grave, sa démarche lente, et il portait au dernier point la loyauté de caractère. On considérait la parole de Cornwallis comme un engagement d'honneur; il partit de Londres avec une suite magnifique, et ce luxe que l'Angleterre déploie partout où elle veut frapper les yeux par l'éclat de sa riche aristocratie.

---

fut longue et dangereuse. Ils n'arrivèrent à Calais que le 4 dans la nuit, après dix-huit heures de mer. Il pleuvait à verse. Malgré la nuit et le mauvais temps, tous les honneurs militaires et civils furent rendus au ministre britannique à son débarquement. Les autorités constituées de Calais, suivies de la moitié des habitants, conduisirent à pied le noble lord à l'hôtel du *Lion d'Argent* et non point à l'hôtel de *Daissaint*, où on lui avait préparé des appartements, mais où sa seigneurie refusa d'aller.

« Le même jour à trois heures du soir, on partit pour Paris : une escorte de vingt dragons ou chasseurs, et des relais de trente chevaux avaient été préparés et disposés sur la route de Calais à Paris. En un mot, la réception a été digne de l'ambassade et des magnifiques cadeaux qu'ap-

Le plénipotentiaire dut se rendre d'abord à Paris, pour présenter ses hommages au premier Consul ; il y frappa tous les yeux par sa tenue sévère, et sa physionomie à grands traits, telle qu'on la voit encore pâle et majestueuse, sur les tableaux des guerres de l'Inde sous Tippoo-Saëb. Après de si longues haines, le peuple de Paris accourait autour de l'ambassadeur anglais, comme pour saluer la paix ; sa présence fit une vive impression aux Tuileries : cet air de distinction n'y était pas commun. Cornwallis revêtu des ordres brillants d'Angleterre, portait l'uniforme écarlate, qui sied admirablement dans les masses d'hommes réunis sous des lustres brillants. Il n'y eut d'hommages que pour lui, le premier Consul qui tenait essentiellement à faire une vive impression sur lord Cornwallis, l'accueillit avec une prédilection marquée, l'accompagnant partout, marchant son égal, et comme son compagnon de gloire ; sa réputation de candeur lui plaisait et il s'en exprima depuis avec une sympathie marquée.

« Cornwallis est un homme probe, généreux et sincère, un très brave homme. C'est le premier qui m'ait donné une bonne opinion des Anglais. Son intégrité, sa fidélité, sa franchise et la noblesse de ses sentiments me firent concevoir une opinion très favorable des Anglais.

---

portait avec lui dans son portefeuille le ministre de la paix, le restaurateur du commerce français.

« Sa Seigneurie arriva le 7 à Paris, escortée par un détachement de 150 des plus beaux hussards de la garde des Consuls, et descendit à l'hôtel de la Grange-Batelière, près le boulevard de la Comédie Italienne. Le lendemain il eut une audience du ministre des relations extérieures, Talleyrand, chez lequel il dîna avec les principales personnes de sa suite. Un temps, continuellement pluvieux jusque-là, était du plus mauvais augure pour le spectacle du lendemain. On craignait beaucoup de ne pouvoir jouir du spectacle de l'illumination et du feu d'artifice ; il fit un brouillard très épais pendant toute la matinée du 9 ; mais, dit un journal, Bonaparte n'est pas seulement le favori de la fortune, il en est le maître ; les vents lui obéissent ; il a voulu, et les nuages se sont dissipés, et le soleil a paru pour éclairer sa fête. En effet, pendant toute la matinée du 18 brumaire, un

Je me rappelle que Cornwallis me dit un jour : « Il y a certaines qualités qu'on peut acquérir; mais un bon caractère, la sincérité, un noble orgueil et le calme dans le danger, ne peuvent s'acquérir. » Ces paroles me firent impression... Je lui donnai à Amiens, pour lui servir de récréation, un régiment de cavalerie qui avait coutume de manœuvrer devant lui ; les officiers de ce régiment l'aimaient beaucoup. Je ne crois pas qu'il soit un homme de premier mérite, mais il a du talent et une grande probité. Il n'a jamais manqué à sa parole. A Amiens, le traité était prêt, et il devait le signer à neuf heures à l'hôtel-de-ville. Quelque chose survint qui l'empêcha d'y aller; mais il fit dire aux ministres français qu'ils pouvaient considérer le traité comme signé, et qu'il donnerait le lendemain sa signature. Il arriva le soir un courrier d'Angleterre qui lui portait l'ordre de refuser son consentement à certains articles, et de ne pas signer le traité. Quoique Cornwallis ne l'eût pas signé et eût pu facilement se prévaloir de cet ordre, il eut assez de loyauté pour dire qu'il considérait sa promesse comme équivalente à sa signature, et il écrivit à son gouvernement qu'il avait promis et qu'il tiendrait sa parole; que si l'on n'était pas content, on pouvait refuser de ratifier le traité. Voilà un homme d'honneur [1]. »

brouillard épais obscurcissait l'atmosphère; on ne devait attendre qu'une journée triste et nébuleuse. Tout à coup, à l'heure où les spectacles de la fête devaient commencer, le soir s'est éclairci comme par un effet magique; on eût dit que la toile se levait pour laisser voir une magnifique scène, et que le canon de la République dissipait les nuages avec autant d'activité qu'il dissipait les ennemis.

« Ce jour-là, à onze heures du matin, lord Cornwallis eut une audience privée du premier Consul; il alla ensuite visiter les galeries du Muséum national, les ministres, le général de la 17me division militaire dans laquelle Paris se trouve, et le commandant de la place. Après avoir dîné à la hâte à son hôtel, il se rendit au château des Tuileries, où l'on avait préparé des appartements au pavillon de Flore chez le troisième Consul pour faire voir à l'ambassade anglaise le spectacle de l'illumination des ponts et des Champs-Élysées, et le feu d'artifice tiré sur la rivière. »

[1] Bonaparte au conseil d'État.

Lord Cornwallis passa près d'un mois à Paris, avant que les conférences fussent ouvertes à Amiens ; on avait choisi cette ville, pour la même raison que Lunéville avait été désignée pour terminer les différends avec l'Autriche. Amiens sur la Somme, était presque un point intermédiaire, où l'on pouvait savoir tout à la fois les nouvelles de Londres et de Paris ; les dépêches arrivaient en quatorze heures [1]. Des ordres furent donnés pour que la préfecture fût préparée, comme le palais des ducs de Lorraine à Lunéville, et afin de donner plus d'éclat encore à ces grandes pompes, le Consul ordonna que toutes les voitures de la cour fussent mises à la disposition de Joseph Bonaparte, le plénipotentiaire qu'il désigna pour le congrès.

Joseph Bonaparte n'était qu'un nom propre comme à Lunéville, pour relever les transactions diplomatiques ; on opposait un Bonaparte à lord Cornwallis, c'était de rang à rang. En réalité, tout se décidait à Paris et à Londres, par un échange de courriers; la correspondance avait lieu directement de lord Hawkesbury à M. de Talleyrand : les préliminaires avaient presque tout réglé, il n'y avait plus qu'à discuter quelques points de détail, et surtout l'exécution des clauses préliminaires. De vives plaintes éclataient déjà dans les journaux anglais, contre les usurpations de Bonaparte sur le continent de l'Europe [2]. Les soins les plus déli-

---

[1] Correspondance de M. de Talleyrand, 1802.

[2] Bonaparte se plaint vivement de la guerre qui lui est faite dans les journaux anglais sur son usurpation :

« Depuis dix jours, tous les journaux anglais crient comme des forcenés à la guerre... Quelques orateurs du parlement ne se déguisent pas davantage. Leur cœur ne distille que le fiel.

« Le premier Consul ne veut pas la paix!! Les ministres réparateurs, auxquels l'Europe et l'humanité entière doivent tant, M. Addington, lord Hawkesbury, etc, sont joués!!!

« Cependant il y a plus de quinze jours, si l'on en croit des personnages dignes de foi, que l'on est à Amiens d'accord sur tous les articles, que même les discussions de rédaction sont terminées, et que, si l'on ne signe pas, c'est que l'on attend toujours de Londres un dernier courrier.

cats, les plus empressés, entouraient lord Cornwallis; ils allèrent jusqu'à ce point, que le premier Consul lui donna, comme il le dit lui-même, un régiment de cavalerie à faire manœuvrer, passe-temps honorable du vieux général; il lui rappelait les guerres de l'Inde et les évolutions de ces Cipayes qu'il conduisait sous le brûlant soleil du Bengale. Cornwallis et Joseph Bonaparte se visitèrent cordialement durant le congrès; les séances commencèrent sans beaucoup d'éclat par des discussions de détail, sur une question fondamentale : « Entre quelles puissances les négociations allaient-elles se poursuivre? auraient-elles lieu simultanément ou séparément? »

Cornwallis insistait pour que tout se passât exclusivement entre la France et la Grande-Bretagne, sans faire intervenir l'Espagne et la Hollande. Ces deux puissances traiteraient à part avec la Grande-Bretagne; si on les faisait paraître de concert au congrès d'Amiens, on ne manquerait pas de dire qu'elles étaient

« Que signifie donc le langage de ces turbulents écrivassiers? Les avantages que ces préliminaires donnent à la Grande-Bretagne ne sont-ils donc pas assez grands!! Il fallait restreindre la puissance continentale de la France !!! Pourquoi donc le roi et le cri unanime de la nation ont-ils ratifié les préliminaires? et s'il fallait imposer à la France des sacrifices continentaux, pourquoi, M. Grenville, n'avez-vous pas traité, lorsque vous aviez des alliés, que leur armée campait sur les Alpes, que les armées russes étaient incertaines sur leur marche rétrograde, et que la Vendée, fumante, occupait une portion de l'armée française? Et puisque vous ne pensiez pas alors que la France fût encore assez affaiblie pour arriver à votre but, et que vous croyiez devoir continuer la guerre, il fallait, M. Windham, la mieux diriger; il fallait que ces 25,000 hommes qui se promenaient inutilement, et à tant de frais, sur les côtes de l'Océan, et devant Cadix, entrassent dans Gênes le même jour que Mélas; il fallait ne pas donner au monde le spectacle hideux, et presque sans exemple, de bombarder les sujets d'un roi votre allié, jusque dans sa capitale, sans déclaration de guerre, et sans même avoir renvoyé son ambassadeur.

« Qu'espérez-vous aujourd'hui? renouveler une coalition. Le canon de Copenhague les a tuées pour cinquante ans.

« Que voulez-vous donc? culbuter le ministère dont la main sage a su guérir une partie des plaies que vous avez faites? Mais enfin si, pour assouvir votre ambition, vous parveniez à entraîner votre patrie dans un gouffre de maux, votre nation ne tarderait pas à regretter les préliminaires de Londres, comme elle a regretté l'armistice d'El-Arisch.

« Les détails du congrès d'Amiens mis au grand jour, la nation anglaise qui tient

entièrement soumises à l'influence française.¹, et cela ferait un mauvais effet. A ces raisons, le cabinet de Paris répondait : « Que l'Espagne et la Hollande étaient parties intégrantes d'un traité dans lequel on stipulait pour elles-mêmes ; car la Hollande cédait Ceylan; l'Espagne, la Trinitad ; or, dans cette hypothèse d'une cession, il fallait que les deux parties si profondément intéressées, fussent accueillies comme intervenantes ². » Lord Cornwallis fit peu d'opposition, et on admit pour ministre M. d'Azzara, représentant l'Espagne, et M. Shimmelpenninck représentant la Hollande, plénipotentiaires qui n'exprimaient au reste que le système français ; le chevalier d'Azzara avait des instructions communes avec le conseiller d'État Joseph Bonaparte, et l'envoyé de Hollande ne devait pas s'écarter d'une ligne des ordres donnés par le cabinet de Paris. Il n'y avait réellement que la France et l'Angleterre qui fussent parties intervenantes dans les stipulations du traité.

Les bases principales réglées par les préliminaires de Londres, durent être de nouveau soumises à un examen général : 1° Dans quel terme l'Égypte serait-elle évacuée par les troupes anglaises ? 2° Comment serait réglée la franchise du port du cap de Bonne-Espérance ? 3° Quel mode serait adopté pour le gouvernement de Malte ³, en attendant que l'ordre de Saint-Jean de Jérusalem fût ré-

un rang si distingué dans le monde, par son sens droit et profond, et la libéralité de ses idées, aurait, envers le premier Consul de France, un mouvement d'estime et de bienveillance, parce qu'elle verrait qu'il n'aurait pas dépendu de lui que la paix ne fût prompte, honorable et éternelle. Vos passions basses et haineuses seraient à découvert, et vous ne pourriez pas longtemps gouverner une nation qui spontanément unissant sa voix à celle du monde entier vous déclarerait les ennemis des hommes. »

1 Note de lord Cornwallis, mars 1802.
2 Note de Joseph Bonaparte, mars 1802.
3 Acte du congrès d'Amiens, mars 1802. Correspondance de Joseph Bonaparte.

tabli? 4° Quelle serait la puissance intermédiaire que l'on rendrait dépositaire de ce point important de la Méditerrannée? 5° Serait-il nécessaire de stipuler un traité de commerce et de navigation, ou bien, fallait-il le renvoyer à des temps moins agités?

Toutes ces questions furent débattues au congrès. Il y avait déjà de l'aigreur dans les rapports de gouvernement à gouvernement; une polémique de journaux commençait à s'établir, et il fallut le calme sage et la modération de lord Cornwallis pour amener la signature du traité définitif, exécution pure et simple des préliminaires. Lord Cornwallis cédant avec déférence, n'opposa que peu de résistance et le ministère anglais ratifia sans faire trop de difficultés; avait-il le sentiment du peu de durée de toutes les stipulations du traité d'Amiens? Ce traité n'était pas avantageux à l'Angleterre, qui cédait presque toutes ses conquêtes, tandis que la France ne donnait rien. Il devait résulter de là un sentiment d'humiliation pour le peuple anglais; on avait besoin de repos en ce moment, mais on reprendrait bientôt les armes. En diplomatie on n'exécute sincèrement que les traités en harmonie avec la justice impartiale; toute convention imposée par la violence et la victoire est bientôt secouée comme un joug [1]. L'animosité était déjà

---

[1] Les clauses du traité qui donnèrent lieu à des discussions sérieuses sont celles-ci :

Art. 9. La République des Sept-Iles est reconnue.

Art. 10. Les îles de Malte, de Gozo et Comino, seront rendues à l'ordre de Saint-Jean de Jérusalem, pour être par lui tenues aux mêmes conditions auxquelles il les possédait avant la guerre, et sous les stipulations suivantes :

1° Les chevaliers de l'ordre, dont les langues continueront à subsister, après l'échange des ratifications du présent traité sont invités à retourner à Malte, aussitôt que l'échange aura lieu : ils y formeront un chapitre général et procéderont à l'élection d'un grand-maître choisi parmi les natifs des nations qui conservent des langues; à moins qu'elle n'ait été déjà faite après l'échange des préliminaires.

Art. 18. La branche de la maison de Nassau qui était établie dans la ci-devant république des Provinces-Unies, actuellement la république batave, y ayant fait des pertes, tant en propriétés particulières

grande entre la France et l'Angleterre pendant le congrès d'Amiens ; la presse s'agitait ; les deux gouvernements en étaient aux explications. A la première chance on reprendrait les armes.

On conserva le cérémonial des vieux congrès. Tous les actes furent revêtus du scel, on garda les plumes qui avaient servi à signer le traité[1] ; des coups de canon furent tirés en réjouissance, et pourtant le traité d'Amiens était un pas de plus vers le système de guerre : chaque partie contractante allait l'invoquer pour demander des concessions ; l'Angleterre n'exécuterait pas ce qu'elle avait promis, la France grandirait son influence, étendant ses bras de droite et de gauche pour tout envahir. L'exécution impossible du traité amènerait la guerre, ne serait-ce que pour l'exécution des indemnités stipulées spécialement en faveur de la maison d'Orange ; et c'est ce que Pitt avait prévu avec un admirable instinct ; l'habile ministre voulait préparer une mauvaise

que par le changement de la constitution adoptée dans ce pays, il lui sera procuré une compensation équivalente pour lesdites pertes.

[1] Le traité de paix est rédigé avec la formule suivante :

« Le premier Consul de la République française au nom du peuple français, et S. M. le roi du royaume uni de la Grande-Bretagne et d'Irlande, également animés du désir de faire cesser les calamités de la guerre, ont posé les fondements de la paix par les articles préliminaires signés à Londres le 9 vendémiaire, an x (1er octobre 1801.)

« Et comme par l'article 15 desdits préliminaires, il a été convenu : « qu'il serait nommé de part et d'autre des plénipotentiaires qui se rendraient à Amiens pour y procéder à la rédaction du traité définitif, de concert avec les alliés des puissances contractantes. »

« Le premier Consul de la République française au nom du peuple français, a nommé le citoyen Joseph Bonaparte, conseiller d'État.

« Et S. M. le roi du royaume uni de la Grande-Bretagne et d'Irlande, le marquis de Cornwallis, chevalier de l'ordre très illustre de la Jarretière, conseiller privé de S. M., général de ses armées, etc.

« S. M. le roi d'Espagne et des Indes, et le gouvernement de la république Batave, ont nommé pour leurs plénipotentiaires, savoir : S. M. catholique, don Joseph-Nicolas d'Azzara, son conseiller d'état, chevalier grand-croix de l'ordre de Charles III, ambassadeur extraordinaire de S. M. près la République française, etc.

« Et le gouvernement de la république Batave, Roger-Jean Schimmelpenninck, son ambassadeur extraordinaire près la République française. »

paix, afin d'amener une guerre vigoureuse et violente; on devait beaucoup céder à Amiens pour se précipiter avec plus de force dans une lutte nouvelle, en déployant les ressources de la Grande-Bretagne[1].

Toutes les questions antérieures à la signature des préliminaires avaient été débattues à Londres par M. Otto, dont l'incontestable habileté était reconnue; ce plénipotentiaire suivait les négociations qui depuis deux ans s'étaient continuées à Londres après l'échange des prisonniers jusqu'à la signature des préliminaires. Homme de science diplomatique et de tenue parfaite, ses relations avec le cabinet anglais le rendaient éminemment propre à étudier la marche des circonstances, afin de prévoir et d'éviter les hostilités[2]. M. Otto, observateur fin, délié, de l'école diplomatique de M. de Talleyrand, aurait fort bien réussi à Londres; mais par un préjugé d'étiquette dont le premier Consul était déjà tout engoué, M. Otto ne fut pas jugé d'un grade assez élevé, d'une position assez éminente pour représenter la France, et Bonaparte préféra conférer l'ambassade de Londres au

---

[1] Lord Grenville dénonça le traité d'Amiens comme une trahison.

Les agents étrangers considéraient l'avenir de la paix comme très fragile.

« La paix est, non pas faite, mais signée; elle est conforme aux préliminaires; elle a été conclue précipitamment, sans prévoyance et sans but. Est-ce une lourde bévue du gouvernement anglais? Est-ce, comme beaucoup d'Anglais le disent, une expérience politique? Le temps seul donnera le mot de cette énigme. Au reste, de combien de nouvelles clameurs n'allons-nous pas être assourdis! Que pensera William Pitt de la restitution des conquêtes faites sous son ministère, sans que l'Angleterre y ait gagné même de la sécurité dans un état de paix qui va rendre à son commerce des rivaux dont l'affranchissait la guerre? Puis, quelle perte pour elle que Mahon, védette sur les côtes méridionales de France et d'Espagne; que Malte surtout, cette magnifique station maritime qui la faisait régner dans la Méditerranée. Cette stipulation, qu'elle soit ou non réalisée, sera l'arrêt de mort du ministère Addington et la résurrection du ministère Pitt; du moins est-ce là l'opinion de tous les Anglais que je rencontre ici. »

(Dépêche d'un agent prussien résidant à Londres à M. de Haugwitz.)

[2] Voir sa correspondance dans le 3e vol. chap. 14.

M. Otto resta à Londres quelque temps. Voici ce qu'on écrivait de lui:

« Le 19 du mois de décembre, M. Otto, nommé provisoirement ministre extraordinaire de la République française auprès

général Andréossy. L'habitude commençait alors à s'introduire à la cour des Tuileries, de confier les missions importantes à des aides de camp, méthode russe que le premier Consul avait adoptée. Presque tous les généraux recevaient des positions diplomatiques : Brune à Constantinople, Lannes en Portugal, Duroc avait été plusieurs fois envoyé à Saint-Pétersbourg et à Berlin, M. de Beurnonville représentait la France en Prusse, le colonel Sébastiani recevait une mission pour les échelles du Levant. Les militaires paraissaient seuls capables de donner une juste idée de la grandeur du gouvernement français; pour Bonaparte, les missions de paix n'étaient souvent que des moyens de préparer la guerre, et il confiait ainsi aux hommes de bataille la surveillance et la direction des affaires diplomatiques; il y trouvait plus de docilité, une obéissance plus aveugle; tous avaient des missions secrètes plutôt que des ambassades régulières [1].

Le général Andréossy, auquel le Consul donnait l'ambassade d'Angleterre, appartenait à cette famille des Andréossy qui concourut avec Riquet à la confection du canal du Languedoc. Soldat depuis l'âge de dix-huit ans, Andréossy, lieutenant déjà sous l'ancien régime, y était

de la cour de Londres, a été présenté au roi en cette qualité. M. Otto est nommé ministre de France près des États-Unis d'Amérique, et se rendra à son poste immédiatement après la signature du traité de paix définitif. On continue d'assurer que Joseph Bonaparte est désigné pour être ici, à la paix, le représentant du gouvernement consulaire.

« Le marquis de Cornwallis vient de passer tout le mois de décembre à Amiens, en conférences et en dîners avec Joseph Bonaparte, et M. de Schimmelpenninck, ministre de la république Batave. Il paraît que, le 26, le ministre d'Espagne nommé pour assister à ce congrès, M. le marquis d'El-Campo, n'y était point encore arrivé. Des voyageurs dignes de foi nous ont assuré que, le 25, lord Cornwallis était encore logé à l'hôtel de la *Poste* à Amiens, que l'hôtel qui lui avait été destiné n'était pas encore prêt à le recevoir, et que les habitants d'Amiens s'occupaient fort peu de ce congrès. »

[1] On lui adjoignit M. Portalis fils, comme son secrétaire d'ambassade. M. de Reyneval avait été nommé, en même temps, secrétaire d'ambassade en Russie.

resté attaché en 1789; et, comme Bonaparte, il hésita un moment pour savoir s'il émigrerait. Plus tard, il se prononça chaudement pour la Révolution; consacré aux études d'artillerie et de génie, il dirigeait cette branche intellectuelle de la guerre dans la campagne d'Italie, puis il suivit Bonaparte en Égypte, et, à la face de ces merveilles d'une civilisation morte, Andréossy accomplit non seulement la guerre, mais il prépara des observations savantes; associé à l'institut du Caire, il dessina la rade de Damiette où les Croisés avaient débarqué sous Saint-Louis. Andréossy calqua tous les plus petits recoins de l'embouchure du Nil avec une précision remarquable, et les travaux de la commission d'Égypte révèlent, dans ce général, une science profonde et une critique éclairée; il concourut au 18 brumaire et devint le chef spécial de l'artillerie et du génie dans l'administration de la guerre. Aide-de-camp du premier Consul, on fut obligé de l'arracher à ses études fortes et chéries, pour l'envoyer ambassadeur en Angleterre; il avait un esprit fin comme la race méridionale; capable d'observer les faits généraux de la situation, mais étranger à la haute société de Londres, il ne pouvait en savoir les usages et en dominer l'esprit. Andréossy ne connaissait pas l'atmosphère dans laquelle il allait vivre; il était moins propre que personne à empêcher la guerre d'éclater, car sa tête de soldat, impatiente de toute contrainte, n'envisageait de solution possible aux événements que par les grands coups qui n'arrivent en diplomatie qu'à la dernière extrémité[1].

Le ministère Hawkesbury ne laissa pas Cornwallis à

---

[1] Sa correspondance, telle que je la donnerai plus tard, ne dénote pas un esprit instruit des mœurs des habitudes et des lois des Anglais; ses dépêches sont médiocres.

Paris pour représenter les intérêts de l'Angleterre dans la lutte diplomatique fort importante qui allait s'engager; nul n'était moins propre à représenter les idées et les intérêts britanniques au milieu d'une situation aussi délicate; Cornwallis était trop simple, trop naïf; sans expérience diplomatique, il était bon pour tenir une plume dans un congrès, mais toutes les fois qu'il s'agissait d'affaires réelles, on devait appeler une autre capacité. Dans cette préoccupation, lord Hawkesbury désigna lord Witworth, le remarquable diplomate qui avait représenté l'Angleterre à Saint-Pétersbourg, près de Paul I[er][1]. L'ambassadeur appartenait aux premières familles de l'Angleterre; sa femme était une Dorset; lord Witworth, calme comme l'aristocratie britannique, de race normande, possédait un sang-froid imperturbable avec l'art de répondre convenablement à toutes les questions les plus hardies, les plus fièrement improvisées; de longues habitudes diplomatiques lui avaient ouvert les secrets de l'Europe; il ne s'effrayait de rien et ne reculait jamais, très propre ainsi à représenter le cabinet britannique à la face d'un homme comme Bonaparte. Le premier Consul s'emportait facilement, son caractère impétueux ne connaissait aucune limite, et alors, il se livrait avec un abandon de vivacité dont la diplomatie pouvait profiter avantageusement. Une des habiletés des cabinets, fut d'entourer ainsi Bonaparte des caractères observateurs et de sang-froid, qui ne se laissaient pas déconcerter quand le Consul s'abandonnait à l'impétuosité de ses colères. Les diplomates notaient tout; on les choisissait de manière à voir ces orages sans sourciller; ils devaient ramener le premier Consul, en termes polis, à une conversation sérieuse; tel était surtout l'esprit

---

[1] Voyez tome 2, ch. 2e et 15e.

de lord Witworth, gentilhomme tout à fait du sang anglais, riche, prodigue, vaniteux, mais observateur avant tout, et capable d'apprécier la marche et le développement des faits politiques.

Le général Andréossy fut accueilli à Londres avec moins d'enthousiasme que ne l'avait été l'aide-de-camp Lauriston, étouffé par le peuple, lors de la ratification des préliminaires. L'engouement s'affaiblit; s'il y eut encore quelques illuminations spontanées pour la signature du traité d'Amiens, le peuple anglais n'avait plus une si profonde admiration pour le premier Consul; la révolution s'opérait dans les esprits, la presse commençait l'attaque contre la France et Bonaparte [1]. Le général Andréossy vit beaucoup les wighs, le comte Grey, lord Holland, Fox, tous les partisans de l'alliance française, qui appuyaient encore le ministère Addington, pour l'empêcher d'avoir recours à Grenville et à Pitt; mais les tories évitèrent d'accueillir le général Andréossy, qu'on abandonna aux fêtes publiques de la corporation de Londres; le parti Pitt craignait de s'engager et de se compromettre vis-à-vis de l'ambassadeur d'une nation qu'il devait plus tard si vigoureusement attaquer. Le maire et les aldermans fêtèrent le général Andréossy, et le saluèrent comme le symbole de la paix et du commerce; presque tous ces magistrats appartenaient à l'opinion wigh; ils suivaient en cela leurs principes, ils voulaient préparer l'avénement de Fox. Le général avait les formes polies et parfaitement con-

---

[1] Le parti Pitt et Grenville avait alors une grande importance dans la presse anglaise.
Les trois journaux qui attaquèrent vivement le congrès d'Amiens furent: le *Porcupine*, papier extrêmement royaliste, et sous l'influence de lord Spencer, de lord Fitz-William, de M. Windham, et conséquemment très ennemi de la paix; le *Times*, ministériel, attaquait faiblement le traité; enfin le *Morning-Post* examina la question sous le plus grand nombre de faces.

venables; dans ces grands dîners de la Cité, à ces banquets que se donnaient réciproquement l'ambassadeur et les wighs de la chambre des lords et des communes, il se manifestait ce caractère des fêtes et des joies anglaises, se résumant en toasts et en libations copieuses; on échangeait l'enthousiasme au porter et au vin de Bordeaux; les wighs ne pouvaient arriver que par la paix avec la France; Andréossy n'avait de force en Angleterre que par eux; cette situation réciproque créa instantanément une sorte d'importance à l'ambassadeur de France; toutefois il ne put observer la société de Londres, il ne vit que le mouvement d'un seul parti. Les dépêches constatent qu'il avait mal aperçu les progrès du torisme, et les habiles manœuvres de Pitt et de ses amis pour ressaisir les affaires. M. de Talleyrand dut plus profondément saisir le sens des affaires par la lecture des journaux, que par les dépêches généralement médiocres du général Andréossy.

Lord Witworth s'était fait une position meilleure à Paris; le premier Consul l'accueillit avec une distinction marquée, et comme il n'y avait pas dans la société deux camps, deux idées en présence, tous les salons se groupèrent autour de l'ambassadeur; le premier Consul voyait avec orgueil un seigneur de distinction résider auprès de sa personne; Witworth avait visité toutes les cours de l'Europe; Bonaparte aimait à causer avec le noble lord, lui adressant des questions sur l'état des partis en Angleterre, et sur le système de son gouvernement; lady Witworth-Dorset fréquentait assidûment les salons de madame Bonaparte[1], tandis que l'am-

---

[1] Ces cercles d'étrangers de madame Bonaparte étaient fort considérables. Voici dans quelles formes se tenaient ces grandes réunions.

bassadeur avait goût pour ces belles conversations des Tuileries qui, élevant haut l'esprit et l'imagination, les entraînaient dans les rêveries infinies d'une ambition sans limite. Lord Witworth observait froidement la marche des faits, il ne dissimulait pas dans ses dépêches : « Que le caractère du premier Consul le portant à des invasions incessantes, exécuter les clauses du traité d'Amiens, c'était donner à la France une position meilleure dans une guerre inévitable [1]. » Lord Witworth ne croyait pas à la durée de la paix; pour lui le traité n'était qu'une suspension d'armes, dont il fallait profiter, pour préparer une guerre nouvelle : comme il portait l'observation fort loin, il s'était aperçu que le caractère fier de Bonaparte heurterait bientôt le caractère non moins fier de la nation anglaise, et que de là surgiraient de nouvelles hostilités.

Cependant une multitude de familles anglaises, aux premiers symptômes de la paix, s'étaient jetées sur le continent [2]; l'aristocratie britannique avait repris ses habitudes voyageuses; comme les oiseaux de passage, longtemps privés de leurs ailes, elle s'était précipitée sur

---

« La présentation des dames étrangères à madame Bonaparte, qui a lieu le 18 de chaque mois, s'est faite hier à Saint-Cloud. M. le comte de Cobentzl, ambassadeur de S. M. l'empereur a présenté, madame la comtesse de Zamoïska, née princesse Zertorisky, et madame la comtesse Vincent Potolska. — M. le chevalier d'Azzara, ambassadeur d'Espagne, a présenté madame Ocariz. — Madame la marquise de Gallo a présenté madame la princesse de Castelforte. — Lord Witworth, ambassadeur d'Angleterre, a présenté madame la duchesse de Dorset, son épouse; madame la duchesse de Gordon, et lady Georgina Gordon; madame la duchesse de Newcastle, lady Chalmondeley, lady Coningham, madame Orby Hunter. — M. le comte de Marcoff, ambassadeur de Russie, a présenté madame la princesse Dogorouski, née princesse Bariatinski; madame la princesse Michel Galitzin, née comtesse Schouwoloff. — Madame la marquise de Lucchesini a présenté madame la comtesse Murzel, madame la comtesse Michelska, madame la baronne de Feif, madame la comtesse Michzinska. — M. de Dreyer, ministre plénipotentiaire de Danemarck, a présenté madame Vondermaaser et madame la comtesse de Moltk. »

[1] Je publie ces curieuses dépêches dans ce chapitre.

[2] En 1802 il fut compté en France plus de 8,000 familles anglaises.

la France, l'Italie, la Suisse, pour revoir le ciel pur qu'elle aimait tant, les plaisirs dont elle était avide. Les routes étaient couvertes de chaises de poste aux armoiries anglo-normandes; les Anglais venaient à Paris pleins de joie, puis passant les Alpes, ils allaient visiter Florence, la ville des arts, Rome avec ses ruines, Naples avec sa mer et son soleil; la bonne compagnie faisait son pèlerinage comme les chevaliers de Normandie au moyen âge, et dans son passage à Paris, chaque famille de distinction sollicitait l'honneur d'être présentée au premier Consul. Lord Witworth les amenait au cercle des Tuileries; la curiosité dominait les opinions; avides de tout ce qui remue, les Anglais recherchaient la personne de Bonaparte; ils se précipitaient en foule aux Tuileries, recueillant une parole, un geste, parce que tout homme extraordinaire faisait sur eux une vive impression, et c'est ainsi qu'ils considéraient Bonaparte; ami ou ennemi peu leur importait; ils voulaient contempler ses yeux, sa physionomie, la couleur de sa peau, ses mains, ses habits, afin de mettre sur leurs tablettes qu'ils avaient vu Bonaparte, tandis que les jeunes miss allaient le dessinant sur leur album, comme une statue du palais Pitti, ou une antiquité de Portici, ou de la villa Adriana.

Paris était devenu le centre des arts, son musée offrait les dépouilles de l'Italie et de l'Allemagne, les théâtres et ses acteurs attiraient la multitude des étrangers accourant en foule pour assister à ce spectacle merveilleux d'un grand peuple qui se reconstituait après les tourmentes d'une révolution si grandiose et si puissante. Parmi les membres du parlement qui vinrent alors à Paris, un surtout excita la vive sympathie du premier Consul; c'était M. Fox. Le traité d'Amiens était à peine signé, que l'orateur des wighs quitta l'Angleterre, il avait grande envie de voir cette France qu'il avait défendue dans plusieurs discours aux communes, comme un partisan sincère de la paix. Bonaparte accueillit M. Fox avec ce charme aimable qu'il savait apporter lorsqu'il voulait attirer un homme à lui ; M. Fox n'avait aucune forme de distinction ni d'aristocratie ; homme gros, petit, à la face peu spirituelle, à l'habit carré, lourd, il s'animait admirablement dans une conversation ; Fox vint presque tous les jours aux Tuileries, et Bonaparte aimait à engager de ces causeries générales sur les formes et les conditions du système parlementaire, ou bien sur quelque point de haines nationales[1]. Fox travaillait alors à son histoire des Stuarts ; wigh prononcé, partisan de la famille de Hanovre, il voulait raconter, avec sa raison froide, didactique, comment une race chevaleresque s'était éteinte ; Fox avait peu d'imagination ; matériel et positif, il était propre à dire par quelle cause un siècle positif avait secoué les Stuarts, la poétique famille d'Écosse ; il avait besoin de justifier l'impitoyable duc de Cumberland, à la tête de ses bandes allemandes, parcourant les montagnes fidèles aux Stuarts, avec une fureur implacable ;

---

[1] Bonaparte a jugé M. Fox très favorablement et voici ce qu'il en dit plus tard :

« M. Fox est un modèle pour les hommes d'État, et son école tôt ou tard doit régir le monde ; la mort de M. Fox est une des fatalités de ma carrière. S'il eût continué de vivre, les affaires auraient pris une tout autre tournure ; la cause des peuples l'eût emporté, et nous eussions fixé un nouvel ordre de choses en Europe.

« Fox vint en France immédiatement après le traité d'Amiens. Il s'occupait d'une histoire des Stuarts, et me fit demander à fouiller dans nos archives diplomatiques ; j'ordonnai que tout fût mis à sa disposition. Je le recevais souvent : la renommée m'avait entretenu de ses talents ; je reconnus bientôt en lui une belle âme, un bon cœur, des vues larges, généreuses, libérales, un ornement de l'humanité : je l'aimais. Nous causions souvent, et sans nul préjugé, sur foule d'objets. Quand je voulais l'asticoter, je le ramenais sur la machine infernale ; je lui disais que ses ministres avaient voulu m'assassiner ; il me combattait alors avec chaleur, et finissait toujours en me disant dans son mauvais français : *Premier Consul, ôtez-vous donc cela de votre tête.* Mais il n'était pas convaincu sans doute de la bonté de sa cause, et il est à croire qu'il

nulle pitié pour le prince Édouard, noble jeune homme dont le caractère aventureux avait vivement excité l'enthousiasme des femmes du Consulat, quand M. Duval l'avait mis sur la scène. Le Consul permit à Fox de pénétrer aux affaires étrangères, afin de lire toute la correspondance des Stuarts avec les Bourbons ; ces dépêches considérables, formaient un précieux recueil, et Bonaparte l'abandonna aux recherches de Fox. Ainsi le wigh froid et raisonneur put faire le parallèle entre les Stuarts et les Bourbons ; cela pouvait servir les desseins du Consul pour fonder une nouvelle dynastie. Fox partit enchanté de Bonaparte et de la France, mais était-ce là un mobile de nationalité et de popularité en Angleterre ? Le parti wigh, trop français, oubliait que la condition essentielle pour une opinion, est de rester nationale ; le patriotisme, pour être pur, doit surtout se manifester dans ses répugnances envers l'étranger ; il faut qu'on soit exclusif, passionné, afin de combattre tout ce qui n'est pas son propre pays. Les tories étaient mieux posés en Angleterre, car eux au moins avaient des haines contre la France.

Cependant la sécurité la plus complète semblait do-

s'escrimait bien plus en défense de l'honneur de son pays qu'en défense de la moralité des ministres.

« Fox était sincère, avait de la droiture, et voyait juste : s'il ne fût pas mort, la paix se serait effectuée, et l'Angleterre serait actuellement contente et satisfaite. Fox connaissait les vrais intérêts de son pays. Il fut reçu comme triomphateur dans toutes les villes de France où il passa. On lui offrit spontanément des fêtes, et on lui rendit les plus grands honneurs dans tous les lieux où il fut reconnu. Il doit avoir été véritablement flatté d'une telle réception, d'autant plus honorable pour lui, qu'elle lui était faite dans un pays qui avait été longtemps l'ennemi du sien, et qu'il ne la devait qu'à la haute estime que le peuple français portait à son noble caractère. Il est probable que si Pitt fût venu à la place de Fox, on l'eût assassiné. J'aimais Fox et j'aimais à converser avec lui.

« Il suffirait d'une demi-douzaine de Fox pour faire la fortune morale d'une nation. Avec de telles gens, je me serais toujours entendu, nous eussions été bien d'accord. Non seulement nous aurions eu la paix avec une nation foncièrement très estimable, mais encore nous aurions fait ensemble de très bonne besogne. »

miner la partie commerciale de la nation ; la paix était un si grand besoin, qu'on se précipita d'enthousiasme vers la navigation lointaine ; on ne réfléchit pas quand on spécule sur une opinion qui est dans la tête, ou un sentiment qui domine le cœur ; on avait besoin de la paix, on y croyait. Les capitaux s'étaient retrouvés, les vieux trésors inutiles avaient reparu en circulation, la confiance était rétablie ; les maisons commerciales reprenaient leur affaires ; depuis si longtemps les ports étaient fermés [1] ! et le commerce se résumait en une banque usuraire ou dans la fourniture des armées.

Le traité d'Amiens ouvrant l'Inde et l'Amérique aux spéculations, on pourrait revoir ces riches cargaisons qui sous le vieux régime venaient réjouir les vastes ports de France ; on suivait ces larges vaisseaux aux flancs remplis d'épices, de la cannelle odorante, du gingembre, du poivre, produits de la Chine, de Java et de l'Indoustan. Le Consul venait de rétablir les compagnies d'Afrique, de l'Inde sur de nouveaux éléments ; entouré de toutes les lumières, il avait consulté surtout ces commerçants vieux et expérimentés qui présidaient à la pêche du corail dans la Méditerranée, ou bien à l'exploitation des mines d'or de la Guinée ; ces administrateurs, débris de la compagnie des Indes, instruits des moyens de succès pour le haut commerce. Le Consul s'enquit des ressources employées pour réarmer ces larges bâtiments qui avaient cinglé sur toutes les mers, sous le pavillon blanc ; la préoccupation de Bonaparte était de rivaliser avec le commerce de l'Angleterre ; l'expédition de Saint-Domingue avait montré ce

[1] Le gouvernement consulaire s'occupa avec une grande activité de tout ce qui touche aux rapports commerciaux et aux institutions de consuls et tribunaux de commerce. Le bulletin des lois est rempli de ces créations.

que pouvait la marine militaire de France réunie en escadres sous des amiraux expérimentés. Maintenant, sa vive imagination rétablissait avec autant d'ardeur le mouvement commercial qu'elle en mettait à diriger les expéditions de guerre [1].

Au nord, le Hâvre prenait un développement considérable par le commerce de l'Amérique; la situation de ce port, merveilleusement placé, servait d'entrepôt à Rouen et à Paris. Là devaient venir les marchandises coloniales pour se répandre ensuite en Flandre, en Normandie, au centre de la France, à Paris sa capitale. Le Hâvre, port presque neuf, reçut néanmoins, dans la seule année 1802, plus de cent quatre-vingts navires de l'Inde et de l'Amérique, avec de riches cargaisons qui grandirent l'importance de ses relations et la fortune de ses armateurs. La balance fut, en importations, de plus de 52 millions, et en exportations de 27. Cette différence venait du besoin des denrées coloniales dans toutes les cités de France et de l'état de stagnation trop longtemps prolongé dans lequel se trouvaient les manufactures; les débouchés n'étaient pas suffisants pour les produits; il en résulta même une pénurie de numéraire qui se fit sentir sur les fonds publics; depuis le traité d'Amiens, ils baissèrent de près de 5 francs, on voulut faire passer l'argent dans les spéculations commerciales, afin d'y trouver un plus grand bénéfice [2].

Le Consul voulut relever le port de Lorient de ses

---

[1] Discussions au conseil d'État (1802). Le Bulletin des lois est tout rempli de décrets qui portent institution de bourse de commerce, de conseil, agent de change, banque, grande compagnie 1802-1803.

[2] La cour du Consul fit alors des pertes considérables sur le jeu des rentes; elle avait fait des spéculations à la hausse sur la nouvelle, secrètement répandue, de la paix d'Amiens.

ruines; depuis l'établissement du Hâvre, ce port marchait rapidement vers sa décadence. Sous l'ancien régime, Lorient vivait par la compagnie des Indes; elle y avait établi le siége de ses affaires, avec ses magasins riches des produits de l'Inde, de la Chine et du Japon; les vastes entrepôts de Lorient faisaient envie à la Cité de Londres pour le thé, les porcelaines, les épiceries de Ceylan et les nankins de Canton. Bonaparte, pour réveiller cette grande cité morte, lui rendit le commerce des noirs et le privilége de la compagnie de l'Inde, en même temps qu'il ouvrait les pêcheries de Terre-Neuve aux braves loups de mer de Saint-Malo. Le Consul avait ouï dire que là se trouvaient les éléments d'une marine militaire. Sur ces côtes de la Manche, on trouvait les matelots expérimentés luttant vigoureusement contre la tempête, braves enfants de Normandie, Bretagne et Guyenne, si redoutés des Anglais.

Bordeaux ressaisit un moment son opulence et sa splendeur avec une rapidité si merveilleuse, qu'on aurait dit une création de fée. Six cents gros navires quittèrent la rivière pour les destinations de l'Inde, de l'Amérique et du Sénégal, dans l'espace de huit mois. Dès que les préliminaires furent signés, les trois-mâts se pavoisèrent dans la Gironde pour cingler vers les Antilles et Saint-Domingue; il y eut cinquante-deux expéditions pour l'Inde, et les cargaisons de retour furent évaluées à plus de 50 millions. Tout cela se fit si rapidement que l'argent devenant plus rare, on empruntait follement au taux de 12 ou 15 pour cent, afin de spéculer sur les marchandises coloniales; les prêts à la grosse se multiplièrent; ils se firent jusqu'à 50 pour cent, et devinrent l'objet des spéculations les plus usuraires. On eut alors la folie de la paix, et comment empêcher l'engouement des masses? comment prouver à des commerçants enthousiastes qu'ils se trompaient dans leurs calculs? On allait devant soi poussé par une main invisible; l'esprit du pays était au commerce.[1].

Sur la Méditerranée, le port de Cette fit des transactions meilleures et plus profitables; il devint l'entrepôt des vins du Languedoc, un des riches produits d'exportation pour la France. Sur ces côtes abordèrent de toutes parts des navires pour charger des esprits et des eaux-de-vie: les Américains, les Anglais, les Danois et les Suédois, débarrassés de leurs chargements dans les ports de Bordeaux et du Hâvre, chargeaient pour leur retour les produits spiritueux des vignes du Midi. Il s'y fit des fortunes colossales parce qu'on ne risquait rien et qu'on donnait plus de marchandises qu'on n'en recevait en retour; Cette fut le dépôt du Languedoc, comme le Hâvre l'était de Paris et d'une grande partie des provinces du Nord.

A ses côtés, Marseille reprit instantanément sa prospérité commerciale. Depuis si longtemps les transactions étaient suspendues et on n'avait pu lancer un seul navire à la mer[2]! Après les préliminaires d'Amiens, le pavillon marseillais put flotter sûrement dans le Bosphore et sur les côtes de Tunis et d'Alger; les escadres firent respecter ce pavillon, même par les Barbaresques; Tunis et Alger envoyaient des députations au Consul. A l'imitation de Louis XIV, Bonaparte avait ordonné que le dey lui fît satisfaction, et une note adressée par M. de Talleyrand à la Porte, déclarait: « Que le Consul était décidé à débarquer sur la côte d'Alger, afin d'en finir

---

[1] Balance du commerce 1802-1803.
[2] Le premier Consul avait conservé de grands souvenirs du commerce de Marseille, et dans les discussions plus d'une fois il parla des riches maisons de ce port, et particulièrement de MM. Rabaut frères.

avec la régence[1]. » L'esprit provençal si actif, si ardent, se précipitait sans réflexion dans toutes les spéculations mercantiles; des bénéfices vinrent enrichir quelques-uns, mais une masse de pertes énormes se répartirent dans des proportions considérables sur la généralité des commerçants; on voulut trop embrasser; on spécula sans ordre comme si la paix d'Amiens devait être éternelle; le repos avait été si long! L'activité des armements fut poussée trop loin; Marseille jeta ses navires sur toutes les mers; petites et grandes maisons armèrent non seulement pour les échelles du Levant, mais encore pour Bourbon, les Antilles; on voulut reconstituer Marseille port franc comme à l'époque antérieure à la Révolution. Le commerce fut aveugle; il ne vit point les causes qui pouvaient briser tout à coup la paix d'Amiens; pour lui, l'horizon fut toujours bleu et tranquille; il n'étudiait pas les causes de rupture, il ne pénétrait pas dans les accidents qui pouvaient précipiter les hostilités; le commerce fut confiant à ce point que, lorsque la guerre éclata, la Grande-Bretagne put trouver plus de quinze cents navires en mer, riche proie pour ses corsaires et pour ses escadres. Quelles prises pour les marins anglais que les navires marchands de la Hollande, de la France et de l'Espagne!

[1] Note de M. de Talleyrand. Paris, 10 thermidor (29 juillet 1802).

CHAPITRE III.

RUINE DE L'OPPOSITION POLITIQUE.

CONSULAT A VIE DE BONAPARTE.

Opposition du Tribunat.—Sur les traités de paix.—La Légion d'honneur. — Instruction publique. — Concordat. — Colonies. — Le Code civil. — Finances. — Nécessité de briser l'opposition. — Agrandissement du pouvoir du Sénat. — Offre d'un Consulat décennal. — Refus de Bonaparte. — Idée du Consulat à vie. — Constitution nouvelle. — Ruine et élimination du Tribunat. — Création des sénatoreries. — Absorption de tous les pouvoirs par le Sénat et du Sénat dans les mains du Consul.

1802 - 1803.

La troisième session du Corps législatif s'ouvrit cette année; le conseil d'État, institution laborieuse, avait préparé une masse de projets régulièrement soumis à la sanction du Tribunat et des législateurs; cet ensemble de résolutions se rattachait aux pensées gouvernementales du premier Consul, se groupant comme un faisceau dont nulle partie ne pouvait se séparer. Bonaparte avait fait sonder les dispositions du Tribunat par les préfets; il savait que l'opposition y était considérable, et que si jamais elle parvenait à s'assurer l'opinion publique, elle pouvait servir les mécontentements secrets de l'armée et des partis. A plusieurs reprises déjà, un travail avait été commandé à la police de Fouché, pour examiner les nuances diverses qui se formulaient dans les grands corps de l'État, et Fouché, avec sa pénétration accoutumée, avait déclaré : « Qu'il était impossible d'éviter l'opposition inhérente à tout système représentatif. » Pour la justifier, le ministre citait le parlement anglais, où la résistance se manifestait dans des proportions bien plus formidables qu'au sein du Tribunat et du Corps législatif en France. Le ministre espérait sauver les dernières formules de liberté[1].

Ces observations n'étaient pas de nature à convaincre le premier Consul, hostile aux idées de pondération des pouvoirs, et d'équilibre dans les parties du corps social : la seule pensée simple et corrélative qui se présentait à lui, était le rapport de l'autorité et de l'obéissance. A peine les tribuns et les membres du Corps législatif étaient-ils réunis à Paris, que les communications s'engagèrent entre le conseil d'État, le Consul et les législateurs ; elles furent toutes extérieurement de confiance, par un échange de discours d'apparat, de félicitations, présage d'une harmonie sincère entre les diverses branches de la constitution[2]. Mais quand on arriva aux discussions d'affaires, l'esprit d'opposition

---

[1] Secrétairie d'État, septembre 1802.

[2] Voici comment on annonçait le programme de la session :

Le 2 frimaire (25 novembre). Trois conseillers d'État donneront communication au Corps législatif de l'exposé de la situation de la République, sous le point de vue des affaires intérieures.

Le 3 frim., les conseillers d'État Portalis, Boulay et Berlier, présenteront la première loi du Code civil; le citoyen Portalis est chargé du discours d'exposition de la division des lois, et de la disposition de tout le code civil.

Le 4 frim., le citoyen Regnault de Saint-Jean-d'Angély doit présenter dix projets de lois sur des échanges de biens entre les hospices et les communes.

Le 5 frim., le citoyen Rœderer, conseiller d'État, doit faire connaître les différentes raisons qui avaient brouillé la France et les États-Unis, et présenter la convention qui a raccommodé ces deux États, pour qu'elle soit publiée comme loi de la République.

Le 6 frim., le citoyen Brune doit exposer la politique du gouvernement envers le roi de Naples, et proposer de convertir en loi de la République le traité de paix conclu entre la France et Naples.

Le 7 frim., le citoyen Boulay doit exposer la politique des relations actuelles en-

se manifesta, et le salon de madame de Staël parut tout entier dans les débats des corps politiques; on retrouva Chénier, Benjamin Constant, Daunou, Chazal, Ganilh, Mailla-Garat, Andrieux, presque toujours opposés aux propositions du gouvernement; eux aussi avaient rêvé une opposition anglaise, une formule de résistance, lorsque tout tendait à la grande et forte reconstitution de l'autorité. En Angleterre, le ministère n'est qu'une certaine forme, qu'une organisation des partis; la chute d'un cabinet n'entraîne pas l'affaiblissement du pouvoir; un parti vient aux affaires, un autre les abandonne, bascule simple et naturelle. Sous le régime du 18 brumaire, une opposition telle que la comprenait le Tribunat allait droit au premier Consul; la dictature militaire est frappée de mort, le jour qu'on peut la discuter; lorsque l'obéissance est incertaine, le pouvoir absolu cesse d'exister[1].

Bonaparte tirait sa force de la paix qu'il avait donnée à la France et de l'ordre restauré; bientôt le gouvernement eut l'occasion d'essuyer une petite opposition du Tribunat; la constitution exigeait que les traités de paix lui fussent soumis, comme une des condi-

---

tre la France et la Bavière, et proposer de convertir en loi le traité conclu avec cette puissance.

Le 8 frim., le citoyen Fleurieu doit exposer la situation actuelle des relations qui existent entre la France et la Russie, et proposer de convertir en loi le traité conclu avec cette puissance.

Le 9 frim. le citoyen Defermont doit faire la même chose pour le traité conclu avec le Portugal.

Le 11 frim. les citoyens Emmery, Boulay et Réal doivent présenter le second projet de loi du Code civil.

Les neufs projets de lois qui composent le premier livre du Code civil, intitulé : *Des personnes*, seront successivement présentés.

Le projet de loi sur l'organisation de l'instruction publique suivra immédiatement.

[1] L'adresse du Corps législatif révélait même un certain sentiment de républicanisme et de souveraineté du peuple :

« Le Corps législatif, pénétré de la dignité et de l'importance des fonctions dont il est investi, s'empressera de seconder les vues du gouvernement pour conduire, par des lois sages, la République au plus haut degré de félicité : ainsi, les

tions du système politique emprunté à l'Angleterre, sorte de garantie pour le droit de paix ou de guerre, qui, selon les idées alors dominantes, appartenait exclusivement au peuple. Les traités conclus avec le Portugal, l'Angleterre et l'Espagne, étaient trop favorables à l'industrie, à la politique prépondérante de la France, pour que leurs dispositions pussent trouver des obstacles et des boules noires dans l'examen que devaient en faire le Tribunat et le Corps législatif ; ils furent donc tous votés à une immense majorité, excepté un seul pourtant, et à l'occasion d'un mot. En général, un peuple ne s'aperçoit pas que la liberté s'éteint, surtout lorsqu'une main forte et glorieuse conduit ses destinées, comme on le vit à Rome sous Auguste. Mais dans cet éblouissement de la victoire, souvent un mot, une phrase, lui révèle qu'il y a servitude autour de lui, et c'est seulement alors qu'il murmure. Le Tribunat, en discutant le droit de paix et de guerre, put lire le mot *sujets* inséré dans le traité de paix conclu entre le Consul et l'empereur de Russie : l'opposition eut hâte de se rattacher à cette formule, jetée peut-être sans intention ; car, dans les traités de puissance à puissance, le mot *sujets* se trouve avec le sens de

---

autorités premières de la République, toutes animées des mêmes sentiments et toujours unies, serviront de modèle aux autorités inférieures et à tous les citoyens; et tandis que, la souveraineté nationale plane sur tous, les dépositaires de l'autorité, qui existent par le peuple et pour le peuple, trouveront dans sa confiance et son amour, la douce récompense de leurs travaux pour opérer son bonheur. »

Extrait de la réponse du premier Consul.

« Le gouvernement apprécie la démarche du Corps législatif.

« Il est sensible à ce que vous venez de lui dire de sa part.

« Les actes du Corps législatif pendant la dernière session, ont contribué à aider la marche de l'administration, et à nous faire arriver à l'état où nous sommes.

« Il portera les mêmes sentiments dans les travaux de la session qui commence. C'est un moyen sûr de faire le bien-être et la prospérité du peuple français, notre souverain à tous.

« Il juge tous nos travaux. Ceux qui le serviront avec pureté et zèle, seront accompagnés dans leur retraite par la considération et l'estime de leurs concitoyens. »

nationaux, comme on dirait *sujets d'un territoire*; c'est moins une qualification politique, qu'une expression de nationalité.

Sur cet incident, l'opposition du Tribunat éclate; Chazal demande des explications. « Quoi ! on avait combattu dix ans pour conquérir le titre de citoyens, et l'on faisait renaître le mot *sujets*, odieusement proscrit par les assemblées ? » Cette opposition qui eut son retentissement au-dehors, aboutit néanmoins à un vote favorable; le traité fut approuvé, mais le gouvernement se vit forcé de donner des explications, afin de rétablir le sens du mot *sujets*, inséré dans une pièce diplomatique [1]. Le premier Consul dut être vivement irrité de cette opposition qui démoralisait ses actes, et révélait ses desseins d'avenir; quel parti n'allaient pas tirer les républicains, des paroles retentissantes de la tribune? L'armée allait comprendre les menaces de Chénier, qui avait dit : « Le vœu de la coalition va donc se réaliser, nous sommes *des sujets ?* »

Cette opposition se montra plus systématique encore à l'occasion du Code civil; quand il s'agit de lois qui se rattachent à la famille, à la possession des biens, l'examen peut facilement se formuler; il y a tant d'aspects divers pour voir et toucher une question! Ainsi, le mariage, les actes d'état civil, le divorce, la puissance paternelle, toutes ces idées qui touchent au foyer domestique, à la société, s'offrent à l'esprit sous

---

[1] Au Tribunat :

« Costaz dit dans son rapport que l'emploi du mot *sujet*, qui ne s'accordait point avec la dignité du citoyen français, avait excité une forte attention. Il établit que ce mot n'avait été employé que par rapport aux *émigrés* qu'on n'avait pas cru devoir désigner nominativement.

« Le Tribunat se mit en conférence particulière pour discuter cette question. La discussion y fut violente. Chénier y dit : « Nos armées ont combattu pendant dix ans pour que nous fussions *citoyens*, et nous sommes devenus des sujets! Ainsi s'est accompli le vœu de la double coalition! »

mille expressions, sous mille faces variées. Dès que les conseillers d'État Portalis, Berlier, Boulay, Emmery, Réal, eurent porté au Tribunat les différents titres du Code civil, il s'éleva dans le sein de cette assemblée des résistances étranges sur toutes les pensées du gouvernement; on combattit à outrance, et rien ne fut épargné : des prosateurs, des poëtes, se présentaient comme des champions pour dénoncer l'absurdité des dispositions du Code civil. M. Andrieux fut l'un des adversaires les plus redoutables du grand Code, et lui, l'auteur du *Meûnier sans soucis,* et de spirituelles comédies, vint combattre à la tribune des jurisconsultes expérimentés, tels que MM. Portalis, Tronchet, Treilhard, véritables lumières de la législation et des questions de droit. Les premiers titres du Code ainsi rejetés à une immense majorité [1], le Tribunat sembla protester contre la pensée de ces lois et leur système de promulgation ; il s'attachait à tout, à la rédaction obscure, à la mauvaise constitution des phrases, à l'absurdité des dispositions. Aucun titre du Code ne trouva grâce devant les tribuns.

Il ne s'agissait ici sans doute que des lois particulières à la famille, ne touchant le gouvernement que d'une manière très indirecte; néanmoins Bonaparte s'aperçut que le Tribunat se posait comme un obstacle au développe-

---

[1] Voici le relevé des notes des Corps politiques pendant cette période du Consulat :

Première session.

Sur la première loi du Code civil : au Tribunal 13 pour, 65 contre; au Corps législatif 139 pour, 142 contre.

Sur la deuxième loi du Code civil : au Tribunat 31 pour, 61 contre.

Sur la troisième loi du Code civil : au Tribunat 64 pour, 26 contre.

Sur la continuation de la peine de mort :
au Tribunat 71 pour, 10 contre ; au Corps législatif 234 pour, 30 contre.

Sur les droits des marchandises importées du duché de Berg : au tribunat 22 pour, 52 contre; au Corps législatif 217 pour, 35 contre.

Sur le traité de paix avec la Russie : au Tribunat 77 pour, 14 contre ; au Corps législatif 229 pour, 21 contre.

Deuxième session.

Sur la loi sur le Concordat et les articles

ment de ses volontés, à l'accomplissement de son œuvre ; cette conviction grandit en lui, quand il vit l'opposition se formuler sur les questions mêmes du gouvernement. La première loi présentée dans cette session se rattachait au concordat et aux articles organiques qu'on avait préparés pour les cultes, déjà discutés depuis longtemps devant le conseil d'État. La restauration des idées religieuses devait soulever les antipathies de tout le parti philosophique ; le Tribunat avait dans son sein les débris de l'école du XVIII° siècle, expression d'impiété ou au moins d'indifférence pour les cultes : « Que signifiait le concordat? où voulait-on en venir? n'était-ce pas reconnaître la suprématie du pape, pouvoir né de l'ignorance et que les lumières avaient renversé? Le concordat renouvelait des superstitions du moyen âge : on aurait encore une hiérarchie de prêtres, des refus de sacrements, des querelles de sacristies ; la grande nation allait être rapetissée à ce point de rétrograder à l'époque de François Ier ! Cela ne pouvait être ; un siècle avancé n'était pas une époque de ténèbres ; entreprise folle qu'un concordat : qu'on admît la liberté des cultes, la tolérance du catholicisme, sous la surveillance de l'État, rien de plus simple ; mais salarier le clergé, rétablir les évêchés et les églises, c'était le vieux régime ; on niait donc la liberté des consciences? Un culte privilégié ne pouvait être admis sans

organiques : au Tribunat 78 pour, 7 contre ; au Corps législatif 228 pour, 21 contre.

Sur l'instruction publique : au Tribunat 80 pour, 9 contre ; au Corps législatif 251 pour, 27 contre.

Sur la marque des condamnés : au Corps législatif 241 pour, 23 contre.

Sur la conscription : au Tribunat 58 pour, 11 contre ; au Corps législatif 246 pour, 21 contre.

Sur les douanes : au Corps législatif 242 pour, 20 contre.

Sur la Légion d'honneur : au Tribunat 56 pour, 38 contre ; au Corps législatif 166 pour. 110 contre.

Sur le régime des colonies : au Tribunat 54 pour, 27 contre ; au Corps législatif 211 pour, 63 contre.

Sur huit lois concernant les finances, à la presque unanimité.

tout bouleverser dans l'État. » Ainsi parlaient au Palais-Royal les tribuns les plus ardents, et si la loi du concordat fut votée à une majorité, elle ne devint pas moins l'occasion d'un long débat qui frappait d'avance la mesure d'impopularité.

Cet esprit du xviiie siècle se formula plus vif encore dans la loi sur l'instruction publique, qui paraissait au Tribunat un retour direct et complet au monopole. « Après avoir rétabli l'Église, on cherchait à restaurer l'Université, car ce n'était qu'elle qu'on instituait sous un nom plus ou moins déguisé. Les lois existantes étaient suffisantes ; fallait-il recourir à une institution surannée, rétablir les corporations religieuses, leur remettre une fois encore l'éducation des enfants et le développement de l'intelligence ? Il n'y aurait plus désormais de liberté dans l'enseignement, pas plus que dans l'exercice des cultes; on appelait une reconstitution de la société, la ruine de la République, un retour au-delà de 1789 ; on démolissait l'œuvre de l'Assemblée constituante [1]. »

Dans le projet de loi sur la conscription, le Tribunat attaqua le système militaire du Consul, et celui-ci ne pouvait le pardonner. Les tribuns étaient d'avis qu'il fallait tout accorder au service de la patrie, quand elle était menacée, mais en temps de paix, on devait se circonscrire dans les limites que l'ambition ne devait jamais franchir, et adopter le système de Bernadotte, séparer la conscription pour la défense du territoire, et la conscription pour la conquête : l'une illimitée comme une levée en masse, l'autre restreinte afin de ne pas donner au dictateur des moyens de guerres incessantes pour servir une ambition personnelle. De telles restrictions ne pouvaient

---

[1] Procès-verbal de discussion au Tribunat, session de 1803.

convenir à Bonaparte; il avait déchiré le projet de la section rédigé sous l'influence de Bernadotte, parce qu'il posait des limites; à plus forte raison devait-il s'irriter des paroles aigres, des dénonciations qui de la tribune retentissaient dans les entrailles du pays; comme il avait le sentiment de son ambition, le Consul ne voulait pas qu'on le lui jetât sans cesse à la face. Jamais il n'aurait osé de grandes choses avec des moyens restreints; comment rendre la prépondérance à la nation française avec les idées limitées et les moyens étroits que le Tribunat voulait lui imposer [1] ?

Le projet de la Légion d'honneur, depuis si longtemps préparé au conseil d'État, ne fut pas considéré par l'opposition seulement sous le point de vue militaire; au Tribunat, on y aperçut un moyen de reconstituer les ordres, les distinctions, en hostilité flagrante avec les principes et les institutions républicaines [2]. « On avait rétabli le culte, restauré l'Université, maintenant le système était complet; on allait plus loin, on brisait l'œuvre de la Constituante, on renversait les sacrifices de cette nuit de 1789, où les gentilshommes de France, les Montmorency, les La Rochefoucauld, vinrent déposer leurs titres sur la tribune. D'un ordre militaire à une noblesse, il n'y avait qu'un pas; en vain entourait-on cette institution de paroles libérales, on n'en rétablissait pas moins d'odieuses dis-

---

[1] Procès-verbaux du Tribunat, 1802, 1803.

[2] M. Benjamin Constant voulant justifier cette attitude hostile du Tribunat disait à la tribune :

« L'opposition est votre droit, l'amélioration votre nature. Or, l'on n'use pas toujours de ses droits, et l'on fait toujours ce qui est inhérent à sa nature. Constituez-vous donc ce que vous devez être, non pas chambre d'opposition permanente, ce qui serait absurde, et dans quelques circonstances, coupable; non pas chambre d'approbation éternelle, ce qui serait servile et coupable dans certains cas; mais chambre d'approbation ou d'opposition suivant les mesures proposées, et chambre d'amélioration toujours. Rassurez sur ce qu'on redoute de votre action inégale et tumultueuse, en vous donnant une action durable et tranquille de bienfaisance et de méditation. »

tinctions; tous les citoyens étaient égaux devant la loi, les membres de la Légion d'honneur seraient bientôt des chevaliers, des comtes et des marquis. Était-ce pour arriver là que le peuple avait répandu tant de sang et souffert de si glorieuses privations? L'armée ne serait plus nationale, elle se composerait de privilégiés et de nobles de nouvelle espèce; on n'avait même pas déguisé la pensée du projet. »

Cette opposition vigoureuse, et systématique, ne s'arrêta devant aucune mesure; elle devenait une passion, et au sujet de la loi sur les colonies, on la vit se montrer dans des conditions plus dessinées encore. Quand Bonaparte eut à s'occuper de l'organisation des établissements français dans l'Inde ou dans l'Amérique, allant droit et fortement à son but, il posa l'esclavage des noirs comme la condition première de toute constitution des colonies; dans ses vues d'un gouvernement fort, la philanthropie tenait peu de place, le nègre lui paraissait indispensable pour la culture des terres, il ne pouvait y avoir de produits sans sa servitude absolue; Bonaparte la rétablit donc sans s'inquiéter des déclamations[1]. Ce projet dut être présenté au Tribunat, et ici allaient se présenter les questions d'humanité; les amis des rêveries de Bernardin de Saint-Pierre, les lecteurs assidus de l'abbé Raynal, ne pouvaient laisser passer une telle occasion, sans protester contre le retour de l'esclavage des noirs. « On allait rétablir la traite, cet achat et cette vente d'hommes! N'avait-on pas l'exemple de l'Angleterre? L'abolition de la traite n'y était-elle pas une des préoccupations des

---

[1] On a fait tenir à Bonaparte d'autres discours à Sainte-Hélène sur les noirs; on le dirait alors un doux philanthrope. Mais que n'ont pas fait dire à Bonaparte les auteurs du Mémorial! Si Bonaparte se levait de son cercueil il se révolterait de toutes les puérilités qu'on a mises dans sa bouche; il voulait être un peu plus haut que l'abbé Grégoire.

hommes d'État qui dirigeaient les affaires? Quel outrage pour l'humanité! On réduisait l'esclave au métier de bête de somme, au profit de quelques colons cruels! » L'opposition prit ce thème populaire; des hommes tels que Chénier, Andrieux, Daunou [1], tribuns à la parole retentissante, avaient secondé le 18 brumaire sans en comprendre la portée; ils voulaient arrêter Bonaparte dans ses desseins, et après avoir créé une dictature, enchaîner par de petites restrictions le dictateur qui disposait de l'épée.

Le caractère de Bonaparte doit expliquer les sentiments impétueux de son âme à l'aspect de ces résistances qui n'avaient pas pour excuse le courage de l'épée; on lui disait qu'en définitive toutes les lois étaient votées et qu'il avait pour lui l'épreuve des scrutins; ce n'était pas ces résultats que le Consul examinait, mais l'effet moral produit par de telles discussions. Les hommes supérieurs ne voient pas seulement le sens matériel d'une discussion, ils en envisagent les conséquences, et le mal produit par la parole; or, Bonaparte savait que cette opposition avait du retentissement: expression de toute une école philosophique, elle trouvait son écho dans l'armée, dans les débris du xviiie siècle, dans cet esprit d'égalité enfin que la République avait voulu consolider. Souvent une parole prononcée à la tribune pénètre jusqu'au fond du pays, et comme la goutte d'eau, elle brise le rocher par la persévérance. La tribune importunait donc Bonaparte, et dépopularisait d'avance ses résolutions; quand une loi était votée, elle n'avait plus cet ascendant qui commande l'obéissance; on avait combattu, discuté, et la dictature de Bonaparte

[1] Procès-verbaux du Tribunal, session de 1802 à 1803.

ne pouvait souffrir une telle résistance, qui aurait à la fin tué son pouvoir; c'était la paille dans le bronze d'une statue antique; elle la brise [1].

On a vu qu'il s'était exprimé déjà sur le Tribunat avec colère, en appelant une forme de discussion moins retentissante, moins opposée à ses desseins; plus l'œuvre était laborieuse, plus il fallait réfléchir, et bientôt une circonstance se présenta où l'on put reconstituer le plan d'une nouvelle organisation législative. Le Sénat avait grandi; Bonaparte affectait de placer haut une institution dont il ne redoutait pas l'action politique, il ne nommait un sénateur qu'avec une sorte de respect. Appelé à désigner des candidats, Bonaparte en choisit trois sur sa liste : le général Jourdan, le vétéran de Sambre-et-Meuse, les généraux Lamorelière, et Berruyer commandant des Invalides, respectant ainsi les vieux services rendus à la République. Le Sénat, composé d'esprits fatigués, s'assouplissait facilement sous sa main, son opposition était silencieuse et sans appui dans l'opinion active. Le premier Consul avait cette pensée contradictoire dont Tacite parle à l'occasion de Tibère; il voulait un sénat honoré, respecté de tous, grand par ses lumières et par son caractère, et en même temps il voulait un sénat obéissant comme le désirait la tyrannie des empereurs; il

---

[1] Bonaparte a depuis justifié ses répugnances pour le Tribunat :

« Il est certain dit-il, que le Tribunat était absolument inutile, et coûtait près d'un demi-million ; je le supprimai. Je savais bien que l'on crierait à la violation de la loi ; mais j'étais fort, j'avais la confiance entière du peuple, je me considérais comme réformateur. Ce qu'il y a de sûr, c'est que je le fis pour le bien. J'eusse dû le créer au contraire, si j'eusse été hypocrite ou mal intentionné; car, qui doute qu'il n'eût adopté, sanctionné, au besoin, mes vues et mes intentions ? Mais c'est ce que je n'ai jamais recherché dans tout le cours de mon administration ; jamais on ne m'a vu acheter aucune voix, ni aucun parti par des promesses, de l'argent ou des places ; non, jamais! et si j'en ai donné à des ministres, à des conseillers d'État, à des législateurs, c'est que ces choses étaient à donner, et qu'il était tout naturel et même juste qu'elles fussent distribuées à ceux qui travaillaient près de moi, » (Mémoire attribué à Bonaparte).

créait des institutions respectables, mais sans liberté.

Bonaparte avait foi dans le Sénat, seul pouvoir auquel il reconnaissait la faculté de modifier l'acte constitutionnel; or, les hommes qui lui étaient dévoués avaient déjà pressenti quelques sénateurs sur la question de savoir s'il ne faudrait pas décerner à Bonaparte le Consulat à vie. Les services rendus à la patrie étaient si beaux! Bonaparte était le pacificateur de l'Europe, et la paix lui avait donné une si grande force d'opinion publique! Ainsi le disaient les médailles frappées, les monuments élevés par la reconnaissance du peuple [1]. Le Sénat, quelque dévoué qu'il pût être, s'était un peu alarmé d'une résolution trop ambitieuse, et ce fut pour déjouer la marche absorbante vers la dictature, que cette assemblée prépara un projet dont les idées étaient plus restreintes et mieux en harmonie avec les institutions républicaines. La constitution de l'an VIII fixait à dix années la durée de la magistrature consulaire; Bonaparte avait été élu pour cette période; trois ans seulement expiraient; en la prolongeant de dix années encore, ne ferait-on pas tout ce que la gloire du Consul pouvait exiger? Puis on pouvait régler les rapports des conseils électoraux avec le peuple, du Sénat avec le conseil d'État, des Consuls entre eux, ce mécanisme de la constitution n'étant pas suffisamment régularisé; beaucoup de ces questions étaient agitées dans les réunions intimes et les conseils privés que Bonaparte tenait déjà à la Malmaison ou aux Tuileries, afin de préparer l'avenir de son pouvoir.

---

[1] Le président du Tribunat, Chabot de l'Allier, s'écrie :

« Chez tous les peuples on décerna des honneurs publics et des récompenses nationales aux hommes, qui, par des actions éclatantes, avaient honoré leurs pays, ou l'avaient sauvé de grands périls.

« Quel homme eut jamais, plus que le général Bonaparte, des droits à la reconnaissance nationale?

« Quel homme soit à la tête des armées, soit à la tête du gouvernement, honora davantage sa patrie, et lui rendit des services plus signalés?

LE POUVOIR HÉRÉDITAIRE (1802).

Pour s'expliquer les actes politiques et la constitution nouvelle qui vont surgir, il faut bien distinguer les diverses opinions qui entouraient alors Bonaparte. La pensée du Consul était fixe : constituer le pouvoir d'une manière vigoureuse, lui donner une impulsion ferme, unique, telle était sa volonté dominante; seulement on différait sur les moyens. Plusieurs opinions étaient discutées en présence du premier Consul; une certaine coterie d'hommes, marchant vers les idées monarchiques, comptait dans le conseil d'État et dans le Sénat des esprits entièrement dévoués, sous la direction de Lucien : tels étaient MM. Rœderer, Jacqueminot, Régnier, Lebrun, Regnault de Saint-Jean-d'Angély, Cambacérès lui-même; tous pensaient que sous une forme quelconque, il fallait rendre le pouvoir du Consul à vie; puis afin de consolider l'œuvre, on devait préparer un système d'hérédité. Ces esprits, très habilement exercés, ne croyaient pas possible l'affermissement de l'ordre, la sécurité des intérêts, sans la constitution d'un pouvoir héréditaire : l'appellerait-on Consulat, Empire? peu importait le titre, pourvu que le pouvoir de fait trouvât une garantie permanente. Le développement de cette pensée avait été essayé dans la fameuse brochure sur le parallèle entre *César, Cromwell, Monck et Bonaparte*; à l'époque où elle fut publiée, on la désavoua parce qu'on craignait encore les derniers débris de la République expirante; mais alors les esprits étaient plus prépa-

---

« Sa valeur et son génie ont sauvé le peuple français des excès de l'anarchie, des fureurs de la guerre, et ce peuple est trop grand, trop magnanime pour laisser sans une grande récompense tant de gloire et tant de bienfaits. »

« Tant de hauts faits, dit le président du Corps législatif, tant de traits d'héroïsme et du plus sublime dévouement dans tous les genres, consignés dans les fastes de l'immortalité, feront l'étonnement des siècles à venir, comme ils excitent l'admiration des temps présents; ils donneront un air de vérité au merveilleux que la fable raconte des temps héroïques. »

rés, plus assouplis aux institutions monarchiques. Depuis deux ans les idées progressaient; la paix avait donné une immense puissance d'opinion à Bonaparte; on n'avait plus à prendre les mêmes ménagements, à manifester les mêmes incertitudes; les services rendus par le premier Consul étaient si magnifiques alors : il avait préparé la pacification générale; des traités étaient signés, même avec l'implacable Angleterre; quelle récompense serait assez brillante pour reconnaître un tel dévouement à la patrie?

M. de Talleyrand, le plus dévoué à cette idée d'un pouvoir fort, centralisé, héréditaire, invoquait à cet effet toutes ses correspondances avec les cabinets de l'Europe; ministre des relations extérieures, M. de Talleyrand démontrait qu'il n'y aurait pas de sécurité possible pour le développement d'un système diplomatique, sans l'affermissement d'un pouvoir régulier et héréditaire en France, sur lequel on pût s'appuyer; il mit sous les yeux du conseil privé les dépêches des ambassadeurs, constatant le vœu général de l'Europe pour que la France entrât dans des voies monarchiques sous un système d'unité, afin de briser les derniers éléments de la Révolution. La Prusse, en tête de ces puissances, avait secondé le mouvement du 18 brumaire [1], le triomphe de Bonaparte dans la révolution de Saint-Cloud; le comte de Haugwitz écrivait d'une manière plus explicite encore : « L'œuvre que l'on a commencée, il faut l'accomplir; il est réservé au Consul

---

[1] Note communiquée. Résumé de ces dépêches (1802).

« A l'époque dont il s'agit, on ne parlait plus que d'hérédité et de dynastie, de fortifier le gouvernement et de diminuer l'influence des autres corps de l'État, surtout du Tribunat, et d'organiser définitivement la nation. Lucien était un des plus ardents propagateurs de ces idées; Rœderer les appuyait de toute la puissance de sa métaphysique, et Talleyrand du suffrage de tous les cabinets. Parmi les hommes de la Révo-

Bonaparte de mettre un terme aux agitations qui ébranlent l'Europe depuis quinze ans. » La Prusse indiquait une magistrature à vie, ou même une monarchie héréditaire qu'elle reconnaîtrait immédiatement; les Bonaparte n'étaient pas la seule famille élevée sur le trône par les grands services rendus à la patrie; les rois viendraient à elle. J'ai besoin de dire que c'était ici plutôt l'opinion personnelle d'un ministre que le sentiment général de la cour de Berlin.

Ces idées plaisaient à Bonaparte, à ses frères, à tous les membres de sa famille. Le premier Consul, aussi habile que fort, aussi rusé que prévoyant et déterminé, savait qu'il ne faut rien brusquer en politique; les pas les plus lents sont les plus sûrs; on devait encore ménager la Révolution et les susceptibilités républicaines; aujourd'hui s'avancer d'une ligne, demain d'une autre : marcher à pas précipités vers l'empire, eût été un danger; qui pouvait répondre de l'armée, des populations, et des esprits agités par l'aspect d'une ambition si active, si insatiable? Selon Bonaparte, il fallait s'arrêter dans une voie progressive, par la crainte de trouver une opposition trop formidable, et quand il s'agit de la dictature, le premier acte qui vous fait reculer vous entraîne à une perte inévitable. Bonaparte avait plus d'intelligence que ses flatteurs; la ruse du Corse et de l'Italien se révélait en lui; son origine était marquée d'une manière indélébile dans son caractère; comme le pâtre de Corté sur la crête de la montagne, il ne voulait s'élever plus haut que lorsque son pied serait sûr; il savait que le précipice était

lution, les uns voyant qu'ils ne pouvaient plus arrêter ce mouvement, se taisaient; les autres le favorisaient, se consolant de la ruine de la République par les avantages personnels que leur offrirait la nouvelle monarchie. On ne pouvait plus parler de liberté sans être signalé comme un idéologue, un Jacobin ou un terroriste. »

(Souvenirs d'un conseiller d'État.)

à côté du sommet, et que la roche Tarpéienne touche au Capitole.

Une seconde fraction dans le Sénat et dans le conseil d'État hésitait à pousser Bonaparte dans des voies aussi ambitieuses; les hommes tels que Thibaudeau, Réal, Truguet, Fouché, républicains rattachés à son pouvoir, voulaient bien un gouvernement fort, une autorité centralisée; mais ils n'étaient point amis de ces formes monarchiques et héréditaires que le Consul voulait établir comme complément de sa pensée. Tous rattachés au 18 brumaire, terme posé à l'anarchie du Directoire, ils conservaient néanmoins un caractère démocratique très prononcé; ils ne comptaient pas sacrifier la Révolution tout entière à Bonaparte, et surtout à sa famille, à Joseph, à Lucien, à Louis ou à Jérôme, que la loi héréditaire appellerait à la succession. Les derniers débris de la Révolution, les vrais patriotes ne pouvaient pas se mettre sous la dépendance d'une famille, faire une dynastie nouvelle, lorsqu'on avait abattu l'ancienne! Ils trouvaient sympathie et appui dans madame Bonaparte, non pas que cette femme triste et légère ne saluât avec plaisir les honneurs qui viendraient se tresser en couronne sur sa tête; mais Joséphine avait un fatal pressentiment que les grandeurs de Bonaparte l'éloigneraient de sa personne [1]; autour d'elle on prenait plaisir à la martyriser; stérile pour le Consul, Lucien lui disait sans cesse :

---

[1] Voici une note précise sur les douleurs de madame Bonaparte.

« Madame Bonaparte dit à un conseiller d'État : Je n'approuve point tous les projets que l'on médite, je l'ai dit à Bonaparte; il m'écoute avec assez d'attention, mais les flatteurs le font bientôt changer d'opinion. Les nouvelles concessions que l'on lui fera augmenteront le nombre de ses ennemis. Les généraux crient qu'ils ne se sont pas battus contre les Bourbons pour leur substituer la famille Bonaparte. Je ne regrette point de n'avoir pas d'enfants de mon mari, car je tremblerais sur leur sort. Je resterai attachée à la destinée de Bonaparte, quelque périlleuse qu'elle soit, et tant qu'il aura pour moi l'amitié et les égards qu'il m'a toujours témoignés... Mais le jour où il

« Pourquoi n'avez-vous pas d'enfants? » On avait noirci sa conduite dans l'esprit de son mari, et maintenant on l'abimait par de cruelles et froides paroles; superstitieuse comme toutes les femmes qui souffrent, cette pourpre qu'on voulait jeter sur Bonaparte lui apparaissait comme le linceul qui devait couvrir le cercueil de son existence et de son pouvoir; vivement opposée à tous ces projets d'ambition, elle cherchait à détourner et à prévenir le Consul, tandis qu'il se laissait emporter sur le char de la destinée!

Un troisième parti enfin se composait de ce qu'on appelait les constitutionnels, hommes qui rêvaient les idées de 1789, tels que MM. Lafayette, Lanjuinais; mais qui empêchaient tout, parce qu'ils mettaient des idées impossibles à côté des principes positifs d'un gouvernement fort et applicable [1]. Ces hommes ne voulaient pas, comme les Jacobins, la démocratie pure et forte, le gouvernement par les masses, un changement radical, ils en avaient peur; ils craignaient une administration vigoureuse, et sous prétexte d'établir des garanties ils empêchaient l'action du gouvernement, en proclamant l'insur-

changera, je me retirerai des Tuileries. Je n'ignore pas qu'on le pousse à s'éloigner de moi. Lucien donne les plus mauvais conseils à son frère. Cependant Bonaparte sait l'apprécier. Voulez-vous que je vous donne une idée des prétentions de ces messieurs : J'ai demandé à Jérôme pourquoi il n'était pas venu dîner le 15? Il m'a répondu : Je n'y viendrai pas tant qu'il n'y aura pas de place marquée pour moi; les frères de Bonaparte doivent avoir les premières places après lui. Je lui ai répliqué : Rappelez-vous donc ce que vous étiez. Allez, vous n'êtes qu'un enfant, toutes les places sont égales chez moi. »

[1] Voici comment s'exprimait Bonaparte sur cette opposition constitutionnelle :

« Lafayette, Latour-Maubourg; eh bien! ces deux-là m'ont écrit, au sujet du Consulat à vie, qu'ils disaient oui à condition que la liberté de la presse serait rétablie. Jugez maintenant ce qu'on peut espérer de ces hommes-là qui sont toujours à cheval sur leur métaphysique de 89. La liberté de la presse! Je n'aurais qu'à la rétablir, j'aurais de suite trente journaux royalistes et quelques journaux jacobins. Il me faudrait gouverner encore avec une minorité. »

M. de Lafayette avait écrit au premier Consul la lettre suivante :

Lagrange, 1er prairial, an x.

Général,

« Lorsqu'un homme pénétré de la recon-

rection le plus saint des droits, sans jamais reconnaître la légitime mission du pouvoir. Bonaparte ne les aimait pas, il les appelait des *niais*, des cerveaux creux, parce qu'avec leurs principes d'honnêteté constitutionnelle, ils jetaient le désordre partout. Les Jacobins, Bonaparte les expliquait parfaitement : ils avaient réalisé un remaniement absolu de la société, le triomphe de la démocratie; il avait même de l'estime pour eux, parce qu'ils savaient gouverner par des moyens violents d'unité politique. Que faire avec les hommes de théorie qui n'aboutissaient à rien et restaient dans le vide? Cependant les constitutionnels comptaient quelques partisans dans le conseil d'État, le Sénat, et il fallait savoir les ménager au milieu d'un mouvement politique; les blesser, c'était atteindre la masse des patriotes de 1789.

Telles étaient les différentes nuances dans les Conseils, et l'on devait maintenant agir pour arriver aux desseins du Consulat à vie. Avec son instinct accoutumé, Bonaparte voyait que le moment favorable était arrivé pour oser quelque coup de hardiesse; l'enthousiasme était vif et profond ; le traité d'Amiens pacifiait l'Europe, et le Tribunat lui-même venait déposer à ses pieds l'expression du vœu public; son

---

naissance qu'il vous doit, et trop sensible à la gloire pour ne pas aimer la vôtre, a mis des restrictions dans son suffrage, elles sont d'autant moins suspectes, que personne ne jouira plus que lui de vous voir premier magistrat à vie d'une République libre. Le 18 brumaire a sauvé la France, et je me sentis rappelé par les professions libérales auxquelles vous avez attaché votre honneur ; on vit depuis dans le pouvoir consulaire cette dictature réparatrice qui, sous les auspices de votre génie, a fait de si grandes choses, moins grandes cependant que ne le sera la restauration de la liberté. Il est impossible que vous, général, le premier dans cet ordre d'hommes, qui, pour se comparer et se placer, embrassent tous les siècles, vouliez qu'une telle Révolution, tant de victoires et de sang, de douleurs et de prodiges, n'aient pour le monde et pour vous d'autre résultat qu'un régime arbitraire. Le peuple français a trop connu ses droits pour les avoir oubliés sans retour ; mais peut-être est-il plus en état aujourd'hui que dans son effervescence de les recouvrer utilement ; et vous, par

PLAN DU CONSULAT A VIE (1802).

adresse enthousiaste demandait une récompense pour tant de services rendus par Bonaparte; le Consul répondit avec modestie et une certaine grandeur antique, comme Auguste au sénat : « Le gouvernement est touché des sentiments que vous manifestez au nom du Tribunat. Cette justice que vous rendez à ses opérations est le prix le plus doux de ses efforts. Il y reconnaît le résultat de ces communications plus intimes qui vous mettent en état de mieux apprécier la pureté de ses vues et de ses pensées. Pour moi, je reçois avec la plus vive reconnaissance le vœu émis par le Tribunat. Je ne désire d'autre gloire que celle d'avoir rempli tout entière la tâche qui m'est imposée. Je n'ambitionne d'autre récompense que l'affection de mes concitoyens ; heureux s'ils sont bien convaincus que les maux qu'ils pourraient éprouver seront toujours pour moi les maux les plus sensibles; que la vie ne m'est chère que par les services que je puis rendre à la patrie; que la mort même n'aura point d'amertume pour moi, si mes derniers regards peuvent voir le bonheur de la République aussi assuré que sa gloire. » Le Consul, s'effaçant avec modestie devant l'idée du gouvernement, attribuait au peuple le mérite du bien réalisé, lui n'était qu'une partie du grand tout : cette expres-

---

la force de votre caractère et de la confiance publique, la supériorité de vos talents, de votre existence, de votre fortune, pouvez, en rétablissant la liberté, maîtriser tous les dangers, rassurer toutes les inquiétudes. Je n'aurais donc que des motifs patriotiques et personnels pour vous souhaiter, dans ce complément, de faire établir à votre gloire une magistrature permanente. Mais il convient aux principes, aux engagements, aux actions de ma vie entière, d'attendre, pour lui donner ma voix, qu'elle ait été fondée sur des bases dignes de la nation et de vous.

« J'espère que vous reconnaîtrez ici, général, comme vous l'avez déjà fait, qu'à la persévérance de mes opinions politiques se joignent des vœux sincères pour votre personne, et un sentiment profond de mes obligations envers vous.

« Salut et respect. »

Signé Lafayette.

A cette lettre était joint le vote suivant : Napoléon Bonaparte sera-t-il Consul à vie ?

« Je ne puis voter une telle magistrature, jusqu'à ce que la liberté politique soit suffisamment garantie : alors je donne ma voix pour Napoléon Bonaparte. »

sion était transparente; à travers cette magnanimité, tous voyaient le glorieux Consul qui avait réalisé de si grandes choses pour la patrie. Bonaparte mettait beaucoup de prix à l'expression populaire du Tribunat considérée comme le vœu des masses; avec un tel témoignage, il pouvait aller en avant, ménager un peu les susceptibilités et aborder franchement la perpétuité du pouvoir; il y avait en lui d'ailleurs un besoin profond de compromettre l'autorité démocratique du Tribunat.

Quand cette expression du vœu public fut bien connue, il fallut faire agir le Sénat; resterait-il en arrière du mouvement tribunitien? Les principaux sénateurs n'étaient point alors aussi servilement dévoués qu'ils le furent depuis; ils croyaient à leur souveraineté, à leur force dans la constitution. Sieyès exerçait encore une certaine puissance sur les esprits, et le parti constitutionnel comptait quelques débris au milieu de cette assemblée. Si d'abord on avait jeté la magistrature à vie ou héréditaire à Bonaparte, que serait-il resté à lui donner par la suite? Le Sénat aurait, pour ainsi dire, abdiqué ses droits, et offert aux pieds des Césars la pourpre et l'épée dictatoriales. Il fallait donner une récompense à Bonaparte; les services étaient assez grands, le dévouement assez beau; Consul pour dix ans, n'était-ce pas lui jeter une couronne civique que de prolonger sa magistra-

---

[1] Ce fut M. Lacépède qui fit son rapport au Sénat pour la prorogation temporaire. Le général Despinasse proposa de suite la nomination à vie. Garat, Lanjuinais et quelques autres combattirent tous ces projets. Fargues, que le Consul Cambacérès mettait en avant, demanda en vain que l'on délibérât sur l'alternative de la prorogation pour dix ans ou de la nomination à vie. Le président Tronchet tint bon et posa la question de priorité; elle fut accordée à la prorogation, qui fut ensuite adoptée à la majorité de soixante voix contre une, c'était celle de Lanjuinais. Tronchet n'était ni républicain, ni courtisan. Il préférait la monarchie; mais tout en admirant Bonaparte il le redoutait. Il avait dit dans des réunions de sénateurs : « C'est un jeune homme, il commence comme César et finira comme lui. Je lui entends dire trop souvent qu'il montera à cheval et qu'il tirera l'épée. »
(Mémoires d'un conseiller d'État.)

ture pour dix années encore ? Bonaparte avait trente-quatre ans, il en aurait vingt de plus lorsque sa magistrature expirerait, et c'est l'âge où la vie de l'homme a besoin de repos. C'était donc par le fait une magistrature à vie ; tout le Sénat se rattacha promptement à cette idée, et la prolongation fut votée par un sénatus-consulte dont les motifs étaient tout éclatants pour la gloire du premier Consul.

« Le Sénat, réuni au nombre de membres prescrit par l'article 90 de l'acte constitutionnel ; vu le message des Consuls de la République, transmis par trois orateurs du gouvernement, et relatif à la paix de la France avec l'Angleterre. Après avoir entendu la commission spéciale, chargée par son arrêté du 16 de ce mois, de lui présenter ses vues sur le témoignage de reconnaissance nationale que le Sénat est d'avis de donner au premier Consul de la République ; considérant que, dans les circonstances où se trouve la République, il est du devoir du Sénat conservateur d'employer tous les moyens que la constitution a mis en son pouvoir pour donner au gouvernement la stabilité qui seule multiplie les ressources, inspire la confiance au dehors, établit le crédit au dedans, rassure les alliés, décourage les ennemis secrets, écarte les fléaux de la guerre, permet de jouir des fruits de la paix, et laisse à la sagesse le temps d'exécuter tout ce qu'elle peut concevoir pour le bonheur d'un peuple libre ; considérant de plus que le magistrat suprême qui, après avoir conduit tant de fois les légions républicaines à la victoire, délivré l'Italie, triomphé en Europe, en Afrique, en Asie, et rempli le monde de sa renommée, a préservé la France des horreurs de l'anarchie qui la menaçaient, brisé la faux révolutionnaire, dissipé les factions, éteint les discordes civiles et les troubles religieux, ajouté aux bienfaits de la liberté ceux de l'ordre et de la sécurité, hâté le progrès des lumières, consolé l'humanité et pacifié le continent et les mers, a les plus grands droits à la reconnaissance de ses concitoyens ainsi qu'à l'admiration de la postérité; que le vœu du Tribunat, parvenu au Sénat dans la séance de ce jour, peut, dans cette circonstance, être considéré comme celui de la nation française; que le Sénat ne peut pas exprimer plus solennellement au premier Consul, la reconnaissance de la nation, qu'en lui donnant une preuve éclatante de la confiance qu'il a inspirée au peuple français; considérant, enfin, que le second et le troisième Consuls ont dignement secondé les glorieux travaux du premier Consul de la République; d'après tous ces motifs, et les suffrages ayant été recueillis au scrutin secret; le Sénat décrète ce qui suit : Le Sénat conservateur, au nom du peuple français, témoigne de sa reconnaissance aux Consuls de la République; le Sénat conservateur réélit le citoyen Napoléon Bonaparte premier Consul de la République française, pour les dix années qui suivront immédiatement les dix ans pour lesquels il a été nommé par l'article 39 de la constitution. »

Ce sénatus-consulte signé de Tronchet, comme président, et du général Serrurier, comme secrétaire, était rempli des témoignages de la reconnaissance nationale; sa formule était antique et sévère, et, comme à Rome, on décernait des honneurs au Consul qui avait conduit les armées en Italie, en Afrique, en Asie! Le Sénat tout entier porta cet acte aux Tuileries, et Bonaparte en comprit la portée politique; on lui jetait dix ans de magistrature pour éviter le Consulat à vie, tel était le but de ceux qui ne lui offraient qu'une magistrature temporaire. Comme Tibère, il était frappé au cœur; il avait compris le sens de cet acte, manifestation opposée à ses desseins; or ce n'était pas une magistrature à temps qu'il voulait, mais l'autorité à vie pour la rendre plus tard héréditaire; il aurait désiré que le Sénat prît l'initiative et il ne l'avait pas fait. Le Consul répondit encore avec une feinte modestie qu'il n'était pas digne de l'honneur qu'on lui faisait; plus il marchait en avant, plus ses paroles se ressentaient d'une dissimulation profonde.

« Sénateurs, la preuve honorable d'estime consignée dans votre délibération du 18, sera toujours gravée dans mon cœur. Le suffrage du peuple m'a investi de la suprême magistrature. Je ne me croirais pas assuré de sa confiance, si l'acte qui m'y retiendrait n'était encore sanctionné par son suffrage. Dans les trois années qui viennent de s'écouler, la fortune a souri à la République; mais la fortune est inconstante, et combien d'hommes qu'elle avait comblés de ses faveurs, ont vécu trop de quelques années. L'intérêt de ma gloire et celui de mon bonheur sembleraient avoir marqué le temps de ma vie publique, au moment où la paix du monde est proclamée. Mais la gloire et le bonheur du citoyen doivent se taire, quand l'intérêt de l'État et la bienveillance publique l'appellent. Vous jugez que je dois au peuple un nouveau sacrifice; je le ferai si le vœu du peuple me commande ce que votre suffrage autorise [1]. »

Le peuple, toujours le peuple! c'était l'expression de Bonaparte, lorsqu'il était en colère contre les corps de

---

[1] Les registres secrets du Sénat doivent être consultés par tous les historiens qui veulent traiter l'époque du Consulat et de l'Empire. A la suite de cette réponse, Bona-

l'État se refusant à ses desseins; il en appelait aux masses des résistances que lui opposait l'esprit méticuleux des assemblées. Si son plan avait échoué dans le Sénat, s'il n'avait trouvé qu'un concours modéré à ses projets d'ambition, il savait bien qu'il avait un moyen d'arriver à son but, celui de recourir au mode facile d'un vote national par la signature sur les registres, dont le dépouillement serait dans ses mains. C'est de cette manière qu'on avait agi après le 18 brumaire pour faire adopter la constitution de l'an VIII; les votes recueillis pêle-mêle sans nul moyen de vérification, on avait pu ajouter quelques milliers de voix à chaque scrutin, sans que personne s'en aperçût; pourquoi ne profiterait-on pas de l'enthousiasme public afin d'aller droit à un vote qui pût établir le Consul à vie? et ce que le Sénat n'avait pas fait, le peuple, autorité souveraine, le ferait tout seul. Le conseil privé qui entourait le premier Consul, Lucien, Rœderer, M. de Talleyrand, silencieusement réunis, avaient arrêté de concert avec le chef militaire de la République, une nouvelle constitution qui brisait une fois encore les bases premières du pacte de l'an VIII, œuvre conçue de longue date et préparée comme le complément indispensable du 18 brumaire.

parte, de sa propre autorité, proclama l'arrêté suivant:

« Les Consuls de la République, sur les rapports des ministres, le conseil d'État entendu;

« Vu l'acte du Sénat conservateur du 18 de ce mois;

« Le message du premier Consul, au Sénat conservateur, en date du lendemain 19;

« Considérant que la résolution du premier Consul est un hommage éclatant rendu à la souveraineté du peuple; que le peuple, consulté sur ses plus chers intérêts, ne doit connaître d'autres limites, que ses intérêts mêmes, arrête ce qui suit:

Article 1er. Le peuple français sera consulté sur cette question:

Napoléon Bonaparte sera-t-il Consul à vie?

Art. 2. Il sera ouvert dans chaque commune des registres, où les citoyens seront invités à consigner leur vote sur cette question.

On arrêta d'abord que le peuple, par la voie des registres dans chaque municipalité, serait consulté sur la question de savoir si Bonaparte serait Consul à vie ; sorte de déboire jeté au Sénat, car lui n'avait voulu qu'une prolongation décennale de la magistrature, et Bonaparte consultait les masses sur le Consulat perpétuel, moquerie de la souveraineté, mais qui n'avait alors rien de grave, l'opinion étant pour le Consul, nul n'eût osé lui résister. Quand ce premier point eut été arrêté, il fut généralement reconnu par le conseil privé que la constitution de l'an VIII était imparfaite parce qu'elle ne donnait pas assez de garantie au pouvoir [1]; il fallait placer toutes les parties du gouvernement, les assemblées, les corps judiciaires, les élections sous l'épée du Consul, le rendre maître du Sénat, en déclarant que seul, il pouvait le convoquer et qu'il le présiderait à sa convenance; puis il fallait conférer à cette assemblée obéissante, le droit de dissoudre et de dominer toutes les autorités constituées : le Sénat pourrait suspendre la constitution, casser les jugements, briser le Tribunat et le Corps législatif; il devenait la seule, l'unique autorité de la constitution.

L'élément démocratique importunait; réfugié dans les colléges électoraux et dans le Tribunat, on résolut d'en

---

Art. 3. Ces registres seront ouverts au secrétariat de toutes les administrations, aux greffes de tous les tribunaux, chez tous les maires et chez tous les notaires.

Art. 4. Le délai pour voter dans chaque département, sera de trois semaines, à compter du jour où cet arrêté sera parvenu à la préfecture, et de sept jours, à compter de celui où l'expédition sera parvenue à chaque commune.

Art. 5. Les ministres sont chargés de l'exécution du présent arrêté, lequel sera inséré au Bulletin des lois. »

Par le second Consul, *signé*. Cambacérès.
le secrétaire d'État, *signé*. H. B. Maret.

[1] Bonaparte disait tout haut :
« C'est Sieyès qui nous a fait tout cela, un rêve creux, un homme médiocre. J'eus la faiblesse de vouloir lui laisser organiser le Corps législatif; heureusement, je m'occupai davantage du gouvernement. »

modifier le sens ; les colléges électoraux seraient formés de membres à vie; il n'y aurait plus de choix, plus d'élections, afin de rendre immobile le mouvement populaire. Le Tribunat qui se composait de cent membres, réduit à cinquante, le Sénat éliminerait les principaux orateurs de l'opposition, et on agirait sur ce point sans ménagement contre les turbulents et les agitateurs ; le Consul désignerait de son épée, comme l'avait fait Cromwel au parlement, les brouillons et les parleurs qu'il faudrait expulser des assemblées. Tout serait désormais muet dans la représentation nationale ; les autorités constituées auraient des rapports entre elles, dans les délibérations secrètes, sans qu'il leur fût possible d'agir sur l'opinion publique.

Dans la situation qu'on avait faite au Sénat en le plaçant sous la main du premier Consul, on pouvait grandir son importance, et comme le conseil privé se rattachait à des idées d'aristocratie, pour que l'établissement monarchique y trouvât appui, après avoir créé la Légion d'honneur, on voulut établir un patriciat fort et indépendant. L'idée d'un puissant Sénat à côté de César, devait plaire à Bonaparte, caractère marqué à l'antique. Cet aréopage de vieillards, de patriciens choisis dans l'armée, dans la science, dans le service, répondait encore à tous ceux qui, comme lui, étaient remplis des souvenirs de Rome. Le conseil privé résolut la formation d'un système de sénatoreries et de dotations territoriales, assignées à chacun des membres du Sénat; il ne suffisait pas de réunir et de grouper des hommes de célébrité, de science ou de service, le Consul pensait qu'il fallait rendre les sénateurs grands propriétaires. Une sénatorerie était créée par chaque arrondissement de cour d'appel avec les biens nationaux, d'un revenu de 20,000 francs jusqu'à 25,000; là, le sénateur résiderait au moins trois mois de l'année comme un seigneur dans l'ordre féodal. Avec la marche du temps, ce sénateur serait le véritable lord d'Angleterre, exerçant une puissance morale sur la localité, désignant les membres du Corps législatif, le tribun, les autorités de tout un district comme une grande noblesse reconstitituée. Ainsi le monde, depuis l'origine des âges, roule sur les mêmes idées de pouvoir et d'aristocratie; elles n'éprouvent que des transformations [1].

Tous ces projets conçus par Lucien Bonaparte et M. Rœderer, se rattachaient essentiellement à la question posée pour la forme devant le peuple : « Bonaparte sera-t-il Consul à vie? » L'édifice avait besoin de cette base, et l'on ne pouvait procéder en grand qu'après avoir fait consacrer cette présidence de la République pour toute l'existence du Consul. On faisait partout de la monarchie, le monarque serait bientôt trouvé ; ce fut vers ce but que toute l'action du gouvernement se porta; il fallait provoquer des votes spontanés et nombreux dans l'armée, l'administration et les municipalités. Sans doute le mode était facile pour tromper sur les résultats : on pouvait ajouter des chiffres aux calculs, des nombres aux votes réellement donnés ; seulement il fallait des formes pour cacher le véritable résultat et ac-

---

[1] « Le Sénat a adopté hier 14 nivôse (4 janvier 1803), le sénatus-consulte qui lui a été présenté le 9 nivôse au nom du gouvernement, par les conseillers d'État Regnault de Saint-Jean-d'Angély et Portalis. Il y aura par tribunal d'appel, une sénatorerie dotée d'une maison et d'un revenu annuel de 20 à 25,000 francs. Les sénatoreries seront possédées à vie, et les sénateurs qui en auront obtenu, y résideront au moins trois mois par an. Elles seront conférées par le Consul sur une triple présentation du Sénat. Il sera affecté, au Sénat, pour son traitement, quatre millions à prendre sur le produit des forêts, et en outre un million de biens nationaux dans les départements réunis du Rhin et du Piémont. Le Sénat aura un *chancelier*, un *trésorier* et deux *préteurs*, chargés de l'administration de ses biens, et de tous les détails de sa police. Une garde d'honneur lui sera spécialement attachée. »

complir une grande raillerie de la souveraineté du peuple.

L'enthousiasme pour le Consul depuis la pacification de l'Europe par la paix d'Amiens devait se développer par une initiative de l'administration, et le conseil privé jugea que, sur ce point, on ne pouvait se fier ni à M. Chaptal, ni à Fouché. M. Chaptal n'était ni assez souple ni assez habile dans l'art d'exciter les entraînements politiques; il s'occupait de l'administration sans avoir jamais la pensée de préparer ces populaires émotions qui secondent la marche d'un gouvernement; il administrait en savant comme dans son cabinet de chimiste. Fouché avait de plus actifs moyens dans les mains, disposant de tous les ressorts de la police, vaste réseau qui embrassait la République entière; mais Fouché n'était pas absolument dévoué aux projets de Bonaparte appelant la perpétuité de sa magistrature. L'un des auteurs du 18 brumaire, Fouché, avait voulu néanmoins restreindre ce mouvement dans ses conséquences; révolutionnaire de cœur, il n'était point ennemi d'une dictature à la façon des Jacobins; mais il voyait avec inquiétude la tendance du Consul vers le vieux régime; selon lui, on traitait la République avec trop de mépris; comme il était instruit de tout, il n'ignorait pas qu'on cherchait même à le remplacer au ministère de la police, parce qu'il était trop jacobin. Rœderer s'était déclaré son ennemi.

Or, un des résultats du sénatus-consulte était la création d'un grand juge, ministre de la justice, auquel on devait plus tard attribuer la police. Ce grand juge fut Régnier, avocat, qu'un dévouement aveugle au Consul avait placé haut. Un des défauts saillants de Bonaparte était de préférer le dévouement médiocre aux intelligences indépendantes. Fouché se moquait avec mépris de l'incapacité du nouvel élu qu'on allait placer à la police, et dans cette situation d'un esprit opposant, il ne pouvait devenir l'instrument actif d'un enthousiasme saluant le Consulat à vie. On dut dès lors concentrer parmi les intimes l'action qui devait agir sur les départements et provoquer les votes des administrés. Berthier, si dévoué au ministère de la guerre, préparerait l'assentiment de l'armée ; il en était de même de Decrez pour la marine ; les matelots salueraient Bonaparte Consul à vie, avec le même entraînement qu'ils mirent plus tard à le proclamer Empereur.

Il ne restait donc plus que les préfectures dont on devait stimuler le zèle ; ce fut l'œuvre de Lucien et de Rœderer [1]. Des circulaires partirent à l'insu du ministre Chaptal ; M. Rœderer, en sa qualité de président de la section de l'intérieur au conseil d'État, s'adressa directement aux préfets dans des lettres confidentielles rédigées sous l'impression de certaines idées d'hérédité, progrès naturel dans le système des amis du premier Consul. Les préfets habituellement en correspondance avec M. Chaptal, fort surpris de ces circulaires, demandèrent des explications au ministre comme

---

[1] « Rœderer, conseiller d'État, chargé de l'instruction publique, écrivait aux préfets, en apparence de son chef, mais probablement de l'aveu du premier Consul, des circulaires qui donnaient lieu à toutes sortes de commentaires et qui répandaient l'inquiétude dans les départements. On disait à Paris qu'il provoquait des votes pour l'hérédité. Dans le fait, par une circulaire du 25 floréal, il avait excité simplement le zèle des préfets pour recueillir le plus grand nombre de suffrages possibles sur le Consulat à vie. « La reconnaissance et l'attachement au gouvernement, le désir de sa stabilité, sont, disait-il, les sentiments que se partagent les cœurs français. »

« Plus de vingt préfets écrivirent au ministre de l'intérieur, Chaptal, en le prévenant que ce qui en avait percé de ces circulaires dans le public, malgré le secret recommandé, causait beaucoup d'inquiétudes et faisait craindre de grands changements. Chaptal qui regardait les circulaires comme un empiétement sur son

lors de la publication du livre de Lucien sur le *parallèle entre Cromwell, Monck et Bonaparte* : ces circulaires étaient-elles des consultations pour essayer la monarchie? Quelques-uns s'adressèrent également à Fouché, car les préfectures avaient été confiées, en majorité, aux Jacobins ralliés. Fouché et Chaptal portèrent, pour la forme, des plaintes au Consul sur les envahissements du conseil intime et sur la domination des hommes du palais; Bonaparte nia tout d'abord, accusa l'esprit d'un faux zèle, puis ses amis insinuèrent que, comme il s'agissait d'une question de gouvernement, on avait pu faire rédiger par le cabinet intime des actes qui se rattachaient essentiellement à la force du pouvoir. On se contenta de rassurer les deux ministres sur leur position; tout ce qui était dans l'ordre administratif leur serait soumis; seulement le Consul voulait se réserver ce qui se rattachait à la sanction de son autorité par le peuple; quant aux brochures et aux pamphlets pour l'hérédité, Bonaparte répétait : « Ce sont des sottises. »

En conséquence de cette initiative, le Consul fit rédiger définitivement d'une manière nette et précise le sénatus-consulte dont on a vu déjà les bases. Après les précautions prises on était sûr d'avoir un certain assentiment par des

---

ministère, et qui paraissait être contre les projets de stabilité, même du Consulat à vie, s'en plaignit au premier Consul qui soutint n'avoir point autorisé Rœderer à écrire et en parut très mécontent. Chaptal disait à ses amis : « Ces gens-là ne savent ce qu'ils veulent, ils vont toujours de l'avant pour rétablir l'ancien régime, sans en prévoir les conséquences. Malheureusement ils nous entraîneront avec eux dans leur perte. » Il désignait aussi, avec Rœderer, Beugnot, préfet de Rouen, qui poussait aussi à l'hérédité et que Lucien poussait au ministère de l'intérieur. Outre les adresses sur le Consulat à vie dans lesquelles on réclamait des mesures encore plus décisives, la France était inondée de pamphlets où l'on émettait hautement le même vœu. Quand on en parlait au premier Consul, il répondait que *c'étaient des sottises*.

« On avait à cœur de savoir positivement ce que contenaient les lettres de Rœderer: on en demandait confidentiellement des copies à Lapparent, préfet de la Vienne, et

votes qui ne seraient ni comptés, ni vérifiés; on n'avait qu'à donner, au dépouillement du scrutin, l'impulsion convenue et partir de cette base pour agir fortement auprès du conseil d'État et du Sénat : l'un chargé de la rédaction officielle de tous les actes du gouvernement, l'autre appelé à sanctionner par son vote la nouvelle constitution. Pour le conseil d'État, Bonaparte agit presque sans façon; il ne présenta pas le nouveau projet article par article; il fut lu en masse et imprimé déjà comme s'il ne s'agissait que d'une affaire de forme et de quelques discussions de mots : aucun des principes ne fut mis en question; les conseillers d'État, sans exprimer leurs idées politiques, durent prendre le projet comme une chose arrêtée qu'il ne fallait plus que corriger comme rédaction. Ainsi le Consul, tranchant sur toute chose, semblait dire : « Voilà mon œuvre, que nul n'y touche, la pointe de mon épée l'a tracée, j'ai besoin de bras pour l'exécution, mais je repousse toutes ces discussions inutiles qui en détruiraient la pensée intime. » Le conseil privé agit de même à l'égard du Sénat; le projet y fut porté tout rédigé, et les patriciens n'eurent qu'à revêtir de leurs signatures, et à sanctionner, par un scrutin, l'acte que le Consul leur proposait[1].

à Doulcet-Pontécoulant préfet de la Dyle. Ces deux préfets envoyèrent copie des circulaires. Doulcet-Pontécoulant mandait : « Que sans le sénateur Lecoulteux, qui avait passé vingt-quatre heures à Bruxelles, il n'aurait pas su ce que voulait dire la circulaire du 15 prairial et qu'encore très certainement il ne savait pas tout; qu'il détestait les ambitieux et qu'il n'aimait pas les novateurs. » Lapparent écrivait : « Qu'il n'avait rien reçu de relatif à l'hérédité, excepté sous enveloppe plusieurs imprimés où on la demandait (probablement en votant sur le Consulat à vie). »

(Souvenirs d'un conseiller d'État.)

[1] Bonaparte cherchait à gagner un à un tous les conseillers d'État; voici une conversation authentique avec l'un d'entre eux.

« Eh bien! qu'est-ce qu'il y a de nouveau à Paris? — Rien que vous ne sachiez. — Qu'est-ce qu'on dit? — On parle beaucoup du sénatus-consulte. — Ah! ah!... Eh bien ? — Chacun en parle suivant qu'il est affecté, les uns pour, les autres contre. — Et vous,

Cet acte, changement complet dans la constitution du 18 brumaire, en modifiait toutes les parties. C'était une œuvre nouvelle. A côté du Consulat à vie reconnu et sanctionné par un simulacre de votes populaires, et une souveraineté idéale, il y eut un Sénat qui désormais ne pouvait se mouvoir que sur la convocation du premier Consul. Ce Sénat, composé d'esprits fatigués, de vétérans de toutes les branches d'administration, réunissait tous les pouvoirs afin de dominer toutes les institutions; il changeait et modifiait à son gré la constitution politique sans qu'il fût besoin de recourir aux assemblées primaires. Toute la justice était dans les mains d'un grand-juge, l'homme du gouvernement; l'opposition s'éteignait avec l'élimination du Tribunat [1]; le Corps législatif était réduit aux votes financiers; le conseil d'État, aussi fortement retenu sous la main du Consul que le Sénat, ne devenait plus

qu'en pensez-vous? — Maintenant tout est dit, c'est un procès jugé... — Et perdu, n'est-ce pas? — Il ne vous est pas difficile de me deviner. — Je ne vous en veux pas pour cela; je sais que vous êtes un honnête homme. Mais, mon cher, vous vous guérirez de vos rêves... Nous ne pouvions pas aller comme cela... La France n'en sera pas moins libre... Elle sera la première puissance. — Croyez-vous que le sénatus-consulte et un vote du peuple soient de bien fortes garanties, et que vous n'eussiez pas conservé le Consulat sans cela? — Je sais bien que c'est une faible garantie dans l'intérieur, mais c'est une bonne chose pour l'extérieur. Je suis dès ce moment au niveau des autres souverains; car, au bout du compte, ils ne sont aussi que quelque chose à vie. Eux et leurs ministres me respecteront davantage. Il ne faut pas que l'autorité d'un homme qui mène toutes les affaires de l'Europe soit précaire, ou du moins le paraisse. — L'opinion de l'étranger est bien moins importante que celle de la France. — Excepté quelques insensés qui ne veulent que le désordre, et quelques honnêtes gens qui rêvent la république de Sparte, la France veut de la stabilité et de la force dans le gouvernement. »

[1] Les principaux membres éliminés par renouvellement du cinquième du Tribunat furent : Chénier, Daunou, Benjamin-Constant, Thiessé, Bailleul, Isnard, Chazal, Ganilh et Mailla-Garat, etc. On remarquait parmi les nouveaux élus, Lucien Bonaparte et Daru.

Le Tribunat décimé n'en fit pas moins son adresse de félicitations à Bonaparte :

Le 17 floréal, M. Siméon, à la tête de la députation du Tribunat, s'exprima en ces termes :

« Jamais les félicitations du Tribunat n'avaient été déterminées par des événements si mémorables. Ce n'est plus une moisson brillante, mais sanglante et amère de lauriers; ce sont les fruits d'une guerre glo-

qu'une assemblée de rédaction. Enfin les colléges électoraux immobiles, présentaient les candidats à un Sénat immobile aussi que l'on grandissait par l'établissement des sénatoreries[1] offertes comme récompense aux membres les plus zélés du patriciat.

Qui ne voyait à travers tous ces actes l'établissement d'un système monarchique complet? Que fallait-il pour achever l'édifice? Quelle pierre manquait à la base de ce vaste ensemble de pouvoir absolu et d'aristocratie essayée, et quel emblème, si ce n'est la pourpre impériale devait couronner ce blason? Bonaparte prépare de longue main les choses avant d'employer les mots; il restaure le système monarchique avant de se poser comme un monarque; il devient le chef inamovible de l'État avant d'en être le prince; il s'empare de tous les pouvoirs avant de faire rayonner sur son front le titre d'Empereur que le Sénat lui donne, et que plus tard le Sénat brisera dans les jours de malheur. Ce fut une faute que de placer tous les pouvoirs dans cette assemblée; et puis quand on l'eut bien grandie, ce fut une faute encore

---

rieuse, adoucis et mûris par la paix. A côté du magnifique tableau que les orateurs du gouvernement nous présentèrent hier de la situation où cette paix met l'Europe, nous pouvons placer celui de l'intérieur de la République, si embelli par la comparaison du passé, si riche des améliorations du présent, si heureux des espérances et des gages de l'avenir. »

[1] En même temps la hiérarchie se formule, car on trouve la note suivante dans l'*Almanach national de la France* de l'an xi. « En écrivant au premier Consul, président de la république Italienne, on dit : *Citoyen premier Consul président*. En lui adressant la parole on dit : *Citoyen premier Consul;* c'est là son seul titre. On écrit et on dit au second ou au troisième Consul : *Citoyen Consul*. En adressant la parole au Sénat, au Corps législatif, au Tribunat, aux conseillers d'État, orateurs du gouvernement, on se sert de ces mots : *Citoyens sénateurs, citoyens législateurs, citoyens tribuns, citoyens conseillers d'État*. Lorsqu'on parle à un sénateur, conseiller d'État, tribun, législateur, on se sert indifféremment du mot de *citoyen* ou de *monsieur*. On donne aux ministres, dans les lettres et notes officielles, le titre de *citoyen*. On écrit aussi dans le cours des notes et lettres : *Citoyen, votre excellence*. Dans les relations privées on se sert indifféremment à leur égard des mots *citoyen* ou *monsieur*. On emploie indifféremment dans la société, à l'égard de tous les citoyens, la qualification de *citoyen* ou celle de *monsieur*. »

de la traîner en esclave derrière le char impérial. Les corps qu'on a ainsi abaissés s'en vengent tôt ou tard ; ils se souviennent des humiliations reçues, de la popularité qu'on leur a enlevée ; alors ils courent en fous, pour la reconquérir, et ils se vengent en déchirant la main qui les a trop méconnus. Après avoir subi des abaissements, ils font de l'ingratitude ! Celui qu'ils exaltaient comme un Dieu, ils le renversent comme un tyran !

CHAPITRE IV.

LES BOURBONS EN EXIL.

Louis XVIII à Mittau. — Madame Royale. — Son mariage avec le duc d'Angoulême. — Brusque changement de Paul I*er*. — Exil du roi proscrit. — Arrivée à Varsovie. — Opinion de Louis XVIII sur Bonaparte. — Négociations du Consul auprès du prétendant pour l'abdication. — Intermédiaire de la Prusse. — Instructions du cabinet de Berlin au président de Meyer. — Réponse de Louis XVIII. — Premiers effets de l'avénement d'Alexandre. — Le comte d'Artois à Londres. — Le duc de Berry. — Les aides-de-camp émigrés. — La branche d'Orléans. — Protestation commune. — Le prince de Condé. — Le duc d'Enghien. — Dissolution des corps émigrés.

1800-1803.

Le premier Consul reconstituait la société par une volonté forte et des services éminents; la fortune souriait à tous ses desseins, les cœurs et les volontés venaient à lui pour le seconder dans ses œuvres. Tout s'épanouissait sur son front radieux; son ambition satisfaite avait voulu le pouvoir large et fort, elle l'obtenait; Bonaparte avait fixé la victoire capricieuse sous ses drapeaux, les partis frémissaient encore, mais ils étaient vaincus; la société reconnaissante saluait le pacificateur du monde. A ce moment où sa fortune était si haute, quand la destinée du Consul l'entraînait à l'Empire, me sera-t-il permis de suivre les traces d'une famille infortunée qui comptait pour son chef Henri IV, et pour son aïeul Louis XIV. Quand il y a tant de joie aux Tuileries, tant de fêtes, tant de jeunesse et de vie, pourquoi ne chercherions-nous pas à nous retremper à ce spectacle de décadence? A côté des temples grandioses où brillent le marbre et l'or, qui n'aime aussi les vieilles ruines? Quand la fortune prend un homme et le pousse devant elle, il y a peut-être une forte étude à voir comment le malheur vient donner des leçons à des races entières. La grande épopée de l'Empire eut aussi ses périodes de douleurs; Bonaparte eut ses jours d'exil et les émotions poignantes de la terre étrangère; loi fatale du talion que Dieu jette souvent aux puissants de la terre! Il faut donc visiter d'autres exils et d'autres malheurs; je vais dire une histoire triste mais grandiose encore; et quand une dynastie s'élève, je ne puis me défendre de raconter les infortunes de la dynastie qui tombe.

Le chef de la famille des Bourbons, Louis XVIII, après des épreuves infinies, put reposer sa tête à Mittau, dans la Courlande, sous la protection généreuse de Paul Ier; tout était à la guerre alors, et une coalition formidable se formait contre la France [1]. Dans ce mouvement européen, Louis XVIII fut reconnu roi, Paul reçut ses ambassadeurs, et Suwarow, à son passage à Mittau, allant rendre hommage au roi de France, dans l'exil, lui offrit son épée pour le service de sa couronne. Louis XVIII, prince si réfléchi, accueillit en monarque grave et sérieux ce dévouement chevaleresque; il réunissait alors autour de lui sa petite cour, car il vivait en roi; nul ne portait plus haut le sentiment de la royauté. Parmi les gentilshommes fidèles

---

[1] Voir chap. 14 du tom. 1er de ce livre.

aux jours de malheur, étaient le duc d'Avaray, dont l'amitié était si vive, si profonde, le compagnon de sa fuite, celui auquel Louis XVIII adressa son journal de confiance; les ducs d'Aumont et de Fleury, le duc de Guiche, de la famille de Noailles, capitaine des gardes; le comte de Cossé, de la maison des Brissac, commandant les Cent-Suisses [1]; le marquis de Jaucourt, caractère sérieux, alors en rapport avec M. de Talleyrand lui-même [2]. Louis XVIII [3], pauvre prince sans armée, avait néanmoins un ministre de la guerre, le comte de la Chapelle; le duc de Villequier était son premier gentilhomme de la chambre : autour du roi se groupaient les Sourdis, les d'Agoult, les Montagnac, de

---

[1] C'est comme héritier des Cossé que le duc de Mortemart possédait cette charge sous la Restauration.

[2] M. de Jaucourt joua un grand rôle dans la restauration de 1814.

[3] Aucun document ne montra mieux que la lettre suivante de Louis XVIII ses idées sur la Révolution française.

Lettre de Louis XVIII adressée à M. le duc d'Harcourt, son ambassadeur à Londres, en date du 27 juin 1799.

« Vous êtes, M. le duc, au milieu d'une nation hospitalière, qui a accueilli avec humanité tous les malheureux Français que le crime avait bannis de leur patrie. Le nombre en est si grand! mais, parmi ces fugitifs intéressants, il peut s'en trouver qui ne soient pas sans reproches par leurs projets de vengeance. La persécution et les malheurs ont aigri leurs esprits; mais l'espérance, en les rassurant, a dû les calmer, et celui qui avait abandonné sa patrie pour le rétablissement du pacte social et pour éviter la mort doit souffrir, se taire, et pardonner en prenant pour modèle son roi, et pour exemple, les princes de son sang qui ont éprouvé les mêmes irritations. Vous ferez connaître mes intentions aux Français de toutes les classes, qui habitent le même royaume et la même ville que vous. Je saurai récompenser ceux d'entre eux qui auront mérité ou mériteront ma bienveillance et ma confiance par leur conduite ultérieure, dégagée de toute espèce de vengeance ou de vexation ; mais je saurai également distinguer les ambitieux, les turbulents, apprécier leur valeur et les contenir par la loi dans les bornes du devoir et de la nécessité. Je veux pardonner. Tous ceux du dehors et du dedans auront une égale part à mon affection paternelle ; et certes, il en est dans cette dernière classe dont j'aimerais à faire un de appuis de mon trône. Leur valeur guerrière !... ah ! elle m'a fait verser bien des larmes de douleur et d'admiration. Toutes mes pensées se fixaient alors sur l'égarement de mon peuple, sur l'audace et les crimes de ses corrupteurs et de ses tyrans. Je finissais par comprendre, ou plutôt par espérer que les effets et l'empire du crime auraient leur terme, puisque les grands criminels éprouvaient chaque jour la juste punition de leurs forfaits.

« Un objet intéressant anime mes sollicitudes et afflige ma sensibilité ; c'est celui des meurtres partiels qui se commettent dans les provinces de l'Ouest et du Midi. Non seulement je désapprouve tous ceux qui ne s'enrôlent pas dans l'armée royale,

grande noblesse; puis deux maîtres des requêtes pour l'expédition des affaires, MM. de Guillermi et Courvoisier, esprits calmes et sérieux qui voyaient la fin de la grande crise européenne dans une transaction constitutionnelle, comme l'agence royaliste de Paris, sous la présidence de MM. Royer-Collard et Becquey.

Ainsi vivait à Mittau la petite cour exilée, correspondant avec les royalistes par des agents sûrs et dévoués. Louis XVIII avait un indicible entraînement pour diriger le mouvement à l'intérieur; il voulait finir la Révolution française par une transaction d'intérêt et de droits, différant en cela de M. le comte d'Artois, qui penchait pour un soulèvement de guerre civile dans

pour y combattre sous les drapeaux de l'honneur, et qui osent commettre des brigandages en mon nom; mais je ne puis voir dans ces attentats trop multipliés qu'une manœuvre odieuse de quelques scélérats, pour fournir aux usurpateurs de mes droits un prétexte toujours renaissant de calomnier mes intentions et mes projets de clémence. Grand Dieu! que puis-je espérer de mes vues paternelles et bienfaisantes pour tous, si quelques hordes de brigands se permettent de commander le crime, et de le faire commettre au nom du roi légitime? Vous savez, M. le duc, quels sont mes projets pour les provinces où j'ai reconnu mes plus fidèles sujets. Vous savez que j'ai cherché à y former une armée redoutable qui recevra bientôt de puissants secours; c'est moins pour les conquérir que pour y éviter de nouvelles effusions de sang, et mettre de toute part la faction de la France, hors d'état de nuire à la masse de mes sujets, soit dans leurs personnels, soit dans leurs propriétés. Ainsi donc, je vous ordonne de faire prévenir les chefs qui peuvent être à leurs postes, que chacun dans sa division, demeure responsable du crime d'assassinat qui pourrait être commis dans la suite.

« Obligé de recréer la grande machine du gouvernement français, auquel ma cruelle destinée m'appelle; dans quelles circonstances je mets la main à cet ouvrage! Un peuple épuisé, fatigué, abîmé, de tous les forfaits des vils usurpateurs qui se sont succédé avec la rapidité du vautour, aura besoin de recevoir à l'instant des soulagements; et c'est sur ce point que toutes mes affections me fixent.

« Je suis le premier et presque le seul auteur de la proclamation qui va être adressée aux Français au moment de ma rentrée dans mon royaume; c'est mon cœur qui l'a dictée; mon conseil, étroitement uni à moi, n'a fait qu'éclairer ma marche. Une amnistie générale et sans restriction en fera le premier article, et tous les autres seront extrêmement rapprochés des désirs du peuple, du soulagement de ses maux, de leur terme, de ses droits civils et politiques; en un mot, leur roi ne négligera rien pour convaincre les Français, que, s'il désire d'arracher le trône de ses pères à ses cruels tyrans, il veut plus encore reconquérir leur affection et régner sur leurs cœurs. »

Signé. Louis.

la Bretagne et dans la Vendée. On se rappelle que Louis XVIII avait négocié avec tous les pouvoirs qui s'étaient succédé en France, sans se faire de petits scrupules, sans se créer des répugnances. Paul Ier, dans ses moments d'enthousiasme et de restauration, accordait à Louis XVIII une annuité de 100,000 roubles, et Charles IV, roi d'Espagne, ajoutait quelques dons pour la branche aînée de sa maison à qui son aïeul devait le trône; mais Charles IV, alors, s'abaissait devant le Directoire et Bonaparte.

La petite cour, heureuse à Mittau, venait d'accueillir la fille de Louis XVI[1], Madame Royale qui, après un long séjour à Vienne, était venue se réunir à son oncle. Jeune femme forte, fière, elle avait résisté à tous les projets de l'Autriche pour son union avec le prince Charles; on la vit repousser une pensée d'alliance de famille qui aurait préparé le démembrement de la France par la cession de l'Alsace et de la Lorraine, que la race des Bourbons considérait comme le patrimoine national; Madame insista pour rejoindre Louis XVIII, et invoquant les dernières volontés de son père, elle déclara que sa main était promise au duc d'Angoulême son cousin, comme un vœu du mourant sur l'échafaud. Madame Royale, alors à 21 ans, portait sur sa physionomie les traits fortement empreints de Bourbon et Lorraine, mélange des deux blasons réunis par le mariage de Louis XVI et de Marie-Antoinette. Le malheur, en secouant bien jeune cette existence, lui avait imprimé

---

[1] « Les voitures étant près de se rencontrer, Madame commande d'arrêter, et descend rapidement. On essaie de la soutenir; mais, s'échappant avec une vitesse incroyable, elle s'élance vers le roi, qui les bras étendus, accourait de son côté pour la serrer contre son cœur. Le monarque ne put empêcher la princesse de se jeter à ses pieds : « Je vous revois enfin ! s'écriat-elle, je suis heureuse... voilà votre enfant... veillez sur moi... soyez mon père. » (Journal de Louis XVIII.)

quelque chose de mâle, de vigoureux ; on ne trouvait rien de la jeune fille dans cette âme ulcérée. Elle accomplit le vœu de son père en pressant la main du jeune duc d'Angoulême ; et, suivant la méthode naïve de l'Allemagne, le mariage d'un petit-fils de Louis XIV et de la petite-fille de Marie-Thérèse se fit sous un bosquet de lis, de roses et de lilas, dans la campagne de Mittau, en Courlande, avec plus de bonheur peut-être que dans la chapelle de Versailles. Le cardinal de Montmorency, grand-aumônier de la cour exilée, bénit cette union, et l'acte en fut déposé aux archives du sénat à Saint-Pétersbourg [1].

Paul Ier s'engageait chaque jour dans les voies d'une restauration, et la campagne de Suwarow, en Italie, avait pour base surtout le rétablissement de l'ancien ordre de choses en Europe : on devait restaurer les Bourbons de Naples, les Carignan du Piémont et l'antique maison de France ; Paul alla jusqu'à se déclarer lui-même grand-maître de l'ordre de Malte ; on s'explique donc comment tout le parti des Bourbons s'était mis en mouvement au bruit de cette campagne ; la Vendée, la Bre-

---

[1] Voici comment Louis XVIII annonçait le mariage de sa nièce au prince de Condé :

« Enfin, mon cher cousin, un de mes vœux les plus ardents est accompli ; mes enfants sont unis. Je retrouve dans ma nièce avec un attendrissement plus facile à sentir qu'à exprimer, les traits réunis des infortunés auteurs de ses jours. Cette ressemblance si douce et si déchirante à la fois, me la rend plus chère, et doit redoubler l'intérêt qu'elle mérite si bien par elle-même d'inspirer à tout bon Français. Le mariage a été célébré ce matin! je m'empresse de vous l'apprendre, bien sûr que vous partagerez ma joie... »

Le prince de Condé reçut, sous les murs de Prague et pendant sa longue route à travers la Moravie et la Bohême, cette lettre du roi. Il fit mettre à l'ordre du jour le passage suivant :

« Annoncez cette heureuse nouvelle à l'armée ; elle ne peut paraître que de bonne augure à vos braves compagnons, au moment où ils vont rentrer sur vos traces dans la carrière qu'ils ont si glorieusement parcourue. Ajoutez-leur de ma part que j'ai commencé à retrouver le bonheur, mais qu'il ne sera complet pour moi que le jour où je pourrai me trouver parmi eux au poste où l'honneur m'appelle. »

Louis.

tagne, le Midi tout entier; on comptait sur un plein succès pour préparer le retour de la vieille dynastie. La fortune en décida autrement; le 18 brumaire changea les destinées de la France, et à plusieurs reprises Louis XVIII voulut négocier, par ses agences, avec le général Bonaparte qu'il n'avait jamais confondu avec les gouvernements républicains.

Ainsi se passèrent deux ans à Mittau, lorsqu'un changement brusque, inexplicable, se manifestant dans l'esprit de Paul Ier, bouleversa toute la situation des royalistes. Les relations du Czar avec Bonaparte devinrent ardentes et passionnées jusqu'à l'enthousiasme; Paul Ier s'était épris du Consul à ce point que, passant rapidement pour lui complaire de la protection généreuse qu'il accordait aux Bourbons à une persécution odieuse, il força sur-le-champ Louis XVIII à quitter Mittau [1], avec la même brutalité que s'il imposait à un boyard l'exil en Sibérie. Des rapports venus de la police de Paris avaient signalé à Paul Ier les intimités des royalistes avec le Czaréwitch Alexandre, et cette circonstance détermina l'ordre d'exil donné en termes

---

[1] « Les procédés du Czar étaient si étranges envers le roi et sa fille adoptive, que les illustres voyageurs s'attendaient à quelque nouvelle entreprise, à quelque scène fâcheuse à la frontière. Par précaution, Madame cacha sous ses vêtements, les papiers du roi les plus précieux. Mais rien ne fut tenté: au contraire, la garde russe prit les armes, et rendit à Louis XVIII, errant et fugitif, les honneurs dus à la majesté royale. Après cinq journées de fatigues, de privations et de souffrances, le roi arriva le 27 janvier à Mémel dans les États prussiens, et prit aussitôt l'incognito le plus sévère, sous le nom de comte de Lille, et Madame, sous celui de la marquise de la Meilleraye. »

Voici la lettre que le roi écrivit à ses gardes-du-corps en quittant Mittau : « Une des peines les plus sensibles que j'éprouve au moment de mon départ, c'est de me séparer de mes chers et respectables gardes du corps. Je n'ai pas besoin de leur recommander de conserver une fidélité gravée dans leurs cœurs, et si bien prouvée par toute leur conduite. Mais que la juste douleur dont nous sommes pénétrés, ne leur fasse jamais oublier ce qu'ils doivent au monarque qui me donna un asile, qui forma l'union de mes enfants et dont les bienfaits assurent mon existence et celle de mes fidèles serviteurs. »

Signé. Louis.

colères et irrités. L'ukase arriva au milieu de l'hiver, le 21 janvier, date funèbre pour la maison de Bourbon, jour de sanglante mémoire! Il fallut donc que la cour exilée quittât Mittau sur des routes couvertes de glaces, par un froid de dix-huit degrés; le roi de France dut chercher un asile pour garantir sa tête déjà blanchie avant l'âge. L'ordre bizarre de Paul Ier était précis; nul ne devait donner asile à Louis XVIII; le roi subit tout avec une résignation stoïque; nulle plainte ne sortit de sa bouche. Le cortège de deux voitures roulait silencieusement; on se dirigea vers la frontière de Prusse; de droite et de gauche étaient les vastes marais glacés de la Courlande; des forêts de sapins violemment agités par les vents du nord et la neige battante. Là, voyez-vous un vieillard et une jeune femme sur ces routes sauvages et sans asile, avec quelques vieux serviteurs qui suivaient la triste destinée d'un roi de France [1]? Le soir on couchait dans de mauvaises auberges, car le séjour des villes était interdit par les ukases; quand on eut fait quelques lieues dans les terres, des gentilshommes courlandais bravèrent la défense de Paul, et la famille des Bourbons, ce type de la gentilhommerie d'Europe, fut accueillie avec une hospitalité chevaleresque dans les vieilles châtellenies, devoir du foyer dans la féodalité; le vin devait pétiller dans les coupes quand un seigneur proscrit cherchait asile de manoirs en manoirs.

---

[1] « La troisième journée fut désolante. Une horrible tempête s'éleva pendant qu'on était en route; des tourbillons de neige aveuglaient les conducteurs des équipages, et effrayaient les chevaux. Le roi de France et son auguste nièce se virent forcés de faire une partie de la route à pied, avec les personnes de leur suite, par le froid le plus âpre, se frayant un chemin dans dix pouces de neige. Louis XVIII et Madame dans cette rude épreuve, ne perdirent rien de leur sérénité : ni la rigueur de la saison, ni les gîtes les plus affreux, ni l'ignorance du lieu où ils pourraient reposer leur tête, rien n'altéra leur douceur et leur constance héroïques. » (Journal de la marche de Louis XVIII.)

On atteignit la frontière prussienne, et avant de la franchir, la duchesse d'Angoulême qui venait d'engager ses diamants à Mémel[1], écrivit à la reine de Prusse pour solliciter un asile. La fille de Marie-Antoinette, mécontente du cabinet de Vienne, implorait la pitié d'une femme généreuse plutôt que de s'adresser à une cour qui voulait réparer les pertes de la paix de Lunéville en reprenant les anciennes conquêtes faites par la monarchie des Bourbons sur la maison de Lorraine. Ce fut une sérieuse délibération à Berlin que de savoir si Louis XVIII serait accueilli sur le territoire; les rapports entre la cour de Prusse et le premier Consul étaient si intimes, on avait tant de motifs pour ménager Bonaparte! L'arrivée de Louis XVIII fut considérée comme un embarras pour le cabinet; qu'allait-on faire de ce prince? Si on refusait de l'accueillir, on se donnait une situation odieuse en Europe aux yeux de la noblesse; on ne respectait ni le malheur, ni le caractère royal dont la famille des Bourbons était revêtue; si on l'accueillait avec empressement, n'avait-on pas à craindre de blesser profondément un esprit irascible, impétueux comme celui du premier Consul?

On prit donc une double mesure; la reine de Prusse

---

[2] « Madame mit ses propres diamants en gage. Ils furent déposés chez M. Laurant Lorek, consul de Danemark à Mémel, qui fit prêter dessus la somme de 2,000 ducats. Madame la duchesse de Serent fit cette opération par ordre de S. A. R. Dans l'autorisation qu'elle en reçut, Madame s'exprimait en ces termes : « Pour, dans notre commune détresse, servir à mon oncle, à ses fidèles serviteurs et à moi-même. » Ce fut à cette occasion que le comte d'Avaray, l'ami du roi, dit au vicomte d'Hardouineau : « Voilà la quatrième fois que nous sommes à n'avoir pas de quoi vivre pour deux mois; la Providence est venue à notre secours, et j'y ai la même confiance pour l'avenir; elle n'abandonnera pas notre maître et son admirable nièce. » (Journal du voyage de Louis XVIII.)

J'aime à suivre les débris de l'armée de Condé ; il y a ici de la chevalerie :
Extrait d'une lettre d'un officier du corps de Condé.

« Vous avez su sans doute l'expulsion de Mittau du roi et de tout ce qui l'entourait. Il y avait alors deux mois du traitement de ses gardes du corps arriérés. Madame la duchesse fut réduite à mettre ses bijoux

écrivit directement à la duchesse d'Angoulême : « Qu'elle pouvait, elle et son oncle, habiter librement Varsovie, alors dépendant de la Prusse. En lui offrant cet asile de l'hospitalité allemande, les circonstances diplomatiques ne permettaient pas que Louis XVIII y fût reçu en roi, ou même qu'il y montrât un appareil de monarque : le prétendant serait accueilli à Varsovie dans le plus stricte incognito, sous un nom et un titre qui pussent déguiser son origine royale : le comte de Lille, par exemple ; la duchesse d'Angoulême prendrait elle-même un titre : la comtesse de la Meilleraye[1] : aucun honneur ne leur serait rendu ; on ne leur accorderait que les égards dus au malheurs. » Le même jour le comte de Haugwitz se hâtait d'écrire à M. de Talleyrand pour justifier la position de la Prusse : « Les circonstances avaient forcé son gouvernement d'accueillir le comte de Lille, afin de ne pas en gage pour les faire partir. Nous apprimes cette nouvelle, au moment où, par les bontés de M. le duc de Berry, on venait d'accorder aux individus, le prix de la vente de nos chevaux. Chacun des escadrons en offrit aussitôt le montant pour aller au secours des malheureux. Le prince n'en a voulu prendre qu'une partie, et l'a fait partir pour Hambourg. Voici l'arrêté du conseil d'administration et la réponse du prince.

Du 24 mars.

« Le régiment noble à cheval d'Angoulême, ayant appris l'embarras dans lequel se trouvent à Hambourg MM. les gardes du corps qui ont servi en Russie auprès de S. M. T. C., réclame en sa faveur les droits de l'amitié pour les prier d'accepter une somme que LL. AA. RR. ont daigné laisser à leur disposition.

« Dans cette confiance, le conseil d'administration supplie monseigneur le duc de Berry, qui commande seul le corps en ce moment, de permettre qu'il leur soit fait envoi de la somme de 28,800 livres de France, non compris les frais de change, afin que cette somme parvienne complète. »

Ordre du 25 mars 1801.

« Monseigneur s'empresse de témoigner à son régiment la sensibilité avec laquelle il a reçu l'expression qui vient de lui être présentée par M. le colonel à la tête des députations de chaque escadron, relative au sacrifice de la gratification en faveur des camarades malheureux qui sont privés dans ce moment de la satisfaction de continuer leurs services auprès du roi. Cet élan de délicatesse et de générosité, bien digne d'un corps composé comme celui à la tête duquel Monseigneur se trouve, est bien apprécié et vivement senti. Mais S. A. R. voulant cependant mettre des bornes à un désintéressement aussi louable n'accepte que 600 louis. Elle va employer tous les moyens de faire parvenir cette somme à Hambourg pour y être distribuée selon le vœu du régiment. »

Signé. Charles Ferdinand.

[1] « Le roi quitta Kœnisberg, dès qu'il

trop aigrir la noblesse prussienne, toujours disposée à soutenir les princes malheureux. Il demandait les volontés de Bonaparte et les instructions du ministre pour savoir quelle conduite il fallait tenir à l'égard de la maison de Bourbon. M. de Talleyrand répondit : « Pourvu que le cabinet de Berlin empêche toute intrigue se liant à l'état des partis en France, on n'a point à s'opposer au séjour du comte de Lille à Varsovie; on s'abandonnait d'ailleurs aux bons rapports de la Prusse pour empêcher tout ce qui pourrait nuire à la paix et à l'ordre dans la République. »

Bonaparte n'était point fâché de l'arrivée du prétendant à Varsovie; en Prusse il était sous sa main; on pouvait négocier avec le comte de Haugwitz certains arrangements nécessaires à l'affermissement de son pouvoir; le Consul préférait voir les Bourbons en Allemagne qu'en Angleterre; si le comte de Lille fixait sa résidence à Varsovie, on essayerait des négociations avec lui, pour obtenir une abdication de la couronne de France, et une renonciation complète au trône de la maison de Bourbon. Bonaparte aspirant à la fondation d'une nouvelle monarchie, voulait prendre le rôle de Charlemagne, vis-à-vis des nouveaux Mérovingiens; dès lors il n'était pas inutile que Louis XVIII habitât Varsovie. Le comte de Haugwitz se chargerait d'une mission intime, afin de préparer un résultat favorable aux prétentions du premier Consul;

---

eut l'assurance qu'il serait toléré à Varsovie par le gouvernement prussien et se dirigea sur Pultusk, puis sur le faubourg de Prag; le 6 mars, le roi passa heureusement la Vistule, couverte encore de glaçons, et fit son entrée à Varsovie. Le général Keller, qui en était gouverneur, attendait Sa Majesté dans la maison Wassiliewich, situé au faubourg de Cracovie; maison assez belle, mais point assez vaste. Le roi y établit sa résidence avec une partie des personnes de sa suite. »

Louis XVIII était dans les mains du cabinet prussien, et le cabinet prussien était dans celles de la France, d'où il résultait un enchaînement d'influence susceptibles de préparer les voies à l'abdication ; Bonaparte aimait déjà les rois moralement captifs. Le comte de Lille arrivait à propos.

A cet effet, M. de Talleyrand n'hésita pas à ouvrir une négociation directe avec le comte de Haugwitz, si dévoué à la France; il fit prendre des informations à Varsovie, sur l'homme qui serait le plus propre à ménager un résultat si important; on sut que le président de Meyer, gouverneur civil de la province, avait pleinement conquis la confiance et l'estime des exilés, par l'accueil empressé qu'il leur avait offert. Louis XVIII l'admettait dans son intimité, lui communiquant ses propres affaires; et M. de Meyer, parent du comte de Haugwitz, avait l'honneur de faire la partie du roi, le soir aux réceptions de famille. Dès ce moment on vit que c'était l'homme peut-être le plus propre à mener une négociation à bonne fin, et M. de Talleyrand pressa le cabinet prussien; on devait charger M. de Meyer de certaines ouvertures, pour une abdication de tous les membres de la famille exilée, en commençant par Louis XVIII et M. le duc d'Angoulême. Bonaparte avait le sentiment de la force historique des dynasties; elles ne s'éteignent pas tout d'un coup, leur influence domine souvent un pays. Fouillez l'histoire : les Carlovingiens ne tombèrent qu'après une lutte rude et soutenue; le midi même de la Gaule les salua longtemps comme les suzerains légitimes; les Stuarts luttèrent avec la maison régnante pendant un siècle, avant de s'éteindre sous la pourpre romaine; l'Angleterre fut soumise à un régime d'exception pendant tout le xviiie siècle, à cause des

Stuarts; le sol trembla plus d'une fois sous l'empreinte de leur souvenir.

Le premier Consul avait donc compris toute l'utilité d'une renonciation émanée des membres de la vieille dynastie; on pouvait leur offrir de riches indemnités; le royaume d'Étrurie venait d'être fondé en Italie, à Naples on avait restauré les Bourbons; eh bien! une partie du Milanais serait érigée en monarchie au profit des Bourbons de la branche aînée et de leurs descendants; l'Italie et l'Espagne seraient désormais l'apanage de cette race; le ciel doux de l'Italie serait en rapport avec la mollesse de leur caractère; le sentiment religieux et catholique, l'aspect des ruines, le rapprochement de Rome, la capitale des grandes croyances, tout cela restait en harmonie avec l'esprit et la situation de la maison de Bourbon. La République française ou toute autre forme de gouvernement s'établirait entre le Rhin, les Alpes et les Pyrénées; les Bourbons auraient pour dot l'Espagne et l'Italie; il leur restait encore un assez beau domaine.

Tel était le plan de Bonaparte, et pour le mettre à exécution il accepta avec empressement l'intervention de la Prusse, dont les États servaient de refuge au chef de la maison de Bourbon; cette communication faite au comte de Haugwitz, fut officiellement accueillie avec une bonne volonté marquée de la part du ministre; puis adressée au roi de Prusse, elle dut jeter Frédéric-Guillaume dans une perplexité extrême; la maison de Brandebourg n'aimait pas la maison de Bourbon; il y avait diversité de croyances, et depuis l'alliance de Louis XV et de Marie-Thérèse contre Frédéric, la Prusse avait conservé un certain ressentiment contre les Bourbons. Mais le roi Frédéric-Guillaume avait, par-dessus tout, un esprit de dignité personnelle qui ne lui permettait pas d'abuser des lois de l'hospitalité pour arracher à une famille malheureuse une abdication violente ; chef de la noblesse, il ne voulait pas trop profondément blesser la reine Louise, et cette fière baronie allemande, qui déjà prenait en haine le système français. M. de Haugwitz remontra au roi qu'il ne pouvait refuser ses bons offices dans cette question si grave : M. de Talleyrand insista pour qu'une démarche immédiate fût faite auprès de Louis XVIII, et sur ses instances pressantes, M. de Haugwitz rédigea une instruction pour le président de Meyer, document curieux et inédit, qui constate toute l'habileté déployée dans cette affaire, et combien il fallut de dignité personnelle au prétendant pour résister à des tentatives adroitement conduites [1]. Ces instructions écrites de la main de M. Lombard, le secrétaire du cabinet, sont adressées au nom du roi de Prusse qui s'exprime en ces termes en s'adressant au président de Meyer :

« Quoique vous soyez déjà instruit par moi et par mon ministère de l'objet qui vous a fait appeler à Berlin, et de la manière dont je l'envisage, je vais vous rappeler ici, avec le fait, quelques observations essentielles, qui devront surtout vous guider. Le premier Consul de la République française m'a fait une ouverture aussi intéressante que délicate. Tant qu'il a pu croire encore la nouvelle autorité exposée aux chances de la fortune, tant que la guerre a entretenu les souvenirs et les haines, il n'a pu s'occuper qu'avec beaucoup de réserve des victimes de la Révolution. On ne peut disconvenir cependant que, même dans des temps

---

[1] Copie de cette instruction si curieuse fut envoyée par le cabinet prussien au premier Consul, à Paris, afin de constater la bonne harmonie et le dévouement du cabinet prussien. En même temps que le cabinet prussien faisait faire cette dé-

moins calmes, il n'ait fait pour les émigrés et le clergé tout ce que la prudence ne défendait pas; mais qu'est-ce que les pertes de quelques particuliers, comparées au sort de cette illustre maison, qui, tant de siècles, avait occupé le trône de France et qu'une destinée inouïe en avait précipitée? Les Français devaient sans doute ne pas oublier jusqu'au bout ce qu'elle leur fut, et quoique entraînés d'événements en événements vers un ordre de choses qui ne se détruirait pas sans ramener les mêmes horreurs tôt ou tard, ils ont dû croire leur honneur intéressé à ne pas abandonner toujours à des mains étrangères le sort de leurs anciens maîtres..... Le premier Consul ne demande pas mieux aujourd'hui que de payer la dette de la nation. S'il n'est plus en son pouvoir de revenir sur le passé; il peut offrir aux princes l'indépendance et des moyens de splendeur. Il peut leur assurer des apanages brillants, et en les sanctionnant par des traités et des garanties solennelles, mettre du moins cette famille infortunée à l'abri de nouveaux revers. Voilà ce que veut Bonaparte; sans doute ces intentions qui honorent son caractère ne lui seraient pas pardonnées s'il voulait gratuitement s'y livrer, si les sacrifices auxquels il est prêt à consentir n'avaient pour but et pour prix de mettre le sceau au nouvel ordre de choses. La condition de ses offres, serait donc la renonciation libre, entière

---

marche auprès de Louis XVIII, le conseil royaliste de France, sous M. Royer-Collard, le félicitait de sa belle et digne conduite. Voici ce document curieux :

« Sire, votre conseil a reçu la communication qui lui a été faite par ses ordres, des ouvertures du premier Consul, et il éprouve le besoin d'exprimer à V. M. l'admiration dont le pénètre une réponse si digne du petit-fils de saint Louis et de Henri IV. Si, d'un côté, les serviteurs de V. M. déplorent cette fatalité qui la poursuit jusque dans les retranchements de l'honneur, et qui semble la menacer jusque dans l'isolement de la vie privée, d'un autre côté, leur courage et leurs espérances s'exaltent, lorsqu'ils voient V. M. fidèle à tant de rois ses aïeux, fidèle à la France qui redemandera un jour à son auguste maison le repos et le bonheur, triompher de la séduction et de la

et absolue de tous les princes de la maison de Bourbon à leurs prétentions au trône, ainsi qu'à toutes les charges, dignités, domaines, apanages, qui seraient fondés sur ce premier titre. Plus la commission était délicate, plus le premier Consul a dû l'être sur le choix des moyens. La conscience et la loyauté finissent toujours par commander la confiance : il n'a pas craint que je compromisse la sienne, et comme c'est dans mes États que le chef de la maison de Bourbon se trouve dans ce moment-ci, il m'a invité à lui transmettre ses intentions. Je puis juger la question sous quelques rapports, elle m'est étrangère sous d'autres; mais quel qu'en soit le résultat, je n'ai pas dû me refuser à la communication que l'on me demande. S'il était dans la façon de penser des princes, de tirer avantage des offres qu'on leur adresse, eux-mêmes auraient pu me faire un reproche de n'en avoir pas été l'organe, et quelque éloignés que soient les intérêts des deux parties, ce n'est pas moi qui les éloignerai davantage. Pour m'acquitter de l'office en question, j'avais besoin d'un homme qui fût sur les lieux, afin que les observateurs ne conçussent pas de soupçons précoces ; d'un homme qui déjà connu du chef de la maison de Bourbon, inspirât la confiance par sa place, par son caractère; j'ai fait choix de vous, sûr que vous sentiriez tout ce que votre commission a de délicat en elle-même et d'inté-

force par l'ascendant de cette magnanimité dont la Providence a doué les cœurs des princes qui sont son ouvrage. C'est cette Providence qui, dans un contraste de situations telles que l'histoire n'en offre pas de semblables, s'est plu à abaisser la toute-puissance devant la vraie grandeur dénuée d'appui; et elle annonce par là que les destinées de V. M. et de sa race ne sont pas encore accomplies; que les vents qui ont courbé ce chêne antique, n'ont point ébranlé ses racines ; que le fer qui a mutilé ses rameaux, n'a fait qu'ajouter à la vigueur de sa tige. Ce n'est pas nous qui offrirons à V. M. de vaines espérances, fondées sur les troubles du dedans ou du dehors et sur les moyens de les exciter. V. M. sait assez, puisque c'est notre premier titre à sa confiance, que nos vœux ne s'unissent point à l'intervention de la politique étrangère,

ressant même pour moi, qui, inébranlable sur les principes dès que la force des choses et mes devoirs de souverain les ont une fois déterminés, ai toujours voué aux Bourbons le sentiment d'intérêt qui leur est dû. »

On sent toute l'habileté de cette première instruction adressée au président de Meyer, et signée du roi Frédéric-Guillaume. Le lendemain, le gouverneur reçut une nouvelle dépêche sur le moyen qu'il devait employer pour convaincre Louis XVIII de la nécessité d'une abdication. « La première proposition du général Bonaparte, continue le roi de Prusse, est très générale; il devait d'abord s'assurer de l'accueil que rencontreraient des ouvertures plus précises; il ne s'agit donc aujourd'hui que de constater la façon de penser des princes sur la question même. S'il est des offres qui puissent obtenir d'eux les sacrifices des espérances qu'ils nourrissent, peut-être encore, s'ils ne rejettent pas tout à fait les avantages réels qu'il s'agit de mettre à la place, j'en instruirai sur-le-champ le premier Consul; alors, je ne tarderai pas à avoir des données plus précises sur les intentions de celui-ci. Je vous les transmettrai successivement, et vous, à votre tour, vous poursuivrez les communications commencées. Rendu à Varsovie, vous laisserez passer quelques jours sans voir ni leurs altesses royales, ni aucuns de leurs entours. Quelque peu vraisemblable qu'il soit qu'aucune per-

et que notre caractère, les principes et les devoirs qu'elle-même nous impose, nous éloignent également de l'esprit de conspiration et de faction. Mais nous dirons à V. M. que les conseils de la raison s'accordent avec les inspirations de l'honneur; que la prévoyance commandait la résolution qu'elles lui ont dictée, et que le salut de la France sera le prix de la fermeté avec laquelle V. M. y persévérera. De quels motifs en effet a-t-on pu colorer la proposition adressée à V. M? A-t-on voulu intéresser sa générosité et l'amour qu'elle porte à son peuple, en lui montrant le repos de la France attaché au sacrifice de ses droits légitimes? Mais, Sire, où sont les armées qui ravagent notre territoire? Où sont les partis qui invoquent le nom de V. M? Où sont les intrigues qui s'ourdissent à l'ombre de ce nom sacré? Le sang coule-t-il encore? S'a-

sonne au monde suppose à votre voyage un objet qui les regarde, vous en serez plus sûr de dérouter les curieux. D'abord après, vous vous occuperez de faire parvenir, au comte de Provence, l'avis important que je vous confie; j'abandonne absolument à votre discernement le choix des formes dont vous voudrez vous servir, ou celui de l'organe que vous préférerez, car ici encore on doit aux princes de justes ménagements : l'infortune est prompte à s'effaroucher, et il s'agit ici d'un objet qui tient à leurs affections les plus chères. Peut-être vaudra-t-il mieux préparer insensiblement le comte ; vous connaissez ceux qui possèdent sa confiance ; vous jugerez de ce qu'il sera possible d'obtenir par eux; car ce que je crains surtout, c'est que les calculs les plus justes, les intérêts les mieux prouvés n'aient point d'accès dans un cœur que les malheurs ont aigri, et il importe avant tout, que la première réponse ne porte pas un caractère fait pour rendre à jamais ineffaçables les ressentiments et impossibles des tentatives nouvelles. Les motifs dont vous pourrez faire usage pour appuyer les offres du premier Consul sont si évidents et si forts qu'il semble à peine nécessaire de vous les tracer. Le premier point de vue je dois l'abandonner aux princes. Il est un sentiment d'honneur, qui dans toutes les situations conserve son empire, ou qui même s'exalte dans l'adversité. Il sera

---

git-il de l'arrêter ? Non ; la France repose dans une paix profonde, depuis qu'un homme aussi extraordinaire que sa fortune a saisi les rênes du gouvernement. Les uns jouissent du calme sans souvenir et sans prévoyance ; les autres qui gardent à V. M. leur foi dans les tribunaux, dans les camps, dans les conseils, croient lui obéir en se soumettant à cette autorité provisoire, dont ils reconnaissent la nécessité, et que la main de Dieu même paraît avoir élevée pour confondre et les principes et les exemples de la Révolution. C'est donc à l'avenir qu'appartiennent toutes les sollicitudes. Quel mot à prononcer, quelle autorité à alléguer à la vue de cette succession inouïe d'hommes et d'événements ; et lorsque déjà les débris de la République, appelée impérissable, gisent épars avec ceux de la monarchie ! Quel est-il cet avenir dont les félicités ne

de tous le plus difficile à vaincre, mais une réflexion essentielle le combattra. Le gouvernement qui veut traiter avec les Bourbons, n'est point celui qui le dépouilla. Bonaparte est l'ouvrage de la Révolution, mais il en était l'ouvrage nécessaire, mais il ne se range point parmi ses auteurs. Loin d'avoir renversé le trône, il l'a vengé, et tous les partis qui ont désolé la France ont disparu devant sa fortune. Ses plus grands ennemis, s'ils partent, pour le juger, de l'époque où il a saisi les rênes de l'État, conviendront qu'alors il fut le bienfaiteur de la France; il y aurait, ou je me trompe, il y aurait de l'exaltation à n'écouter qu'un ressentiment aveugle quand l'objet n'en existe plus, à vivre dans le passé, quand il s'agit de fixer enfin l'avenir. Et cet avenir, quel est-il pour les princes? J'honore la fidélité qui ne transige point avec ses devoirs, et s'il est quelques Français encore qui, dévoués à leurs anciens maîtres, se raidissent contre les événements, se refusent aux calculs de la raison et préfèrent à une résignation qui les désespère des illusions qui les flattent; je les plains, mais je les juge. Mais les princes n'ont de devoirs qu'envers eux-mêmes, ou, s'ils s'en croient envers la nation française, après que celle-ci a rompu tous les liens avec eux, c'est une raison de plus pour voir les choses telles qu'elles sont. *La Révolution qui les a exclus du trône, est dans*

---

se réaliseront que par la renonciation expresse de V. M. et des princes de sa maison? Nous ne pouvons le chercher que dans ce qui est; car on n'exigera pas de S. M. qu'elle le compose d'éléments inconnus. A partir de l'époque du 18 brumaire, sur ce même sol qui jusque-là avait dévoré les ouvriers et leurs constructions, deux constitutions se sont élevées en moins de trois ans : c'est la dernière, sans doute, qui est douée du privilège de contenir l'avenir; et puisque le premier Consul y a déposé, sans contradiction, toutes ses pensées, nous devons croire qu'on offre à V. M. comme un gage de tranquillité et de bonheur, les règles sur lesquelles elle établit la transmission du pouvoir : c'est-à-dire qu'on propose à V. M. d'assurer à la France, autant qu'il est en elle, à la place du gouvernement monarchique héréditaire, tempéré par des

les calculs humains consolidée sans retour. Un gouvernement ferme a pris en France la place des factions éphémères entre lesquelles le pouvoir avait flotté. La paix règne dans l'intérieur et règne au dehors, toutes les classes, fatiguées de dix ans de secousses et instruites des maux qui accompagnent les révolutions, ont avant tout un besoin, le repos; toutes tiennent à l'ordre actuel des choses : les unes par des espérances qui n'étaient autrefois pas les leurs; les autres par la crainte de perdre ce qui leur reste. Le système entier des propriétés, tel qu'il existe aujourd'hui, est le résultat successif des différentes époques de cette période orageuse, et un nouveau bouleversement effraie ceux mêmes qui dans le secret de leurs cœurs pourraient former des vœux différents. Une main habile tient les rênes, une force armée immense les maintient, la religion a repris tout son éclat, ou n'ayant du moins subi dans son appareil extérieur que des modifications sanctionnées par le Saint-Siége, elle a calmé les consciences alarmées, elle les a intéressées elle-même au nouvel ordre de choses, elle a ôté aux ennemis du gouvernement le dernier moyen de travailler contre lui dans l'ombre. Mais si dans l'intérieur rien n'annonce aux Bourbons qu'il leur reste un parti et des espérances, la voix des puissances de l'Europe s'est plus fortement prononcée; toutes l'ont élevée pour cette fa-

---

lois fondamentales, le gouvernement militaire électif, sans limites et sans barrière. Avoir réduit la question à ces termes, c'est l'avoir résolue. Il s'agit en effet de prononcer entre le plus parfait et le pire des gouvernements ; entre celui qui a fait la gloire de la France, et celui qui a été le fléau et la honte de Rome ; entre celui qui a donné à l'une soixante-dix monarques en treize siècles, et celui qui a donné à l'autre le même nombre de despotes en un siècle et demi; entre celui qui confond les intérêts de l'État et de son chef, et celui qui les sépare ; entre celui qui éteint les ambitions criminelles, et celui qui les allume dans le cœur des plus indignes; entre celui pour qui la guerre est presque toujours une calamité, et celui pour qui elle est toujours une nécessité. Et que serait-ce, si nous appliquions ce parallèle à l'état de l'Europe,

mille illustre, tant que l'empire irrésistible des choses ne les a pas ramenées à d'autres devoirs. Toutes aujourd'hui ont reconnu la République; ce ne sont plus des relations passagères dictées par le besoin du moment, ce n'est plus l'espérance ni la crainte qui transige avec l'ambition ou le danger, c'est un système nouveau, lié dans toutes ses parties, fondé sur les traités les plus solennels. Si ces derniers ne sont pas éternellement un jeu, l'honneur des souverains qui s'armaient il y a dix ans pour la cause des Bourbons, est lui-même engagé contre elle. Dans cet état de choses, se flatter d'un événement qui les rappellerait sur le trône, ce serait pour eux une funeste illusion; s'ils s'obstinent à la caresser, ils se privent d'avantages précieux dans leur abandon; et qui peut calculer encore jusqu'où cet abandon peut aller? La Providence a mis sur le trône de Russie un homme rare, qui, avec les moyens que donne un empire immense, possède le cœur le plus noble; mais les descendants de Louis trouveront-ils toujours un Alexandre? et cette existence précaire ne doit-elle pas effrayer pour eux le chef de leur illustre maison? Aujourd'hui que ses résolutions sont encore de quelque prix aux yeux du gouvernement français; aujourd'hui que les années n'ont point encore frappé de proscription les titres de sa famille, il peut obtenir de grands avantages, il peut se faire mettre sous

et si nous montrions tous les trônes affermis par le rétablissement de la monarchie en France, et continuellement avilis et menacés, quand ils ne seraient pas attaqués par le spectacle du gouvernement électif établi sur ses ruines? Non, Sire, il ne serait pas de la bonté de votre gouvernement ni de l'attachement qu'elle nous conserve, de sanctionner un ordre de choses si funeste à son peuple, et s'il ne devait rencontrer d'obstacles que dans les droits de V. M. et de son auguste race, y renoncer serait un acte de ressentiment et de vengeance contre la nation française. Mais, Sire, l'avenir sur lequel nous venons de fixer nos regards, n'existe heureusement que dans une constitution aussi fragile et plus vaine que celle qui l'ont précédée; et si nous nous sommes arrêtés à cet hypothèse illusoire, c'est parce qu'elle est la seule avouée, la

des garanties respectables, il peut laisser à ses enfants un autre héritage que des espérances et des persécutions; et le devoir lui-même, si les adhérents qui lui restent en France ont de justes titres sur son cœur, le devoir lui-même ne semble-t-il pas d'accord avec l'intérêt? Alors seulement, quand les Bourbons auront prononcé sur les devoirs de ceux des Français qui paient leur fidélité, soit de l'exil, s'ils ont émigré; soit d'une existence pénible et dangereuse, s'ils sont restés dans leur patrie; ce dernier prétexte de trouble aura disparu, ces menées obscures d'un zèle aveugle, toujours nulles dans le résultat, mais successivement funestes à tant d'individus, cesseront. Maint bon catholique ne tourmentera plus sa conscience de scrupules inutiles, la paix intérieure ne craindra plus ces atteintes vaines, et pour prix des longs outrages dont on accable la faiblesse des Bourbons, c'est elle qui aura sacrifié de justes ressentiments à ces respectables motifs, c'est elle qui aura consolidé le repos de sa patrie. Tels sont en partie les arguments que vous ferez valoir sur l'esprit du comte. J'attendrai avec impatience que vous m'en appreniez l'effet. S'il laisse la porte ouverte aux négociations, vous ne serez plus le seul qui y serez initié; d'un côté le premier Consul n'attend sans doute que ce moment-là pour y intéresser l'empereur de Russie; de l'autre ce serait

seule au nom de laquelle on puisse s'adresser au patriotisme et à la raison de V. M. L'examen attentif des résultats de la Révolution conduit à d'autres probabilités; nous allons les mettre sous les yeux de V. M.

« Comme la Révolution n'avait pour but que de détruire l'édifice social, et qu'elle l'a détruit en effet dans toutes ses parties, on peut dire que la Révolution a été consommée. Mais puisque la France n'a pas péri, il n'y a pas d'époque où l'on ait pu dire que la Révolution fût consolidée. Loin de là, chaque jour, depuis qu'elle a été consommée, a été marqué par la ruine de quelques-uns de ses principes. Vaincue et désarmée au 18 brumaire, elle n'est plus, puisqu'on a cessé d'y croire. Les opinions qu'elle avait mises en honneur sont reléguées parmi les doctrines séditieuses; les instructions auxquelles elle avait le plus insulté, reparaissent avec éclat : la nature des choses qui ne périt pas dans les boulever-

au comte de Provence à moyenner l'adhésion des autres princes. Je me réserve de vous adresser dès lors des instructions plus étendues, et en attendant je prie Dieu qu'il vous ait en sa sainte et digne garde. »

Berlin, le 10 février 1805. Frédéric-Guillaume.

Dans cette instruction remarquablement écrite, tout est ménagé avec un tact admirable, et un sentiment parfait des convenances; on ne heurte rien; on veut que la dignité de Louis XVIII soit respectée, on s'adresse à toutes parties du cœur humain, à toutes les fibres de la sensibilité; si le roi de Prusse ne veut point se compromettre à l'égard du premier Consul, il craint aussi l'histoire qui punit les actes de faiblesse, les concessions trop grandes à la nécessité. Ici se révèlent le combat de deux sentiments opposés, au cœur de Frédéric-Guillaume; il craint de déplaire à Bonaparte si impérieux, et de compromettre la Prusse vis-à-vis de la diplomatie française; mais en même temps il éprouve tout ce qu'il y a de fatal dans sa situation en présence de la noblesse de l'Europe et en face de la postérité; il donne l'hospitalité d'une main et il se sert de l'autre pour abuser un roi captif : Frédéric-Guillaume recommande de ne pas heurter le malheur qui a l'âme si fière, si susceptible.

Louis XVIII vivait à Varsovie dans la simplicité la plus

sements politiques, les ramène successivement, et les replace sans trouble. Elle ramène donc la monarchie héréditaire, qui est le complément, la garantie et le lien de tous les autres. Dira-t-on que la France l'a proscrite? Mais elle avait proscrit le culte et la religion elle-même; elle avait proscrit l'unité du pouvoir, et dévoué aux poignards républicains, quiconque oserait ce que le général Bonaparte a exécuté. Cependant, elle obéit sans murmurer, à une autorité mille fois plus absolue que ne le fut jamais celle de ses rois. Le besoin de l'hérédité se fait sentir; ce mot est dans presque toutes les bouches. Le pas qui reste à faire pour la chercher dans la seule famille qui en possède les vrais attributs, est-il donc aussi difficile, aussi prodigieux que ceux dont nous avons été les témoins; et les obstacles sont-ils à l'épreuve du temps, de ce temps qui ne repose jamais? Déjà il a consumé les opinions; chaque jour il

extrême, voyant peu de monde, parce qu'il tenait à sa propre dignité, et que profondément malheureux, il voulait être traité en roi. Comme les nobles existences, plus la fortune l'abaissait, plus il relevait la tête ; lisant beaucoup, il s'instruisait de tous les événements ; sa correspondance active embrassait les grandes et les petites choses, les petites surtout : à huit heures le roi était debout, il se faisait lire les journaux de France, parcourait les gazettes allemandes ; sa cour, qui ne se composait plus que de huit personnes, avait toujours la même étiquette, les mêmes devoirs envers Louis XVIII, que si l'on eût habité le Versailles de son aïeul ; le comte de Lille était partout le roi de France, négociant avec les partis, et voulant se faire une position comme celle de Henri IV vis-à-vis de la Ligue. Mais le chef de sa race avait le teint bruni au soleil de Navarre, la moustache grisonnante de soucis et de poudre d'arquebusades, il avait le bras fort et l'épée haute.

C'était pourtant auprès de ce prince si plein de sa dignité, si fier de sa naissance, que M. le président de Meyer devait agir ; il remplissait ici une des missions de sa cour avec une bien faible espérance de réussir ; sa position de président du cercle de Varsovie l'appelait chaque soir auprès de Louis XVIII ; il y voyait le comte d'Avaray, le duc de Guiche, tous ceux enfin que leur situation

---

consume les intérêts, les préjugés, les craintes qui éloignent encore les Bourbons. La dictature même, loin d'être une barrière entre eux et le trône de leurs pères, en fraie la route Par elle, le peuple rentre dans les habitudes de la soumission, l'armée reprend le joug de la discipline ; les partis, réduits à l'impuissance, oublient jusqu'à leurs noms, et vont avoir peine à se reconnaître. Si, après vaincu toutes les résistances, elle va se déposer elle-même entre les mains du roi légitime, elle aura tout fait pour le bonheur de la France et pour sa propre gloire. Que si la Providence a marqué son terme, l'ambition voudra en vain la relever ; ses efforts méprisés attesteront seulement qu'il n'y a point un autre Bonaparte, et qu'un semblable pouvoir ne survit pas aux besoins et aux circonstances dont il fut l'ouvrage. A cette époque décisive, la France aura un roi ou sera dissoute, et toutes les monarchies après elle. C'est là qu'il faut se

personnelle plaçait auprès du roi; il ne leur dissimula pas la mission dont il était chargé; les dignes gentilshommes l'en dissuadèrent comme d'une démarche inutile. Avant tout le président devait remplir les ordres de sa cour; il demanda donc une audience particulière au prétendant pour lui faire part des instructions qu'il avait reçues et des offres qu'il devait lui communiquer. Le président de Meyer ajouta quelques paroles de regrets, et il ne put achever, tant il était ému en exposant la nécessité où était le roi de Prusse de commander une pareille négociation. Louis XVIII le rassura, et le président dut être frappé du ton ferme de toutes les réponses royales; le monarque déclara « Que s'il fallait s'exiler encore, il se soumettrait à la Providence; que si la Prusse refusait un asile, il le trouverait partout où il y aurait un roi et un peuple se souvenant des Bourbons. » Il lui expliqua comment la démarche de M. de Bonaparte confirmait les droits de sa race s'ils étaient contestés, plutôt que de les atteindre; il remerciait le roi de Prusse de l'intérêt qu'il lui portait et de l'asile qu'on voulait bien lui offrir; mais quant à sa couronne, nul n'y renoncerait, ni lui, ni les princes de sa maison [1].

En vain M. de Meyer lui fit observer qu'on serait obligé

placer pour évaluer toutes les considérations du moment. Qui se portera roi de France? Quelle famille viendra disputer à la race de Hugues-Capet le respect et l'obéissance héréditaire de la nation? Quelle qu'elle soit, comme famille, elle n'aura pas les droits de sa naissance, et c'est aux droits des descendants de trente monarques qu'il lui faudra les opposer. Laissons la France peser, quand il en sera temps, les uns et les autres; il nous suffit d'observer que dès aujourd'hui la démarche du premier Consul et la réponse de V. M. sont un poids de plus dans la balance.

« Que V. M. daigne recevoir avec bonté nos félicitations et nos hommages. Nous aimons à croire que la démarche dont il s'agit en présage de plus importantes. Quel que soit l'intervalle qui les sépare, continuez, Sire, à régner par les lois, jusqu'à ce que les lois et la force réunissent leur empire; et après avoir donné aux chefs des nations de si nobles leçons, puisse V. M. être appelée à leur donner d'illustres exemples! »

[1] « Je ne crains pas la pauvreté, répliqua le roi; s'il le fallait je mangerais du pain noir avec ma famille et mes fidèles servi-

peut-être de prendre des mesures rigoureuses, et que le système d'alliance du roi de Prusse et du premier Consul imposait au cabinet de Berlin des devoirs tristes et impérieux ; alors Louis XVIII se levant déclara : « Qu'il préférerait partir un bâton blanc à la main, comme les vieillards de l'antiquité condamnés à l'exil, plutôt que de signer une abdication déshonorante. » Cette fière réponse mit fin à la communication, et M. de Meyer, pénétré de douleur, écrivit à sa cour une dépêche remarquable dans laquelle il ne dissimulait pas le mauvais résultat de ses démarches près de Louis XVIII ; il déplora la triste nécessité où il se trouvait, en suppliant le comte de Haugwitz de lui retirer le gouvernement de Varsovie qui plaçait un gentilhomme dans une position si délicate vis-à-vis d'un roi malheureux.

Comme les communications avaient été faites à Louis XVIII officiellement, et par lettres autographes, ce prince crut convenable de répondre tout à la fois au roi de Prusse et au premier Consul, de qui émanaient les propositions qui lui étaient adressées. Quant au roi de Prusse[1], la lettre était facile, il ne s'agissait que de

---

teurs ; mais ne vous y trompez pas, je n'en serai jamais réduit là ; j'ai une autre ressource dont je ne crois pas devoir user tant que j'aurai des amis puissants ; c'est de faire connaître mon état en France, et de tendre la main, non au gouvernement usurpateur, cela jamais, mais à mes fidèles sujets, et croyez-moi, je serais bientôt plus riche que je ne le suis. » A ces mots l'envoyé laissa entrevoir qu'il serait possible qu'on fût contraint de priver le roi d'un asile dans les États soumis à l'influence du conquérant, qui avait résolu de régner à sa place. « Je plaindrai le souverain, dit le roi, qui se croira forcé de prendre un parti de ce genre, je m'en irai. »

(Journal de Louis XVIII.)

[1] « Monsieur mon frère et cousin, j'ai cru devoir mettre par écrit ma réponse aux offres qu'il a plu à V. M. de me transmettre, et je prie M. le président de Meyer de la lui faire parvenir, mais je ne puis me refuser à y joindre cette lettre, d'abord pour le remercier des expressions pleines d'amitié pour moi qu'elle a ordonné à M. de Meyer d'employer en s'acquittant de sa commission, ensuite pour déposer dans le sein de V. M. quelques réflexions que je n'ai pas cru devoir placer dans ma lettre.

« Non seulement la démarche actuelle de M. de Bonaparte établirait mes droits, s'il était nécessaire, mais elle dévoile encore ses anxiétés, et je me félicite de les voir en des mains aussi augustes. Je sais tout le

le remercier de l'asile offert généreusement et de la protection accordée aux gentilshommes de sa suite, en s'abstenant de toute récrimination sur la démarche commandée au cabinet prussien. Quant à Bonaparte, Louis XVIII voulut d'abord exprimer son indignation ; nul ne savait mieux que lui s'irriter froidement et jeter à la face des heureux, des paroles fières et chevaleresques : le malheur s'exalte si facilement ; c'était le tournoi du proscrit. Louis XVIII n'avait rien dans sa personne de poétique et de romanesque ; il y suppléait par une certaine ostentation de sentiments exaltés, une colère de dignité; il fit plusieurs brouillons de réponse qu'on trouva trop vifs, trop insultants, dictés, comme on aimait à le lui dire, sur le pommeau de l'épée de Henri IV. Enfin, il écrivit à Bonaparte quelques phrases concises, qui sans rompre définitivement, disaient assez que désormais toute démarche pour l'abdication serait inutile ; il déclara : « Qu'il ne confondait pas M. de Bonaparte avec les hommes que la Révolution avait produits ; il lui tenait même compte du bien qu'il avait fait à ses sujets, mais que si par là il s'imaginait de le faire renoncer à parti que je pourrai tirer de cet aveu, mais j'aime mieux garder le silence, si l'on ne me force pas à le rompre. C'est un égard que je crois devoir au souverain généreux qui m'accorde un asile dans ses États. La grande âme de V. M. est trop connue pour ne pas séparer ses pensées des mesures que ses relations semblent lui dicter.

« Les rois, pour épargner à leurs sujets les horreurs de la guerre, ont pu céder à des circonstances impérieuses ; le malheur me prête son appui. Je suis seul, c'est à moi de maintenir les droits de tous, en ne sanctionnant jamais une révolution qui finirait par renverser tous les trônes.

« M. de Bonaparte pouvait marcher à la gloire, il a préféré la route qui conduit à la célébrité ; mais si jamais écoutant la voix du devoir et son véritable intérêt, il n'osait cependant s'en fier à ma seule parole, ce serait alors que je verrais avec joie V. M. devenir médiateur entre nous, et donner sa loyauté pour garante de nos engagements réciproques. Je vais transmettre (ainsi que je l'ai déjà fait à l'égard de mon neveu) à mon frère et aux autres membres de ma famille l'ouverture qui vient de m'être faite.

« V. M. voit la réponse de mon neveu, je mettrai les autres sous ses yeux aussitôt qu'elles me seront parvenues. »

« Je prie V. M., etc. *Signé,* Louis.

son droit, c'était une étrange illusion ; enfin, que la démarche que faisait en ce moment le premier Consul, était encore une manière de constater ce droit, s'il pouvait être mis en doute[1]. »

A la lecture de cette réponse, M. de Meyer manifesta quelque inquiétude ; il déclara avec émotion : « Qu'il ne répondait de rien ; sa cour serait peut-être poussée à des mesures rigoureuses, en refusant un asile qu'elle ne donnait qu'en exposant sa monarchie. » Louis XVIII persista dans sa volonté la plus ferme ; rien ne put la changer, et sa mémoire classique lui fournit quelques vers d'Horace qu'il récita, sur la fermeté de l'homme battu par la tempête dans les orages de la vie : « *L'âme est au-dessus des tyrans de la terre,* » ont dit les stoïciens ; telles furent les paroles du Roi. Sa protestation fut revêtue de la signature du duc d'Angoulême qui, résidant auprès de Louis XVIII, protesta avec fermeté contre le triomphe du soldat heureux. La démarche de Bonaparte échoua complétement.

Toute la famille des Bourbons n'était pas à Varsovie, où se trouvaient seulement la petite cour de Louis XVIII, le jeune duc et la jeune duchesse d'Angoulême. Le comte d'Artois avait pris Londres pour résidence : esprit plus remuant que son frère, le prince avait placé le siége de ses démarches les plus actives dans cette Angleterre, ardente ennemie du Consul. De

---

[1] Voici le texte de la réponse de Louis XVIII à Bonaparte sur les ouvertures qui lui ont été faites par le président de Meyer de la part de S. M. le roi de Prusse, le lundi 28 février 1803.

« Je ne confonds pas M. de Bonaparte avec ceux qui l'ont précédé, j'estime sa valeur, ses talents militaires, je lui sais gré de plusieurs actes d'administration, car le bien que l'on fera à mon peuple me sera toujours cher ; mais il se trompe s'il croit m'engager à transiger sur mes droits ; loin de là, il les établirait lui-même, s'ils pouvaient être litigieux, par la démarche qu'il fait en ce moment.

« J'ignore quels sont les desseins de Dieu

là, le comte d'Artois pouvait agir à l'aide du gouvernement britannique sur la Vendée et la Bretagne. Autant Louis XVIII aimait les négociations avec les personnages même les plus compromis dans la Révolution française, autant M. le comte d'Artois avait pour eux une haine instinctive qui ne permettait qu'une attaque de vive force sans transaction ; un rôle actif était le vœu de sa vie. Le comte d'Artois était entouré de chefs vendéens et de Chouans ; la pacification de l'Ouest n'était pour lui qu'une trêve, la paix d'Amiens même n'avait pas apaisé son désir d'entreprendre une lutte de force à force contre le premier Consul. S. A. R. avait auprès d'elle de jeunes aides-de-camp, ses amis, car il y avait un charme indicible attaché à la personne de M. le comte d'Artois, gracieux par éducation, excellent de manières, plein de cœur et d'esprit. Ces jeunes hommes, les Rivière, les Polignac, auraient échangé vingt existences contre un doux sourire du prince, si expansif dans ses intimités. Le comte d'Artois n'était pas toujours en bonne harmonie avec Louis XVIII : comme il ne ménageait rien dans la Révolution française, ni les principes, ni les hommes, le Comte ne pouvait partager les sentiments de pacification et de tolérance, que Louis XVIII poussait jusqu'aux dernières limites de l'indulgence et de l'oubli.

Auprès du comte d'Artois se trouvait le duc de Berry, alors si dissipé en ses plaisirs, prince insouciant d'avenir, qui remplissait Londres du bruit de ses distrac-

---

sur ma race et sur moi, mais je connais les obligations qu'il m'a imposées, par le rang où il lui a plu de me faire naître. Chrétien, je remplirai ces obligations jusqu'à mon dernier soupir ; fils de saint Louis, je saurai à son exemple me respecter jusque dans les fers ; successeur de François Ier, je veux du moins pouvoir dire comme lui : *Tout est perdu fors l'honneur.* »

Signé. Louis.

« Avec la permission du roi, mon oncle, j'adhère de cœur et d'âme au contenu de cette note. »

Signé. Louis-Antoine.

tions un peu trop publiques après la dislocation de l'armée de Condé; le duc de Berry se laissait entraîner sous l'éblouissement des passions humaines, sorte d'ivresse que l'on s'impose souvent pour échapper à une fatale destinée et à une oisiveté plus triste encore; le malheur entraîne les âmes profondément remuées à l'oubli de leur infortune dans les plaisirs bruyants; on fait beaucoup de bruit pour chasser la douleur de l'âme. Divisés d'opinion avec Louis XVIII sur les éléments d'une restauration, le comte d'Artois et le duc de Berry n'hésitèrent pas néanmoins à signer la protestation contre les tentatives de Bonaparte pour fonder une nouvelle dynastie; il s'agissait de défendre le droit commun de la famille.

A Londres alors vivait une autre branche des Bourbons, plus intimement liée au mouvement révolutionnaire; je veux parler des princes d'Orléans qui, après avoir traversé une vie studieuse et agitée, s'étaient rattachés, par une réconciliation solennelle, à la branche aînée de leur maison. Louis-Philippe d'Orléans avait vu Louis XVIII à Mittau, et, s'exprimant avec dignité sur les torts de sa famille, il offrit sa fidélité au roi, tout empressé d'annoncer cette bonne nouvelle à ses amis à Londres [1]. Le duc d'Orléans trouva grâce dans le cœur si confiant de M. le comte d'Artois; ils se virent beaucoup en Angleterre.

---

[1] Cette curieuse lettre du roi Louis XVIII sur le duc d'Orléans, est datée de Mittau, 27 juin 1799, et adressée au duc d'Harcourt, son ambassadeur à Londres.

« Je m'empresse de vous faire part, monsieur le duc, dit le roi, de la satisfaction que j'éprouve d'avoir pu exercer *ma clémence* en faveur de M. le duc d'Orléans, mon cousin. Sa respectable mère, cette princesse vertueuse, a été trop grande dans ses malheurs pour recevoir de ma part une nouvelle atteinte qui aurait porté le désespoir et la mort dans son cœur? Elle a été l'intermédiaire entre son roi et son fils. J'ai accueilli avec sensibilité les larmes de la mère, les aveux et la soumission du jeune prince, que son peu d'expérience avait livré aux suggestions coupables d'un prince monstrueusement criminel. Cette détermination a été prise de l'aveu de mon conseil, et j'ai la bien douce satisfaction de vous annoncer que tous les membres ont prononcé d'une voix unanime les mots de clémence et de pardon. »   Louis.

M. le duc d'Orléans témoignait une amitié expansive dans ses discours à M. le comte d'Artois. On aurait dit qu'il avait besoin d'effacer son passé, d'éteindre les torts que l'on pouvait reprocher à sa maison. L'existence de ce prince était déjà si remplie, et il avait trente ans à peine! Le duc d'Orléans déclara : « Qu'il ne se séparerait plus désormais de la branche aînée de sa famille, dans la bonne et la mauvaise fortune ; l'ordre et la hiérarchie serait pour lui le plus saint des devoirs. » Le prince inspirait une haute estime en Angleterre, son père y avait laissé de longs souvenirs parmi les wighs, tels que les lords Holland, le duc de Bedfort, Grey et les pairs de l'opposition. La vie de S. A. S. était régulière; il avait appris par tant de malheurs à être économe; un caractère sérieux s'était empreint sur son existence, et quand si jeune on a eu de si grands devoirs à remplir, il en résulte quelque chose de grave, de solennel dans la vie de l'homme ; on ne la gaspille plus, on la mène devant soi avec toute la maturité d'une longue expérience. Le duc d'Orléans n'hésita point à se joindre aux aînés de sa famille pour protester contre la démarche de Bonaparte, car il poussait loin le sentiment des droits de sa maison et de la grandeur de sa race; issu de Henri IV, il portait haut le blason de son origine; nul ne jugeait plus sévèrement Bonaparte ; il manifestait en toute circonstance son désir de se montrer sur un champ de bataille pour lutter contre l'homme de la gloire et de la fortune, qui brisait les droits antiques de sa lignée [1].

---

[1] Voici la protestation de toute la famille de Bourbon.

De Wansted-House, 23 avril 1803.

« Nous princes, soussignés, frère, neveu et cousins de S. M. Louis XVIII, roi de France et de Navarre ;

« Pénétrés des mêmes sentiments dont notre souverain seigneur et roi se montre si glorieusement animé dans sa noble réponse à la proposition qui lui a été faite de renoncer au trône de France, et d'exiger, de tous les princes de sa maison, une re-

Le vieux prince de Condé arrivait alors en Angleterre avec son fils, le duc de Bourbon; son petit-fils, le duc d'Enghien, était resté sur les bords du Rhin, parce qu'il aimait ces vieux châteaux, ces roches romantiques, ces noires forêts où vivait sa jeune et brillante châtelaine, Charlotte de Rohan-Rochefort. La triple génération des Condé formait comme la partie militaire de l'émigration; le corps des gentilshommes venait d'être dissous à la suite de la paix de Lunéville, après avoir rendu des services remarquables dans la dernière campagne, à ce point que Jourdan, Pichegru et Moreau lui-même en avaient fait témoignage dans leurs rapports. Le vieux prince de Condé n'avait plus ces feux de gloire, apanage de la jeunesse dans sa race, depuis Rocroy; il n'avait pas une science militaire assez étendue pour se faire remarquer vieillard; mais il était brave, et tenait de ses faibles mains l'épée au poing à la face de l'ennemi, par habitude de courage ou par tradition de gloire. Comme tous les hommes avancés dans la vie, le prince de Condé était resté tenace dans ses principes; sans faire un pas en avant; en vain on lui demandait quelques concessions pour le parti révolutionnaire, il ne pouvait les comprendre, et son entêtement fit échouer bien des négociations; boudeur, mécontent, l'orgueil de ses cheveux blancs était

---

nonciation à leurs droits imprescriptibles de succession à ce même trône, déclarons :

« Que notre attachement à nos devoirs et à notre honneur ne pouvant jamais nous permettre de transiger sur nos droits, nous adhérons de cœur et d'âme à la réponse de notre roi;

« Qu'à son illustre exemple, nous ne nous prêterons jamais à aucune démarche qui puisse avilir la maison de Bourbon, et lui faire manquer à ce qu'elle se doit à elle-même, à ses ancêtres, à ses descendants;

« Et que si l'injuste emploi d'une force majeure parvenait (ce qu'à Dieu ne plaise!) à placer de fait, et jamais de droit, sur le trône de France, tout autre que notre roi légitime, nous suivrons, avec autant de confiance que de fidélité, la voix de l'honneur qui nous prescrit d'en appeler, jusqu'à notre dernier soupir, à Dieu, aux Français et à notre épée! »

Charles-Philippe d'Artois,
Ferdinand de Berry,
Louis-Philippe d'Orléans, etc.

de se proclamer le chef de la noblesse française ; il considérait la Révolution comme les troubles de Paris après la Fronde, où le grand Condé, son aïeul, avait joué un rôle si actif. On ne peut s'empêcher de quelque respect pour ces caractères persévérants, debout à la face du monde, comme les ruines des temps passés ; s'ils ne témoignent pas toujours de l'intelligence de l'homme, ils manifestent au moins la noblesse et la fermeté de son cœur.

Le duc de Bourbon n'était qu'un brave officier d'infanterie, capable de se montrer au milieu du feu des batailles ; sa capacité essentiellement limitée n'avait emprunté aux Condé que ce courage chaud se précipitant sans baisser la tête sur les lignes bordées de canons, comme à Weissembourg ; son caractère n'avait rien de gracieux ; l'oisiveté le rendait aux habitudes de la chasse, une des grandes distractions des Condé, dans les vastes forêts de Montmorency, de l'Ile-Adam, de Chantilly, les belles résidences des aïeux de sa race. Puis venait le dernier rejeton, le duc d'Enghien, mélancolique figure qui se montre déjà dans ce tableau, comme une de ces pâles ombres qui jettent une vague tristesse dans les scènes de la vie ; quand une existence doit s'éteindre si jeune, tout même jusqu'à son image s'empreint d'une indicible douleur, et voilà pourquoi on se surprend une larme lorsqu'à Chantilly ou à Versailles resplendissant, on contemple les portraits du duc d'Enghien à l'œil si beau, au front large sous ses cheveux cendrés. Le jeune prince partageait sa vie entre la chasse dans les forêts qui dominent la Souabe, et son amour chevaleresque pour une Rohan, digne d'une si noble passion ; il errait en proscrit sur les rives du fleuve que le grand Condé avait passé dans plus d'une bataille ; on accueillait le duc d'Enghien avec une indicible bienveillance ; son nom était comme le symbole de la chevalerie, le dernier débris de l'Europe gentilhomme; une loyale amitié l'unissait au roi de Suède, jeune homme comme lui, et qui faisait alors un pèlerinage en Allemagne. Le malheur ne les épargna ni l'un ni l'autre : le cœur du duc d'Enghien fut atteint par les balles dans les fossés de Vincennes; le sceptre du roi de Suède lui fut arraché par une révolution [1].

Depuis la dissolution du corps de Condé, l'émigration n'avait plus d'organisation hiérarchique; la plupart des gentilshommes s'étaient dispersés pour chercher fortune. Dès qu'ils n'eurent plus à combattre, ils se crurent inutiles, car ils n'avaient pas d'autre métier que la guerre; les plus fidèles passèrent dans la Grande-Bretagne pour offrir leurs services à M. le comte d'Artois dans l'expédition qu'il pouvait tenter sur la Bretagne et la Vendée; quelques-uns prirent du service dans l'armée anglaise pour la guerre de l'Inde, comme les émigrés protestants en avaient pris dans les armées prussiennes après la révocation de l'édit de Nantes; les autres offrirent leurs bras à l'empereur de Russie, et servirent comme les Damas, les Richelieu, les Laferronays, les Langeron, les Saint-Priest, dans les armées qu'Alexandre destinait à une expédition contre les Turcs. Enfin, depuis la promulgation du décret sur les émigrés, plusieurs rentrèrent en France avec la permission de Louis XVIII; l'amnistie était une mesure qui avait pour but de réunir tous les Français sous le même drapeau; Bonaparte tendait la main à tous ceux qui préféraient la patrie au sentiment exalté d'une fidélité chevaleresque envers une race malheureuse. Beaucoup d'émigrés déposèrent leurs épées, et firent leur soumission

---

[1] Voyez sur la catastrophe du duc d'Enghien, chap. 13 de ce volume.

pour revoir le vieux château de la famille; ils ne furent pas les plus mauvais Français; ceux qui se rattachèrent à Bonaparte restèrent les derniers fidèles à sa fortune [1]. Le dévouement pur et noble est une digne garantie pour l'avenir; quand on a tenu fermement sa foi, le pouvoir est sûr que celui qui s'engage a le cœur haut et la main ferme.

Qu'on me pardonne cette digression sur les débris d'une monarchie de quatorze siècles; j'aime à suivre une cause malheureuse dans ses dernières épreuves d'infortune, de fidélité et de grandeur! Je ne suis pas de ceux qui disent : « Malheur aux vaincus ! »

---

[1] M. de Las Cazes n'était rentré en France qu'en 1802; MM. de Caulaincourt, de Ségur, de Montholon, de Narbonne, restèrent les derniers fidèles à la fortune de l'Empereur.

CHAPITRE V.

ORGANISATION DU PALAIS.

FÊTES. — ESPRIT DE LA SOCIÉTÉ.

Ordre des Tuileries. — Les préfets du palais. — Les dames pour accompagner. — Étiquette. — Réceptions. — Le corps diplomatique. — Costumes. — Diners d'apparat. — Ordre de travail. — Délassements et fêtes. — Mœurs de cette société. — Les théâtres. — Les acteurs. — Opéra. — Bouffes. — Français. — Vaudeville. — Montansier. — La série des Jocrisse. — Romans à la mode. — Romans anglais. — Anne Radcliff. — Romans français. — *Mademoiselle de La Vallière*. — *Adèle de Sénanges*. — Livres orduriers. — Pigault-Lebrun.

1802-1803.

Les larmes des proscrits, les tristesses de l'exil occupaient à peine la société du Consulat, distraite par la gloire et toute enivrée de jeunesse et de plaisirs! et cependant en face d'elle, des captifs dans une prison, au Temple ou à Vincennes, pour des opinions ardentes ; républicains à l'âme généreuse, Chouans pleins d'énergie comme les derniers klans d'Écosse sous les Stuarts; plus loin, une dynastie poussée par la tempête sur une terre étrangère ; puis, confondus, les chefs du mouvement démocratique jetés dans les déserts du nouveau monde ou dans les forts de l'île d'Oléron. Ces infortunes des âmes fortes et mâles importaient peu à une génération que berçaient la fortune, les ris, les folles danses, toutes les joies enfin d'une société nouvelle qui prend en moquerie les convictions et les vieilles douleurs.

Ainsi étaient les Tuileries depuis les grands services rendus à la paix et à l'ordre par le premier Consul; c'étaient les pompes incessantes des fêtes publiques, une succession d'habitudes distraites; la génération nouvelle passait de l'inquiétude à la sécurité. La cour était jeune, les femmes commençant la vie à peine, ne comprenaient pas ces âmes qui se sacrifiaient à la République ou aux Bourbons, et, comme les chrétiens du Cirque, tombaient pour leur foi en souriant. Tant de brillants officiers entouraient la personne de Bonaparte! La plupart étaient mariés; le Consul exigeait que tous ses généraux, ses compagnons d'armes prissent une dame pour la vie de leur manoir quand ils partaient pour le champ de guerre, comme les nobles féodaux; il le commandait même impérativement; homme de ménage, il aurait voulu pénétrer dans les secrets intimes de chacun; on aurait dit que par les petites choses Bonaparte voulait arriver aux grandes.

L'esprit éminemment organisateur du Consul désirait régler son palais comme ses armées; dans les premiers temps du 18 brumaire tout s'était fait confusément aux Tuileries; sans autre organisation qu'une hiérarchie d'aides-de-camp. Le général avait placé sa tente sous le pavillon du centre; il était là comme dans ses campagnes sans autres distinctions que les services [1]. A mesure que le pouvoir de Bonaparte agrandit, quand il eut dans ses mains le Consulat décennal, et plus tard la magistrature à vie, il trouva que ce service

---

[1] L'organisation du palais n'est que de 1802. Les aides-de-camp du premier Consul étaient Cafarelli, Lauriston, Caulaincourt, Lemarois, Savary, Rapp, Lebrun et Fontanelli. Le nombre en fut depuis agrandi.

d'aides-de-camp n'établissait pas une suffisante distinction dans un palais qu'on voulait rendre royal. On n'osait créer ni chambellans, ni gentilshommes de la chambre, ni grands-aumôniers, ni capitaines des gardes ; le Consul savait que ces mots heurtaient les habitudes et les préjugés de la Révolution, en annonçant un retour trop marqué vers le vieux régime ; homme habile, il voulait aller droit aux choses sans blesser les susceptibilités trop grandes des opinions.

Il arrêta donc un ordre de services partagé en plusieurs divisions [1] : 1° la hiérarchie militaire fut placée sous la responsabilité d'un gouverneur, avec toutes les attributions du palais, chef des aides-de-camp avec la police du château et la surveillance des gardes. Duroc, appelé à cette dignité, dut prendre les ordres de Bonaparte, fixer les audiences, signer les invitations pour les dîners d'apparat ; le général étudia les fonctions de gouverneur de la résidence royale dans l'ancien cérémonial de France, avec une scrupuleuse exactitude, afin de ne manquer en rien à la vieille étiquette ; 2° le commandant de la garde consulaire faisait au palais les fonctions des capitaines des gardes-du-corps ; il prenait l'ordre directement de Bonaparte ; on créa quatre commandants, comme sous l'ancien régime les quatre capitaines par quartier ; 3° les fonctions des chambellans furent remplies par des préfets du palais [2] ; ces mots de préfecture, expressions empruntées aux temps de Rome et à l'époque de Charlemagne, ne pouvaient effaroucher le parti républicain. Rome avait des préfets

---

[1] J'ai trouvé cet original à la bibliothèque du Roi un livre fort curieux, sur lequel les préfets du palais inscrivaient toutes les invitations ; il est coté n° 2036 28 du supplément.

[2] Les quatre préfets du palais étaient : MM. de Cramayel, de Luçay, Didelot et de Rémusat.

pour diriger l'administration de la cité; ceux des Tuileries étaient chargés de régler la partie d'étiquette pour les fêtes, les réceptions; sorte de surintendance des menus-plaisirs auprès du premier Consul de la République. Bonaparte organisa le service des dames du palais pour accompagner sa femme [1] dans les cérémonies d'apparat, comme les princesses de la maison de Bourbon, en signe de leur grande naissance et de leur dignité; on élevait bien haut Joséphine; ce qui prêtait plus d'un souvenir moqueur à Barras, le gentilhomme épicurien, dans sa retraite de Bruxelles.

Avec cette forme et cette hiérarchie du palais, le cérémonial était rétabli sur des bases positives. Le Consul avait déjà son petit lever, ses grandes réceptions à jours fixes et pour chaque ordre de la société. La cour était brillante, quoique compassée et loin encore des airs de bonne compagnie; comme les parvenus souvent, les nouveaux fonctionnaires prenaient la raideur pour de la dignité, et l'inconvenance pour l'abandon; le souvenir des camps dominait encore dans les salons dorés des Tuileries. On y trouvait des femmes jeunes et belles [2], de brillants officiers pleins de glo-

---

[1] Les dames du palais étaient Mes Lauriston, de Luçay, de Rémusat et Talhouet.

[2] On voulait prendre les manières de l'ancien régime, faire de l'esprit et écrire des lettres à la manière de Mme de Sévigné; mais le ton en était manqué; voici une œuvre de cette société qui en constate le ton et la forme :

Récit du voyage de Plombières aux habitants de la Malmaison.

« En partant de Malmaison, la société avait les larmes aux yeux, ce qui leur a occasionné un si grand mal de tête, que la journée réellement fut accablante pour ces aimables personnes. Madame Bonaparte mère a soutenu cette journée mémorable avec le plus grand courage. Madame Bonaparte consulesse n'en a pas du tout montré; les deux jeunes dames de la dormeuse, mademoiselle Hortense et madame Lavalette se disputaient le flacon d'eau de Cologne, et l'aimable M. Rapp faisait arrêter la voiture à chaque instant pour soulager son petit cœur malade, qui était chargé de bile. Aussi, a-t-il été obligé d'aller se coucher en arrivant à Épernay, pendant que l'aimable société cherchait à oublier ses maux dans le vin de Champagne. La seconde journée a été plus heureuse sous le rapport de la santé, mais les vivres manquaient et

rieux services ; mais cela ne suffisait pas pour constituer un salon d'aristocratie; on y était gauche, gêné ou trop hardi. La conversation était un mélange de propos militaires et d'obséquiosités envers Bonaparte, qui ne ressemblait en rien à l'obéissance respectueuse et fière que les gentilshommes portaient aux rois ; les Tuileries étaient comme une grande tente, sous laquelle s'étaient remisés de braves soldats élevés par la fortune, des femmes de toute naissance, recueillies pêle-mêle dans le chaos que la Révolution avait fait. Il y avait un grand nombre de gens, qui, selon le dire de M. de Talleyrand, ne savaient pas marcher sur le parquet, des femmes qui, toutes couvertes de pierreries, ne savaient pas s'asseoir, guindées dans leur toilette et dans leur ajustement, avec ces modes disgracieuses que le Consulat voyait briller alors dans les

l'estomac s'en trouvait mal. L'espérance de trouver un bon souper à Toul les soutenaient ; mais le désespoir fut à son comble quand arrivés à Toul, on trouva mauvaise auberge et rien à manger. On vit des gens à mines risibles, qui dédommagèrent un peu des épinards accommodés à l'huile de lampe, et des asperges rouges, fricassées au lait caillé. On aurait voulu voir les gourmands de la Malmaison assis à cette table si désagréablement servie.

« On n'a jamais vu dans l'histoire une journée passée dans des angoisses si terribles que celle où nous arrivâmes à Plombières. Partis de Toul pour aller déjeûner à Nancy, car tous les estomacs étaient vides depuis deux jours, les autorités civiles et militaires en venant au-devant de nous, nous empêchèrent de réaliser notre projet. Nous continuâmes donc notre route maigrissant à vue d'œil ; la dormeuse pour comble de malheur a pensé s'embarquer sur la Moselle pour aller à Metz, par une chûte qu'elle a manqué de faire. Nous avons été bien dédommagés, en arrivant à Plombières, d'un voyage aussi malheureux, car à notre arrivée on nous a accueillis avec toutes sortes de réjouissances. La ville illuminée, le canon tiré, et la figure des jolies femmes qui étaient à toutes les fenêtres, nous font espérer de supporter avec moins de regrets notre absence de la Malmaison.

« Voici le récit exact de notre voyage, à quelques anecdotes près que nous nous réservons de raconter à notre retour, que nous soussignés certifions véritable. »

Joséphine Bonaparte,
Beauharnais-Lavalette,
Hortense Beauharnais,
Rapp,
Bonaparte mère.

La société demande pardon pour les pâtés.

Le 21 messidor.

P. S. On prie la personne qui recevra ce journal, d'en faire part à tous qui s'intéressent aux voyageuses.

salons les plus précieux[1]; ces jeunes femmes avaient souvent de l'esprit, de la grâce, mais peu avaient l'usage d'un monde comme il faut; les saluts théâtrals, les révérences de madame Campan ou les gavottes de Vestris ne pouvaient rien changer à ces façons-là.

Les prédilections du premier Consul pour le faubourg Saint-Germain grandirent alors ; homme de compagnie excellente avec l'instinct de ce qui était bien, Bonaparte aimait les manières d'aristocratie et les formes de ce monde inimitable, dont MM. de Talleyrand, de Ségur, de Narbonne, étaient le symbole. Les phrases des gentilshommes étaient polies, obéissantes, mais jamais abaissées ; ils parlaient aux princes, un genou en terre, mais la main sur la garde de leur épée, le front prêt à rougir à la moindre insulte. Leurs femmes surtout avaient la juste appréciation de ce qu'il fallait pour être polies sans abaissement, dignes sans être guindées, spirituelles sans pédantisme, gracieuses sans être minaudières, affables sans familiarité; puis elles avaient cette habitude de courir sur les tapis soyeux avec leurs petits souliers de satin comme la Camille de Virgile sur les épis sans en abaisser

---

[1] Les modes sont toujours l'expression d'un temps et voici un petit croquis des costumes du Consulat :

« Nos jeunes élégants, dans leur costume de fantaisie, portent comme dans le costume d'étiquette le chapeau français; c'est-à-dire moins grand de bord et à cornes moins inégales que le chapeau russe. Leurs habits sont ou bruns ou noirs; leurs redingotes de couleurs claires, tirant sur le chamois ou le gris cendré.

« Les turbans de femmes sont si écartés du front, si ombragés de crochets de cheveux, qu'on a peine à reconnaître cette coiffure. Quelquefois entre les plis du turban est ménagé un espace pour enfoncer un peigne riche. Les dernières formes des chapeaux des modistes sont très allongées. La garniture presque exclusivement en vogue, est une ruche de crêpe noir ou blanc ; de loin, ce crêpe découpé a l'air d'une plume ronde frisée. La couleur nouvelle est bleu barbeau; on l'emploie en crêpe plutôt qu'en satin. Les crêpes soufflés dont la mode n'est pas encore passée, sont ou amaranthes, ou jonquille, ou lilas, à petite pluie, ou étoiles blanches. On commence à mettre sur les chapeaux des paquets de violettes. Dans plusieurs magasins de modes, on garnit les bonnets du matin en coques de rubans blancs. Les broderies en lames sont toujours en vogue pour les costumes de grande parure. Les cosmétiques en faveur sont le lait rose et

la tige; elles ne connaissaient d'autres pavés que le velours blanc qui doublait leurs voitures, ou les tapis de Perse sous les lustres; elles ne respiraient l'air que dans ces belles allées sablées, que l'on parcourt sur un cheval alezan, à la poursuite d'un cerf ou d'un daim dans les parcs séculaires.

Quoi d'étonnant dès lors que Bonaparte avec ses idées monarchiques, préférât cette société si choisie[1] à madame Lefebvre, bonne et excellente femme. J'ai pourtant toujours aimé ce caractère de madame Lefebvre, naïve, glorieuse de son mari, restée l'épouse du sergent des gardes françaises, sans prétendre singer les grandes manières qui n'étaient pas en elle. Madame Lefebvre était là sans rougir de son origine; elle ne se fardait pas jusque sous les yeux pour échapper à ce naturel qui se révélait partout; elle ne parait pas sa figure commune et soldatesque d'ornements sans grâce; elle ne plaçait pas des gerbes de diamants sur des fronts bas et ramassés; elle n'avait pas cessé d'être la bonne ménagère du brave soldat que la fortune avait élevé; elle restait glorieuse de son héros !

La cour consulaire était alors en face de tout ce que

---

le vinaigre rouge. L'huile antique a été remplacée par les pommades romaines,

« Les trains de voitures sont vermillon avec filets d'or. Les caisses sont serin ou racine de buis. Les voitures légères sont la plupart à fond brun avec filets d'or.

« Tant de femmes sont tondues, la mode leur pressait si rigoureusement de le prouver, qu'après les cornettes transparentes et les voiles qui prennent la rondeur de la tête, le nombre des coiffures nouvelles est très borné. Pour les chapeaux de paille, la mode paraît fixée; ceux de paille jaune ont obtenu la préférence sur les blancs. Ils ont la calotte haute, un petit fond presque également retroussé, et sont surmontés d'un demi-fichu de florence; en mar- motte ce fichu est ordinairement lilas : c'est la couleur dominante. Excepté dans la grande parure on ne voit que des tailles basses et des robes sans queue. La perkale se garnit d'une bande étroite dentelée et frisée, qui imite les ruches de crêpe.

« Les habits neufs de nos élégants sont à l'ordinaire très larges des épaules, et très étroits de la taille. Le collet monte si haut qu'il cache la moitié de la tête. Les cheveux, excepté autour du visage, sont coupés ras. Quelques jeunes gens portent des bas de soie blancs, avec une culotte de nankin et des guêtres de nankin. Les habits sont gros bleu, brun foncé ou noirs. »

[1] Ce goût de Bonaparte pour les grands

l'Europe avait de plus élégant et de plus fin dans le corps diplomatique. En tête on peut placer lord Witworth, le plus remarquable des ambassadeurs; il avait vu les principales cours de l'Europe; nul ne possédait à un plus haut degré les habitudes de faste et d'ostentation, avec cette richesse de costumes, d'ordres, de cordons qui éblouissaient tous les yeux. La physionomie de lord Witworth était froide, mais distinguée au plus haut point; il parlait bien le français, lentement, mais avec une expression toujours choisie. Le comte de Marcoff, représentant la Russie, déployait non moins de faste que lord Witworth; il y avait rivalité de luxe dans les équipages, dans les livrées; l'une écarlate, l'autre de ce beau vert russe éclatant sous le soleil des Tuileries. Si lord Witworth portait l'ordre de la jarretière fixée à son genou couvert d'un pantalon de soie, le comte de Marcoff étalait l'ordre de Saint-André de Russie, qui est comme le cordon bleu céleste du Saint-Esprit, décoration si magnifique!

Le comte Philippe de Cobentzl, représentant l'Autriche, n'avait rien de remarquable dans son esprit et sa figure un peu maussade; cousin du comte Louis, le spirituel plénipotentiaire à Lunéville, Philippe de Cobentzl fort bien vu à la cour du Consul, rece-

---

noms avait été même remarqué par les émigrés et la pièce suivante le constate :
Requête des émigrés vulgaires, au tout-puissant premier Consul.
Nous combattions, seigneur, avec Montmorency,
Duras, Choiseul, Tarente et l'adroit Carency,
Quand vous leur pardonnez, pardonnez-nous aussi.
« Les pauvres diables d'émigrés qui sont trop obscurs pour qu'un grand souverain daigne s'intéresser à eux; qui ne s'étant pas fait craindre à la tête des Chouans, n'ont pu capituler avec le premier Consul; qui n'ayant jamais vu Paris ne connaissent pas les puissances de l'ancien et du nouveau régime; qui ne sont pas assez riches pour obtenir la faveur des belles dames en crédit, ou des commis aux radiations et qui par conséquent n'ont aucun moyen de parvenir à faire se rayer de la liste des proscrits supplient le tout-puissant premier Consul de ne les pas traiter plus défavorablement que les ducs et pairs, généraux et grands officiers de la ci-devant couronne de

vait partout l'accueil le plus empressé; car le comte Louis avait laissé de bons souvenirs à Paris, comme un des conteurs les plus à la mode, sur la cour de Catherine II. Le marquis de Lucchesini, ambassadeur de Prusse, faisait tout le tapage d'un grand seigneur avec ces clinquants de mauvais goût, qui appartiennent à l'école italienne; on ne pouvait contester au marquis de Lucchesini beaucoup d'esprit, mais il était d'une flatterie trop soumise. On comptait encore, parmi le corps diplomatique, le ministre de Bavière, le comte de Cetto, le ministre de Saxe, puis encore les plénipotentiaires des États-Unis, de Suède, du Danemarck, de Bade, de Hesse-Cassel : le chevalier d'Azzara, ambassadeur d'Espagne, si exquis de manières, si remarquable d'intelligence ; le marquis de Gallo, représentant du roi de Naples, royauté à peine restaurée; enfin M. de Souza, envoyé extraordinaire du prince régent de Portugal; ce nom se mêla bientôt en France à celui d'une femme éminemment distinguée.

A cette cour si brillante comme à celle de Louis XIV, il y avait aussi un envoyé de la Porte, et un ambassadeur persan, pour compléter le brillant appareil des salons aux Tuileries, où l'on voyait accourir tous les étrangers de dignité ou de renommée qui passaient à Paris : aujourd'hui le comte de Tolstoy, le prince

---

France, que de sa grâce il vient d'effacer de la fatale liste. Les suppliants sont si imperceptibles, qu'ils pensent que c'est par oubli qu'on ne s'est pas encore occupé d'eux. Mais comme les lois et le gouvernement du premier Consul sont fondées sur l'égalité, et qu'il la professe dans toutes ses proclamations, ils osent espérer qu'il voudra bien les mettre cette fois en pratique, et qu'il ne dira pas *de minimis non curat Consul*. Il est vrai que les suppliants n'auront pas l'ambition d'aller grossir la cour du premier Consul, mais ils se retireront paisiblement dans leurs provinces qu'ils n'ont quittées que parce qu'on y assassinait. Ils y donneront l'exemple de la patience, vertu si nécessaire sous le gouvernement actuel, et ils ne cesseront en bénissant la justice du premier Consul, de crier comme le bon docteur Panglos chez les Bulgares : « Le gouvernement de Bonaparte est le meilleur des gouvernements possibles. »

Dolgorouski, le duc de Saxe-Weimar, le prince de Salm ; le lendemain le jeune prince de Castel-Franco, les lords Holland, Erskine, Fox, Spencer ; le prince de Galitzin, les duchesses de Dorset, de Gordon, le prince Borghèse, lord Cholmondeley, le comte de Zamoïsky, Demidoff, Kourakin, tout ce que l'Europe, en un mot, présentait d'aristocratie et de supériorité sociale. Sous de tels regards, la cour du Consul dut s'occuper essentiellement d'étiquette.

Ce fut une grande affaire que celle des costumes ; les costumes ne sont jamais des puérilités, car ils formulent par des caractères extérieurs, la marque de l'autorité publique ; plus un pouvoir a été secoué, plus il est essentiel de restaurer les marques qui désignent matériellement le rang de chacun. Il faut frapper les yeux quand on veut ramener l'obéissance ; si les classes éclairées marchent d'après le principe instinctif et moral, le peuple ne se meut que par les signes saisissants [1]. Il y eut donc beaucoup de pompe au palais des Tuileries; nulle cour de l'Europe ne présenta un appareil aussi riche : les Consuls avec leur uniforme de fantaisie si brillant, les sénateurs

---

[1] Plusieurs décrets réglèrent le costume de toutes les autorités de l'État :

Art. 13. Le costume des membres du Corps législatif consiste en un habit fermé bleu national, doublure de même couleur, collet et parements brodés en or, ceinture tricolore avec des franges en or ; chapeau français avec des glands en or.

Art. 14. Le costume des tribuns consiste en un habit fermé, bleu clair, doublure de même couleur, collet et parements brodés en argent, ceinture tricolore avec des franges en argent, chapeau français avec des glands en argent.

Art. 15. Les habits du Corps législatif et du Tribunat seront en velours pendant l'hiver et en soie pendant l'été.

(Loi du 24 décembre 1799.)

Art. 13. Le préfet de police de Paris, et les commissaires généraux de police, seront vêtus, dans l'exercice de leurs fonctions, comme il suit. Habit bleu : veste, culotte ou pantalon rouges, poches et parements de l'habit brodés en argent, suivant les dessins déterminés pour les habits du gouvernement, écharpe blanche, franges d'argent, chapeau français brodé en argent ; une arme.

Art. 14. Les préfets seront vêtus comme il suit : Habit bleu, veste, culotte ou pantalon blancs ; collet, poches et parements de l'habit brodés en argent ; écharpe rouge, franges d'argent ; chapeau français bordé en argent ; une arme. (Arrêté du 8 mars 1800.)

Art. 1er. Les sous-préfets auront pour

et les conseillers d'État en broderies d'or et d'argent, les ministres, les députés, les tribuns, tous avec leurs costumes d'apparat; puis ce qui allait mieux à cette génération, l'habit militaire dans lequel elle était née pour ainsi dire. Tous ces jeunes généraux au scintillants uniformes de hussards, de guides de la garde, de dragons austères, de grenadiers à cheval offraient un merveilleux ensemble, lorsque, dans un bal ou sous les lustres d'un dîner, on s'entretenait des grandes choses faites dans une carrière si merveilleusement remplie.

Il y avait deux espèces de réceptions : les dîners et les cercles[1]; un dîner solennel avait lieu deux fois par mois, l'un destiné aux autorités de l'intérieur, l'autre aux ministres et ambassadeurs étrangers. Ces dîners considérables, comptaient 200 à 250 personnes, 50 dames environ, et tout le reste se composait de ce que la société avait de plus choisi. Les hommes étaient désignés personnellement par le Consul, et les femmes prises parmi les plus élégantes et les plus jolies : les sœurs de Bonaparte, les dames du palais, les compagnes des généraux tels que Bessières, Junot, Soult,

---

costume, l'habit bleu, la veste, la culotte, ou le pantalon blancs, collet et parement de l'habit seulement, bordés en argent. Les secrétaires généraux de préfecture de département auront le même costume que les sous-préfets, avec ceinture bleu de ciel à franges d'or.

Art. 2. Les maires auront un habit bleu, et une ceinture rouge à franges tricolores.

Art. 3. Les adjoints à la mairie auront le même habit, et une ceinture rouge à franges blanches.

Art. 4. Les commissaires de police porteront l'habit noir complet, et une ceinture tricolore à franges noires.

Art. 5. Les fonctionnaires ci-dessus désignés porteront un chapeau français, uni. (Arrêté du 7 mai 1800.)

[1] Voici ce que j'ai recueilli dans le registre déjà cité : on voit que Bonaparte s'occupait de petites et grandes choses.

Du 1er ventôse an X (19 février 1802).

Le premier Consul a fait passer aux préfets du palais la note suivante :

« Il y a les 2 de chaque mois un dîner où sont invités :

Les deux Consuls,
Les huit ministres et leurs femmes,
Le ministre des relations extérieures de la république Italienne,
Les conseillers d'État chargés
    Des cultes,
    Des ponts-et-chaussées

Mortier, les femmes des ministres et des conseillers d'État ; enfin les dames étrangères de distinction qui venaient à Paris. Les réceptions plus nombreuses encore, se faisaient dans le salon de madame Bonaparte, rempli d'une foule accourant pour admirer le premier Consul [1]. Comment la tête n'aurait-elle pas tourné à l'homme que les contemporains plaçaient si haut ? Cette aristocratie entourant Bonaparte lui inspirait des idées monarchiques ; il éprouvait une joie d'enfant à opposer des institutions aussi brillantes, des ordres de chevalerie, à tout ce luxe étranger qu'il voyait autour de lui ; il ne s'arrêtait pas dans son œuvre de reconstitution qu'il voulait complète et absolue.

Pour imiter l'esprit de la vieille société, le Consul devait promener incessamment ce monde dans les délassements et les fêtes, et l'entraîner des pompes de la cour aux distractions les plus attrayantes. Si Bonaparte se réservait pour lui le travail sérieux, les occupations graves, il devait comme Louis XIV laisser à une cour jeune et avide d'émotions, les plaisirs incessants qu'offrait Paris, la capitale des arts et de la civilisation. Les

---

Des domaines nationaux,
Des prises,
De l'enregistrement,
Les présidents des cinq sections du conseil d'État,
Le secrétaire d'État,
Le conseiller d'état en service extraordinaire près le premier Consul,
Le premier inspecteur général de la gendarmerie,
Le préfet du palais de service,
Le gouverneur du palais,
Le général commandant la garde, qui est de décade,
L'aide-de-camp de service.
Le premier Consul désigne les autres personnes qu'il désire inviter à ce dîner. Le préfet du palais prend ses ordres à ce sujet. Le dîner se donne dans les appartements de Madame Bonaparte. »

Signé Bonaparte.

[1] Je publie ici le personnel d'un de ces dîners d'après le registre du palais :

Dîner du 15 floréal an x.
Ambassadeurs.

MM. le comte de Cobentzl, ambassadeur de S. M. l'empereur roi de Bohême et de Hongrie,
Le chevalier d'Azzara, ambassadeur de S. M. le roi d'Espagne,
Le marquis de Gallo, ambassadeur de S. M. le roi de Naples.
Le citoyen Shimmelpenninck, ambassadeur de la république Batave.

musées s'étaient enrichis de magnifiques conquêtes : les chefs-d'œuvre de Florence et de Rome, la Vénus de Médicis aux formes suaves, l'Apollon du Belvédère, le Laocoon gémissant sous les serpents qui l'enlacent, les chefs-d'œuvre de Raphaël, du Titien et du Corrége dont les merveilles enrichissent Rome et les cités de Toscane, les marbres de la Grèce, les hiéroglyphes d'Égypte; on y voyait les tableaux des écoles si gracieuses de Louis XV, les bergeries toutes rosées de Boucher et de Vanloo à côté des études solennelles et graves de David, ou des tableaux pleins de vie de Girodet, de Gérard ou de Guérin; la Psyché si timide sous les baisers de l'Amour; le Bélisaire mélancolique dans ce désert sans limites, et les dessins si finis d'Isabey, reproduisant les traits de madame Bonaparte et des femmes jeunes et gracieuses sous leur voile de mousseline. Toutes ces œuvres d'art, réunies dans des musées, attiraient à Paris les étrangers, avides de contempler les expositions d'industrie, les premiers essais des manufactures; l'Institut, le Jardin des Plantes, les Écoles d'arts, la littérature, amenaient l'Europe parmi nous. Tout était mis à contribution pour distraire les nobles visiteurs, et leur donner une juste idée de notre grandeur et de nos ressources nationales.

Envoyés extraordinaires et ministre plénipotentiaires.

MM. le baron de Dreyer, envoyé extraordinaire et ministre plénipotentiaire de S. M. le roi de Danemark,

Le baron d'Ehrusward, envoyé extraordinaire de S. M. le roi de Suède,

Le chancelier Lewingston, ministre plénipotentiaire des États-Unis,

Merry, ministre plénipotentiaire d'Angleterre,

Le comte de Cetto, ministre plénipotentiaire de l'électeur palatin, duc de Bavière,

Le baron de Retzeinstin, ministre plénipotentiaire de S. A. R. le margrave de Bade,

Le baron de Steube, ministre plénipotentiaire de S. A. R. le landgrave de Hesse-Cassel,

Le baron de Pappenheim, ministre plénipotentiaire de S. A. R. le landgrave de Hesse-Darmstadt,

Stapfer, ministre plénipotentiaire de la république Helvétique,

Le comte de Marcoff, ministre plénipotentiaire de S. M. l'empereur de toutes les Russies,

Les théâtres appelaient particulièrement les étrangers ; alors à son apogée, la scène voyait des acteurs de l'ordre le plus éminent ; on commençait à prendre goût pour les Bouffes, depuis que le Consul y avait assisté avec prédilection ; l'italien était sa langue naturelle, il l'aimait comme une pensée de son enfance. Les Bouffes se partageaient en deux écoles : les partisans de Cimarosa, génie mélancolique, esprit suave qui remuait tous les sentiments tendres; les sectateurs de Paësiello, aux partitions plus gaies et plus retentissantes; on allait aux Bouffes pour s'arracher à la musique empesée, solennelle du théâtre de la République et des Arts, cet Opéra, où se déployaient les pompeuses déclamations musicales de la vieille école, les grandes partitions du chevalier Gluck ou les oratorios de Haydn. A l'Opéra, on représentait *Sémiramis* dans ses pompes antiques; *Tamerlan*, opéra tombé presque aussitôt que paru; la *Caravane* de Grétry, avec ses chants de victoire; la tendre *Didon*, ou *Panurge dans l'île des Lanternes*; théâtre des grandes manières, des danses compassées, où paraissaient Vestris, Saint-Amand, Branchu, avec mesdemoiselles Clotilde, Dupont, Taglioni première, Bigottini, Coulon; sorte de dynasties perpétuelles de la

---

Le comte de Bunau, ministre plénipotentiaire de l'électeur de Saxe.
Le chevalier de Serristori, ministre de S. M. le roi d'Étrurie,
Les comtes de
Serra, envoyé extraordinaire de la république Ligurienne,
Fraveya, ministre plénipotentiaire de la république Ligurienne,
M. de Souza, envoyé extraordinaire et ministre plénipotentiaire de S. A. R. le prince régent de Portugal
Étrangers de marque.
MM. Le comte de Dietz,

Le comte de Stalkelberg, conseiller privé de S. M. l'empereur de Russie
Le comte d'Alstaedt,
Le prince de Galitzin, chambellan de S. M. l'empereur de Russie,
Le baron de Nollzogin, grand-maître de la cour de Saxe-Weimar,
De Baleck, chambellan de S. M. l'empereur de toutes les Russies,
Le comte de Rechtam,
Le marquis de Douglas, Anglais,
Le comte de Cowper, Anglais,
Sir Charles Waydes, Anglais,
Seymour, Anglais,

scène. Lorsque tant de rois étaient détrônés, la dynastie des Vestris et des Gardel se maintenait puissante; il fallait voir l'importance de tous ces artistes, la solennité qu'ils prenaient dans le monde, comme au temps de la décadence de la vieille Rome, et des mimes qui paraissaient dans les cirques de la ville éternelle.

Le Théâtre-Français, sous la protection spéciale du premier Consul, réunissait une troupe d'acteurs du premier mérite : Talma, chéri de Bonaparte, parce qu'il avait les traditions historiques de Rome et les études profondes des époques impériales; les Damas, les Baptiste, les Monvel, les Armand, qui reproduisaient les souvenirs de l'ancienne et bonne comédie avec ses manières froides, son beau dire. Une foule de débutantes se disputaient la scène du Théâtre-Français, et préoccupaient les cœurs et les esprits : Mademoiselle Duchesnois, l'élève de Legouvé, arrachait des larmes dans *Phèdre;* mademoiselle Georges, mademoiselle Mars l'aînée, talents remarquables, qui se déployèrent plus tard avec un instinct si éminent. Le Théâtre-Français avait été dédoublé, et Louvois, sous la direction de Picard, offrait des pièces d'un répertoire plus neuf et plus spirituel; le *Pacha de Suresne,* le *Portrait de Michel Cervantes,* les *Deux Mères;* Picard

Cultibert, Anglais,
Monsignor Erskine, Anglais,
Le prince de Saxe-Weimar,
 Gouvernement français.
Les deux Consuls,
Les ministres,
Abrial, de la justice,
Talleyrand, des relations extérieures,
Chaptal, de l'intérieur,
Berthier, de la guerre,
Gaudin. des finances,
Decrez, de la marine,
Fouché, de la police générale,
Barbé-Marbois du trésor public,

Dejean, directeur de l'administration générale de la guerre,
Le comte de Marescalchi, ministre des relations extérieures de la république Italienne,
 Conseiller d'État.
Les Citoyens :
Portalis, chargé des cultes,
Cretet, des ponts-et-chaussées,
Régnier, des domaines nationaux,
Duchatel, de l'enregistrement,
Berlier, des prises,
Rœderer, de l'instruction publique,
François, des dépenses des communes.

remarquable acteur, conservait une verve hardie et piquante dans toutes ses productions de théâtre, depuis les *Visitandines*, fausse et spirituelle critique des monastères du vieux régime, asiles de paix, institution admirable, que l'on ne comprenait plus dans une époque de sensualisme et d'indifférence. Picard rajeunit le répertoire de Louvois; il donna à la comédie une empreinte plus contemporaine; il la fit jeune, mordante, et merveilleusement en harmonie avec le temps dans lequel il vivait; talent tout de son époque, il devait mourir avec elle.

Le véritable triomphe était en ce temps pour l'Opéra-Comique, où se jouait le genre qu'on disait tout français, avec sa musique gaie, scintillante. Se séparant des Bouffes, sans s'élever à la gravité du théâtre des Arts, l'Opéra-Comique était comme l'invasion de l'esprit provincial dans la musique, la bourgeoisie dans les notes, sorte de classe moyenne entre l'Opéra et le Vaudeville. Là se voyaient les acteurs de fatuité, se posant en face du public comme des modèles de grâce et des mangeurs de cœur : Elleviou, le bel acteur de la rampe, si admiré des dames du Consulat; Martin, nom si provincial, qu'il est resté comme une dénomination du répertoire sur toutes les scènes ; Gavaudan, plus grave chanteur, et mademoiselle

Dessolles, de la 1re section de l'administration de la guerre,
Béranger, de la 2me section,
Gau, de la 3me,
Defermon, de celle des finances,
Boulay, de celle de législation,
Brune, de celle de la guerre,
Fleurieu, de celle de la marine,
Thibeaudeau,
Le citoyen Louis Bonaparte,
De Luçay, préfet du palais,
Didelot, préfet du palais,
  Sénat conservateur.
Tronchet, président,

Chasset, secrétaire,
Serrurier, secrétaire,
Laplace, membre,
Lagrange, membre,
Vaubois, membre.
Le cercle habituel des dîners était ainsi réglé :

An x.

Dîner du 15 nivôse,	84 personnes.
— du 16 pluviôse,	85 —
— du 2 ventôse,	30 —
— du 15 ventôse,	124 —
— du 2 germinal,	31 —
— du 15 germinal,	110 —

Saint-Aubin, si gracieuse, demeurée comme type, aux beaux jours mêmes de l'Empire, quand le goût éprouvait une plus sérieuse réforme. Femmes au gosier de rossignol, à la chair blanche et rose, et à la pantomime aérienne dont le front fléchit aujourd'hui sous les pluies de fleurs, voyez ce que sont devenues toutes ces célébrités d'un jour, tous ces enivrements de la scène ; que reste-t-il de ces grandeurs ?

Le Vaudeville faisait toujours d'immenses recettes avec *Fanchon la Vielleuse*, beau succès de l'époque, scène adaptée à la fortune féerique de toute cette génération : Fanchon, pauvre fille, ressemblait à tant de femmes du Consulat ; elle était partie de la montagne pour passer au salon, comme tant d'autres venaient de la tente dans le palais ? Une vogue non moins grande s'attachait au *Mur mitoyen*, folie spirituelle qui mettait en joie tous les grands dignitaires du Consulat, les généraux, les officiers qui avaient besoin de distraire leur vie. Le théâtre joyeux, la salle Montansier, jouait la série de ses *Jocrissès*, et des *Cadet Roussel*, types de l'époque ; chaque temps a ainsi son caractère de ridicule, sa caricature de prédilection qu'il met en avant pour formuler une idée contemporaine ; ces types survivent, parce qu'ils peignent une société. Les *Jocrisses* reproduisent la grande mystifi-

— du 15 floréal,	126	—	— du 16 prairial,	126	—
— du 15 prairial,	127	—	An XII.		
— du 25 messidor,	172	—	— du 2 vendémiaire,	205	—
— du 15 thermidor,	85	—	— du 30 vendémiaire,	195	—
— du 15 fructidor,	166	—	Cercle du 5 frim. aux Tuil.	350	—
An XI.			— du 3 niv. aux Tuil.	415	—
— du 15 vendémiaire,	165	—	— du 1er pluv. aux Tuil.	482	—
— du 14 frimaire,	133	—	— du 6 vent. aux Tuil.	346	—
— du 15 nivôse,	198	—	— du 15 ger. aux Tuil.	343	—
— du 17 pluviôse,	201	—	— du 9 flor. au palais de Saint-Cloud,	343	—
— du 15 ventôse,	200	—			
— du 11 floréal,	138	—			

cation de l'époque révolutionnaire; *Cadet Roussel* fut un peu le peuple, bafoué par tous, livré aux risées comme les masses que les prestidigitateurs avaient conduites. Brunet fut admirable, parce qu'il était vrai à la salle Montansier; les grands seigneurs du nouveau régime allaient se délasser de leurs fatigues et rire de l'œuvre qu'ils avaient accomplie, en s'élevant si haut et en plaçant le peuple si bas. La Convention seule avait pris le peuple au sérieux, en faisant tout pour lui; elle l'avait préparé aux grandes choses; depuis le Directoire, il ne fut plus que mystifié. Le théâtre Montansier fit une fortune colossale avec les *Jocrisses*, et plus d'une fois Bonaparte dut se souvenir qu'il avait voulu engager sa main et son cœur à cette femme plus vieille que lui de vingt ans; alors 25,000 livres de rente semblaient l'ambition et le but de celui qui devait gouverner le monde; tant la destinée remue les existences, prend un homme, l'élève ou l'abaisse capricieusement [1]!

Des mystifications de *Jocrisse,* un étranger pouvait passer aux théâtres des boulevards; tout y était marqué d'un caractère sombre et fantastique. Le temps était venu du mélodrame le plus noir, le plus complet. D'abord le *Souterrain mystérieux* cachait mille crimes à l'Ambigu-

---

[1] Pour donner une idée de la variété des spectacles et des plaisirs donnés aux étrangers, je prends au hasard un programme; il est daté 29 mai 1803.

Théâtre de la République et des arts.
Saül, oratorio.

Théâtre-Français de la République.
Herman et Verner, où *les Militaires, Cinna.*

Dans *Les Militaires* : Caumont, Baptiste cadet, Damas, Baptiste aîné, Armand, Lacave, Dublin, Marchand. Mesdemoiselles Lachassaigne, Mars.

Dans *Cinna* : Talma, Monvel, Damas, Lacave, Desprez. Mesdemoiselles Patrat, George Weimer.

Au premier jour *Iphigénie en Aulide*.

En attendant *la Gouvernante*, comédie de Lachaussée, remise au théâtre; la deuxième représentation de la reprise des *Rivaux amis*, et la cinquième du *Muet*.

Incessamment à la salle de l'Opéra, en vertu du règlement du Théâtre-Français, pour la retraite de madame Vestris, sociétaire de ce théâtre, la première représentation d'*Esther*, tragédie de Racine, avec les chœurs;

Et la première représentation de *Lucas*

Comique; il paraissait à côté de *Victor* ou l'*Enfant de la Forêt*, existence problématique, pauvre enfant qui devient si puissant; puis *Pizarre*, avec les malheureux Incas et les crimes de la conquête espagnole. Voyez venir le *Chevalier noir*, et l'*intéressante Cœlina*, *la fille du mystère*, pièce si retentissante à une époque de sensibilité ; il y avait alors du mystère à tout, et la plus grande énigme n'était-elle pas la fortune merveilleuse de tant d'existances nouvelles? Qui nous rendra jamais les pompes de l'*Homme à trois visages*, *Tekeli*, avec ses Hongrois, ses batailles, son courage indomptable? Puis *Raymond de Toulouse*, les Albigeois et l'inquisition; quoi de plus terrible que la *Vengeance*; ou bien encore la *Forêt périlleuse*, et ces *Pauvres orphelins du hameau*, ou le *Pèlerin blanc*, comme couronnement de l'œuvre? Qu'on se console pourtant, le public était ramené à la sagesse et à la vertu par le *Jugement de Salomon*, ou la *Clémence de Woldemar* et l'*Héloïse anglaise*, et tant d'autres belles pièces, foyers éteints des fortunes du boulevard.

Que de distractions au milieu de ce Paris si brillant avec ses théâtres, ses musées, ses expositions d'arts! Le

---

et Laurette, ballet pantomime en un acte, dans lequel danseront les premiers sujets du théâtre des Arts.

Opéra-Comique, rue Feydeau.

Le Locataire, le Concert, les Confidences.

Dans *les Confidences* : Elleviou, Martin, Gavaudan, Chénard, mesdames Saint-Aubin, Pingenet aînée.

Dans *le Locataire* : Gavaudan, Solié, Dominville, Lesage, madame Gavaudan.

Dans *le Concert* : Elleviou, Martin, Chénard, d'Arcourt, Baptiste, mesdames Pingenet, Gavaudan.

Théâtre Italien.

Relâche.

Mercredi, pour les débuts des signori Crucciati, Aliprandi, et de la signora Cantoni, la première représentation *del Convito* (le Banquet) opéra en deux actes, musique de Cimarosa.

Théâtre Louvois.

La suite du Menteur, les Bourgeois à la mode.

Théâtre du Vaudeville.

Delphine, une Soirée de deux prisonniers, la Danse.

Théâtre Montansier.

Le Tableau de Raphaël, Finot, On fait ce qu'on peut, les Aveugles mendiants, Cadet Roussel misanthrope.

goût dominant du premier Consul était pour les représentations scéniques; il ne se bornait pas seulement à les voir, à suivre pas à pas les développements de la scène, par les acteurs de profession; il exigea même impérativement que ses amis, ses courtisans, ses officiers et ses proches fussent astreints aussi à se poser en mimes, et à jouer la comédie : des théâtres s'élevèrent à la Malmaison, aux Tuileries. Des femmes aujourd'hui vieillies, physionomies mélancoliques où se lisent de longues traces de larmes, les passions usées, et les malheurs des âges, ont rapporté les joies d'enfant qu'elles éprouvaient à l'époque où chacune d'elles remplissait un rôle dans la pièce du jour; souvenir de folie et de jeunesse, réminiscence des temps qui ne sont plus! On jouait la comédie à la Malmaison, on se grimait; Lucien, Marmont, Junot, mesdames Hortense et Murat, s'essayaient dans les pièces de Molière et de Corneille; étrange confusion de mimes et d'acteurs, plus ou moins réels sur la grande scène de la vie. Tous ne jouaient-ils pas leurs rôles, les uns sous la pourpre des Consuls, des sénateurs, des tribunes, les autres sous le manteau théâtral? Quand de grands bouleversements ont remué le sol, poussé les générations

Théâtre de la Cité.
Les Mineurs suédois, la Soirée orageuse.
Théâtre du Marais.
La Barbe bleue, l'Épreuve villageoise.
Théâtre de la porte Saint-Martin
(ci-devant salle de l'Opéra).
Clodomir, J'ai perdu mon procès.
Théâtre Molière.
Le Duc de Montmouth.
Ambigu-Comique.
La femme à deux maris, les Amants absents.
Théâtre de la Gaîté.
Amour et Cruauté, l'Enfant de l'amour et du mystère.

Théâtre sans prétention.
L'Ange et le Diable, le Marchand de ridicules.
Théâtres des Jeunes Artistes.
L'Oiseau bleu, le Petit Poucet.
Théâtre des Jeunes Élèves.
Fénelon, Claudine de Florian.
Théâtres des Variétés amusantes.
Le Prologue d'ouverture, les Deux Sœurs, Jérome porteur de chaise, Drelindindin.
Hameau de Chantilly.
Fête et feu d'artifice sur l'eau.
Tivoli.
Fête champêtre et feu d'artifice.

les unes sur les autres, nous ne sommes alors que des acteurs sur une scène plus ou moins étendue. Les étrangers, durent faire plus d'une fois cette comparaison ; mais le xviii° siècle avait opéré une étonnante transformation dans les mœurs ; on avait partout joué la comédie, à Berlin, à Saint-Pétersbourg, sous Catherine II. Le premier Consul voulut singer ce faste et ces grandeurs; sa vie fut une continuelle imitation de ces façons souveraines qui semblaient justifier sa puissance, à lui le fils de ses œuvres, l'enfant enrichi de la fortune et de la victoire [1]

Indépendamment de ces distractions du théâtre, la littérature française conservait encore un charme inouï pour les beaux esprits de l'Europe; on s'occupait beaucoup de romans, lecture des femmes, à cette époque de désœuvrement pour elles, quand leurs époux allaient en guerre, comme au vieux temps de la croisade. Ces romans n'appartenaient pas tous à une même classe d'idées; quelques-uns étaient des traductions faites des auteurs anglais, et ces traductions avaient alors une véritable vogue. Si les théâtres des boulevards reproduisaient les scènes lugubres et atroces de quelques drames, la mode des romans anglais jetait encore une teinte plus noire sur les émotions de l'âme. Voici d'abord Anne Radcliff, magicienne échevelée au vêtement noir, à la baguette d'ivoire : apparaissez à nos yeux, *Mystères d'Udolphe*, où se reproduisent si parfaitement les souvenirs de ces familles anglaises, voyageuses sur le continent, à Naples, au pied du Vésuve, à Venise, dans les palais abandonnés ; que de pompes, que de vie dans les romans d'Anne Radcliff! Ils at-

---

[1] Tous les mémoires sur ce temps, qui parlent de la Malmaison, racontent les distractions du Consul et l'animation qu'il mettait à faire jouer la comédie.

tachent profondément, au milieu de ces descriptions magiques des vieilles tourelles des bords du Rhin, des ruines de Naples ou de Rome, des couvents espagnols, ou des mœurs agrestes des habitants des Pyrénées. Combien ne sommes-nous pas remués par toutes ces scènes de nuit, ces souterrains que l'on parcourt une lampe sépulcrale à la main, ces voûtes sombres où bruissent les squelettes, ces panneaux de mur qui s'ébranlent pour laisser pénétrer jusqu'à vous, les apparitions les plus fantastiques; ces statues des vieux chevaliers avec leurs armures qui apparaissent sous les grandes voûtes, quand minuit sonne à la tour du Nord, ou au pavillon du centre? Tout cela vous agite encore, lorsque vous y reportez le souvenir de votre jeunesse. Anne Radcliff, poëte descriptif et dramatique, pèse sur votre poitrine comme un cauchemar jusqu'au moment où elle vous explique les causes physiques des événements les plus surnaturels.

Qui nous reproduira le *Moine* de Lewis, couvert de taches de sang sur ses vêtements blancs, mélange de crimes et de passions mauvaises. Il y a dans tout cela une odeur de mort, une fantasmagorie de pâles ombres, capables d'agiter les âmes les plus paisibles et les esprits les plus calmes. Cet engouement pour ces tableaux si sombres, s'explique peut-être par les tristes scènes auxquelles la génération venait d'assister; on avait vu naguère les échafauds, les prisons ténébreuses, les persécutions implacables, les souterrains de la Conciergerie ou du Temple, et quoi d'étonnant dès lors que l'on se portât avec un entraînement indicible vers d'autres scènes qui ne paraissaient point extraordinaires à une génération tant éprouvée? Ces hommes qui ne croyaient plus en la foi chrétienne, avaient besoin de se faire une autre croyance, et les mêmes femmes qui étudiaient le sort par les cartes, suivaient aussi ces drames d'enfer et d'apparitions surnaturelles que les romanciers prodiguaient à pleines mains.

Cependant des œuvres plus douces, plus élégantes, venaient reposer les esprits dans une époque de régénération sociale; les femmes laissaient à madame de Staël le domaine de la philosophie transcendante, et la politique ambitieuse, études du spiritualisme allemand qui s'élevait dans des théories nuageuses. Madame de Genlis écrivait cette touchante histoire de mademoiselle de La Vallière, qui devait arracher tant de larmes aux jeunes filles. Après tant de pamphlets écrits contre les rois et les habitudes des cours, c'était une œuvre de restauration, que de placer la grande physionomie de Louis XIV et ce caractère de roi qui ne perdit jamais sa majesté au milieu même de ses faiblesses. Cette jeune fille arrachée du pied des autels, embrassant la croix de ses mains suppliantes, cette séduction qui finit par la retraite au monastère, ce passage de la vie sensuelle au repentir, de la joie au cilice, cette cour peuplée des illustrations de la France, tout cela était inconnu à la génération militaire qui s'élevait par la force et le courage, aussi étrangère à la vieille société que les Germains envahisseurs, l'étaient à la civilisation gauloise et romaine. Rien ne fut désormais plus populaire que l'histoire de mademoiselle de La Vallière; on la reproduisit partout; mille tableaux furent faits pour retracer les grâces touchantes de la jeune fille, et les premières émotions de Louis XIV : le drame était complet, depuis l'amour jusqu'au tombeau, mythe de la souffrance pour une seule faute commise, martyre de toute une vie pour un moment d'oubli, et il le fut pour le roi comme pour mademoiselle de La Vallière, car, vieillard, la tête abaissée sur la poitrine, Louis XIV se rappelait cette histoire touchante comme un remords, pendant les longues journées de Versailles, sur le grand fauteuil à bras, tout à côte de la vieille madame de Maintenon.

Il y a quelque chose marqué au bon goût dans les œuvres des femmes du monde; elles savent mieux peindre et mieux comprendre; *Simple histoire*, cette facile composition, l'œuvre d'une jeune lady anglaise, devint le calque d'autres productions. *Adèle de Sénanges* de madame de Flahaut, fut la peinture d'un petit drame de famille, qui n'emprunta rien aux horreurs des romanciers anglais; ce livre, simplement écrit, faisait contraste avec les pages de sang d'Anne Radcliff, et surtout avec les romans orduriers qui semblaient exprimer l'épuisement d'une société abîmée d'égoïsme et de passions terrestres. Alors parut aussi une femme de délicatesse et de goût, qui remua l'imagination et les nobles sentiments. Madame Cottin publiait *Malvina*, prélude à son succès populaire de *Mathilde*, où se déploie le caractère chevaleresque de Malek-Addel au milieu des prouesses de la croisade.

La France était inondée de livres cyniques qui fatiguaient plus encore l'imagination qu'ils n'excitaient les sens. Ce n'était pas la peinture du xviiie siècle avec ses débauches, ses orgies, gracieuses même dans leurs excès, comme les femmes au petit pied de satin de la régence; celles-là conservaient encore le type de la bonne compagnie dans les soupers resplendissants au milieu des bougies; mais les romans orduriers du Directoire et du Consulat s'adressaient aux basses classes; sorte de corruption jetée en pièces de deux sous : vous pouviez lire alors la peinture d'amours étranges, héritage des temps antiques à l'époque des courtisanes de la Grèce. Là les mœurs du sérail; plus loin le sensualisme criminel et sanglant de M. de Sade; tout cela exposé en plein vent sur des échoppes; des gravures immondes, des impiétés qui opposaient la Vierge à Vénus, et les Grâces aux chastes femmes, que le christianisme jeta comme un reproche à la débauche de l'ancien monde.

Et pour couronnement à ces productions licencieuses, je citerai les romans de Pigault-Lebrun. Je ne confonds pas pourtant ces œuvres d'imagination déréglée, souvent spirituelle, avec les saletés dont je viens de parler; M. Pigault-Lebrun avait de la verve. Quand le théâtre jouait les Jocrisses, le romancier retraçait certains caractères d'une grande popularité parmi les classes inférieures; son roman des *Barons de Felsheim* avait produit un certain effet de gaieté; il y avait un rôle de Brandt parfaitement conçu; le vieux baron allemand, son domestique fidèle, l'épisode de Tekely, offraient de l'intérêt, de l'action, du mouvement; on trouvait du comique dans *M. Botte,* une intention amusante et philosophique dans la *Folie espagnole;* tout cela un peu confus, négligemment écrit, avec une pensée dominante et de mauvaise haine contre le christianisme. Le xviiie siècle était mis à l'usage des classes inférieures. On prit plaisir à la corrompre par la licence.

Triste condition de ces œuvres qui s'adressent au vulgaire, de passer avec l'esprit d'un temps. Pigault-Lebrun parlait à une société soldatesque; il fallait des romans à gros mots, des ordures de corps-de-garde, et le romancier avait assez d'esprit pour se faire lire par tous les rangs de la société. La curiosité porte souvent les classes élevées à pénétrer dans ces mœurs qu'elles ne comprennent pas; elles s'enquièrent de ce monde inconnu; elles veulent voyager dans ces régions qui sont pour elles si éloignées. Pendant le Consulat, toute la génération cherchait à se distraire; le monde était sous le charme d'une grande ivresse sans penser aux choses sérieuses; on commençait une ère nouvelle. Toutes ces jeunes têtes n'étaient point abaissées encore sous l'infortune; la destinée ne les avait point courbées.

Quand plus tard elles auront subi les malheurs, vous verrez les bacchanales disparaître et des pensées plus sérieuses arriver à ces âmes de guerriers, de femmes, de littérateurs et de philosophes.

CHAPITRE VI.

ORDRE ET HIÉRARCHIE ADMINISTRATIVE
ET JUDICIAIRE.

La secrétairerie d'État. — M. Maret. — Le cabinet particulier. — Disgrâce de M. de Bourrienne. — M. Meneval. — Création du grand-juge. — Ses fonctions. — Justice. — La cour de cassation. — La cour des comptes. — La cour d'appel. — Tribunaux de première instance. — Tribunaux spéciaux. — Conseil des prises. — Suppression du ministère de la police. — Conseiller d'État chargé de sa direction. — Ministre à départements. — Directeurs-généraux. — Les cultes. — Ponts-et-chaussées. — Domaines nationaux. — Enregistrement. — Instruction publique. — Communes. — Régularité de tous les services publics.

1802-1805.

La pensée de centraliser le pouvoir sous sa main était ancienne dans la tête de Bonaparte; les ministres, sauf MM. de Talleyrand et Fouché, obéissaient sans résistance aux ordres absolus du premier Consul; la soumission la plus immédiate était la condition de leur pouvoir, ils n'avaient pas de pensée à eux, de conception et de plan politique; leur mission était d'obéir aux inspirations généralement si grandes, si hautes du premier magistrat de la République. Cette ponctualité générale dans le travail des départements ne suffisait pas cependant; Bonaparte avait des affaires personnelles qu'il ne pouvait confier à des ministres secrétaires d'État; il forma donc dès l'origine même du Consulat un cabinet plus

M. MARET SECRÉTAIRE D'ÉTAT (1802-1805).

intime qui dut recevoir les communications secrètes du premier Consul.

L'organisation gouvernementale telle que l'avait proclamée la constitution de l'an VIII, établissait auprès des Consuls un secrétaire d'État avec le contre-seing général de tous les actes politiques. Ce fonctionnaire n'était pas un ministre à département; ses fonctions ne s'appliquaient pas spécialement à telle branche particulière de l'administration publique; il assistait aux délibérations des Consuls, prenant note de tout ce qui pouvait s'y dire, comme M. Locré le faisait au conseil d'État. Le choix était tombé, comme je l'ai dit, sur M. Maret [1], habile sténographe sous la Constituante, qui, doué du talent spécial des abréviations, recueillait avec une certaine promptitude toutes les paroles si rapides de Bonaparte; M. Maret n'avait pas de volonté personnelle, de théorie indépendante, s'élevant à un système ou à une idée large et féconde, sa plume était prompte, obéissante. Plein d'une juste admiration pour Bonaparte, M. Maret s'était tellement attaché à lui, qu'il semblait que cette main puissante lui eût enlevé toute pensée propre, toute volonté personnelle, de manière à ne plus penser que par le Consul, et c'était là une de ces résignations que Bonaparte aimait à trouver. A mesure que le pouvoir consulaire s'était agrandi, les fonctions de M. Maret étaient devenues plus importantes; Bonaparte aimait à dicter, il le faisait laconiquement, lançant ses idées comme la flèche rapide : sa parole saccadée, pleine d'images, de phrases pittoresques, de réflexions justes, fécondes, ne pouvait être recueillie que par un homme essentiellement habitué à ce genre de travail, et M. Maret

---

[1] Voir la notice sur M. Maret, tome 2, chapitre 3.

était éminemment propre à cette sténographie intelligente. Puis il arrangeait, comme un bon journaliste, les phrases du premier Consul; il les soudait dans les articles du *Moniteur* ou bien dans les notes mêmes adressées aux ministres à départements. M. Maret était ainsi un secrétaire très capable sous la direction de Bonaparte; il avait le bon esprit de le reconnaître; sorte d'aide-de-camp de plume, il apportait un dévouement à la manière orientale, comme l'entendait Bonaparte. On s'explique dès lors toutes les faveurs dont il put jouir; rien ne pouvait se comparer à la satisfaction du premier Consul quand il trouvait dans quelques heures sa pensée bien rendue, bien moulée, bien accentuée, avec points et virgules, et écrite d'une main fidèle, propre et parfaitement lisible.

A côté du secrétaire d'État, le cabinet intime du premier Consul était confié à M. de Bourrienne, condisciple de Bonaparte à l'école de Brienne[1]; tous deux avaient vécu jeunes hommes avec trop d'égalité et de confiance pour que des rapports plus sérieux pussent s'établir entre eux. Il y avait trop de distance par le génie et pas assez par les habitudes; plus d'une fois M. de Bourrienne avait obligé le jeune officier

---

[1] Quand on lit les mémoires de M. de Bourrienne il faut distinguer deux parties: celle qui a été écrite par lui; celle qui n'a été qu'une œuvre de libraire; quand on a connu M. de Bourrienne la distinction est facile à faire.

Louis-Antoine Fauvelet de Bourrienne était né à Sens le 9 juillet 1769, comme Bonaparte, et entra aussi la même année que lui (1778) à l'école militaire de Brienne. Ils passèrent ensemble environ six années dans cette maison, pendant lesquelles ils se lièrent intimement. Destiné comme Bonaparte à l'artillerie, il suivit cependant une autre carrière, celle de la diplomatie. S'étant rendu à Vienne avec des recommandations pour M. de Noailles, il passa plusieurs mois à travailler dans les bureaux de l'ambassade. Il alla ensuite à Leipzig pour y étudier le droit et les langues étrangères, puis à Varsovie, d'où il revint à Vienne, et enfin à Paris où il retrouva Bonaparte après huit ans de séparation. M. de Bourrienne fut alors nommé secrétaire d'ambassade à Stuttgard; mais à peine arrivé dans cette ville, le renversement du

d'artillerie ; son esprit était remarquable, son activité intelligente, son éducation soignée, avec une manière de saisir les choses d'un instinct parfait. Malheureusement la tendance de son caractère se mêlait à un besoin d'intrigues, de négociations intéressées, qui le plaçait incessamment entre le Consul, Fouché et madame Bonaparte. Fouché avait besoin d'informations et madame Bonaparte d'argent ; la position de M. de Bourrienne le mettait à même de pouvoir satisfaire l'un et l'autre, il y trouvait tout à la fois de l'influence et des bénéfices. Bonaparte n'aimait pas les faiseurs d'affaires quand il n'en distribuait pas lui-même les profits ; ce qu'il pardonnait le moins à M. de Bourrienne, c'était une sorte d'indépendance de caractère qui le heurtait souvent dans sa volonté. M. de Bourrienne n'abaissait pas son esprit jusqu'à une abnégation passive. C'était une position bien pénible souvent que de demeurer auprès de Bonaparte colère, vindicatif, esprit de ménage, de petites choses, quand il ne s'absorbait pas dans les grandes ; c'était un travail laborieux et pénible que celui du cabinet du Consul ; il fallait être toujours aux ordres, aux caprices de Bonaparte. Tout se concentrait dans les mains du secrétaire et il fallait répondre de tout et à tout ; là se

trône de Louis XVI lui fit perdre cette place. N'ayant pas osé revenir en France il fut inscrit dans son département sur la liste des émigrés, et s'étant rendu en Saxe, il y fut arrêté comme partisan de la Révolution. Après trois mois d'une dure captivité, il recouvra sa liberté, retourna à Leipzig et s'y maria en 1794. L'année suivante, il vint à Paris avec sa femme, mais après le 13 vendémiaire il fut arrêté comme émigré ; il s'adressa à Bonaparte pour se faire rayer de la fatale liste, mais celui-ci montra peu de zèle en cette circonstance. La commisération d'un juge de paix sauva seule Bourrienne. Bonaparte devenu général en chef de l'armée d'Italie, invita Bourrienne à se rendre à l'état-major, mais ce ne fut que quelques mois plus tard, à la fin de la campagne de 1797, qu'il arriva au quartier-général de Gratz. Dès ce moment, il devint le secrétaire intime du général Bonaparte, qui le fit rayer de la liste des émigrés ; M. de Bourrienne le suivit à Rastadt, à Paris, puis en Égypte, et l'accompagna à son retour en France. Après le 18 brumaire, il continua d'être son secrétaire intime et fut logé aux Tuileries ; en 1801, il fut nommé conseiller d'État.

faisaient la correspondance secrète et le dépouillement des lettres ; là se préparaient les travaux pour le conseil d'État, les dépêches particulières. Il fallait une âme résignée dans un corps de fer, et avec cela une certaine étendue d'esprit pour préparer les affaires, de telle sorte que le premier Consul pût les connaître et les classer en quelques minutes. Le travail du chef de cabinet pouvait se comparer à celui d'un porte-note embrassant le souvenir de toute l'action gouvernementale.

M. de Bourrienne fut remplacé vers l'époque du Consulat à vie, au moment où le principe monarchique devint la loi fondamentale[1]. Le travail de M. de Bourrienne ne convenait plus, on appréciait son aptitude, on repoussait ses observations ; il avait trop connu Bonaparte pour demeurer dans une position toujours abaissée, en face d'une si grande fortune ; il fallait un caractère neuf, candide et qui admirât avec enthousiasme, et l'on fit choix de M. Meneval[2], honnête et probe jeune homme, élevé dans l'enivrement pour la gloire et le génie du Consul, auprès de Joseph son frère. Il ne fallait pas chercher dans cet esprit des idées étendues, une capacité éminente ; M. Meneval savait écrire aussi vite que M. Maret : d'une fidélité à toute épreuve, il se fût gardé d'avoir un système intellec-

---

[1] Voici la lettre de remplacement :
« Citoyen Bourrienne, ministre d'État, je suis satisfait des services que vous m'avez rendus depuis que vous êtes près de ma personne. Mais désormais, ils ne me sont plus utiles. Mon intention est que vous cessiez dès cette époque les fonctions de mon secrétaire intime, ainsi que d'en porter le titre. Du reste, je suis disposé à saisir promptement l'occasion, dès qu'elle pourra se présenter, de vous placer d'une manière convenable à votre activité et à vos talents, et la plus conforme au service public. »   Bonaparte.

[2] Claude-François Meneval, né à Paris en 1778, était attaché à Joseph Bonaparte pendant les négociations de Lunéville et d'Amiens : il était employé au cabinet du premier Consul, lorsque Bonaparte le choisit pour remplacer M. de Bourrienne.

tuel en dehors du premier Consul ; il avait peur d'une résistance à l'esprit puissant qui se l'était attaché. Comme tous les génies d'un ordre élevé, Bonaparte n'était pas facile à vivre ; maussade, colère, il se livrait à des accès de fureur ; lorsque sa pensée était comprimée par une résistance, elle éclatait avec plus d'impétuosité. Le beau caractère de M. Meneval fut de ne voir en tout cela que la majesté de l'homme qui créa des merveilles ; noble martyr d'abnégation, se dévoua corps et âme au premier Consul ; quoi d'étonnant qu'on se fît bien petit en présence de ce qui était si grand ?

Le cabinet de Bonaparte s'accrut ensuite ; il eut des départements comme un ministère, des commis qui devinrent tous des hommes considérables [1]. M. Fain joua plus tard un rôle d'importance dans les derniers événements de l'Empire. M. Mounier, esprit éminent, fut depuis chargé de la correspondance et de la traduction des journaux étrangers. Au reste, ce cabinet, tout composé de jeunes hommes, recevait comme un reflet de l'immense activité du premier Consul ; Bonaparte exigeait un travail assidu, continuel ; sa passion était de tout connaître, et principalement les faits et les événements de l'Europe ; de là sa passion pour les traductions des gazettes anglaises et allemandes ; il trouvait qu'on n'en traduisait jamais assez ; il se les faisait lire, commenter ; la liberté de la presse n'existant pas en France, le Consul cherchait l'expression de l'opinion publique à l'étranger [2].

[1] Le cabinet du premier Consul, et depuis celui de l'Empereur, fut divisé en plusieurs divisions comme le ministère.

[2] J'ai trouvé, chez le prince de Metternich, la même curiosité des journaux de toute l'Europe. M. de Metternich en fait sa lecture habituelle ; esprit éclairé, il a compris que les journaux donnent la meilleure idée du mouvement et du progrès des opinions.

Le sénatus-consulte qui avait organisé le Consulat à vie, institua un grand-juge, ministre de la justice, chef des tribunaux, premier magistrat dans la hiérarchie; en réunissant les anciennes fonctions du chancelier et du garde des sceaux, on en avait fait un ministère pour le confier à un seul fonctionnaire qui prendrait la simarre. On désigna pour cette dignité M. Régnier, esprit très dévoué. Le grand-juge dut avoir une double attribution[1], la direction suprême des tribunaux et la police, pensée libérale, fusion de la police dans la justice, qui n'eut pas de longs résultats. Chef des tribunaux, M. Régnier dut veiller à leur organisation, et déjà un certain ordre s'introduisait dans cette hiérarchie de justice. Tous les choix dépendant du premier Consul, il les faisait avec une certaine régularité; il voulait reconstituer sur de larges bases la magistrature, et lui imprimer quelque chose de son caractère antique.

D'après la constitution, la hiérarchie des tribunaux s'étendait depuis la cour de cassation jusqu'à la justice de paix. La cour de cassation, juridiction supérieure, n'était plus à l'élection du peuple; Bonaparte avait jeté dans ses sections réunies tout ce que la

---

[1] Claude-Ambroise Régnier était né à Blamont en Lorraine, le 6 avril 1736; avocat à Nancy, lorsque les premiers symptômes de la Révolution se manifestèrent, il en embrassa les principes avec réserve. Nommé député aux États-Généraux; sous la Constituante, il ne s'occupa que de questions judiciaires. Les violences qui agitèrent l'assemblée en 1777, l'effrayèrent; il se tint à l'écart, et ne parut à la tribune que lorsqu'il fut question de l'établissement des nouvelles autorités judiciaires. Lors du départ du roi, en 1791, il fut envoyé, en qualité de commissaire, dans les départements de la Lorraine et de l'Alsace, pour y prévenir et faire cesser les désordres qu'un tel événement aurait pu faire naître. Régnier ne parut plus sur la scène politique qu'après le 9 thermidor. La constitution de l'an III s'établit, et Régnier fut nommé député au conseil des Anciens par le département de la Meurthe; il en fut tour à tour président et secrétaire; il ne prit point part aux événements du 18 fructidor; Régnier dont les pouvoirs étaient expirés, fut réélu en 1799, par son département. Il prit une part active au 18 brumaire; après l'établissement du Consulat, il devint membre du conseil d'État, section des finances, puis, le 14 septembre 1802, il fut nommé grand-juge.

magistrature avait de plus fort et de plus élevé, sous la présidence de M. Muraire [1]. M. Merlin (de Douai), le jurisconsulte profond, et subtil, le procureur fiscal du duc d'Orléans, l'auteur de la loi des suspects, fut promu au grade de commissaire du gouvernement près la cour suprême, dont les attributions furent fixées par les lois successives du Consulat. La cour se trouva plus d'une fois en conflit avec le conseil d'État dans l'interprétation des lois, et Bonaparte déclara que ses attributions étant pleinement judiciaires, la cour ne pouvait se mêler en rien à tout ce qui était administratif; elle interprétait les lois, mais dans le sens purement judiciaire. Le tribunal suprême, présidé par M. Muraire, et dirigé par M. Merlin, eut bientôt une grande importance dans la constitution de l'État; il fit jurisprudence par ses arrêts [2].

A côté de cette haute institution, Bonaparte avait organisé la cour des comptes sur le modèle de l'ancienne magistrature qui réglait les finances. La cour des comptes était égale à la cour de cassation en dignités et en prérogatives : l'une régulatrice pour les comptables, l'autre

---

[1] Honoré Muraire était né à Draguignan le 5 novembre 1750; avocat avant la Révolution, il en embrassa, comme Régnier, les principes avec modération, et devint président du tribunal du district de Draguignan, lors de l'établissement des premières autorités judiciaires, en 1791 ; il fut député, la même année à l'Assemblée législative par le département du Var. M. Muraire siégea au côté droit de cette assemblée, c'est-à-dire parmi les royalistes constitutionnels. Attaché au Comité de législation, il en fut plusieurs fois le rapporteur sur des questions importantes ; M. Muraire ne fut point réélu à la Convention ; mais il fut nommé en 1795 au conseil des Anciens par le département de la Seine. Compris dans la déportation du 18 fructidor, il l'évita par la fuite, et se rendit volontairement dans l'île d'Oléron désignée pour retraite aux proscrits. Après le 18 brumaire, il fut rappelé et nommé commissaire du gouvernement près le Tribunal d'appel, puis président de la cour de cassation.

[2] Bonaparte reconnaissait des fonctions judiciaires au conseil d'État :

« Si le conseil d'État doit être organisé, pour certains cas, en tribunal de haute administration, il vaudra mieux qu'il prenne alors la qualification de *conseil administratif*, ou *cour administrative*, que celle de *conseil de haute police* ; je n'aime pas le mot de *police*.

« Je ne devrai pas, ce me semble, pré-

pour la hiérarchie des tribunaux; on adopta l'ancienne division des maîtres des comptes et référendaires en plusieurs classes; tous durent examiner et travailler pour l'épuration des caisses et de la comptabilité, contrôle appliqué au trésor, juridiction spéciale des comptables, institution laborieuse où chacun fut récompensé selon son travail, par des gratifications et des épices, comme sous l'ancienne magistrature.

Dans la réorganisation de la cour d'appel, Bonaparte s'occupa avec un même zèle à rétablir quelques souvenirs de l'ancien parlement; il rechercha les d'Aguesseau [1], les Séguier [2], afin de réunir les débris des cours souveraines siégeant sur le fauteuil de velours au vieux Palais de Justice; noms célèbres qui avaient jeté tant d'éclat sous la pourpre de la vieille magistrature. Le Consul avait le fanatisme des noms propres, le culte des antiques renommées; voulant établir quelque chose de durable, il ne séparait pas le présent du passé, la meilleure garantie de l'avenir. Quand on établit un système, il faut se garder de l'improviser; un esprit supérieur

sider le conseil d'État quand il aura à prononcer comme tribunal sur des individus, puisque ce sera par moi qu'ils auront été traduits devant lui. Je pense aussi, que ce serait à moi et non au conseil d'État, à renvoyer dans certains cas, les prévenus devant les tribunaux ordinaires; car le conseil d'État préjugerait en quelque sorte la culpabilité en prononçant ce renvoi après sa délibération, tandis que moi je ne ferais que renvoyer devant ceux qui jugent en mon nom, sans délibération, et par conséquent sans rien préjuger.

« Il y a en ce moment un grand vice dans le jugement des affaires contentieuses au conseil d'État, puisqu'elles sont jugées sans entendre les parties.

« Je trouverais très commode de pouvoir renvoyer au Conseil les abus commis par les préfets; cette crainte contiendrait le petit nombre de ceux qui me donnent des sujets de plainte. »

[1] Henri-Jean-Baptiste de Fresnes d'Aguesseau descendant du célèbre chancelier, était avant la Révolution conseiller d'État, avocat général au parlement de Paris, prévôt, maître des cérémonies, et en 1783 grand officier commandeur. Il fut, en 1789, député de la noblesse du bailliage de Meaux aux États Généraux. Il donna sa démission au mois de juin 1790. Chabot l'accusa, le 4 juin 1792, de tenir chez lui des conciliabules secrets et de prendre part aux manœuvres du parti royaliste pour dissoudre l'assemblée. Après le 18 brumaire, il fut nommé aux fonctions de président du tribunal d'appel de Paris.

[2] M. de Lamoignon ne rentra que plus

comme le sien savait que pour bâtir en granit il faut que le roc s'attache à la terre; il avait vu tant de choses dites éternelles renversées au premier souffle des passions ou des événements, qu'il pouvait bien ne plus croire aux conceptions de ces hommes qui s'absorbent exclusivement dans l'actualité; sorte d'existence sensuelle qui ne sort pas du cercle étroit du présent.

Telle fut la pensée du Consul par rapport à la cour d'appel et au tribunal de première instance; il réalisait une fusion entre l'aristocratie des services et celle des noms propres; il voulait jeter sur la science l'éclat des souvenirs, et sur les souvenirs la protection de la science. On épura les tribunaux de première instance de toutes les nullités que le Directoire y avait jetées; on créa autour d'eux des corporations d'avoués, d'huissiers, de notaires, avec une mutuelle responsabilité. Partout cette organisation s'étendit; les tribunaux spéciaux eux-mêmes prirent une certaine tenue; ils ne furent pas composés arbitrairement; une pensée présida à la formation de leur personnel; ils ne durent plus être seulement des commissions temporaires, mais une magistrature sévère, inflexible; on forma le conseil des prises, imitation encore du vieux régime. Là furent portées les causes de capture de navires, questions qui se rattachaient au droit public de l'Europe [1]; le tribunal des prises fut comme une section du conseil d'État, parce que dans ses jugements il s'agit de l'examen des principes du droit maritime qui se rattachent à la paix ou à la guerre. Il y avait autant de politique que de justice dans les décisions du conseil des prises, tribunal spécial sous l'autorité du premier

---

tard dans le gouvernement impérial. Il est le beau-frère de M. Molé qui trop jeune alors ne fut appelé au conseil d'État comme maître des requêtes qu'en 1806.

[1] M. Portalis en avait été le premier président. Il fut remplacé par M. Berlier.

Consul. Les justices de paix reçurent aussi leur organisation spéciale; on apporta la plus vive sollicitude à faire de bons choix pour cette juridiction du pauvre, ce premier degré populaire de toute justice; dans les justices de paix, il se fit une épuration comme pour toutes les autres parties de l'ordre judiciaire; on ne voulut pas laisser à des mains indignes le soin de rendre le droit à chacun. La justice de paix spéciale aux petites causes n'en dut pas moins tenir sa balance égale pour tous.

L'agrandissement de l'ordre judiciaire rendait problématique pour quelques esprits, la nécessité d'un ministère spécial pour la police; depuis longtemps Bonaparte songeait à se débarrasser de Fouché, esprit trop clairvoyant, trop habile pour lui, trop importun à ses desseins. Comme le premier Consul avait son plan de gouvernement arrêté, il ne voulait point d'obstacles, mais des caractères dociles qui pussent lui prêter aide; il avait répugnance pour ces esprits d'observation qui, substituant à l'obéissance un système de réflexions, arrêtent le bras et compriment la pensée; Fouché voyait les partis en grand [1]; il ne se laissait pas éblouir par la puissance et le prestige de l'autorité, il en avait tant vu crouler! Il dépouillait les grands de leur manteau de pourpre

---

[1] Bonaparte avait remarqué que toutes les fois que l'on supposait un acte d'opposition ou des symptômes de renversement on le mettait sur le compte de Fouché. Un pamphlet curieux faisait punir le premier Consul par le ministre comme traître à la République.

« Au nom de la République française. Arrêté du ministre de la police générale, contre le premier consul Bonaparte, accusé d'avoir violé la Constitution de l'an VIII, le déclarant avoir l'esprit aliéné, et le condamnant pour ces faits, à Bicêtre.

« L'acte constitutionnel déclare, article XCIII, que nul français ne peut rappeler la royauté en France, soit par des écrits, soit par des menées; que les vrais républicains, doivent de tout leur pouvoir, veiller au maintien de cet article, et prévenir soit le retour des émigrés en France, ou toutes autres démarches des autorités, qui auraient pour but d'y ramener la royauté!

« Considérant, que le premier Consul a non seulement enfreint cet article de la

pour voir l'homme à nu ; les principes n'étaient pour lui qu'une grande moquerie, la gloire un caprice ; il ménageait les masses, la susceptibilité des partis, sachant qu'il ne fallait qu'un seul jour pour renverser l'édifice du pouvoir consulaire. Dans cette situation, Fouché devenait importun ; ses observations étaient semblables à ces sons de cloches à grande volée qui viennent fatiguer le cerveau d'un mathématicien préoccupé d'un problème. Ce problème, Bonaparte voulut le résoudre en maître du gouvernement avec la pensée d'un système monarchique, s'élevant sur les ruines de la république ; il se trouvait fatigué du ministre qui opposait à tout des résistances au nom du vieux parti jacobin ; à plusieurs reprises il avait cherché à le secouer ; la coterie de ses frères et de Rœderer l'y portait ; la Révolution lui paraissait incarnée en Fouché ; par lui le jacobinisme s'était fait homme ; c'était une rude tâche pourtant que de le heurter de front.

Le Consul attendit une circonstance, et n'osant point renvoyer l'homme, il songea par une manœuvre habile à supprimer la place ; il posa dans son conseil privé la question de savoir si avec un système de paix, lorsque tous les partis entraient dans une réconciliation générale, le ministère de la police ne devenait pas tout à fait inu-

---

constitution, en favorisant la rentrée des émigrés en France ; mais encore en y admettant ceux qui sont les plus convaincus du crime d'émigration.

« Considérant, qu'il vient de nous ramener aux principes de l'ancien régime, dans toutes ses formes, soit militaires, soit civiles, en usant du plus grand despotisme envers tous les égaux, en détruisant l'égalité, base d'un gouvernement républicain qui ne peut recevoir de pouvoir que du peuple et pour son bonheur.

« Considérant, que non seulement il a employé tous les moyens les plus astucieux et les plus perfides pour nous rappeler l'ancien ordre des choses, mais qu'il veut encore accoutumer les Français à prononcer le nom de roi.

« Considérant, que de sa propre et tyrannique autorité, il vient de reconnaître un nouveau souverain, en lui donnant la qualité de roi.

« Considérant enfin qu'un pareil attentat est, de la part d'un républicain, un crime

tile, et une fonction sans but puisqu'il n'y avait plus d'éléments de force dans les factions opposées au pouvoir. Le premier Consul prenait ainsi un moyen détourné pour se débarrasser de Fouché, et il eut peur de lui parler face à face; pouvait-il croire que le ministre de la police se tromperait un moment sur le véritable motif de sa disgrâce? Fouché connaissait l'intrigue et dans quel dessein on voulait lui enlever le pouvoir; il n'était pas homme à se tromper sur la tendance des choses, et lorsque Cambacérès lui fit l'ouverture des projets du premier Consul, il n'en témoigna aucun étonnement; il dit même : « Que depuis longtemps il comprenait la nécessité de supprimer un ministère désormais inutile, quand on contemplait l'état de repos que le génie de Bonaparte avait fait; bientôt lui-même aurait proposé sa propre suppression. »

L'instinct de Fouché sur sa destinée était comme l'expression véritable de la situation politique. Depuis un an, Rœderer exposait au premier Consul la nécessité d'organiser la police sur des bases plus simples et dépendantes d'une capacité moins absolue que celle de Fouché; au lieu d'un ministre à département, on devait attribuer au grand-juge le soin de diriger l'esprit public et le mouvement des opinions. Sous ce grand-

---

irrémissible, qu'il devient plus grave de la part du chef du gouvernement, et que le premier Consul est atteint et convaincu d'avoir violé la Constitution à cet égard.

Arrête : Que dans un gouvernement républicain, une pareille violation doit être punie d'une peine capitale.

« Mais que le citoyen Bonaparte, premier Consul de la République française, ne l'a commise que par l'aliénation de sa raison et non à dessein de nuire.

« En conséquence, et pour le maintien du bon ordre, nous, ministre de la police générale, condamnons ledit citoyen Bonaparte, premier Consul, à être renfermé à Bicêtre, pour y être traité avec tous les égards dus à sa personne, et enjoignons à tous les officiers de santé des hospices, de se réunir et consulter, pour administrer audit premier Consul, tous les secours qu'ils jugeront nécessaires et convenables pour le ramener à sa raison. Le présent arrêté sera mis à exécution par les membres du comité de surveillance des thermidoriens. »

Ce pamphlet était censé signé de Fouché, type de l'opposition jacobine.

juge, quatre directions étaient confiées à des conseillers d'État chargés de grands arrondissements : l'est, l'ouest, le nord et le midi de la France. Des lieutenants généraux de police, établis dans chaque ville principale, correspondant avec l'un des quatre conseillers d'État, selon les divisions des départements, formaient un ensemble remarquable d'organisation; rien dès lors ne pouvait échapper à ce système qui enlaçait toute la surface de territoire. Le vœu de tout le parti monarchique ainsi réalisé, il n'y aurait plus de ministre spécial pour la police.

Fontanes, Lucien, Élisa, toute la portion du conseil dévouée à l'établissement de l'Empire, attendait cet événement; Fouché, lui, était soutenu par Joséphine, qui malheureusement alors voyait s'en aller son influence. Le pouvoir du ministre était profondément attaqué dans des mémoires secrets mis incessamment sous les yeux du premier Consul; Rœderer, un des plus empressés et des plus ardents, démontrait l'impossibilité de former un établissement monarchique tant que l'on aurait en tête de l'esprit public, le chef du parti jacobin en France : « Cet homme, corrompant l'opinion nationale, devait la pousser vers les idées révolutionnaires; et puisque le Consul voulait affermir les bases de son pouvoir héréditaire, il fallait profiter de cette circonstance pour éloigner Fouché. » Ces notes secrètes étaient incessamment envoyées au cabinet du premier Consul, et M. Fiévée, ami de M. de Fontanes, commençait sa correspondance privée, vague et un peu prétentieuse qui envisageait toutes les questions sous un point de vue moitié philosophique et moitié monarchique, de nature à plaire essentiellement au premier Consul par sa tendance vers l'unité du pouvoir[1]. En politique, les esprits adoptent moins les choses qui sont justes que les choses qui leur plaisent; infirmité de tous les pouvoirs! ils aiment que l'on caresse leur idée chérie : parler à Bonaparte de fonder une autorité forte et héréditaire, c'était remuer ses fibres les plus intimes et atteindre le but désiré avec impatience par le parti monarchique. Bonaparte annonça qu'il comptait présider le Sénat en personne, comme les empereurs dans les jours de solennité; le premier Consul allait faire un essai sur l'opinion publique; devait il s'arrêter, quand tout le poussait à pleines voiles[2]?

La nouvelle constitution portait qu'il présiderait à sa volonté le Sénat ou par lui-même, ou par le second Consul. Déclarant qu'il userait de cette faculté le jour même de sa fête, Bonaparte voulut se revêtir publiquement de la pourpre; tout fut commandé comme s'il s'agissait de la majesté d'un roi; la garde forma la haie; le corps des guides l'accompagna, en souvenir du cérémonial de France, quand les gardes-du-corps caracolaient autour du carrosse royal. La voiture consulaire était attelée de huit chevaux blancs; des piqueurs et des domestiques suivaient en grande livrée; l'Empereur se révélait déjà : on voyait la pourpre à travers les faisceaux consulaires; la couronne de lauriers brillait sur ce vaste front. Dix sénateurs vinrent au devant de Bonaparte pour l'accueillir; il les reçut

---

[1] J'ai lu avec une grande attention la correspondance de M. Fiévée avec le premier Consul. Elle est empreinte du caractère propre au talent de M. Fiévée, ce vague qui n'exprime rien, et cet amour de sa propre capacité.

[2] Les Consuls venaient alors de renvoyer au Sénat, par un message signé Cambacérès, les registres des votes sur le Consulat à vie pour en faire le dépouillement et proclamer le vœu du peuple. Il se trouva 3,577,885 votants, et pour le Consulat à vie 3,368,259; on sait comment se donnaient ces votes.

en souverain; ils suivirent le Consul sous les péristyles du Luxembourg, comme pour lui faire cortége; assis sur une chaise curule, élevée de plusieurs gradins, il parut là comme sur un trône. Le nouvel Auguste eut des paroles graves et des discours adressés avec la voix du commandement impératif à tout le Sénat; on présenta devant lui [1] des *sénatus-consultes,* et on les adopta sous sa présidence. Le front de Bonaparte ne se voila pas un seul moment; il observa tout, domina tout avec un haut sentiment de dignité; un caractère de commandement se révéla dans toutes ses manières, dans toutes ses formes.

Pendant les pompes de ce cortége, Bonaparte fut vivement frappé du silence qui régnait autour de lui; sur son passage à travers les haies de troupes, la multitude resta calme; le Consul jetait ses regards de droite et de gauche, et au-delà des baïonnettes de la garde, il vit des masses de têtes, mais il n'y eut pas pour lui ces cris d'enthousiasme qui le saluaient naguère; le calme froid du peuple semblait dire qu'il apercevait l'ambition du dictateur, et sa marche vers le pouvoir absolu. On était habitué encore aux formes républicaines : pour un grand nombre la démocratie était un culte; Bonaparte marchait à l'autorité absolue, son ambition faisait peur; si la bourgeoisie aimait l'ordre et la paix que le Consul venait de rétablir, les classes inférieures s'étaient habituées aux coutumes et même aux désordres de la République; les faubourgs restaient jacobins [2], et les brillantes victoires de l'Empire ne les avaient pas encore

---

[1] C'est dans cette assemblée solennelle du Sénat que fut promulgué le décret de réunion de l'île d'Elbe à la France (15 août 1802.)

[2] En rentrant aux Tuileries le premier Consul jeta violemment son chapeau sur la terre et s'écria : « Fouché a travaillé l'esprit public contre moi. »

séduites en les traînant derrière le char de Napoléon [1].

Ce morne silence, cette attitude du peuple, blessèrent profondément le premier Consul, comme le premier échec qu'il éprouvait. N'en jugeant pas la cause générale, il l'attribua à la police; selon lui c'était cette police, faite avec intelligence, qui devait travailler l'esprit public, et réveiller toutes les sympathies; comment se faisait-il qu'on n'avait pas préparé les ovations pour César au Sénat? On accusa le mauvais vouloir de Fouché. Les conseils intimes répétèrent à Bonaparte que le ministre faisait de l'opposition à ses desseins; s'il restait influent à la police, on ne répondait de rien : comme il avait en mains les moyens de travailler les faubourgs, il les entraînerait dans une opinion contraire à la destinée du Consul; il fallait confier à un dévouement plus sûr une puissance aussi grande; Cambacérès fut chargé une seconde fois de demander le portefeuille de la police. Fouché réclama une audience du premier Consul; là, s'exprimant avec lui sur la situation des esprits, il lui donna quelques bons conseils. Bonaparte

---

[1] Bonaparte se plaignit à Fouché de cette indifférence du peuple; le ministre eut alors la conversation suivante avec le Consul :

« Général, malgré la fusion des Gaulois et des Francs, nous sommes toujours le même peuple; nous sommes toujours ces anciens Gaulois qu'on représentait comme ne pouvant supporter ni la liberté, ni l'oppression ! — Que voulez-vous dire, répliqua Bonaparte vivement? — Que les Parisiens ont cru voir, dans les dernières dispositions du gouvernement, la perte totale de la liberté et une tendance trop visible au pouvoir absolu. — Je ne gouvernerais pas six semaines, reprit-il, dans ce vide de la paix, si au lieu d'être le maître je n'étais qu'un simulacre d'autorité. — Mais, soyez à la fois paternel, affable, fort et juste, et vous reconquerrez aisément ce que vous semblez avoir perdu. — Il y a de la bizarrerie dans ce qu'on appelle l'opinion publique; je saurai la rendre meilleure, dit-il, en me tournant le dos. »

Toutes sortes de bruits couraient alors à Paris. Voici ce qu'on lit dans le journal à la main :

« On s'attendait à de très grands événements politiques pour le 18 brumaire. Le Concordat devait être enfin rendu public ce jour-là. Bonaparte devait renverser Sénat et Tribunal, et prendre ou la couronne, ou le bandeau impérial sous la dénomination d'empereur des Gaules ; Fouché, la partie honteuse du gouvernement, devait être disgracié et envoyé ambassadeur à Constantinople, ce qui faisait déjà

l'interrompit : « Citoyen, je vous ai nommé sénateur [1]. »
Le ministre lui rendit des actions de grâce pour un aussi
beau témoignage d'estime : il savait la portée de sa
nomination au patriciat; jeter Fouché dans le Sénat [2],
c'était grandir le parti de l'opposition et mettre une
force hostile dans le corps suprême qui dominait la
Constitution consulaire. Plus tard, cette assemblée, si
longtemps inerte, devint le point de mire de tous les
mécontents; le Sénat était certes bien obéissant, bien
soumis; mais c'est quelquefois dans les corps les plus
abaissés que se rencontre un mouvement d'énergie
qui en finit avec un pouvoir oppresseur; Bernadotte,
Moreau, Fouché, Sieyès, eurent un parti dans le Sénat;
il ne se fit pas une conspiration qu'on n'y fit entrer
cette puissante autorité; c'était tout à la fois un corps
fatigué et un pouvoir prêt à saisir le premier élan
d'opposition, pour le proclamer et le jeter à la face de

dire aux mauvais plaisants qu'il était enfin mis *à la porte*; le nouveau souverain devait proclamer qu'il ne vengerait aucune des injures faites au Consul; l'almanach républicain devait être détruit et remplacé par le calendrier grégorien; la proclamation de la religion catholique comme religion de l'État devait être faite avec la plus grande solennité; Monseigneur le légat Caprara devait célébrer la grand'messe aux Tuileries; douze maréchaux de France devaient être créés, pour honorer ou apaiser les Moreau, les Masséna, les Bernadotte, les Macdonald, les Jourdan, les Grenier, les Kellermann, les Dessolles, les Augereau, enfin tous ces gens-là, etc.

[1] Les paroles que Bonaparte adressa à Fouché furent bienveillantes; il le craignait comme l'expression du parti jacobin :

« M. Fouché, vous avez très bien servi le gouvernement, qui ne se bornera point aux récompenses qu'il vient de vous décerner, car dès aujourd'hui vous faites partie du premier corps de l'État. C'est avec regret que je me sépare d'un homme de votre mérite; mais il a bien fallu prouver à l'Europe que je m'enfonçais franchement dans le système pacifique, et que je me reposais sur l'amour des Français. Dans les nouveaux arrangements que je viens d'arrêter, la police n'est plus qu'une branche du ministère de la justice, et vous ne pouviez y figurer convenablement. Mais soyez sûr que je ne renonce ni à vos conseils, ni à vos services : il ne s'agit pas du tout ici d'une disgrâce, et n'allez pas prêter l'oreille aux bavardages du faubourg Saint-Germain, ni à ceux des tabagies où se rassemblent les vieux orateurs des clubs dont vous vous êtes si souvent moqué avec moi. »

[2] Dans la lettre de Bonaparte au Sénat pour annoncer la nomination de Fouché, Bonaparte dit :

« Ministre de la police dans des circonstances difficiles, le citoyen Fouché a répondu par ses talents, par son activité,

celui devant lequel il s'abaissait. Il arrive des époques, je le répète, où une assemblée fait payer en un seul jour, les humiliations qu'elle a subies pendant longues années, et on le vit dans le Sénat en 1814.

Rien n'était plus régulier que l'administration consulaire; en dehors de ces mouvements politiques qui touchaient aux personnes et aux institutions, tout se classait dans une organisation parfaite : les ministres travaillaient directement avec le Consul; tous leurs actes étaient contrôlés par la section du conseil d'État correspondant avec leurs bureaux; et bientôt même, il se forma une rivalité laborieuse entre les ministres et les sections de ce conseil. Plus d'une lutte s'établit sur les discussions des projets de loi; le ministre, rédacteur d'un acte politique ou administratif, l'envoyait à la section de son département; celle-ci l'examinait, admettait ou rejetait le projet soumis ensuite au premier Consul. Les conseillers d'État recevaient des missions spéciales et des directions de services publics : hiérarchiquement ils dépendaient des ministres; mais comme le premier Consul était tout, il réunissait chaque jour de la semaine aux Tuileries des conseils spéciaux dans lesquels le projet était discuté et les opinions balancées.

La première direction, celles des cultes, confiés, comme on l'a dit, au conseiller d'État Portalis, était vaste et délicate; il fallait en reconstituer les éléments

---

par son attachement au gouvernement, à tout ce que les circonstances exigeaient de lui. Placé dans le sein du Sénat, si d'autres circonstances redemandaient un ministre de la police, le gouvernement n'en trouverait point un qui fût plus digne de sa confiance. »

M. Abrial, ministre de la justice, fut appelé au Sénat en même temps que Fouché. Le premier Consul, comprenant que cette assimilation était plus une disgrâce que la perte du ministère, dit à M. Abrial. « En réunissant la police à la justice, je n'ai pu vous conserver au ministère; vous êtes trop honnête homme pour faire la police. »

épars. Le Concordat, suivi bientôt des articles organiques, réglait le service du culte; mais il fallait établir des paroisses, des presbytères, les rapports de la fabrique et de l'église, poser les bases de la juridiction ecclésiastique. Le clergé était généralement bon, sauf quelques élans d'un faux zèle, quelques éclats de vieille opposition, qui pouvaient déranger l'ordre établi par le Consul [1], et troubler la paix des consciences. On avait déjà des exemples dans la résistance de la petite église. Le but de Bonaparte était d'assouplir le clergé, pour en faire un instrument d'ordre et d'organisation. La sévérité du gouvernement contre le curé de Saint-Roch, à l'occasion des obsèques de mademoiselle Chameroy, prouvait que la police ne tenait compte ni des canons de l'Église, ni de la conscience de ses ministres [2]. M. Portalis montra une grande habileté, un tact infini dans l'organisation matérielle de l'Église, il régla tout : la hiérarchie des pontifes, les évêchés; œuvre entièrement neuve à réaliser, il y parvint sans refus de titulaires et sans mau-

---

[1] Voici comment le journal à la main rapporte la disgrâce de M. Fournier dont j'ai parlé, t. 3, chap. 3.

« M. l'abbé Fournier prêchait à Saint-Germain-l'Auxerrois la passion de Jésus-Christ. Dans le cours de son sermon, il s'étendit sur les consolations qu'offrait aux infortunés le spectacle d'un Dieu mourant sur la croix; et pour en donner un exemple, il rappela le courage du roi-martyr dans ses derniers moments, et fit par son éloquence une vive impression sur son auditoire.

« Bonaparte en apprenant cet acte de courage et de dévouement, se livra à un acte de colère qui parut troubler sa raison.

« M. l'abbé Fournier fut enlevé de sa retraite par des gendarmes, traîné à Bicêtre; jeté dans la cour des fous, tondu comme eux, revêtu de leur habit et livré aux mêmes traitements. Jamais les lois civiles, religieuses, morales, n'avaient été violées d'une manière plus odieuse; mais les lois restèrent muettes. Les parents et les amis de la victime n'osèrent pas même réclamer en sa faveur, et peut-être le supplice du courageux orateur se serait-il prolongé, si la rumeur qu'excita à Paris cet acte d'une exécrable tyrannie n'eût fait naître quelque inquiétude dans le cœur du tyran. Après plusieurs jours de cette indigne détention, l'abbé Fournier fut transféré à la citadelle de Turin, d'où il fut tiré trois ans après, à la sollicitation du cardinal Fesch, et rendu au clergé, qu'il continua d'honorer par ses talents. Il fut depuis élevé sur le siège épiscopal de Montpellier. »

[2] Le *Moniteur* publia à ce sujet l'article suivant :

« Le curé de Saint-Roch, dans un moment de déraison, a refusé de prier pour

vais choix. Le ministre travaillait de concert avec l'abbé Bernier, l'ecclésiastique qui savait le mieux le personnel de tout l'épiscopat de France; peu d'évêques firent de la résistance, tous s'associèrent franchement au gouvernement du Consul pour favoriser le développement de son pouvoir; l'Église comprit qu'elle formait un corps plus élevé que les formes matérielles du gouvernement et que si tout change, si tout se modifie, elle seule reste debout en traversant les âges et qu'elle n'a pas à s'inquiéter de la politique des États.

La seconde direction générale était celle des ponts-et-chaussées donnée au conseiller d'État Crétet qu'on a vu également associé à l'œuvre du Concordat [1]. Le premier Consul avait trop étudié la grande Rome pour ne pas se jeter avec enthousiasme dans cette admiration des monuments publics, des grandes voies, des aqueducs, des cirques, des temples, des colonnes immenses qui perpétuaient la majesté des souvenirs dans la ville éternelle. Bonaparte prit un soin attentif de tout ce qui se rattachait aux routes, aux canaux, aux monuments, à la libre circulation des produits de la France et aux souvenirs de sa gloire. Bonaparte rêvait déjà des chemins magnifiques s'élançant dans les airs, un passage sur les Alpes qui unirait à jamais la France et l'Italie; il voulait couvrir le territoire de canaux, unir les mers à la ma-

---

mademoiselle Chameroy et de l'admettre dans l'église. Un de ses collègues, homme raisonnable, instruit de la véritable morale de l'évangile, a reçu le corps dans l'église des Filles-Saint-Thomas, où le service s'est fait avec toutes les solennités ordinaires.

« L'archevêque de Paris a ordonné trois mois de retraite au curé de Saint-Roch, afin qu'il puisse se souvenir que Jésus-Christ commande de prier même pour ses ennemis, et que, rappelé à ses devoirs par la méditation, il apprenne que toutes les pratiques superstitieuses, conservées par quelques rituels, et qui, nées dans des temps d'ignorance ou créées par des cerveaux échauffés, dégradaient la religion par leurs niaiseries, ont été proscrites par le concordat et par la loi du 18 germinal. »

[1] Emmanuel Crétet était né au Pont-de-Beauvoisin, en Dauphiné, le 10 février 1747; il fit ses études chez les Oratoriens à Grenoble, et se rendit à Bordeaux, puis en

nière de Louis XIV, faire de la Belgique et de la Hollande un vaste système de transport et de navigation pour joindre le Rhin au Rhône, la Loire à la Seine, l'Océan à l'Adriatique. Un seul défaut domina les conceptions de Bonaparte : elles furent trop vastes; en matière d'administration il vaut mieux l'utile que le gigantesque; il se réalise plus tôt et plus sûrement.

Une direction générale des domaines nationaux fut aussi créée en la séparant de l'enregistrement qui en était chargé aux époques antérieures. Depuis le sénatus-consulte amnistiant les émigrés, d'immenses questions s'agitaient au sujet des restitutions auxquelles les anciens propriétaires pouvaient prétendre; une certaine confusion régnait dans les domaines nationaux, si mal administrés depuis 1794 : les forêts arbitrairement coupées ne produisaient rien; les ventes de bois profitaient le plus souvent à des spéculateurs, et les fonds n'en rentraient point dans la caisse de l'État. La tâche du directeur général fut de régulariser d'abord la gestion de cette vaste branche de la fortune publique; plus tard, les domaines se réunirent encore à l'enregistrement; sous M. Duchâtel, ils furent confondus dans les mêmes mains; cette administration déploya de l'habileté, une longue persévérance dans l'organisation du service public; l'enregistrement eut ses receveurs, ses inspec-

---

Amérique, pour y suivre la carrière du commerce. Revenu en France, il fut pendant quelque temps directeur de la caisse d'assurance contre l'incendie à Paris. Il se montra dès le commencement partisan de la Révolution, mais sans exagération. Nommé, en 1795, député au conseil des Anciens par le département de la Côte-d'Or, où il avait acquis beaucoup de biens nationaux, entre autres la magnifique Chartreuse de Dijon, il y vota toujours avec la majorité constitutionnelle. Il se prononça en 1799 contre l'emprunt forcé de 100,000,000 que demandait le Directoire. Il concourut de toute sa puissance au 18 brumaire, et Bonaparte le nomma aussitôt après conseiller d'État; on a vu qu'il avait été désigné avec Joseph Bonaparte pour suivre les négociations relatives au Concordat, puis il fut appelé à la direction des ponts-et-chaussées.

teurs, ses employés aux recettes et aux vérifications sous chaque directeur départemental, avec un ordre si complet que cette administration marcha toujours sous l'impulsion d'une même pensée [1].

Le système de direction générale s'étendit au jugement des prises, à l'instruction publique, aux dépenses communales, au matériel de la guerre, à la perception des contributions indirectes, aux douanes; on donna des chefs spéciaux à toutes les parties du service, afin de leur imprimer une plus puissante activité. Cette manière de centraliser l'administration, eut pour effet de rendre le gouvernement plus uni, plus ferme, plus intelligent; un ministère des finances et de l'intérieur sans chefs de service, était un chaos; il était impossible qu'un ministère, quelque habile qu'il fût, réalisât la science générale de toutes les branches du revenu public. Les directeurs généraux, préposés à chaque service, en firent une étude profonde; elle devint la préoccupation de leur vie; on y attacha sa gloire; chacun d'eux résumait ensuite les questions, afin de les soumettre au ministre. Par ce moyen, il y avait pour chaque département tout à la fois la spécialité du directeur général, l'examen gouvernemental par le ministre, la discussion sérieuse et raisonnée dans la section du conseil d'État correspondant à chaque service administratif.

L'instruction publique, confiée à M. Rœderer, fut par suite enlevée à l'action républicaine de Chénier; Rœderer, admirateur du parti philosophique, et néanmoins l'homme des idées de monarchie et de reconstruction sociale, formait le milieu entre Fontanes et Chénier.

---

[1] Voyez ce que j'ai dit, tome 3, ch. 11.

M. de Fontanes [1], choix trop significatif, effrayait encore Bonaparte. Chénier donnait un mauvais mouvement à la génération nouvelle; Rœderer remplit la double garantie de la Révolution et de la monarchie. Enfin, l'administration publique voulut être à ce point régulière, qu'il fût créé une direction communale pour la gestion de toutes les municipalités. Un conseiller d'État dut surveiller l'emploi des fonds des communes, la perception de leurs revenus, le partage des usagers, les rapports des conseils municipaux avec le préfet.

L'action administrative releva tout entière du gouvernement; il y eut une centralisation qui embrassant tout, surveilla tout, sous la main dominante du premier Consul, qui put vérifier désormais, par un simple examen, toutes les ressources de la France. Ce fut la dictature la plus énergiquement organisée, et cette vaste unité, créée par le Consulat, acheva de détruire le décousu du Directoire. A partir du 18 brumaire, un seul homme put disposer de toutes les forces de la patrie; il le fit avec un instinct des grandes choses. En comparant l'administration, telle qu'elle fut organisée en France, et celle qui

---

[1] M. de Fontanes va maintenant jouer un assez grand rôle pour que je m'occupe de sa notice ; la voici :

Louis de Fontanes était né à Niort en 1757, d'une famille noble et protestante. Il s'était déjà fait une brillante réputation par d'heureux essais, tel que sa traduction en vers de l'*Essai sur l'homme*, de Pope ; sa *Journée des morts*, quelques fragments de Lucrèce, son poëme du *Verger*, enfin des poésies fugitives insérées dans les *Almanachs des Muses*, lorsque la Révolution éclata. Il s'attacha à la rédaction du journal intitulé le *Modérateur*, et donna un *poëme séculaire*, pour la fête du 14 juillet 1796. Après le 9 thermidor, il fut nommé membre de l'Institut, et professa aux écoles centrales. Il concourut à cette époque à la rédaction du *Mémorial* avec La Harpe et l'abbé Bourlet de Vauxelles; les principes de morale que ces hommes professèrent dans ce journal, les firent comprendre dans la proscription du 18 fructidor. M. de Fontanes se réfugia en Angleterre, et ce fut alors qu'il se lia d'une étroite amitié avec M. de Châteaubriand. Après le 18 brumaire, il revint à Paris et travailla au *Mercure*, avec Laharpe, Esménard et M. de Châteaubriand. Lorsqu'on apprit en France la mort de Washington, M. de Fontanes fut chargé de faire son oraison funèbre, qu'il prononça dans la chapelle des Invalides, le 8 pluviôse an VIII (1800).

existait en Europe, on put reconnaître que le Consulat était parvenu à une régularité d'action infiniment supérieure à tout ce qui existait avant lui et autour de lui. L'unité présidait au sommet de la hiérarchie, chaque service était réglé avec un ordre parfait, chaque idée trouvait se réalisation, chaque branche du grand arbre gouvernemental correspondait à son tronc puissant et fort, quoique jeune dans sa sève. Le Consul put disposer de tout, s'éclairer sur tout et commander à tout.

CHAPITRE VII.

SITUATION DE L'ANGLETERRE, NÉGOCIATIONS
A LA SUITE DU TRAITÉ D'AMIENS.

Premiers débats du parlement. — Attitude politique du parti Pitt et Grenville. — Chambre des lords. — Communes. — Adresse. — Dissolution du parlement. — Négociations avec la France pour l'exécution du traité d'Amiens. — État de l'opinion publique. — La presse à Paris, à Londres. — Questions de Malte. — D'Égypte. — Note de Bonaparte contre les journalistes et les émigrés. — L'*Ambigu*. — Procès de Peltier. — Esprit public.

1802.

La signature des préliminaires de paix avec la France avait produit à Londres une vive et profonde satisfaction; l'histoire ne présentait pas un second exemple d'une approbation aussi unanime; le besoin de la paix était général, et l'opinion publique fortement prononcée pour une suspension d'hostilités. Dans cette tendance des esprits il était impossible à un ministère de se poser hostile à la France; l'enthousiasme qu'inspirait le premier Consul était unanime, et en Angleterre les masses sont toujours passionnées et se remuent en bruyants éclats comme les flots de l'Océan qui battent ses rochers. Dans ce sentiment universel de bienveillance, le parlement se réunit pour délibérer sur les affaires publiques. La retraite de M. Pitt paraissait définitive, son système de guerre succombait; il n'eut d'autre parti à prendre que de s'asseoir sur les bancs ministériels pour soutenir M. Addington. Profondément instruit de l'esprit de son pays, M. Pitt se garda de se séparer en ce moment des partisans de la paix, idée dominante alors en Angleterre; il eût perdu toute son importance en se mettant en hostilité avec l'opinion publique; il fallait laisser passer ce que les tories appelaient *un caprice* avant de se prononcer; la paix devait être essayée et *usée;* le premier Consul jusqu'alors si bien placé dans l'opinion de l'Angleterre devait tôt ou tard, par sa conduite conquérante, blesser l'amour-propre national ; alors seulement le parti de la guerre pourrait se manifester. Un homme d'État comme M. Pitt ne devait arriver que par un mouvement d'opinion et s'appuyer sur elle pour accomplir la tâche d'une guerre européenne, but auquel l'Angleterre devait tôt ou tard atteindre.

M. Pitt avait ainsi bien compris sa haute situation d'avenir, mais il avait laissé toute liberté d'opposition à ses amis moins en vue dans le parlement; comme ils n'étaient pas aussi importants que lui, ils pouvaient, en troupe légère, attaquer incessamment l'administration de M. Addington et la dépopulariser par une petite guerre. Ainsi, MM. Windham, Dundas, lord Grenville devaient se placer dans le parlement sur les bancs de l'opposition, ou bien s'ils soutenaient le ministère, remplir cette tâche avec des restrictions telles que la protection serait plus nuisible à la considération et à la marche du cabinet que les hostilités directes et avouées. Dans les clubs, dans les réunions publiques, les membres de l'ancien ministère n'épargnaient pas l'administration Addington ; ils attaquaient hautement les préliminaires comme une humiliation pour l'Angleterre : « On n'obtenait rien de la

France et l'on cédait tout ; on s'agenouillait humblement devant le premier Consul : la fierté du peuple anglais n'était-elle donc pas cruellemment blessée par de telles concessions ; le lion était-il donc vaincu ? Comment le cabinet avait-il consenti à la signature de tels articles qui enlevaient à l'Angleterre ses conquêtes acquises au prix du sang national ? »

Dans cet intervalle le parlement se réunit avec les solennités d'usage ; le message du roi aux lords et aux communes avait parlé des rapports de la France et de l'Angleterre en bons termes ; le roi s'était félicité de la signature des préliminaires et de la paix conclue avec la République française, indispensable dans la situation des esprits. Le message abordait ainsi franchement la question des articles arrêtés avec la France, déclarant que c'était là tout ce qu'on pouvait attendre dans les circonstances périlleuses où s'était trouvée la puissance britannique : « Mylords et Messieurs, disait le roi, j'ai la satisfaction de vous faire part que les négociations importantes dans lesquelles j'étais engagé à la clôture de la dernière session du parlement, sont parvenues à une conclusion favorable. Les différends avec les puissances du nord sont terminés par une convention avec l'empereur de Russie, à laquelle les rois de Danemarck et de Suède sont disposés à accéder. Cette convention assure les droits essentiels que nous défendions ; elle en maintient l'exercice de la manière la moins onéreuse pour les sujets des parties contractantes [1]. Les

---

[1] « The King he announced to his parliament that the differences with the Northern Powers had been adjusted by a convention with the emperor of Russia ; to which the kings of Denmark and Sweden had expressed their readiness to accede. He stated, that, in this convention, the essential rights for which this country contented, were secured, and provision made that the exercise of them, should be attended with as little molestation as possible, to the subjects of of the contracting parties. He next infor-

préliminaires de paix ont été ratifiés entre moi et la République française, et je me flatte que leurs dispositions importantes s'accorderont avec l'intérêt et l'honneur de la nation anglaise ; ils doivent vous être incessamment soumis ; j'espère qu'ils obtiendront l'approbation de mon parlement. — Messieurs de la chambre des communes, j'ai fait préparer l'aperçu des dépenses qu'exige le service public, de la manière qui m'a paru la plus convenable à notre situation actuelle ; il m'est pénible de réfléchir que de forts subsides sont nécessaires pour fournir aux dépenses qui deviennent encore indispensables, pendant un certain temps, dans les différentes parties du monde, et pour soutenir les établissements convenables en temps de paix. Vous pouvez cependant être persuadés qu'on emploie tous les moyens économiques, qui ne nuiront pas au grand objet de mes vœux, la sûreté de tous mes États. »

Lord Bolton proposa l'adresse approbative comme le veut la coutume constitutionnelle d'Angleterre ; son discours se ressentit de l'état des opinions portées à la paix : il félicita l'Angleterre de ses succès ; son pavillon flottait depuis les colonnes d'Hercule jusqu'au fond de l'Asie et de l'Amérique ; il appelait les remerciments de la chambre des lords sur le général qui avait si fièrement combattu en Égypte et expulsé les Français de cette contrée [1]. Lord Bolton fut soutenu par lord Litford qui

---

med them that preliminaries peace had been signed between him and the French republic, in which he trusted that this important arrangement would be found to be conductive to the substantial interests of this country, and honourable to the British character.

[1] « As for peace itself, it had been so strongly felt to be desirable, that men did not allow themselves time to doubt of its being advantageous, but gave free and unbounded indulgence to their joy : the leading articles of the peace were universally known and approved of, but no circumstance attending it appeared to him more worthy of consideration that the fitness of the time at which his majesty's ministers had concluded the preliminaries of the peace. » (Discours de lord Bolton.)

approuva également l'adresse. Quelle différence n'existait-t-il pas entre l'état de détresse où se trouvait la Grande-Bretagne à l'ouverture du dernier parlement et la situation prospère et glorieuse dans laquelle elle était aujourd'hui ; les bénédictions de Dieu avaient ainsi préparé les destinées de la patrie [1]. Les wighs donnèrent tous leur assentiment et se félicitèrent de la paix ; le duc de Bedfort se fit leur organe dans la chambre des lords.

Aux communes, la discussion sur l'adresse fut non moins importante ; M. Fox, l'organe de la vieille opposition, exprima le plus vivement son approbation sur les préliminaires de paix, et il en témoigna toute sa joie : « Le peuple anglais devait se féliciter de mettre ainsi un terme à tous les sacrifices ; que pouvait-il désirer de plus que de voir la lice des combats se fermer après dix ans d'efforts [2] ? » M. Pitt se fit entendre après son plus ancien et son plus formidable adversaire. Comment allait-il envisager les préliminaires de paix, et leur donnerait-il son assentiment ? « Je me lève, Monsieur, dit M. Pitt avec gravité, pour exprimer la satisfaction que je ressens de concourir, pour la première fois peut-être, avec des membres de l'autre côté de la chambre, à un vœu qui promet, selon toutes les apparences, de réunir en sa faveur l'unanimité. Je ne m'étendrai point en ce moment sur la pacification avec les puissances du Nord, ni sur les préliminaires [3] de paix conclus avec la France ; mais lorsque je viendrai à expliquer mon opinion sur l'un et l'autre

---

[1] « When the war assumed a new terror from the menaced interference of the Northern Powers; while we had the gigantic force of France to contend with nearer home, and the fate of Egypt still hung in suspense. » (Discours de lord Lifford.) address, and his approbation of the peace which had been at length obtained. This was an event in which he could not suppress his joy and exultation : an event in which the people of England had the greatest cause to rejoice and exult.

[2] M. Fox then rose to express his most sincere and cordial concurrence in the

[3] « For the present, he should forbear any observations upon the subject of the

de ces points, on trouvera peut-être que je les approuverai par des considérations d'une nature bien différente de celles qui dirigent le vote et l'opinion de l'honorable membre auquel je succède. Monsieur [1], cette double pacification me cause la plus vive et la plus haute satisfaction. Je crois que, malgré toutes les petites critiques auxquelles certains points peuvent être exposés, elle présente de grands sujets de joie à ce pays-ci, et qu'elle mérite au gouvernement l'approbation et la reconnaissance publiques. La conclusion de la guerre a été signalée par des preuves plus éclatantes, s'il est possible, que toutes celles qui ont eu lieu précédemment, de la valeur invincible, de l'habileté extraordinaire de nos armées et de nos flottes, ainsi que de la résignation sans exemple, de la persévérance calme et de la constance inébranlable du peuple, dans des circonstances difficiles et non moins pénibles que celles qui sont les conséquences immédiates de la guerre. La manière dont il a supporté ces difficultés, quoiqu'elles ne fussent point engendrées par la guerre, lui donnait le droit d'en attendre une fin heureuse; le retour de la paix y a mis un terme; cette paix doit répandre partout la plus haute satisfaction; et si nous voulons assurer notre bonheur et la gloire de notre constitution, nous n'avons qu'à demeurer fidèles à nous-mêmes. »

Ce discours, vivement applaudi, parlait aux sympathies nationales; M. Pitt célébrait l'honneur du peuple et approuvait la paix. On vit aussitôt M. Windham se

preliminaries, but when he came to express his motives for rejoicing in the attainment of peace; possibly they would be found very different from those of the right honourable gentleman (M. Fox) who spoke last. Whatever opinion he might entertain as to certain of the preliminary articles he approved generally of the outline. »

[1] On sait qu'en Angleterre, l'orateur adresse toujours la parole au président (Speaker).

lever pour protester contre les préliminaires. « Monsieur, c'est un devoir bien pénible pour moi que d'avoir à déclarer aujourd'hui que mes sentiments sont en opposition avec ceux des personnes avec lesquelles j'ai eu si longtemps le plaisir d'agir de concert [1]. Comme les expressions de l'adresse qui est proposée à la chambre ne portent pas une approbation spéciale de la mesure de la paix, mon intention n'est point d'examiner aujourd'hui les conditions de cette paix, d'autant plus que j'aurai incessamment l'occasion d'exposer à la chambre les motifs qui me la font désapprouver. Je ne donnerai donc point aujourd'hui ma négative à l'adresse proposée, j'attendrai le jour de la discussion pour traiter cette matière en détail, mais je désire en même temps qu'il soit bien entendu, qu'en accédant à la motion présente, je ne m'engage à appuyer aucune motion future sur le même sujet. Ce point étant bien expliqué, Monsieur, j'aurais attendu, pour développer mes motifs, le jour du débat qui doit avoir lieu incessamment; si quelques-unes des personnes qui ont parlé avant moi, n'avaient pas déclaré leur opinion en faveur de la paix, ce qui me semble exiger au moins des déclarations semblables de la part de ceux, qui, comme moi, ne peuvent se dispenser de la condamner. Il est encore d'autres raisons qui me déterminent à dire dès à présent un mot ou deux à ce sujet. Lorsque l'on combat une opinion qui prévaut généralement, lorsque l'on est seul en deuil au milieu de l'allégresse publique, lorsqu'on a seul l'attitude de la tristesse au milieu de physionomies rayonnantes de joie; quand on est absorbé par le chagrin et le découragement, pendant que les autres sont animés des plus

---

[1] « He could not avoid differing, on this occasion, from his right honourable friend (M. Pitt), from whom to differ he always considered a misfortune. »

brillantes espérances, on est dans un état dont on doit désirer d'expliquer la cause. On doit être jaloux de faire connaître les raisons d'une différence de sentiments aussi extraordinaire. La chambre a déjà vu, et elle comprend parfaitement que des membres qui, certes, ne pensent pas de même, éprouvent aujourd'hui les mêmes sensations. Un honorable membre (M. Fox), et mon très honorable ami (M. Pitt), se réjouissent et semblent triompher d'accord de la paix actuelle ; cependant ils la voient l'un et l'autre sous un point de vue bien différent. Je pense en cette occasion, ainsi que M. Fox, que cette paix est très glorieuse pour la France ; mais c'est pour cela même que je suis loin d'éprouver le plaisir qu'il en ressent : et c'est pour cela aussi que je ne puis partager la vive satisfaction de M. Pitt. »

Windham disait ici tous les sentiments des ennemis de a paix, en déclarant que ces préliminaires n'étaient utiles et glorieux que pour la France; comment dès lors un digne Anglais, pouvait-il s'associer à la joie d'une telle pacification ? M. Addington crut indispensable de répondre au nom de son cabinet aux vives attaques de M. Windham, l'ami zélé de M. Pitt : « Il ne comprenait pas comment des conditions aussi larges, aussi justes, pouvaient être l'objet des amères censures de M. Windham; la nécessité de traiter était reconnue partout, et l'état du pays en faisait une condition au gouvernement; la paix demandée par les trois royaumes ne faisait aucun sacrifice de l'honneur national. Au reste qu'on fût très tranquille, en supposant que l'Angleterre dût rentrer dans la lice, elle le ferait avec toute l'énergie de son caractère et le déploiement de ses forces. » Ainsi la voix de M. Windham se perdit dans l'unanimité des suffrages sur l'adresse, et Shéridan lui-même appuya la conduite de

M. Addington dans la question de la paix; l'ardent poëte s'étonna pour ainsi dire de se trouver sur les bancs ministériels; mais le sentiment de la paix était alors comme une voix mystérieuse qui remuait toutes les consciences. Le vote du parlement fut une sorte de pêle-mêle, fusion momentanée de toutes les couleurs dans le besoin généralement senti d'une pacification européenne [1].

La couronne saisit cette circonstance favorable d'une opinion unanime, pour dissoudre les communes; le dernier parlement n'était pas à son terme encore, mais, formé dans les circonstances d'une guerre générale, il s'était usé par les votes et les sacrifices faits à la cause publique; il fallait un parlement nouveau décidé à soutenir le ministère Addington et la paix européenne. Les élections bruyamment faites, le parlement fut réélu à quelques noms près; le ministère Addington put compter sur le loyal assentiment des communes pour des questions nationales; le peuple anglais, avec cet instinct qui le caractérise, choisit des hommes de dévouement et d'énergie, la plupart liés au système de paix, mais en aucun cas ils n'auraient servi les idées et les inté

---

[1] L'état de la dette publique faisait une nécessité de la paix pour l'Angleterre. Voici la situation de son budget:
Recettes et dépenses de la Grande-Bretagne pour l'année échue le 5 janvier 1802.

Recettes.

Produit net de la douane, 7,756,107 liv. sterl. (182,268,515 fr., au change de 23 fr. 50 c. la liv. sterl.)

Produit de l'accise, ou imposition sur la bière et autres liqueurs ou objets de consommation, 11,495,440 liv. sterl. (270,142,840 fr.)

Timbre, 3,036,856 liv. sterl. (71,366,116 francs.)

Impôt territorial et taxes cotisées, 4,715,395 liv. sterl. (110,811,735 fr.)

Poste aux lettres, 982,850 liv. sterling. (23,096,975 fr.)

Objets divers, comme loteries, intérêts de prêts faits par l'État, 1,569,646 liv. sterl. (38,886,681 fr.)

Taxe de guerre sur les terres, 5,858,792 liv. sterl. (137,680,612 fr.)

Emprunt public, 28,000,000 liv. sterl. (658,000,000 fr.)

Total de la recette, 63,415,084 liv. sterl. (1,490,254,474 fr.)

Dépenses.

Intérêt de la dette publique, non rachetée, y compris les 460,946 liv. sterl. pour l'emprunt, 17,139,720 liv. sterl. (402,783,420 fr.)

Frais de gestion de la dette publique, 236,772 liv. sterl. (5,564,142 fr.)

rêts de la France. Le premier Cousul avait envoyé des agents en Angleterre pour assister à ce spectacle des élections; M. Fiévée fut chargé d'examiner l'esprit public, et il écrivit dans le *Mercure* des lettres sur les élections anglaises, dans le but de dégoûter la France à l'aspect de ce désordre et de ces agitations de hustings [1]. Le nouveau parlement manifesta une plus ardente sollicitude et un loyal concours pour l'exécution exacte du traité; l'état des esprits en Angleterre en faisait alors un devoir impératif. Le congrès d'Amiens éveilla une vive controverse, et dès ce moment l'opposition politique devint plus sérieuse.

L'état des négociations avec la France appelait en effet un examen attentif; le traité d'Amiens définitif dans la plupart des clauses, en ce qui touchait surtout les cessions territoriales, laissait néanmoins plusieurs questions en suspens. D'après les préliminaires, la France ne cédait rien, tandis que l'Angleterre devait abandonner la plupart de ses conquêtes dans les colonies, évacuer l'Égypte en faveur de la Porte, céder Malte pour ne plus obtenir que Ceylan et la Trinité, seuls ré-

---

Fonds pour le rachat de la dette publique, 5,310,511 liv. sterl. (124,797,009 fr.)

Montant des intérêts sur diverses anticipations du revenu public par billets de l'échiquier, etc. 1,121,890 l. sterl. (26,364,415 fr.)

Idem de la liste civile, 890,000 liv. sterl.; idem supplémentaire de la dette, 322,731 liv. sterl. ces deux articles font ensemble 1,220,751 liv sterl. (28,687,645 fr.)

Frais du gouvernement civil de l'Écosse, 69,374 liv. sterl. (1,630,289 fr.)

Primes d'encouragement pour la pêche, et autres primes pour les grains, etc. 1,795,752 liv. sterl. (42,200,172 fr.)

Dépenses de la marine, 17,303,371 liv. sterl. (406,692,219 fr.)

Artillerie, 2,165,911 l. sterl. (50,898,908 fr.)

Armée, 14,185,582 l. sterl. (333,356,477 fr.)

Subside accordé au Portugal, 200,133 liv. sterl. (4,702,636 fr.)

Services divers, 2,305,427 liv. sterling. (54,177,534 fr.)

Total des dépenses, 63,054,974 liv. sterl. (1,481,791,890 fr.)

[1] « M. Fiévée fut envoyé pour enrôler les journalistes anglais au service de Bonaparte. M. Fiévée n'était jamais venu en Angleterre, n'entendait pas un mot de la langue anglaise; il a écrit huit lettres sur l'Angleterre, pour prouver que la constitution anglaise était bien inférieure à celle de France, et que l'Angleterre touchait l'anarchie. » (Journal à la main.)

sultats restés debout des succès obtenus pendant une si longue guerre. Le cabinet de M. Addington hésitait devant la responsabilité d'une exécution pleine et entière du traité d'Amiens. : nul n'ignorait en Angleterre les tentatives du premier Consul sur le continent, et l'agrandissement démesuré de son pouvoir, soit en Italie, soit en Suisse; sur tous les points, enfin, où l'influence française avait pu s'étendre, l'équilibre était brisé. Quelles indemnités accorderait-on au prince d'Orange et au roi de Sardaigne, réfugié à Rome? Qu'allait devenir l'indépendance de la Suisse? L'Italie n'était-elle pas désormais une annexe de la République française? Quand le premier Consul était prêt à reconquérir Saint-Domingue, et à réaliser un vaste système colonial; lorsque l'Espagne lui cédait la Louisiane, le Portugal une frontière très étendue sur la rivière des Amazones, fallait-il que l'Angleterre se dépouillât de ses colonies pour enrichir encore la domination envahissante de Bonaparte? Ainsi raisonnaient les tories.

Dès la signature des préliminaires, on voit une inquiétude se manifester à Londres, à travers le mouvement de l'opinion publique: une flotte française a cinglé vers Saint-Domingue, une autre escadre se dirige vers la Guadeloupe; le cabinet anglais fait surveiller ces expéditions par des divisions de force égale qui les suivent afin de se tenir prêtes à tout événement. Dans Saint-Domingue, même envahi, l'influence anglaise se fait sentir; c'est elle qui inspire la résistance aux noirs, et qui les arme; elle est l'âme de tout ce qui peut s'opposer au développement de la marine et du système colonial de la France; elle en a peur; la rivalité, toujours profonde, n'est que suspendue. Dans cette situation des esprits s'ouvre la négociation spéciale pour la cession de

Malte, et l'exécution pleine et entière des préliminaires.

Cette négociation portait sur plusieurs points essentiels[1] : il avait été stipulé que Malte serait restituée à l'ordre, et qu'en attendant l'île serait placée sous la domination d'une puissance intermédiaire; or, comment l'ordre serait-il reconstitué, et quel cabinet intermédiaire choisirait-on pour occuper Malte provisoirement, en attendant ce résultat? L'examen de ces deux questions importantes entraînait des délais, but auquel tendait l'Angleterre; comme elle voyait que le premier Consul s'en donnait au large sur le continent et dans les colonies, comme le système français prenait un développement considérable, en Italie, en Hollande, en Suisse, les hommes d'État de l'Angleterre apercevant la guerre imminente dans un terme plus ou moins rapproché, se gardaient bien d'exécuter le système de cession arrêté dans le congrès d'Amiens. Malte, l'Égypte et le cap de Bonne-Espérance, paraissaient des points militaires admirables à garder, et le ministère anglais aurait été accusé de trahison s'il eût abandonné tant de positions maritimes. Tout en parlant de paix on refusait

---

[1] Les pièces de cette négociation offrent une grande curiosité :

N° 1.

Letter from M. Otto to lord Hawkesbury, dated London, may 23, 1802.

« Mylord, The 10th article of the treaty of Amiens, which fixes the new organisation of te order of Malta, having prescribed various measures, to the execution of which it is necessary that the two principal contracting powers should concur, the first Consul has named general Vial as minister plenipotentiary to the order and island of Malta, for the purpose of concerting with the person whom his Britannic Majesty shall appoint for that purpose, respecting the execution of the arrengements agreed upon in the late treaty. General Vial will set out on his destination as soon as your excellency shall have informed me of his Majesty's intentions, and of the choice he may make. »

I have the honour to be, etc. Otto.

N° 2.

Letter from lord Hawkesbury to M. Otto, dated may 24, 1802.

« Sir, In answer to your letter of yesterday, in which you communicate to me the nomination, by the first Consul, of general Vial to be minister plenipotentiary of the french Republic, to the order of Saint-John of Jerusalem; I have the honour to inform you, that the King has been pleased to appoint sir Alexander Ball, to

de se dessaisir des moyens qui pouvaient rendre la guerre plus favorable.

L'objet des premières notes entre l'Angleterre et la France porte précisément sur la constitution de l'ordre de Malte; M. Otto était encore à Londres que déjà une négociation s'engageait activement entre lui et lord Hawkesbury; les plénipotentiaires respectifs sont désignés. « L'ordre n'était déjà plus qu'un souvenir, et on devait en réunir les débris épars; est-il possible de rassembler les commandeurs et les chevaliers dont les biens ont été confisqués en France, dans le Piémont et dans toute l'Italie, excepté à Naples? La France ne proposait pas de les indemniser des confiscations, mais consentait-elle à leur restituer les commanderies. S'il n'y a pas d'ordre de Saint-Jean de Jérusalem, s'il ne peut désormais exister, comment peut-on imposer à l'Angleterre la cession de Malte? n'est-ce pas illusoire? » A cela M. Otto répond : « Que le cas était précisément prévu et qu'en attendant la reconstruction de l'ordre on devait déposer la souveraineté de l'île aux mains d'une puissance intermédiaire et neutre; et à cet effet il propose la Russie, puis Naples et l'Autriche.

be his Majesty's minister to the order. Sir Alexander Ball will shortly proceed to Malta, and will be instructed to concert with general Vial, the necessary measures for carrying into effect the arrangements relative to that island, which are stipulated in the 10th article of the definitive treaty of peace. »

I have the honour to be, etc.

Hawkesbury.

No 3.

Extract of a dispatch from lord Saint-Helens, to lord Hawkesbury dated Saint-Petersburgh, april 23, 1802.

« I hope very soon to be enabled to re dispatch your lordship's last messenger with the answer of this government to the communications which I have made to them, in obedience to his Majesty's commands, respecting the 10th article of the treaty of Amiens. In the mean time, I must not conceal from your lordship that there is great reason to fear that his imperial Majesty will decline taking part in the proposed joint guarantee of the possessions and new constitution of the order of Malta.»

No 4.

Extract of a dispatch from lord Saint-Helens to lord Hawkesbury, dated Saint-Petersburgh, may 7, 1802.

« I have reason to hope that the first impressions that had been produced here by certain parts of the arrangement relative to Malta have been removed, and that his

La médiation du cabinet de Saint-Pétersbourg est acceptée par lord Hawkesbury; il rappelle que Paul Ier s'est un moment déclaré grand-maître de Malte. Mais en acceptant cette médiation, le ministre anglais a compris que l'affaire va traîner en longueur et qu'une négociation se poursuivant sur des points aussi éloignés, aucun résultat ne sera obtenu; une transaction diplomatique qui a pour chef-lieu Paris, Londres et Saint-Pétersbourg étant de sa nature interminable; pendant ce temps la Grande-Bretagne restera en possession paisible de l'île de Malte, son but unique.

Ainsi, aucune des deux puissances ne demeure dans les conditions et les termes du traité d'Amiens; Bonaparte étend indéfiniment sa puissance continentale qui n'a désormais plus de limites; il élude les indemnités pour le prince d'Orange et le roi de Sardaigne, il domine la Hollande, la Suisse, l'Italie, l'Espagne, et occupe même le Valais; le Consul ne comprend pas une paix impartiale. De son côté, la Grande-Bretagne retient la plupart des possessions qu'elle a promis de céder, et cela parce qu'entre elle et la République française, il n'y a réellement qu'une

---

imperial majesty may even be ultimately induced to guarantee the whole of that arrangement, provided that the steps which have been taken towards the election of a new grand master, according to the mode suggested by this court, by considered as fulfilling what is required on that head by the latter part of the paragraph of the 10th article of the treaty of Amiens, and consequently that no new election fort that office is to take place in the manner pointed out by the former part of the same stipulation.»

N° 5.
Dispatch from lord Hawkesbury to M. Merry, dated june 5, 1802.

« Sir, I informed you, in my dispatch n° 10, that M. Otto had made and official communication to me that general Vial was appointed by the first Consul, minister plenipotentiary to the order Saint-John of Jerusalem. Sir Alexander Ball has been in consequence invested with the same character by his Majesty. He will proceed immediately to Malta, and he will receive instructions to concert with general Vial the best means of carrying into complet effect the stipulations contained in the 10th article of the definitive treaty. By the paragraph marked n° 1 in that article, it is stipulated.

« The knights of the order, whose langues shall continue to subsist after the exchange of the ratifications of the present

trêve; aucune des deux puissances ne peut y compter; la paix commence à devenir une déception.

Tandis que ces négociations se poursuivent, l'opinion publique des deux pays est prête à s'irriter au plus haut point; une révolution morale s'opère dans les masses; le peuple mobile s'agite dans un sens ou dans un autre, avec une même énergie. A peine six mois se sont écoulés, et déjà la paix ne semble qu'une trêve; on se prépare; les deux adversaires se mesurent, se tâtent; on est avide de se jeter encore dans les tristes et sanglantes voies de la guerre. La polémique la plus violente commence dans les journaux; la presse en Angleterre a la plus active influence; comme le parlement ne fait pas encore entendre sa grande voix, les journalistes entrent dans la lice avec cet esprit mordant, satirique, qui distingue les partis; ils deviennent de plus en plus offensifs. Si quelques feuilles prennent la défense du traité, et osent faire encore l'éloge du premier Consul, la plupart s'expriment avec une vivacité étrange sur sa personne, sur ses habitudes, sa famille et les mauvaises intentions de la France. Chaque matin, les tories parlent à l'orgueil

---

treaty, are invited to return to Malta as soon as that exchange shall have taken place: they shall there form a general chapter, and shall proceed to the election of a grand master, to be chosen from amongst the natives of those nations which preserve langues, if no such election shall have been already made since the exchange of the ratifications of the preliminary articles of peace.

« The object of this paragraph was, that, in the event of an election having taken place subsequent to the exchange of the ratifications of the preliminary articles of peace, and antecedent to the conclusion of the definitive treaty, that election should be considered as valid; and though no mention is made in the article of the proclamation of the emperor of Russia, soon after his accession to the throne, by which the knights of the order were invited to assemble, and to proceed to the election of a grand master, the stipulation in question evidently refered to the contingency of an election taking place on the continent in consequence of that proclamation.

« You will inform the french government, that his Majesty is ready to consider the election which has lately taken place at Saint-Petersburgh, under the auspices of the emperor of Russia, to be valid, according to the stipulation of the 10th article.

« His majesty has no other object in the whole of this transaction, than that

britannique, et le stimulent sans cesse; on jette au cœur du peuple anglais tous les feux de gloire, et tous les souvenirs d'irritation qui peuvent le tirer de son sommeil : le traité d'Amiens leur paraît un outrage ; un peuple ne peut pas se laisser braver ; les dignes enfants de la Grande-Bretagne, les marins de Nelson, doivent-ils souffrir que le pavillon de l'antique rivale se déploie dans les grandes mers? Le *Rule Britannia*, ce chant national est partout entonné dans les tavernes, comme le signal précurseur de la bataille ; il prépare la prise d'armes de tout un peuple.

En France, le premier Consul fait répondre avec vivacité aux moindres paroles que contiennent les journaux de Londres; il crée un bureau d'esprit public pour répondre au *Times*, au *Courier*, à cette multitude de pamphlets qui inondent déjà la Grande-Bretagne. L'*Argus* est fondé à Paris; écrit en anglais, par un réfugié, M. Goldsmith, il est destiné, sous l'influence de M. de Talleyrand, à exprimer les griefs de la nation française contre le gouvernement britannique[1], et à soulever l'Irlande contre l'Angleterre. M. de Montlosier, le rédac-

---

the 10th article of the treaty may be fairly executed, and that the arrangement may be carried into complete execution with as little difficulty as possible.

« As the 13th paragraph in the 10th article stipulates that the governments of Austria, Russia, and Prussia; should by invited to accede to the arrangements respecting Malta, it is desirable that the french government should instruct, without delay, their ambassadors or ministers at Vienna, Petersburgh, and Berlin, to make, conjointly with his Majesty's ministers at those courts, an official communication, desiring the accession of those powers to the arrangements relative to Malta in the definitive treaty, by which it is provided, that the independence of the island and the other stipulations shall be under the guarantee of those powers ; in conjunction with his Majesty, the french government, and the king of Spain. »

I have the honour to be, etc. Hawkesbury.

[1] Voici la forme de quelques-uns de ces articles dictés par Bonaparte contre l'Angleterre :

« Quel est l'intérêt que la faction ennemie de l'Europe prend aux insurgés suisses ? Il est facile de voir qu'elle voudrait faire de la Suisse un nouveau Jersey pour y tramer des complots, solder des traîtres, répandre des libelles, accueillir tous les criminels, tous les ennemis de la France, et faire, sur l'est, tout ce qu'elle

teur du *Courrier de Londres,* est appelé à Paris pour continuer cette œuvre, en censurant les institutions du gouvernement et du peuple anglais. Le Conventionnel Barrère, sous la direction du cabinet consulaire, est aussi chargé de rédiger les articles du *Moniteur,* qui expriment les colères, les dépits, les desseins de Bonaparte, le tout terminé par la vieille phraséologie contre la perfide Albion. Le premier Consul, qui n'a aucune idée de la presse libre, et de l'effet puissant de ce levier en Angleterre, s'irrite des moindres paroles jetées contre lui dans les journaux ; il y voit l'expression du ministère Addington et s'imagine qu'on peut empêcher l'impression de telles paroles, comme il le fait en France.

Il y a ici une lutte curieuse qui révèle parfaitement l'esprit des deux constitutions ; entre Pitt et Bonaparte, comme on l'a dit, se manifeste d'abord la lutte du crédit public et de la force militaire ; entre le ministère Addington et le premier Consul pendant la paix, se poursuit un combat non moins vigoureux entre la puissance de la libre pensée, et la force d'un pouvoir centralisé et d'une censure attentive. Il devait être douloureux pour Bonaparte de ne pouvoir exercer sa surveillance intellectuelle en Angleterre, comme il le faisait sur le continent ; ces résistances le fatiguaient ; il ne concevait pas la parole libre, indépendante ; quand un journal l'importunait en Hollande et en Germanie,

---

fait constamment, au moyen de la position de Jersey, sur l'ouest. Elle aurait par là cet avantage tout particulier d'inquiéter cette belle manufacture de Lyon, qui renaît de ses ruines, et porte une main d'acier sur la balance du commerce, afin de la faire pencher en faveur de l'industrie française.

« Quel est l'intérêt de la France ? C'est de n'avoir que de bons voisins et des amis sûrs. Au midi, le roi d'Espagne, allié de la France par inclination comme par intérêt, et les républiques Italienne et Ligurienne, qui entrent dans son système fédératif. La Suisse, le duc de Bavière, l'électeur de Bade, le roi de Prusse, la Hollande, au Nord et à l'Est.

« La faction ennemie de l'Europe et qui

à Leyde ou à Hambourg, il en faisait impérativement demander la suppression, ou bien, s'il croyait utile de le maintenir, il imposait à cette feuille des articles à sa convenance. Bonaparte déposait les manifestes de son ambition dans les organes placés sur tous les points de l'Europe.

Or, cette action absorbante, le Consul voulait l'exercer en Angleterre, échappant à sa volonté suprême; ses notes diplomatiques sont remplies de plaintes et de griefs exprimés contre les journaux; il voudrait que le cabinet britannique lui donnât sur ce point satisfaction, et chaque fois qu'il adresse une réclamation officielle, le M. Addington s'empresse de lui répondre : « Que la législation britannique ne permet pas les mesures de police qui peuvent supprimer un journal sur un simple arrêté; si Bonaparte a des plaintes à porter contre un journal, l'action devant les assises lui appartient comme à tout particulier, et le jury anglais examinera s'il y a calomnies, injures privées par libelles; un verdict de condamnation, témoignera de toute la justice du peuple dans l'examen de toutes les questions de la libre parole. »

Ces réclamations deviennent plus vives, car la presse ne ménage rien; l'Angleterre était depuis lontemps le refuge de tous les débris de l'émigration; parmi ces hommes dévoués à la cause des Bourbons, se trouvaient des gens

---

veut agiter le continent, ne trouvera dans ces États ni complices, ni tolérance. Cependant ces agitateurs ne dorment jamais : ils se sont essayés à la fois à Gênes, en Suisse, en Hollande. Leurs trames prenaient de la consistance en Suisse, lorsque la proclamation du 8 vendémiaire a tout calmé. Tout est rentré dans son état naturel, dans cet état qui de tous côtés présentera le beau territoire de la France environné de peuples amis. Cet état est le résultat de dix ans de triomphes, de hasards, de travaux et d'immenses sacrifices. La paix de Lunéville, les préliminaires de Londres et la paix d'Amiens, bien loin d'y rien changer, l'ont consolidé.

« Aujourd'hui pourquoi tenter ce que l'on n'a pu faire réussir jusqu'à ce jour? Nous croit-on devenus lâches; nous croit-on moins forts que nous ne l'avons jamais

d'esprit, des littérateurs distingués ; le caractère même de cette génération exilée, était précisément une certaine manière caustique de s'exprimer sur les fortunes inouïes de la Révolution française, sur les familles qu'elle avait élevées, sur les antécédents de ses héros. Durant la guerre acharnée de dix ans, il avait paru plusieurs journaux en français ; M. de Montlosier avait écrit le *Courrier de Londres*, avec une verve soutenue et une certaine manière philosophique d'examiner les événements ; depuis la paix, M. de Montlosier s'était rallié au premier Consul, et après un voyage sur le continent, il dut continuer en France un journal, sous le titre de *Courrier de Paris et de Londres*, tout entier dévoué à la politique de M. de Talleyrand.

Pendant cette même période de guerre, avait paru à Londres une gazette spirituellement rédigée, sous la direction de M. Peltier, l'auteur si remarquable des *Actes des Apôtres*, recueil où travaillait alors toute l'aristocratie française : les *Actes des Apôtres* étaient une mordante satire sous la plume de Rivarol et du marquis de Champcenetz, critiques si spirituels et de si bon goût. Peltier rédigeait d'abord un recueil écrit en français, sur tous les événements qui se passaient à Paris, pendant le Directoire et le Consulat ; il l'avait poussé jusqu'au trente-cinquième volume avec une verve intarissable de sarcasmes contre Bonaparte, sa famille et ses généraux. Ce recueil fut un moment sus-

été ? Il est plus facile aux vagues de l'Océan de déraciner le rocher qui en brave la fureur depuis quarante siècles, qu'à la faction ennemie de l'Europe et des hommes de rallumer la guerre et toutes ses fureurs au sein de l'Occident, et surtout de faire pâlir un instant l'astre du peuple français.

« Le *Times*, que l'on dit être sous la surveillance ministérielle, se répand en invectives perpétuelles contre la France. Deux de ses quatre mortelles pages sont tous les jours employées à accréditer de plates calomnies. Tout ce que l'imagination peut peindre de bas, de vil, de méchant, le misérable l'attribue au gouvernement français ; quel est son but ? Qui le paie ? Sur qui veut-on agir ?

pendu à la paix d'Amiens; l'enthousiasme pour Bonaparte était alors trop grand pour qu'on pût espérer le succès d'une critique implacable; lorsque l'opinion publique accueillit une fois encore l'opposition contre le premier Consul, Peltier reprit sa plume acérée, dans un recueil auquel il donna le titre de l'*Ambigu* [1]. Ce n'était plus seulement un feu roulant d'épigrammes, de satires contre Bonaparte et sa cour; Peltier réveilla d'affreuses calomnies sur le Consul; il mit en jeu les partis avec leurs espérances, leurs mauvais desseins, leurs passions irritantes; il supposa des vers qui n'avaient pas été faits, des conspirations qui n'existaient point. Le frontispice de ce journal représentait tout un symbolisme contre la personne et la famille de Bonaparte; il engagea la plus vive polémique contre le gouvernement consulaire, lui jetant les insinuations capables de soulever les esprits et les cœurs. Tout semblait permis au pamphlétaire Peltier, l'ennemi avoué de la Révolution et de son Consul, et pour cela il trouvait sympathie non seulement dans l'aristocratie anglaise, mais encore dans cette portion de l'émigration qui se vengeait de son exil par la moquerie et le sarcasme.

L'*Ambigu* de Peltier obtint un grand succès; trois numéros avaient paru sans réclamations, lorsqu'il en fut

« Un journal français rédigé par de misérables émigrés, le reste le plus impur, vil rebut, sans patrie, sans honneur, souillé de tous les crimes, qu'il n'est au pouvoir d'aucune amnistie de laver, enchérit encore sur le *Times*.

« Onze évêques présidés par l'atroce Évêque d'Arras, rebelles à la patrie et à l'église, se réunissent à Londres. Ils impriment des libelles contre les évêques du clergé français; ils injurient le gouvernement et le pape, parce qu'ils ont rétabli la paix de l'évangile parmi 40,000,000 de chrétiens.

« L'île de Jersey est pleine de brigands condamnés à mort par les tribunaux, pour des crimes commis postérieurement à la paix, pour des assassinats, des viols, des incendies. »

[1] Le recueil de l'*Ambigu* est devenu fort rare; il n'est pas même à la bibliothèque du roi.

publié un quatrième dans lequel se trouvaient des pièces susceptibles d'exciter la plus vive colère de Bonaparte : la première était une ode sur le 18 brumaire, qu'on attribuait à Chénier [1], expression d'une vive indignation républicaine : on y parlait de César, qui avait passé le Rubicon ; on invoquait les ombres de Pompée et de Brutus : si la fortune dans les plaines de Pharsale avait paru contraire à la république, s'il fallait venger les destins de Rome, le poignard restait au dernier des Romains. Les soldats ressentiraient-ils l'injure qu'un Corse faisait à leur drapeau ? Et s'il osait s'élever au Capitole, il fallait l'écraser sous ses débris. La seconde pièce, sous le titre de *Vœu d'un Patriote hollandais* [2], dénonçait par une violente satire l'ambition de Bonaparte qui faisait et défaisait les rois : le voilà proclamé Consul pour la vie, et si le Sénat lui permettait de choisir un successeur, alors le patriote hollandais ne faisait plus qu'un vœu ; l'héritage serait ouvert ; le Consul devait disparaître comme Romulus, dans cette apothéose mystérieuse qui marqua les premiers temps de Rome. Dans la troisième pièce attribuée à Ca-

---

[1] Voici les pièces publiées par Peltier :
De la France, ô honte éternelle !
César, au bord du Rubicon,
A contre lui, dans sa querelle,
Le Sénat, Pompée et Caton ;
Et dans les plaines de Pharsale,
Si la fortune est inégale,
S'il te faut céder aux destins,
Rome, dans ce revers funeste,
Pour te venger, au moins, il reste,
Un poignard aux derniers Romains.
. . . .
Guerriers, ressentez-vous l'outrage
Qui, par un Corse vous est fait ?
Guerriers, que le traître subisse
De Tarpéia l'affreux supplice !
Pour ces biens qu'il vous a ravis,
Pour ces biens, sa honteuse idole
Il a livré le Capitole
Écrasez-le sous ses débris !

[2] Le *Vœu d'un Patriote hollandais* se terminait par ces vers :
Le voilà donc assis où s'élevait le trône !
Consul, il règle tout ; il fait, défait les rois ;
Peu soigneux d'être aimé, la terreur fait ses droits !
Il est proclamé chef et Consul pour la vie !
Pour moi loin qu'à son sort je porte quelque envie,
Qu'il nomme, j'y consens, son digne successeur :
Sur le pavois porté qu'on l'élise empereur
Enfin (et Romulus nous rappelle la chose),
Je fais vœu, dès demain, qu'il ait l'apothéose.

mille Jordan, on faisait un appel à l'honneur du peuple contre le despote qui absorbait la liberté publique [1]; tous les patriotes devaient consacrer leur vie au triomphe de la liberté; laisseraient-ils la nation sous le sceptre du despote qui se disait le fondateur et le régénérateur de la France?

De tels articles étaient de véritables provocations à l'assassinat du premier Consul et au renversement de son pouvoir; dans l'exaltation des idées, hélas! c'était peut-être un langage de convention : que ne dit-on pas aux époques d'effervescence? Les patriotes avaient plus d'une fois invoqué le souvenir de Rome et le poignard de Brutus; quand les passions des partis sont étrangement remuées, la plume se trempe dans le sang. Le premier Consul avait donc quelque droit de s'irriter [2]; nul tribunal ne pouvait lui refuser une action contre

---

[1] « Français, c'est en ce moment qu'il faut se résoudre à servir ou à commander, à recevoir la terreur ou à l'inspirer. Le tigre qui ose se dire le fondateur ou le régénérateur de la France jouit du fruit de vos travaux comme d'une dépouille enlevée aux ennemis. Il n'est pas rassasié de la destruction du roi, de celle de tant de braves, de tant de princes que la guerre a moissonnés; il devient et plus avide et plus cruel dans les circonstances où la prospérité change chez la plupart des hommes la fureur en pitié. Reste-t-il à des hommes qui veulent être dignes de ce nom autre chose à faire qu'à venger leur injure ou à périr avec gloire ! La nature a marqué le terme de notre vie à tous, même aux plus puissants; nul ne doit attendre la dernière extrémité sans avoir tenté quelque chose pour la liberté, s'il ne veut passer pour une femmelette timide et pusillanime. »

[2] Voici la note de M. Otto, réclamant au nom de Bonaparte contre les journaux :

« Le soussigné, ministre plénipotentiaire de la République française, ayant soumis à son gouvernement la lettre que son S. E. mylord Hawkesbury, ministre et principal secrétaire d'état de S. M. Britannique, lui a fait l'honneur de lui adresser, le 27 juillet, se voit chargé de présenter les observations suivantes.

« Si le gouvernement britannique tolère la censure des actes de son administration, et des personnalités offensantes contre les hommes les plus respectables, il ne permet pas de même la plus légère atteinte portée à la tranquillité publique, aux lois fondamentales de l'empire, et à l'autorité suprême qui en émane. Chaque nation est d'ailleurs libre de sacrifier chez elle un avantage quelconque pour en obtenir un autre auquel elle attache plus de prix; mais le gouvernement qui ne réprime pas les excès de la presse, lorsqu'ils peuvent blesser les puissances étrangères dans leurs intérêts et dans leur honneur, laisserait à quelques libellistes la faculté de compromettre le repos public, ou du moins la bonne intelligence qui en fait la base; et dans le cas où des offenses aussi graves prendraien

des libelles qui sortaient si fatalement des limites prescrites par la dignité et la liberté publiques; l'ambassadeur se plaignit encore, et lord Hawkesbury répondit encore avec froideur : « Qu'il ne doutait point qu'une action de libelle ne fût admise par un jury anglais, et que la loi ne donnât satisfaction. » Bonaparte ne se tenant pas de colère, demanda la suppression de l'*Ambigu* et la déportation de Peltier; il écrivit directement à M. Addington, et il ordonna à son ambassadeur de poursuivre le pamphlétaire devant le jury; les injures faisaient sur son âme l'effet de la piqûre du moucheron sur le lion de la fable; lui, le Consul, qui remuait le monde, ne pouvait pas faire cesser les calomnies d'un libelle, et on lui opposait l'obstacle de la loi, inflexible comme la barrière la plus ferme et la plus forte.

Indépendamment de la communication officielle par les ambassadeurs, M. Addington répondit au premier une marche régulière et systématique, il ferait naître des doutes sur ses propres dispositions.

« Les lois et la constitution particulière de la Grande-Bretagne sont subordonnées aux principes généraux du droit des gens, devant qui se traitent les lois de l'État. S'il est de droit, en Angleterre, de laisser à la presse la liberté la plus étendue, il est de droit public des nations policées, et d'une obligation rigoureuse pour le gouvernement, de prévenir, de réprimer et de punir toutes les atteintes qui pourraient être portées par cette voie, au droit, aux intérêts et à l'honneur des puissances étrangères. Cette maxime générale du droit des gens n'a jamais été méconnue sans préparer les plus grands déchirements, et a fourni, même en Angleterre, un prétexte plausible à ceux qui ont soutenu la dernière guerre contre la France. Les mêmes hommes voudraient-ils aujourd'hui présenter au gouvernement consulaire une arme dont ils se sont servis avec tant d'adresse? Et pourraient-ils se flatter que l'autorité qui a signé la paix n'a pas la force de la maintenir?

« Par l'article premier du traité d'Amiens, les deux puissances sont convenues de n'accorder aucune protection, soit directement, soit indirectement, à ceux qui voudraient porter préjudice à aucune d'elles. Or, le plus grand de tous les préjudices est sans doute celui qui tend à avilir un gouvernement étranger, ou à exciter sur son territoire des commotions civiles et religieuses; et la plus éclatante de toutes les protections est celle qui met sous l'égide des lois les hommes qui cherchent non seulement à troubler la tranquillité politique de l'Europe, mais à dissoudre même les premiers liens de la société.

« Le ministre soussigné doit observer encore qu'il ne s'agit pas ici de quelques paragraphes que l'inadvertance d'un gazetier avait insérés dans une feuille publique; mais il s'agit d'un système profond et suivi de diffamation, non seulement contre le chef de la République française, mais encore

Consul, de sa main, une longue lettre dans laquelle il rétorquait avec force tous les arguments de Bonaparte contre la presse. Il convenait : « que l'abus que l'on pouvait en faire était quelquefois un fléau, mais la constitution laisse à chacun l'usage de sa plume, à ses risques et périls. L'on est puni pour un délit ou pour un crime commis par un libelle, comme pour tout délit ou crime commis par une autre voie. » M. Addington avouait que ces délits échappaient quelquefois à la sévérité des lois; « mais il n'y a pas de remède, continuait-il, et il est difficile d'en trouver, sans toucher à la liberté de la presse qui est dans nos mœurs. » M. Addington déclarait que le peuple anglais devait beaucoup à cette liberté, et qu'un ministre ne serait pas assez hardi pour aborder une telle question au parlement; personne ne s'en croirait la force, parce que cette liberté était trop chère aux Anglais. Il faisait observer ensuite au premier Consul que, bien qu'étranger, il avait le droit de porter plainte devant les tribunaux, mais qu'il devait s'attendre à voir réimprimer, comme pièces au procès,

---

contre toutes les autorités constituées de la République, mais contre la nation entière, caractérisée par les libellistes dans les termes les plus odieux, les plus avilissants.

« En conséquence, le soussigné a reçu l'ordre spécial de demander : 1º que le gouvernement de S. M. B. emploie les moyens les plus efficaces pour arrêter le recours des publications indécentes et séditieuses dont sont remplis les journaux et d'autres écrits imprimés en Angleterre; 2º que les individus, mentionnés dans la lettre du ministre soussigné, en date du 27 juillet dernier, soient éloignés de l'île de Jersey; 3º que les ci-devant évêques d'Arras, de Saint-Paul-de-Léon, et tous ceux, qui comme eux, sous prétexte de religion, cherchent à jeter du trouble dans l'intérieur de la France, soient également éloignés; 4º que le nommé Georges et ses adhérents soient déportés au Canada, ainsi que le soussigné a été chargé d'en transmettre l'intention à son gouvernement, sur la demande de mylord Hawkesbury; 5º que les princes de la maison de Bourbon, actuellement dans la Grande-Bretagne, soient requis de se rendre à Varsovie, près du chef de leur famille; 6º que ceux des émigrés français qui se permettent encore de porter des ordres et des décorations appartenant à l'ancien gouvernement de France, soient tenus de quitter le territoire de l'empire britannique. »

Londres, le 28 thermidor an X (16 août 1802).

Signé. Otto.

toutes les choses scandaleuses dont il se plaignait. Il l'engageait à couvrir de son plus profond mépris toutes ces ordures, et à faire comme lui et tant d'autres, qui n'y attachaient pas la moindre importance [1]. »

La poursuite eut lieu ; Peltier traduit devant les assises, le jury anglais fut appelé à juger le cas de libelle, et le célèbre avocat Mackintosh porta la parole pour défendre l'accusé, en invoquant les droits de la liberté de la presse. C'était plus qu'une cause privée, et qu'une instance particulière ; il y avait au fond quelque chose de plus sérieux ; le ministère anglais et Bonaparte allaient se placer en face de l'opinion en Angleterre, afin de pénétrer jusqu'au fond du pays, et de connaître le sentiment de tous sur la question de la paix ou de la guerre ; dans un procès privé, il y avait une grande cause publique ; on rehaussait Peltier au lieu de l'abaisser. Mackintosh déploya un remarquable talent, en proclamant la libre pensée de tout citoyen s'exprimant sur les affaires de son pays ; s'il y avait quelque aigreur, des expressions impropres dans l'écrit de Peltier, est-ce que les journaux français, le *Moniteur*, sous la direction personnelle du Consul, n'avait pas employé des mots plus irritants, des expressions plus vives encore ? Le cabinet anglais allait-il pour cela faire un procès aux auteurs des libelles qui partout s'écrivaient en France contre le roi d'Angleterre sous la direction même de la police consulaire ? Mackintosh fut applaudi par toute l'aristocratie d'Angleterre qui entourait le barreau [2]. Le solliciteur

---

[1] Letter from lord Hawkesbury to M. Otto, dated July 28, 1802.
« I have the honour to acknowledge the receipt of your letter on the last number of Peltier. It is impossible that is majesty's government could peruse the article in question, without the greatest displeasure, and without an anxious desire that the person who published it should suffer the punishment he so justly deserves. »

[2] M. Mackintosh défendit son client avec chaleur Il établit qu'il était impossible de

général soutint gravement l'accusation, et Peltier fut condamné, pour cas de libelle, à une amende, sorte de dérision appliquée surtout au chef d'un gouvernement puissant et riche. Il n'y eut pas de prison pour le libelliste; les tories s'empressèrent de souscrire pour couvrir l'ardent journaliste du subside qu'on lui imposait. N'était-ce pas déjà de la guerre ?

A cette occasion il se manifesta un mouvement très significatif contre le premier Consul; la faveur qui l'entourait diminua singulièrement; ce procès de libelles rapetissait sa taille : il fut très maladroit de s'exposer, en face d'un jury d'Angleterre, à de telles humiliations; le droit commun ne pouvait lui aller; il était trop haut pour cela. La caricature s'empara dès lors de Bonaparte, et, en Angleterre, quand on devient la proie des moqueries publiques, elles vont jusqu'au dernier terme. En vain, l'ambassadeur protestait par des notes successives contre cette tendance railleuse, le ministre se couvrait toujours par cette réponse habile : « Que la presse était libre et qu'on n'avait aucune action sur elle. » Les partisans de la guerre voyaient cette agitation avec plaisir; maîtres de l'esprit public ils avaient besoin de le jeter encore une fois hostile à la face de la France : journaux, pamphlets, tout était destiné à remonter les sentiments

---

prouver que Peltier fût auteur des pièces citées dans son journal, qu'elles ne représentaient nullement ses sentiments, qu'il était évident qu'elles étaient l'ouvrage de quelques Jacobins forcenés, et que jamais il n'avait été défendu de citer et de faire connaître les déclamations d'un parti contre le parti opposé; qu'un Français loyal n'aurait point été repris, sous Henri IV, pour avoir reproduit les provocations fougueuses, les déclamations incendiaires des Ligueurs. Il montra qu'on ne pouvait nullement apercevoir dans ces libelles la main d'un royaliste aussi ardent que M. Peltier; et profitant habilement de cette idée pour exprimer ses propres sentiments sur Bonaparte, il dit :

« Si M. Peltier avait fait un appel aux Français, en invoquant la mémoire de saint Louis et de Henri le Grand, en leur rappelant le souvenir de cette illustre famille qui a régné sur eux pendant six siècles, avec laquelle toute leur renommée martiale et toute leur gloire littéraire est si étroite-

du peuple dans les idées de guerre. Pitt se plaçait derrière tout ce mouvement qui devait le ramener une fois encore à la tête du ministère.

Impuissant devant les journaux, Bonaparte voulut au moins avoir raison des intrigues ; l'Angleterre était pleine d'émigrés et des chefs intrépides de la chouannerie, tous hommes dangereux pour son gouvernement : Pichegru était en Angleterre, Willot même commandait un régiment à l'île de Guernesey ; Georges et ses lieutenants vivaient à Londres ou dans les environs, et tous ces hommes s'agitaient sur les côtes de Bretagne, conspirant avec énergie contre le gouvernement du premier Consul. L'ambassadeur demanda l'expulsion des princes français : le comte d'Artois, le duc de Berry, le prince de Condé et des hommes les plus dévoués qui entouraient leurs personnes ; les Bourbons devaient être contraints de se rendre à Varsovie auprès du chef de leur maison. M. Otto, et le général Andréossy après lui, envoyèrent note sur note à cet effet, se fondant sur ce que le ministère anglais étant maître de l'*alien bill,* les étrangers étaient par cela même placés sous une juridiction spéciale : un simple writ suffisait pour que les princes et leurs agents fussent forcés de quitter l'Angleterre. Le Consul Bonaparte le demandait avec instance comme un gage de bon rapport ; lord Hawkesbury répondit à

ment liée ; s'il les avait adjurés, au nom sans tache de Louis XVI le Martyr, de son amour pour son peuple, dont presque aucun homme en France ne peut prononcer le nom sans prendre l'accent de la pitié et de la vénération... ; s'il les avait excités à convertir leurs inutiles regrets et leur stérile pitié en une active et généreuse indignation ; s'il avait représenté à leur imagination l'humiliant contraste qui existe entre leur patrie sous ses anciens monarques, la source et le modèle du raffinement dans les arts et le goût, et depuis leur expulsion, l'opprobre et le fléau de l'humanité ; s'il les avait exhortés à chasser leurs ignobles tyrans et à remettre leur souverain naturel sur son trône, j'eusse alors reconnu la voix d'un royaliste..., j'eusse reconnu le langage qui doit avoir découlé du cœur de M. Pellier, et j'eusse été forcé de convenir qu'il était dirigé contre Bonaparte. »

ces communications avec dignité, en rappelant l'exemple des Stuarts et de Jacques II spécialement. Louis XIV n'avait jamais voulu céder sur l'exil de Jacques II, mort à Saint-Germain où un asile honorable lui avait été offert [1]; les Stuarts cependant n'avaient cessé de conspirer contre le gouvernement établi en Angleterre; et pourquoi en serait-il autrement dans les circonstances actuelles? quelle différence y avait-il entre les Bourbons et les Stuarts? l'Angleterre servait d'asile comme la France avait donné hospitalité. Cependant pour complaire au premier Consul, lord Hawkesbury promettait que les agents les plus actifs des Bourbons et les Chouans surtout seraient rappelés de l'île de Guernesey; le ministère les réunit dans une cité d'Angleterre afin de les avoir sous sa main et de les surveiller pendant la paix ou de les diriger pendant la guerre.

Cette concession était faite difficilement, car le ministère anglais venait d'être informé d'une irruption soudaine d'agents secrets de la France, soit en Angleterre, soit en Irlande; le voyage de M. Fiévée, à Londres, avait eu pour objet la surveillance des journaux, l'action de la presse et l'examen attentif de la situation des esprits, afin de les rendre favorables au premier Consul. La police de France voulut aussi intervenir dans les élections générales, et il fut constaté que de l'argent avait été envoyé par le gouvernement consulaire, afin d'influencer certains choix, en Irlande

---

[1] «When James the Second abdicated the throne, and left this country, he retired with his adherents to France; and though, in the war which immediately succeeded that event, the french government adopted his cause as their own, no stipulation was made at the treaty of Ryswick, that he should be sent from that country, nor was any subsequent demand ever made to the french government to this effect. (Extrait of a dispatch from lord Hawkesbury to M. Merry, dated August 28, 1802.)

particulièrement [1]. Cette action d'un pouvoir étranger sur les élections anglaises, était une sorte d'attentat contre le droit de gens; Bonaparte ne se borna point là, et, soit pour recueillir de meilleures informations, soit pour préparer un mouvement insurrectionnel, des agents français se répandirent sur tous les points des trois royaumes unis : les uns avec le titre de consuls commerciaux, les autres comme simples négociants déguisant, sous le manteau des opérations mercantiles, des missions secrètes de la police ou du cabinet consulaire [2]; les ingénieurs sondaient les rades, visitaient les arsenaux; en Irlande, ils se mettaient en rapport avec les chefs des mécontents et préparaient sous main des insurrections. Le cabinet anglais dut faire connaître au parlement ces démarches hostiles de la part de la France, afin d'irriter la nation et de la préparer à la guerre. Il n'y avait pas un événement qui ne fût expliqué dans ce dessein; à Londres, on voulait en finir avec la paix.

Sur ces entrefaites les jours du roi d'Angleterre furent exposés, un assassinat fut tenté par le colonel Despard [3]; et les esprits étaient tellement exaltés, qu'on en accusa

---

[1] « Le grand objet de Bonaparte était de soulever l'Irlande. Il employa le général Russell et M. Emmett, frère de l'avocat. M. Emmett l'a nié au procès; mais il est vrai que Russell, son neveu, et Emmett étaient payés par la France. Pour encourager les rebelles, on créa une légion irlandaise, dont l'avocat Emmett, le docteur Mac-Newin, le révérend M. Burke, M. Lawles (chirurgien), les deux Cobett, Sweeny, et O'Méara, qui avait servi dans l'armée anglaise, étaient les officiers. O'Méara était chargé de surveiller ses camarades. Le commandement de ce corps hétérogène fut donné à M. Mac-Shee, qui était en France depuis son enfance et qui avait été aide-de-camp des généraux Hoche, Kléber et Menou. » (Journal à la main.)

[2] « Vous êtes chargé de vous procurer un plan du port de votre résidence, où doivent êtres pécifiées sa profondeur et la possibilité d'y faire entrer ou non des vaisseaux de guerre. Outre le plan du port vous devez vous informer par quel vent des vaisseaux de guerre y peuvent entrer, quelle est la plus grande profondeur de l'eau dans la rade, et si des bâtiments de transport lourdement chargés pourraient ou non y aborder. » (Lettre de M. de Talleyrand du 27 novembre 1802 adressée à M. Fauvelet, agent commercial à Dublin.)

[3] Voici ce que raconte l'éditeur de l'*Argus* lui-même; j'en donne la version sans en certifier l'authenticité :

la main secrète de la France. Les voyages de l'agent Méhée de la Touche, les missions de Montgaillard, toutes ces menées, moitié de police et moitié de politique, irritaient au dernier point les ministres anglais qui jetaient au public ces confidences, pour exciter une fermentation favorable aux hostilités.

Le parti Pitt exploitait tout, les journaux français et la diplomatie; et une des circonstances qui frappa le plus vivement l'esprit du peuple britannique, ce fut le rapport du colonel Sébastiani sur sa mission dans le Levant. Au mois d'octobre 1802, le colonel Sébastiani visita la Syrie et l'Égypte, afin de voir si les Anglais évacuaient ces provinces, et de rappeler à l'Égypte le souvenir de la France. Parti de Tripoli, le colonel était arrivé le 24 à Alexandrie, et s'était hâté d'écrire son voyage au premier Consul. Cette dépêche était de nature à irriter vivement l'orgueil britannique « En arrivant à Alexandrie, écrivait le colonel Sébastiani, je me suis rendu chez le général Stuart, commandant les forces anglaises de terre et de mer; je lui ai communiqué l'ordre du ministre des relations extérieures, qui m'enjoignait de me rendre à Alexandrie, et, si les Anglais occupaient encore la place, de demander une prompte évacuation et l'exécution du traité d'Amiens. D'abord le général Stuart me dit que l'évacuation de la place aurait lieu sous peu; mais voyant que j'insistais et que je désirais

---

« Je crois devoir faire connaître ce qui se passa entre M. Talleyrand et l'éditeur de l'*Argus*, quand la nouvelle de l'arrestation de Despard arriva à Paris.

« On vint, fort tard dans la soirée, chercher l'éditeur de la part du ministre; c'était la veille d'un jour de publication de l'*Argus*, qui ne publiait que trois numéros par semaine. M. Talleyrand paraissait fort agité, et demanda à l'éditeur s'il avait appris quelque nouvelle; "Non, répondit-il." M. Talleyrand passa dans un cabinet, et en rapporta un paquet de papiers-nouvelles, anglais, les remit à l'éditeur en lui montrant l'article contenant les détails de l'arrestation de Despard.

« L'agitation de M de Talleyrand était visible; il demanda à l'éditeur s'il connais-

une réponse moins vague, il me déclara qu'il n'avait aucun ordre de sa cour de quitter Alexandrie, et qu'il croyait même y passer l'hiver. Le général est un homme d'un esprit médiocre. Il a pour aide-de-camp un émigré français, appelé le chevalier de Sades, spirituel mais ennemi de la France; il a beaucoup d'influence sur le général. »

Cette manière tranchée et peu polie de parler d'un général anglais n'était pas propre à concilier les deux nations; le colonel continuait : « Je fus le même jour voir Khourchid-Ahmed, pacha d'Alexandrie, et le capitan-bey, commandant les forces de mer ottomanes. Après les compliments d'usage et quelques mots agréables pour la Sublime Porte, je leur annonçai que les agents du commerce français allaient se rendre en Égypte. Cette communication leur fit le plus grand plaisir, et ils ne me cachèrent point qu'ils voyaient avec peine le séjour des Anglais dans ce pays. Je leur dis que ce séjour ne pouvait se prolonger encore longtemps, et que la paix générale ne laissait aucun doute sur leur prochain départ.... Le 28, je partis pour me rendre au Caire, escorté par deux officiers turcs, et par six soldats français que j'avais pris à bord de la frégate. Les vents contraires me forcèrent à rentrer dans le port. Le lendemain je fus à Aboukir, où je passai la nuit. Je profitai de cette occasion pour visiter en détail le fort, qui est dans le plus grand délabrement. Le 30, j'arrivai à Rosette, après avoir visité, en montant, le fort

---

sait Despard : si c'était un homme sûr, et s'il était fort lié avec... (Je ne dois et ne peux nommer ces personnes.) « Je ne sais que peu de chose sur Despard, répondit l'éditeur, et, loin d'être un homme sûr, les gens qui le connaissent le regardent comme un fou.

« Eh bien! dit Talleyrand, prenez ces papiers; il faut démentir toute l'affaire.

« Et comment voulez-vous démentir toute l'affaire, reprit l'éditeur, quand on a dit qu'il a été interrogé, et qu'il existe une accusation positive contre lui?

« En ce cas suspendez le tirage de votre feuille; vous aurez de mes nouvelles dans quelques heures. »

« Il était minuit. A cinq heures du matin, Talleyrand envoya un carrosse à l'édi-

Julien, où je vis, ce jour-là même, Osman, aga et douanier de la ville, ainsi que tous les chrétiens qui s'y trouvent. Le 1er brumaire, je fus à Faoné, où je vis le commandant de la place, le cadi et les cheiks : je reçus de ces derniers et de tous ceux que j'ai entretenus, des protestations d'attachement pour le premier Consul. Je passai le lendemain à Rahmanié, où je vis le cheik Muhammed Abou-Aly. Le fort de cette ville est presque entièrement détruit. Je vis, le 3, à Menouf, le cheik Abdin, que le premier Consul avait nommé cadi. Les autres cheiks qui vinrent me voir chez lui, me tinrent les mêmes discours que les cheiks de Faoné. Je leur dis : « Le premier Consul aime beaucoup votre pays ; il en parle souvent, il s'intéresse à votre bonheur ; il ne vous oubliera point, et vous recommandera à la Porte. Il a fait la paix avec l'Europe, et ce pays se ressentira de l'intérêt qu'il y prend et du souvenir qu'il conserve aux pauvres cheiks d'Égypte. » Les deux ports de Menouf sont détruits. J'arrivai le même jour à Boulak. J'envoyai immédiatement le colonel Joubert, prévenir le pacha du Caire de mon arrivée. Le lendemain 4, le pacha m'envoya 500 hommes de cavalerie et 200 hommes d'infanterie, commandés par les principaux officiers de sa maison, pour m'accompagner chez lui au bruit d'un grand nombre de salves d'artillerie. Rendu chez le pacha, je lui dis : « La paix vient de se conclure entre la République française et la Sublime Porte : les anciennes relations d'amitié et de commerce

---

teur, qui apprit par les gens du ministre que leur maître arrivait de Saint-Cloud.

« Le citoyen ministre remit à l'éditeur un article tout fait, dans lequel il était dit : « Tout Paris, et le premier Consul en particulier, a appris avec horreur et indignation l'atroce attentat tramé contre la vie de S. M. B. par un Jacobin forcené, nommé Despard. Les sentiments que le premier Consul a manifestés dans cette occasion sont bien différents de ceux qu'a exprimés le roi d'Angleterre quand le bruit courut que le général Bonaparte avait été assassiné en Égypte, etc. »

vont être rétablies, et je suis chargé par le grand Consul Bonaparte, de vous assurer de sa bienveillance, et de vous annoncer l'arrivée des commissaires français en Égypte. » Le pacha me répondit : « La bienveillance dont le premier Consul m'honore, me pénètre de reconnaissance, et ses agents commerciaux recevront ici l'accueil le plus amical. » Je me rendis ensuite dans la maison que le pacha m'avait fait préparer ; je reçus, le même jour, la visite de tous les principaux du pays, et celle des intendants cophtes. »

Indépendamment de la phrase un peu soldatesque de ce rapport, on pouvait y voir un dessein d'invasion et de conquête sur l'Égypte au milieu des attaques jetées au peuple anglais. Un long murmure éclata. Le cabinet Addington pouvait-il souffrir longtemps une paix achetée par des conditions si déplorables ? Ainsi parlaient les amis de Pitt ; il leur semblait que le temps était venu pour eux de se prononcer hautement pour une guerre violente ; l'honneur britannique la commandait. Jamais, peut-être, l'histoire n'a présenté un travail plus habile dans les deux gouvernements de France et d'Angleterre pour préparer les esprits aux hostilités : on est en pleine paix ; les navires déploient leurs voiles pour le commerce de l'Inde, du Levant, de l'Amérique ; la manufacture reprend sa puissante activité ; des expéditions colossales sont exposées à tous ces jeux de fortune ; eh bien ! dans cette situation pacifique pour les intérêts, une guerre morale se poursuit et s'accomplit avec une ténacité qui n'a pas d'exemple ; le *Moniteur*[1]

---

[1] Voyez le *Publiciste* pour le mois de thermidor (août) ; et dans le *Moniteur* du 4 thermidor, on trouve les passages suivants, relatifs aux élections :

« Jean-Jacques a écrit que les Anglais n'étaient libres qu'une fois en sept ans, lorsqu'ils choisissaient leurs représentants au parlement. Il n'avait considéré cette li-

est rempli d'invectives, de paroles aigres et fatales ; les écrits de M. de Montlosier attaquent l'Angleterre, l'*Argus*, rédigé en anglais par Goldsmith à Paris, poursuit les ministres et l'Angleterre ; des agents continuent de parcourir l'Irlande et l'Écosse, pour préparer des soulèvements ; on a stipulé des arrangements et on ne les accomplit pas. Le cabinet anglais est de mauvaise foi dans ses concessions ; la diplomatie de la France a promis d'être modérée, et Bonaparte étend partout son pouvoir : sur l'Italie, pour en former une annexe de la France, une souveraineté dépendante ; sur la Hollande, l'Espagne, la Suisse, pour dominer l'esprit des gouvernements ; enfin, comme on l'a vu, le colonel Sébastiani parcourt la Syrie, l'Égypte, et sonde la mer Rouge, pour une expédition contre l'Inde.

De son côté, l'Angleterre ne néglige rien ; en vertu de la liberté de la presse, elle laisse attaquer le premier Consul avec une aigreur et une énergie qui préparent les hostilités ; si elle peut se plaindre des menées de la France en Irlande et en Écosse, elle aussi entretient les émigrés, les Chouans, tous les mécontents soulevés contre le gouvernement consulaire. Le ministre Drake les enrôle en Allemagne ; Hambourg est le foyer de grandes intrigues ; on s'inquiète des moindres succès, des moindres actes de la France ; on surveille attentivement ses

---

berté, comme beaucoup d'autres choses, qu'à travers le prisme de son imagination : s'il avait pu être témoin de ce grand acte de liberté, il n'y aurait vu que des scènes de corruption, de licence et d'ivrognerie.

« Les trois royaumes sont en ce moment livrés à toutes les agitations qu'excitent, dans toutes les classes, les élections générales. Ce sont à peu près, les saturnales des anciens romains. Les luttes des élections donnent lieu à des scènes assez amusantes ; le peuple y porte en général plus de gaieté que son caractère naturel n'en promet ; mais toutes les passions y sont en activité, même la plaisanterie. Un Anglais à jeun est d'ordinaire pesant et triste ; il a besoin de prendre sa tasse de thé le matin, pour se purger la tête des brouillards qu'y a laissés le mauvais vin qu'il a bu la veille : mais il lui faut un verre de *gin* ou une bouteille de *Porto* pour se mettre en gaieté. »

expéditions ; quand une flotte cingle vers Saint-Domingue, une escadre anglaise la suit d'un œil vigilant et attentif. Dès qu'il y a un soulèvement contre le pavillon tricolore dans les colonies, l'Angleterre s'y place et le soudoie; elle a promis de céder Malte, le cap de Bonne-Espérance, elle les garde sous prétexte d'un dépôt, et n'exécute qu'à demi le traité d'Amiens.

Situation singulière de deux gouvernements en pleine paix, et qui sont plus hostiles que si une déclaration de guerre était venue ouvrir une fois encore la lice des combats! Ces hostilités devaient à la fin devenir publiques [1]; les esprits se préparaient successivement à la guerre; le commerce seul restait aveugle, et cette fausse sécurité était favorisée par la Grande-Bretagne, car elle voulait en éclatant s'emparer de la riche proie qui sillonnait les mers, sous le triple pavillon de France, de Hollande et d'Espagne.

[1] Bonaparte dictait le passage suivant contre la presse anglaise :

« Tous les jours ce sont, à en croire les journaux anglais des insurrections et des complots; cinquante généraux ont été enfermés à la fois dans le temple. L'auteur de la machine infernale n'a pas honte de faire parade à Londres de son ruban ensanglanté. La Grande-Bretagne nourrit des serpents dans son sein par sa générosité sans bornes envers une foule d'enragés qui font les plus grands efforts pour ressusciter les animosités entre les deux nations, à dessein de replonger le monde dans les horreurs de la guerre.

« C'est un fait notoire que les plus odieuses calomnies, les plus coupables insinuations répandues dans les papiers anglais contre le premier Consul, ne sont que des traductions de papiers envoyés par des émigrés, et spécialement des prêtres réfractaires. »

CHAPITRE VIII.

SITUATION DE L'EUROPE.

RUPTURE DU TRAITÉ D'AMIENS.

Influence du parti Pitt sur les cabinets européens. — La Russie. — L'Autriche. — La Prusse. — Notes sur les envahissements de Bonaparte. — Préparatifs militaires. — Esprit public à Londres. — Ouverture du parlement. — Message du roi sur la France. — Discussion et vote d'enthousiasme. — Situation de lord Witworth à Paris. — Audience des Tuileries. — Nouveau message du roi d'Angleterre. — La Prusse. — Corps diplomatique. — Conférence entre M. de Talleyrand et lord Witworth. — Demande des passeports. — Rupture. — Enthousiasme et inimitié des deux nations. — Mesures de représailles.

Novembre 1802 à mai 1803.

La dernière session du parlement avait accru l'influence personnelle de M. Pitt; à mesure que s'effaçait en Angleterre la popularité d'un système de paix avec la France, les chances d'une administration énergique grandissaient. Assis derrière M. Addington, M. Pitt paraissait dominer en maître les résolutions du cabinet, et l'entraîner dans sa destinée; le traité d'Amiens n'était pas son ouvrage, et il l'avait approuvé comme une concession malheureuse faite au besoin de la paix. Dans ses causeries intimes, M. Pitt ne considérait jamais les conventions conclues avec la France que comme une trêve dont les termes étaient naturellement fixés; et dès qu'on put entrevoir le moment de la rupture, le parti Pitt se réveilla dans ses conditions fortes et puissantes pour commencer les hostilités dans le parlement.

Le ministre si éminent qui avait longtemps dirigé des coalitions européennes, M. Pitt conservait de nombreuses relations sur le continent [1]; les secrets des cabinets lui étaient connus; il savait le personnel des hommes d'État, les chances de paix ou de guerre à Saint-Pétersbourg, à Vienne ou à Berlin. Pitt placé momentanément en dehors des affaires, avait constamment les yeux fixés sur l'état de l'opinion publique en Angleterre, et sur les tendances d'hostilités qui pouvaient naître en Europe. Le gouvernement britannique ne voulait se décider à une guerre considérable, violente, qu'avec l'espérance plus ou moins prochaine de préparer une nouvelle coalition contre la France et son Consul; pour cela l'appui énergique du parlement et de la nation lui était indispensable. Avant d'éclater, il était important que les intérêts de l'Europe fussent engagés à

---

[1] Bonaparte suit avec inquiétude les correspondances du parti Pitt avec le continent; il les dénonce lui-même à l'Europe :

« Lord Pelham, dit-il, ministre du roi d'Angleterre, a proféré dans la chambre des pairs ces propres paroles :

« Lord Grenville a tort de dire que nous « voulons nous en rapporter au temps « seulement. Notre attention est de pro- « fiter de toutes les occasions favora- « bles qui pourraient survenir sur le con- « tinent, pour contribuer à la sûreté de « notre pays. »

« Ceci nous donne le secret de ce que nous avons déjà vu, et il sera bon de s'en souvenir dans les événements qui pourront succéder. Quand on apprendra qu'une nuée d'agents secrets sous les ordres de Drake, Wickam, etc., inondent l'Allemagne et l'Italie, on pourra présager que la prophétie de lord Pelham se réalise, et que l'on menace le continent d'une crise. Oiseaux de mauvais augure, ils iront partout porter le signal du carnage et de la dévastation. Si la guerre est un fléau plus terrible pour les peuples que la famine, la peste et la sécheresse, quelle perversité doit avoir rendu insensibles à tous sentiments de la nature, les Grenville, les Windham, les Minto!

« On a essayé depuis plusieurs mois de troubler la Hollande, la Suisse, l'Allemagne; on essaie en ce moment de troubler la tranquillité de Naples, et c'est là l'objet des fréquents voyages de la frégate la *Méduse*. On a essayé de faire une révolution à Naples. Moliterna, Belpucci ont été saisis à Calais au moment où ils s'embarquaient pour aller s'aboucher à Londres avec les agents de la faction qui les dirigeait. Ils sont arrêtés, et l'on instruit leur procès. Le conseiller d'État Thibaudeau les a déjà plusieurs fois interrogés; leurs papiers sont nombreux et des plus intéressants. C'est

la guerre, qu'après un terme très prochain l'Autriche, la Prusse et la Russie fussent en mesure d'intervenir dans les débats et d'envahir les frontières de France, ou d'appeler au moins ses vaillantes légions sur de nouveaux champs de bataille.

Cette étude formait la sérieuse préoccupation de M. Pitt; les tories conservaient de nombreuses relations avec les principaux ministres des cabinets; leurs agents, répandus sur toute l'Europe, pouvaient juger les intérêts, les caprices, les passions secrètes qui faisaient agir chacune des puissances. Les notes reçues depuis le commencement de l'année 1805 à Vienne, à Berlin, à Saint-Pétersbourg, indiquaient qu'un mécontentement indicible se manifestait partout, à cause des envahissements hardis du premier Consul en Allemagne, en Suisse, en Hollande et en Italie; on n'était pas prêt encore à saisir les armes; mais si l'Angleterre se décidait à prendre l'initiative, à couvrir les mers de son

ainsi que l'on cherche à troubler également la tranquillité du pape; et deux agents, tous deux ayant joué un rôle dans les troubles civils de Rome, viennent de se rencontrer à Paris, l'un venant de Londres, l'autre d'Italie. Par le même système, M. Moore se trouve sur le continent, environné des agents de Dutheil, misérables souillés de tous les crimes. C'est encore pour exciter ces orages sur le continent, que plus de cent brigands à Jersey, condamnés par les tribunaux, pour crimes de vols, d'assassinats et d'incendies, ont cherché là un refuge d'où ils s'embarquent sur des bateaux pêcheurs, et viennent sur nos côtes assassiner de malheureuses femmes et de malheureux propriétaires.

« Mais ces menées sont vaines; espérons qu'elles le seront constamment. Le gouvernement français tranchera toujours ces nœuds d'intrigues, lorsqu'on les aura ourdis avec beaucoup de peine, comme le nœud gordien. Le continent restera en paix, mais la gloire en sera toute au peuple français, et les remords aux amis de la guerre où le tiers de la génération a péri. Est-il aujourd'hui une mère en Angleterre, en Allemagne, en Italie, en France, qui ne doive regarder avec horreur les Grenville, les Windham, les Minto? Ces hommes qui provoquent la guerre, ils ne l'ont jamais faite!!! Au sein d'une riche et somptueuse ville, environnés de tous les agréments et de toutes les commodités de la vie, ils provoquent le massacre du reste de notre génération.

« Est-il un souverain sur le continent, dont l'étude essentielle ne soit pas de lire aujourd'hui avec attention, et de méditer profondément sur les discours, les pensées qui décèlent cette politique infernale, avouée aujourd'hui avec une impudeur sans exemple dans l'histoire des nations, ce ne peut-être que l'effet du délire, première puni-

pavillon, le continent tout entier la seconderait, parce que l'influence croissante de la France menaçait la sécurité des grands et des petits États. Ces renseignements obtenus donnèrent une certaine force au parti Pitt dans le parlement.

En Russie, Alexandre réparait, par les premiers actes d'un règne bienfaisant, les fatales tendances de l'époque de Paul Ier; le nouveau czar n'avait point pour la France et son Consul les mêmes sentiments qui avaient animé son prédécesseur. A sa cour, profondément russe, l'aristocratie des boyards se trouvait entièrement liée aux intérêts britanniques; il n'y avait plus aucune intimité entre Paris et Saint-Pétersbourg; loin de là, l'empereur Alexandre voyait avec inquiétude l'inexécution des traités secrets conclus entre les deux gouvernements; que devenaient, par exemple, depuis l'élévation de Bonaparte à la présidence de la république italienne, les indemnités

tion du crime? M. Windham accuse les ministres de n'avoir pas d'alliés, et au même moment il déclare et appelle *féroce, barbare, la nation russe*. L'empereur Alexandre méprisera sans doute de pareilles provocations; mais à consulter les annales de tous les peuples et de tous les temps, la nation russe n'a-t-elle pas le droit de demander une réparation éclatante? Dans le même temps on donne 500 liv. sterl. à un misérable émigré pour imprimer un libelle contre le petit-fils de Frédéric II, contre ce prince si sage, aimé de ses peuples, auquel l'Europe doit en partie la tranquillité et le repos dont elle commence à jouir.

« Eh! si le roi de Prusse exigeait punition d'une conduite aussi étrange de la part d'une nation avec laquelle il est en paix, de la part d'un gouvernement auquel il a conservé l'état de Hanovre!!! Pour insulter tous les gouvernements de l'Europe, on s'appuie du même principe que les Tunisiens et les Algériens, qui, quoiqu'en paix, insultent le pavillon de toutes les nations; mais on doit réfléchir qu'ils ne s'attaquent qu'aux puissances faibles; et certes la France, la Russie et la Prusse peuvent enfin se fatiguer de cet excès de licence, et dire que cela ne soit plus.

« On se plaint de n'avoir pas d'alliés, et toutes les diatribes de la faction tendent à prouver que l'empereur d'Allemagne a trahi, lorsque l'empereur, conseillé par un ministre perfide, a sacrifié deux fois l'élite de ses peuples, pour soutenir cette cause et non la sienne. On peut appliquer à ces orateurs ce qui a été dit du conseil des rois de Babylone : « Ils donnent tous les conseils qu'il ne faut pas donner, et ils négligent les seuls bons à suivre. »

« Ces hommes ne font ni l'opinion, ni la volonté du peuple anglais. Cette nation si éclairée, si méditative, a une autre marche et un autre esprit; et si elle eût eu à nom-

promises au roi de Sardaigne ¹? La France s'était engagée non seulement à la restauration des Bourbons de Naples, mais encore au rétablissement de la maison de Carignan, et si ce résultat ne pouvait pas être obtenu pour des causes de politique ou de guerre, le premier Consul s'était engagé à indemniser la maison de Carignan d'une manière large et complète en Italie. On n'en parlait plus cependant; loin de là, Bonaparte centralisait l'Italie sous sa main, en même temps que son intervention en Allemagne, quoique se résumant en une commune médiation de la Russie et de la France, devenait de plus en plus envahissante.

Dès lors on ne pouvait avoir de sécurité avec un système marchant audacieusement à des desseins d'envahissement si complets, si absolus; la Russie ne se jetterait pas immédiatement dans une guerre; elle avait besoin de réparer ses forces, de rétablir son état militaire d'après des conditions plus vastes et plus

---

mer ses représentants, elle n'aurait pas choisi lord Grenville, Windham, Minto. Mais que veulent-ils donc? Ils ont ruiné les finances de leur patrie pour des entreprises folles : ils l'ont déconsidérée en Europe par leur arrogance. Le prince, lorsqu'il s'en est aperçu, les a chassés. Ils sont restés avec leurs remords, qui les poursuivent, les tourmentent, et donnent à toutes leurs actions, à tous leurs discours, ce ton furibond qui décèle l'état de leur âme. Le trouble, le désordre et le sang peuvent seuls les distraire; ils veulent du trouble, du désordre et du sang. Leurs discours sont ceux que le célèbre Milton met dans la bouche de Satan. Mais méprisons ces acteurs tombés, et répétons, dussions-nous le dire jusqu'à l'ennui : la paix, rien que la paix, peut consolider l'Europe, et l'Angleterre la première. Une loi patriotique, sage, serait celle qui ordonnerait que les ministres sortants ne pourraient siéger pendant les sept premières années de leur sortie, au parlement d'Angleterre. Une autre loi, non moins sage, serait que tout membre qui insulterait à un peuple et à une puissance amie, fût condamné au silence pendant deux ans. Lorsque la langue pèche, il faut punir la langue. En conclusion, il résulte de tous leurs discours, qu'ils veulent la guerre; mais ils sont sans alliés, sans crédit sur le continent. Nous aurons donc la paix, grâce à leur discrédit.

« Tendres mères, bons citoyens, philanthropes éclairés, bénissez le ciel du discrédit de cette faction; car son crédit sur le continent serait la mort de vos enfants, la dévastation de vos provinces, le deuil de la nature entière!!! »

¹ On écrivait de Berlin, 2 octobre 1802, qu'un changement absolu venait de s'accomplir dans la politique russe :

« Un courrier bavarois, venant de Pétersbourg, et passant hier dans notre ville,

bilolides ; l'activité jeune et enthousiaste de l'empereur Alexandre, la haine que toute la famille impériale portait au système français, les antipathies des vieux boyards pour le Consul et sa cour, toutes ces causes devaient nécessairement amener une situation hostile entre la France et la Russie, et ses armements éclateraient plus tard dans une guerre sérieuse. C'est ce que les agents de M. Pitt avaient parfaitement compris ; ils préparaient les esprits en Angleterre à une prise d'armes secondée par de si puissants auxiliaires [1].

L'Autriche se trouvait dans les mêmes dispositions vis-à-vis du gouvernement consulaire ; fatalement abaissée par le traité de Lunéville, et les malheurs de la dernière guerre, quelles pertes n'avait-elle pas éprouvées en Italie, en Allemagne ? L'Autriche avait vu les drapeaux français vainqueurs à Marengo, et le glorieux succès de la bataille de Hohenlinden avait ouvert à Moreau le chemin de Vienne ; la paix de Lunéville fut une nécessité impérative à laquelle on s'était résigné, parce

---

[1] La Russie suit également avec attention ce qui se passe à Paris entre l'Angleterre et la France.

« Il s'est établi depuis quelque temps à Paris, entre lord Witworth et le ministre Talleyrand, des négociations fort importantes. Elles sont relatives en partie à l'évacuation de Malte et de l'Égypte, et aux affaires de Parme et de l'Étrurie. L'Angleterre exige de la France une promesse que, dans aucun cas, elle n'enverra des troupes à Malte ni en Égypte ; mais le gouvernement français a rejeté une telle proposition, par le motif qu'il n'en est point parlé dans le traité d'Amiens. Quant aux affaires d'Italie, lord Witworth a reçu également une réponse négative et d'autant plus précise, que l'on ne s'est jamais cru dans le cas de traiter avec la cour de Londres les affaires du continent, puisque cette cour, dans les négociations de paix qui ont eu lieu avec l'Autriche, n'a pris aucune part aux affaires de l'empire germanique ni de l'Italie. » (Dépêche de M. Marcoff.)

nous a apporté la nouvelle, que, le 21 septembre, il s'était fait un changement important dans le ministère russe. Le comte Alexandre de Woronzow, frère de l'ambassadeur de Russie près la cour de Londres, a été créé grand-chancelier et directeur suprême des affaires étrangères ; le comte de Kotschubey, qui a été jusqu'ici à la tête de ce département, a été fait ministre de l'Intérieur, et le comte de Wassilieff, ministre des finances. Le prince de Czartorisky remplace le comte de Kotschubey aux affaires étrangères. Le prince Kourakin, à sa demande réitérée, a obtenu sa démission de ce département. C'était un ministère menaçant pour la France. »

que les forces de la monarchie, épuisées par des sacrifices immenses, devaient être avant tout rétablies ; il fallait se donner le temps de déployer les moyens militaires que de nouvelles hostilités pouvaient exiger.

La situation que les envahissements de Bonaparte avaient faite à l'Autriche depuis deux ans, était intolérable [1] ; le Consul n'avait pas créé seulement la république italienne, idée d'unité menaçante pour tous les États secondaires, la Toscane, Naples, le Tyrol, et les autres possessions que l'Autriche dominait sous l'ancien système ; mais encore il avait proclamé à son profit la médiation de la Suisse, bien autrement importante pour la sûreté militaire du gouvernement autrichien [2]. Bonaparte, maître du Valais, des Alpes allemandes, avait la clef des États héréditaires par Munich et Laybach ; il pourrait, à son désir, faire invasion sur tous les points de l'Autriche méridionale, position trop exposée pour un État indépendant ; la guerre valait mieux que le maintien d'une telle situation. En outre, nul n'ignorait les démarches de Bonaparte pour s'assurer toute influence sur les États secondaires de l'Allemagne [3] ; il y était par-

---

[1] Note secrète adressée par l'Angleterre à l'Autriche (janvier 1803).

[2] Les agents anglais écrivaient de Berne, 9 janvier 1803 ;

« Le corps d'armée française qui se trouve en Suisse vient de recevoir des renforts, surtout en cavalerie. Le 6ᵉ de chasseurs à cheval, venant de Genève, est arrivé à Berne ; il y restera en garnison deux escadrons du 12ᵉ régiment de hussards ont reçu la même destination.

« On apprend de nouveau qu'il est question de réunir à la France le canton du Léman et une partie de celui de Bâle, et l'on croit donner quelque fondement à ce bruit, en faisant remarquer que tandis que l'on continue, malgré les réclamations du gouvernement helvétique, à vider tous les arsenaux, même celui de Berne, et à transporter toutes les munitions de guerre à Lausanne, cette mesure ne s'est point encore étendue à la ville de Bâle. Le gouvernement avait aussi réclamé contre l'établissement, aux frais de la république Helvétique, des chaloupes canonnières sur le lac des quatre cantons. Un tel établissement lui paraissait en contradiction avec le désarmement général et l'évacuation des arsenaux, mais le général Serras a confirmé les premiers ordres. »

[3] M. de Laforest prend la haute main à Ratisbonne et cela déplaît à l'Autriche :

« Le soussigné renouvelle à la députation, l'instante invitation de former un re-

venu dans la question des indemnités, de manière à blesser la prépondérance de la cour de Vienne[1]. Le plan de Bonaparte semblait être déjà de réduire l'Autriche à ses propres États héréditaires; il voulait lui enlever par la victoire et les traités, son influence allemande et italique. Si donc on ne pouvait pas encore se déclarer en hostilité, il fallait réunir tous les éléments d'une guerre formidable et prochaine; l'Autriche patiente, armait vigoureusement; avec la ténacité qui lui est propre, elle multipliait ses levées; son cabinet rapproché plus intimement de la Russie et de l'Angleterre, agissait avec lenteur selon son usage; mais tous les esprits habitués à l'examen des faits et des situations, ne pouvaient douter que l'Autriche ne tentât bientôt le sort des armes, pour tâcher une fois encore de ressaisir la prépondérance que la dernière guerre lui avait enlevée; l'artillerie était mise sur un pied formidable, les corps d'infanterie presque complets, la cavalerie toute re-

---

levé du plan général d'indemnités, et des règlements déjà adoptés, sauf à s'occuper ensuite des autres règlements qui seraient jugés nécessaires. Il la prie d'ailleurs de s'en rapporter avec confiance aux soins des puissances médiatrices, pour amener à une heureuse issue les dispositions manifestées par S. M. I. et R. »

A Ratisbonne le 15 novembre 1802.

Signé. Laforest.

[1] Mission de M. de Laforest à Ratisbonne, (pièces).

[2] Bonaparte cherchait de toutes les manières à justifier ses accroissements de pouvoir. Voici comment il explique sa présidence de la république Italienne :

« Le traité de Lunéville a consacré l'indépendance de la république Italienne; au moment où le traité se signait, ce pays, encore pays de conquête, vivait sous un régime provisoire, tout à fait à la disposition du général commandant l'armée française.

« Il a fallu procéder à l'organisation de ce pays : cela a été l'objet de la consulte à Lyon.

« Il y avait deux espèces d'organisation à lui donner.

« Une dans le genre de celle qu'elle avait eue en 1796. On pouvait l'imposer par la force, mais elle n'aurait jamais été accueillie par les habitants. Elle aurait produit désordre et dissensions civiles; elle aurait été pour les voisins de la Cisalpine un objet d'épouvante, parce qu'elle aurait été un centre d'anarchie.

« La seconde était une organisation à peu près dans le genre de celle que les habitants ont proposée, avec un gouvernement central et fort.

« Toutes les places ont été facilement remplies, car peu de pays abondent en citoyens aussi distingués par leurs lumières que par leur probité.

« Mais la première place, dans ces cir-

montée, avec ces beaux chevaux au large poitrail, qui brisèrent plus d'une fois au moyen âge, les corps de lances et de chevalerie des peuples méridionaux jusqu'à la bataille de Bovines. Cette situation de l'Autriche, les amis de M. Pitt la connaissaient aussi bien que celle du cabinet de Saint-Pétersbourg; dans un temps donné tout se presserait sur un vaste champ de bataille.

Restait la Prusse; quelle attitude allait-elle prendre et pouvait-on compter sur elle au cas d'une nouvelle coalition? Ses griefs contre le cabinet du Consul étaient-ils suffisants pour la déterminer à secouer les principes de la neutralité bienveillante, base de sa politique depuis le traité de Bâle? Le cabinet de Berlin voudrait-il entrer dans une coalition continentale? En pénétrant à fond la politique de la cour de Prusse, on pouvait reconnaître sa situation presque dépendante de la France; les ordres des Tuileries étaient exécutés à Berlin avec une complaisance extrême, et la mission du président de Meyer indiquait la volonté de servir les intérêts du premier Consul, même pour la fondation d'une nouvelle dynastie contre les droits de la maison de Bour-

constances, n'était pas facile à remplir. On a pris à cet égard le parti que dictait l'intérêt du pays, et, nous osons le dire, l'intérêt bien entendu de ses voisins.

« Le gouvernement est installé à Milan.

« Les principales lois qui doivent mettre en mouvement la constitution vont se faire sans effort; et, dans peu de temps le pays se trouvera entièrement organisé.

« Ceux qui croient que les nations peuvent s'organiser dans un jour, dans une heure, par la seule rédaction d'une charte doivent trouver dans cette marche quelque chose d'extraordinaire.

« Mais ceux qui sont convaincus qu'un peuple n'a une constitution que lorsqu'elle marche, et que chez toutes les nations, les moments d'organisation sont des crises terribles, qui produisent les plus grands malheurs, seront bien convaincus que le parti qu'a pris la consulte, à Lyon, est à la fois sage et naturel; et alors tout ce que l'on peut débiter pour chercher dans son résultat, ce qui n'y est pas, n'est que du bavardage.

« Mais la France va donc réunir à ses 30,000,000 d'habitants, l'accroissement d'influence attaché aux 4,000,000 qui habitent la république Italienne. De là on feint de s'alarmer, et l'on se récrie

bon[1]. L'opinion de M. de Haugwitz et de la cour en général, n'était pas pour la guerre, il y avait une noblesse ardente sous la main d'une reine fière et chevaleresque, qu'on ne ne pouvait pas toujours retenir dans les liens d'une paix soumise; cette noblesse militaire avait des injures à venger, la cause de l'Allemagne lui était commune. Déjà des griefs s'élevaient contre l'influence française en Germanie; les Allemands voyaient avec jalousie que sur de simples ordres du Consul[2], on essayait de changer la constitution antique de leur pays.

En vain le cabinet de Berlin cherchait à retenir le peuple : à un terme prochain, on verrait une réaction belliqueuse contre la France, résultat inévitable de la situation des esprits; tout s'ébranlerait, parce qu'il y avait des questions complexes, des intérêts méconnus, des principes fatalement agités? Tout devait donc aboutir à une prise d'armes; les agents anglais à Munich, à Stuttgard, à Berlin, indiquaient dans leurs dépêches la possibilité nouvelle d'une coalition[3], pourvu que l'Angleterre prît l'initiative en donnant un de ces grands exemples de courage et d'énergie capables d'ébranler l'opinion du

---

sur la puissance et l'ambition de la France.

« Comparons cependant l'influence de la France dans les différentes parties de l'Europe, depuis le traité de Lunéville, à celle qu'elle avait en 1788.

« En 1788, la France exerçait en Italie une espèce de patronage bien déterminé sur le roi de Sardaigne, sur le roi de Naples, et sur la république de Venise.

« Sur la république de Venise! parce qu'elle était géographiquement l'ennemie de l'Autriche.

« Sur le roi de Naples! par le pacte de famille.

« Sur le roi de Sardaigne! il était lié à la France par l'impuissance de défendre la Savoie et le comté de Nice, par des doubles alliances, et plus encore par les prétentions de la maison d'Autriche sur le Montferrat : ainsi donc dans le système de l'Europe, la France avait une influence marquée en Italie, par trois grands États ayant 12,000,000 de population.

« Aujourd'hui Venise est à l'empereur.

« Naples..... Ce pacte de famille n'existe plus.

« La république Italienne doit donc compenser l'une et l'autre de ces pertes.

« Ainsi la France n'a pas accru son influence. »

[1] Voir t. 4 chap. v.

[2] Dépêche d'un agent secret à M. Pitt. (Janvier 1803.)

[3] Les deux ministres à Munich et à Stutt-

monde: quelque hésitation se montrerait d'abord, au premier succès, la réaction contre Bonaparte éclaterait sur tous les points. «Ce parvenu hautain, disait-on, blessait trop vivement les intérêts de chaque puissance; si on le laissait aller, il foulerait aux pieds toutes les dynasties et les principes anciens qui régissaient l'Europe [1].»

Telle était l'opinion générale même parmi les ambassadeurs à Paris; le comte Philippe de Cobentzl, le comte de Marcoff, lord Witworth, le marquis de Lucchesini, représentant les quatre puissances, vivaient en parfaite intelligence, et se communiquaient souvent leurs dépêches et leurs instructions dans une cause qui leur paraissait déjà commune; ils se consultaient sur leurs démarches, sur les prérogatives, sur les réponses qu'ils devaient préparer à la suite de ces sorties vives, impérieuses, que faisait souvent le premier Consul dans les audiences d'apparat données au corps diplomatique [2]. Cet accord des ambassadeurs leur était imposé par leurs cours; tout faisait donc pressentir d'avance qu'elles se rapprocheraient pour des intérêts d'une nature plus élevée, alors que s'ouvrirait la lice des combats, au signal donné par l'Angleterre sous son vieux pavillon.

Toutes les dépêches des agents de M. Pitt, unanimes sur ce point, indiquant ce mouvement d'opinion, avaient une grande importance sur l'état des esprits à Londres. Le sentiment de la guerre devenait de plus en plus fort; le général Andréossy pouvait apercevoir que tout changeait autour de lui; les mêmes masses ne

gard M. Drake et M. Spencer Smith étaient fort prévenus contre la France et le premier Consul.

[1] La cour de Saint-Pétersbourg surtout était dans ces idées.

[2] Ces sorties impérieuses du premier Consul sont l'objet de plaintes répétées de lord Witworth à M. de Talleyrand. (Dépêche de mars 1803.)

OUVERTURE DU PARLEMENT (NOVEMBRE 1802).

s'agitaient plus enthousiastes pour le premier Consul; le peuple ne traînait plus les carrosses; la paix commençait à fatiguer. Et d'ailleurs quelle plus belle circonstance pouvait-on choisir? Presque toute la marine de France était dehors; le commerce de la Hollande, de l'Espagne, de la France, avait exposé sur les mers plus de 800 millions, capture inévitable des corsaires et de la marine royale anglaise. L'escadre de Saint-Domingue serait facilement la proie de Nelson, de Parker ou de lord Keith, comme lors des victoires d'Aboukir et de Copenhague; les partisans de M. Pitt caressant l'esprit national, réveillaient cet orgueil qui domine la Grande-Bretagne; il fallait prêter aide aux alliés et abaisser la France[1], but constant des efforts du peuple britannique.

Sur ces entrefaites, le parlement s'ouvrit; on attendait avec impatience le message royal; le bruit courait depuis quelque temps dans la Cité que des mesures énergiques avaient été résolues pour surveiller les démarches de la France : on disait que le roi recommanderait au parlement de prendre en considération l'état du pays et la situation de l'Europe, afin de demander un vaste armement et les subsides en rapport

---

[1] Le ministère anglais fit alors publier le tableau des guerres qui avaient eu lieu entre la France et l'Angleterre, et du temps que chacune de ces guerres avaient duré. Depuis celle qui commença

En	année	et dura	durée
En	1116	et dura	2 ans.
—	1141	—	1 —
—	1161	—	25 —
—	1201	—	15 —
—	1224	—	19 —
—	1294	—	5 —
—	1339	—	21 —
—	1368	—	52 —
—	1422	—	49 —
—	1492	—	1 mois.
—	1512	—	2 ans.
—	1521	et dura	6 ans.
—	1549	—	1 —
—	1557	—	2 —
—	1562	—	2 —
—	1627	—	2 —
—	1666	—	1 —
—	1689	—	10 —
—	1702	—	11 —
—	1744	—	4 —
—	1756	—	7 —
—	1778	—	5 —
—	1793	—	9 —

Il résulte de ce tableau que, dans l'espace de 677 ans, la France et l'Angleterre ont été en guerre pendant 251 ans.

avec la situation difficile où se trouvait le continent.

C'était le 16 de novembre; le parlement était plus nombreux que dans les réunions habituelles; les lords se groupaient sur leurs siéges avec une solennité inaccoutumée, et l'on voyait briller sur les bancs de la chambre haute, Nelson, le brave amiral que des lettres-patentes avaient récemment élevé à la pairie. Nelson impatient d'exprimer son opinion, préférait la guerre à un état de paix aussi blessant pour la Grande-Bretagne. Georges III, vieillard fatigué par l'âge, vint de sa personne à la chambre des lords où les communes étaient mandées; il avait repris quelque force à travers de longues et fatales secousses, et ce fut lui qui prononça le discours d'ouverture de son parlement pour recommander de grands devoirs à la vigilance de la nation. « Mylords et Messieurs, dit-il d'une voix forte et accentuée, dans mes rapports avec les États étrangers, je me suis assuré d'une disposition sincère pour le maintien de la paix : il m'a été impossible néanmoins de rester indifférent à la politique des États dont les intérêts ont toujours été en rapport avec les nôtres, et c'est pourquoi j'ai dû m'occuper aussi de tous les changements qui tiennent à leur condition ou à leur force. Ma conduite sera invariablement réglée par la considération de l'état actuel de l'Europe et par la sollicitude vivement éveillée du bien-être permanent de notre peuple ; c'est pourquoi, Mylords et Messieurs, je suis intimement persuadé qu'il est indispensable pour nous d'adopter des mesures de sûreté les mieux calculées pour conserver à nos sujets les bienfaits de la paix [1]. »

---

[1] Le discours du roi est précis :

« In my intercourse with foreign powers, I have been actuated by a sincere disposition for the maintenance of peace. It is nevertheless impossible for me to lose sight of that established and wise system of po-

Un vif et profond enthousiasme accueillit les paroles de la couronne qui recommandait la vigilance à son parlement; la nation était impatiente d'arrêter des mesures vigoureuses parce que la France grandissait trop et que l'Angleterre ne pouvait pas subir les prospérités de la France. L'opinion souffrait vivement pour l'honneur national; tous les partis voulaient prendre une résolution de dignité et de sécurité; l'éclat que jetait la République sous le Consul importunait une vieille rivalité; la paix d'Amiens était un véritable abaissement pour la Grande-Bretagne; la France avait déployé trop de sève et de vie depuis deux ans; sa belle marine, son commerce, son système colonial, tout blessait l'orgueil britannique. Jamais la Grande-Bretagne n'eût souffert une telle gloire; mieux valait la guerre, qu'une paix dont le premier résultat était l'anéantissement des forces morales de l'Angleterre au profit de l'antique rivale. Lord Arden proposa donc l'adresse, en déclarant toute sa fidélité et sa loyauté pour le roi et la patrie; il demanda que les lords prissent en considération l'état de l'Europe; on ne pouvait abandonner à la merci de la France les alliés du continent, il fallait prendre un parti vigoureux, et seconder la vigilance du cabinet appelant l'appui de la nation [1].

Alors, Nelson, le fier marin, tout couvert de bles-

licy, by which the interests of other states are connected with our own; and I cannot be therefore indifferent to any material change in their relative condition or strength. My conduct will be invariably regulated by a due consideration of the actual situation of Europe, and by a watchful solicitude for the permanent welfare of our people.

« You will, I am persuaded, agree with me in thinking that it is incumbent on us to adopt those means of securitry which are best calculated to afford the prospect of preserving to my subjects the blessings of peace. »

[1] « He therefore thought the house must approve of the resolution of his Majesty, to keep the vigilance of the government awake to the changes in the arrangement of continental power; and that they would not refuse such supplies, as the necessary vigor of such preparation must require. His lordship concluded by moving the address, which as usual, was an echo of the speech from the throne. »

sures, fit entendre un cri d'honneur national; sa parole retentit comme la voix de son commandement au milieu de la tempête et des boulets; Nelson plein de ressentiment contre la France, donna son entière approbation à l'adresse : « Je sais, s'écria-t-il, mieux que personne, toutes les misères de la guerre, j'ai horreur des maux de l'humaine nature, dans mon âme je suis un homme de paix, mon cœur saigne encore des fatales impressions de ma vie, mais je ne ferai jamais le sacrifice de l'honneur anglais; pouvons-nous abandonner nos alliés sur le continent? C'est pour eux que l'Angleterre a signé le dernier traité, et s'il est vrai qu'une ambition injuste trouble aujourd'hui la sécurité de l'Europe, il est essentiel que nous prenions des mesures pour soutenir l'honneur du pays [1]. »

Le marquis d'Abercromby soutint avec plus de vigueur encore l'adresse afin qu'Albion reprît son énergie et sa splendeur : « Mylords, vous devez la voter unanimement, car il faut que l'on sache que l'Angleterre est décidée à soutenir le rang de chaque État dans l'échelle des nations. » Ainsi fut l'opinion de lord Carlisle, l'ami de Pitt : il déclara voir avec satisfaction les ministres changer de système et de langage au sujet de la France [2]; attaque des tories contre M. Addington, pour préparer l'avénement du cabinet Pitt qui seul pouvait diriger la Grande-Bretagne pendant la guerre.

---

[1] « Our honor was the most valuable of our interests; it was what had always procured us the respect and regard of the nations on the continent. The nation had been satisfied with the sincere spirit of peace, in which the british government negociated the late treaty; and if now a resless and unjust ambition in those with whom we desired a sincere amity has given a new alarm, the country doubtless would rather press the government to assert its honor, than shrink from the supplies which a vigorous state of preparation would require. » (Discours de lord Nelson.)

[2] « On whatever grounds his Majesty's ministers had changed their opinions, he was glad to find that they were changed; and he could not help expressing his most cordial approbation of the present address. » (Discours de lord Carlisle.)

Lord Grenville censura plus hardiment le ministère, pour avoir manqué de capacité et de vigilance en signant le traité d'Amiens, et dans l'exécution de ce traité : « Mylords, suivez la France et l'ambition de Bonaparte ; le Piémont a été envahi, le prince d'Orange n'a reçu aucune indemnité pour la Hollande qui est passée tout entière sous la domination de Bonaparte ; la Suisse n'a plus de liberté. La conduite des ministres envers la France a été semblable à celle de nos ancêtres qui donnaient de l'argent aux Saxons et aux Danois pour respecter notre pays [1] ; cet argent leur servait à acheter des vaisseaux et des munitions pour subjuguer plus facilement l'Angleterre : ainsi les ministres ont cédé la Martinique, et ils étaient prêts à céder Malte, lorsque le génie de la Grande-Bretagne s'est réveillé ; Mylords, dit Grenville en terminant, il faut placer une fois encore le gouvernement de notre pays dans les mains de l'homme habile, M. Pitt, sur lequel l'Europe a aujourd'hui les yeux ; car seul, il peut la préserver d'un bouleversement général. »

Lord Grenville fut appuyé par lord Spencer. « Je me lève, dit-il, avec le regret d'être obligé de manifester une opinion contraire à la paix ; mais mon caractère, mon attachement aux principes et aux mesures que j'ai soutenus pendant que j'ai occupé une place éminente, et mon devoir, comme membre de cette chambre, m'obligent à avoir de la paix une opinion diamétralement opposée à celle de ceux qui l'ont faite, et de ceux qui l'approuvent. Je la condamne en principe général ; j'en

---

[1] Their policy was something similar to that of our ancestors, who gave bribes to the Saxons and Danes, to desist from the invasion of the country. Those bribes they applied to the purchase of ships and ammunition, and subjugated the country. » (Discours de lord Grenville.)

désapprouve également les conditions particulières. Le grand objet de la politique britannique dans les guerres précédentes a toujours été la conservation de la balance du pouvoir, et que la force relative de la France n'excédât pas celle des autres États, afin que la sécurité de la Grande-Bretagne ne fût pas menacée. Telle a été notre politique depuis la confédération du roi Guillaume contre Louis XIV. Pour assurer cet équilibre, non seulement il fallait que l'Angleterre ne restât jamais à la fin d'une guerre dans une situation politique pire qu'au commencement, mais il fallait encore que sa force, ses possessions et ses acquisitions restassent proportionnées à celles de la France. Dans la guerre actuelle les acquisitions de la France ont dépassé toute idée. La voyez-vous cette France? Elle a subjugué les Pays-Bas, la Hollande, toute la rive gauche du Rhin et une grande partie de l'Italie. Tout lui est laissé sans que nous conservions d'équivalent; cette paix de la plus grande inégalité est contraire à nos intérêts politiques; elle est faite avec une République qui est encore sous l'influence du gouvernement révolutionnaire : elle est conclue avec un usurpateur, qui peut en venir à une rupture quand il le voudra, au gré de son caprice ou dans un accès de mauvaise humeur. Toutes les fois que le premier Consul jugera que la guerre pourra être renouvelée avec une apparence de succès en rapport avec son ambition désordonnée, il la fera; et nous sentirons alors ce que c'est que le pouvoir gigantesque que nous avons laissé à la France. Nous n'avons aucune sécurité, du moins tant que l'usurpateur actuel tiendra les rênes du gouvernement. Nous n'avons de perspective de sûreté que dans les chances du système révolutionnaire. Aucune des conditions de la paix ne satisfait ce principe : indemnité pour le passé, et sécurité pour l'avenir. Si jamais paix a été précaire, si jamais paix a été dangereuse, c'est celle-ci. Une paix semblable doit être rejetée avec mépris. »

L'adresse fut votée aux lords à l'unanimité ; aux communes, la discussion prit un caractère plus grave et aussi curieux. M. Fox désira le premier manifester son opinion sur le message du roi, car les wighs voulaient prendre position : partisan de la paix, M. Fox ne voyait pas pourquoi on s'empressait avec tant d'insistance à préparer des moyens qui étaient un manifeste de guerre : que pouvait-on craindre ? les armements de la France ? ils n'avaient pour but que le développement de son commerce. « Se plaint-on du pouvoir absolu du premier Consul qui dispose des forces d'une grande nation, pour agir sur le continent ? mais cela n'intéresse pas directement la Grande-Bretagne ; je désire, continua M. Fox, le maintien de la paix, car elle est avantageuse aux progrès intellectuels et commerciaux des deux nations. »

Écoutez, écoutez, s'écria-t-on de toutes parts, lorsque M. Canning prit la parole. M. Canning, partisan actif de M. Pitt, s'exprima sans déguisement sur l'état des affaires. « Nous avons fait tout ce que nous avons pu pour maintenir la paix ; toutes les concessions ont été accordées ; le gouvernement français, au contraire, n'a cessé de la violer en agrandissant son pouvoir : qu'a-t-il accompli en Suisse, dans le Piémont ? Quelle indemnité a-t-il accordée aux maisons d'Orange et de Carignan ? Je ne veux pas la guerre inconsidérée, mais je vote le message, parce qu'il place la nation dans une attitude de force et d'énergie suffisante pour dominer les circonstances où se trouve l'Europe. »

C'est alors que lord Hawkesbury, comme expression

du cabinet, prit position entre M. Fox et M. Canning. Le ministre n'appartenait ni au parti Pitt, ni au parti wigh; ses fonctions de chef des affaires étrangères lui faisaient un devoir des ménagements, il déclara donc : « Que partisan des préliminaires et du traité d'Amiens, il ne croyait pas que ses conventions eussent pour effet d'accroître démesurément le pouvoir de la France; le ministère avait suffisamment prouvé son énergie à Copenhague, en Égypte; il avait fait la paix, parce qu'il la croyait utile aux intérêts britanniques, et digne de cette nation; il demandait aujourd'hui des armements, parce qu'il était nécessaire de prendre une attitude en rapport avec toutes les éventualités de la situation. »

M. Windham, l'ardent ami de M. Pitt, répéta les arguments de M. Canning sur les usurpations de la France à l'égard des États du continent; il prit la Révolution corps à corps, selon sa vieille méthode d'éloquence, en déclamant contre l'esprit jacobin, dont Bonaparte s'était fait le représentant. M. Windham ne ménageait pas le ministère Addington; il le traita d'incapable : la nécessité d'une administration forte lui paraissait indispensable dans la crise où se trouvait la Grande-Bretagne; les îles impériales ne pouvaient être ainsi humiliées : cette sortie vive et déclamatoire détermina le chancelier de l'échiquier, M. Addington, à exposer tout ce que son cabinet avait fait pour maintenir la dignité de la Grande-Bretagne : «La nation avait en ce moment deux cents sept vaisseaux de guerre armés [1], 46,000 matelots. La balance

---

[1] « As to the influence of France upon the continent, it was nothing new; except in Holland and Portugal, the influence of France upon the continent was always greater than ours There was no period of our history in which the government of this country ever thought it adviseable to go to war with France singly for continental objects. He was surprized to hear the government accused of recuding all our establishments. The fact was, that the army is now double what it was in the year

commerciale du pays était bonne, le produit des manufactures s'était accru, leur revenu avait pris de l'extension ; on pouvait désirer le maintien de la paix, mais le gouvernement était assez fort pour ne point craindre la guerre ; moins que personne, le cabinet voulait placer le pays aux genoux de la France ; mais pour commencer les hostilités, il fallait qu'il y eût un motif réel, un but constaté ; jusque-là on devait se maintenir dans un état respectable de force, et tel était le but de l'adresse proposée au parlement. » Cette adresse fut en effet votée à l'unanimité, et une certaine énergie se manifesta dans toutes les parties de la nation anglaise.

La nouvelle du message du roi et de cette discussion parvint à Paris; elle surprit le premier Consul. L'ambassadeur d'Angleterre, lord Witworth, se trouva placé dans une situation difficile; Bonaparte inquiet des armements que préparait la Grande-Bretagne au moment où tant d'expéditions voguaient en mer, de ce langage libre du parlement sur la situation du pays, de ce vote unanime, qui faisait d'une guerre future contre la France une opi-

---

1784, the year after the peace. There ad been no reduction, except in the cavalry and in the disembodying the militia, a measure which necessarily took place, at the conclusion of every war. Our naval establishment in 1786, was 115 ships of war, now it is 207, in 1792, we had 18,000 seamen employed, now we have 46,000. In the discussion upon the peace, it was insisted that our commerce and manufactures must suffer considerably ; whereas, on the contrary, our foreign export trade had increased from twenty-three millions ; the highest which it had ever reached in any preceding year; to twenty-seven millions, and a half, to which it arrived this year. He thought the right hon. Gentleman would find it difficult to prove to the house that a state of war was the best for our internal security. He believed, in his conscience, that the disposition of the nation was the same as that of his Majesty's ministers; that they anxiously wished for peace, but were not afraid of war. There could be no wish in any body to lay the country at the feet of France ; but he saw a wish in some people to inflame the two countries to hostility, without any definite object. He felt that war, without any definite object, was the greatest of all evils ; but still he should prefer it, at any time, to the sacrifice of our honour ; he should be ready, on any future occasion, to enter minutely into the principles of the government, both at the conclusion of the peace, and to the present moment. » (Discours de M. Addington.)

nion presque nationale; Bonaparte s'exprima d'abord en plein conseil avec amertume sur les résolutions de l'Angleterre; il exigea que M. de Talleyrand vît lord Witworth afin de lui exposer nettement la véritable situation des deux pays. Le Consul avait toujours à se plaindre de la presse anglaise : on n'évacuait pas Malte; l'Angleterre gardait Alexandrie; il fallait demander sur tous ces points des explications à lord Witworth, et M. de Talleyrand le pria de passer immédiatement au département des affaires étrangères[1]. Lord Witworth y vint en effet, et après un échange de mots polis entre les deux diplomates, ils arrivèrent à l'expression sérieuse de leurs griefs mutuels. M. de Talleyrand déclara d'abord toute la surprise du Consul sur le message du roi et la discussion dans le parlement : « Que signifiaient ces violentes attaques de la presse contre son gouvernement et sa personne? Elles supposaient un manque de convenance : comment le cabinet britannique pouvait-il souffrir qu'un gouvernement ami fût ainsi blessé dans son existence et dans sa force de nation? »

Lord Witworth répéta une fois encore ce qu'il avait dit en plusieurs circonstances : «Que la presse ne dépendait point des ministres en Angleterre, et que chaque

---

[1] Voici comment on s'exprimait sur les différends entre le Consul et l'Angleterre : « Les Anglais reprochaient-ils à Bonaparte d'avoir reculé sans mesure les frontières de son empire! il répondait : « Que ce mouvement était pour l'Europe un gage de sécurité plutôt qu'un sujet d'alarme; car la nature, disait-il, a donné aux nations comme à ses autres ouvrages, des limites naturelles; elles s'agitent tant qu'elles n'y sont pas arrivées, elles se reposent dès qu'elles les ont acquises; et, dans cet état de calme, si elles se trouvent forcées par les intrigues de quelques brouillons à recourir aux armes, ce n'est plus que pour châtier les perturbateurs du monde et venger l'humanité. »

« Après ces explications, Bonaparte prenait à son tour le rôle d'accusateur, et disait à l'Angleterre : « N'avez-vous pas été, dès l'origine de la révolution, justement soupçonnée d'en avoir provoqué tous les excès? Ne vous a-t-on pas depuis convaincue de ce crime contre le genre humain? N'est-ce pas vous qui la première avez allumé les brandons de la guerre. N'avez-vous pas arboré vos léopards sur les citadelles de Toulon? Et votre politique in-

journal était l'organe d'un parti et d'une opinion indépendante. — Au moins, dit M. de Talleyrand, exécutez le traité d'Amiens qui fixe un délai de trois mois pour l'évacuation de Malte. » L'ambassadeur répondit : « Que l'évacuation se liait à plusieurs clauses qui n'avaient point été exécutées par la France : celle-ci avait des troupes en Hollande, en Suisse, elle se refusait à une indemnité pour le Piémont et pour le prince d'Orange[1]. Malte était donc une compensation; d'ailleurs, les troupes anglaises ne devaient abandonner la vieille possession des chevaliers qu'après la reconstitution de l'ordre; et rien n'annonçait encore ce résultat. » Cette conversation se prolongea plus de deux heures et à diverses reprises; M. de Talleyrand se hâta d'en porter le résumé au premier Consul.

Bonaparte désira dès lors causer personnellement avec l'ambassadeur, afin de s'expliquer sur les intentions futures des deux gouvernements; le Consul comptait sur le prestige de sa parole; lord Witworth, accoutumé aux audiences diplomatiques, y montrait cette fierté hautaine qui distingue l'aristocratie anglaise. Bonaparte aimait ces manières; il appréciait cette dignité superbe, inhérente à une grande origine et au

---

humaine ne tient-elle pas les anciens souverains de la France dans un honteux avilissement? Avant l'époque de nos discordes civiles, vous aviez trois puissances rivales de votre commerce et de votre marine, la France, l'Espagne et la Hollande. La fortune ou la trahison vous a livré toutes les forces, et maintenant nulle d'elles n'oserait vous disputer l'empire des mers; leurs pavillons humiliés s'abaissent sous votre trident despotique. »

[1] Extrait de la dépêche de lord Witworth. « In my reply, I could but go over the old ground, and endeavour to make M. Talleyrand understand-first, that whatever was said in the english papers, might be considered but a sa national retaliation for what was published in the french papers-secondly, that what was *officially* published here, was by no means so in England and; thirdly that although the government possessed a control over the press in France, the english government neither had, nor could have, unless they purchased it at the same price, any whatever in England. Upon this, he endeavoured to prove to me that there were papers in England attached to different parties, and went over their names

représentant d'un peuple; il fit donc prier lord Witworth de venir dans son cabinet, afin de discuter seul à seul les griefs des deux gouvernements. Allait-on se déclarer de nouveau une guerre opiniâtre? Cette conversation, préparée par l'entrevue entre M. de Talleyrand et lord Witworth, ne fut saillante que de la part de Bonaparte, si remarquable quand il abordait une question et l'examinait de face; le Consul se trouvait tout à fait à l'aise vis-à-vis de lord Witworth; son habitude était de laisser peu de place aux interlocuteurs; il parlait avec une vivacité ardente, ce langage de figure si expressif, laconique souvent et merveilleusement imagé.

Lord Witworth, habitué à l'écouter avec une attention soutenue, attendait silencieusement les paroles du premier Consul, lorsque Bonaparte lui dit : « Mylord, asseyez-vous. » Tous deux se placèrent alors vis-à-vis d'une table, et Bonaparte avec un ton plein de dignité, s'exprima en ces termes : « Ce qui s'est passé entre vous et M. de Talleyrand m'a fait sentir le besoin de vous exposer mes sentiments d'une manière claire et positive, afin que vous puissiez les transmettre à votre gouvernement[1]. Je ne puis vous dissimuler que j'éprouve une peine infinie de

---

and supposed connection with great precision : and that, consequently, his Majesty's ministers might so far control those, at least, which depended upon them, as to prevent their inserting that abuse which must be considered as having their sanction.

« M. Talleyrand, with great solemnity, required of me to inform him, and this by the express order of the first Consuls what were his Majesty's intentions with regard to the evacuation of Malta. He again, on this occasion, made great professions of his sincere desire to set aside every thing which could interrupt the good understanding between the two governments; adding, that it was absolutely necessary that the french government should know what it was meant to do, when that clause in the treaty of Amiens, which stipulates the cession of Malta, should be fully accomplished. » (Dispatch from lord Witworth to lord Hawkesbury ; dated Paris, Jan. 27, 1803.)

[1] Cette conversation qui dura deux heures est rapportée en français dans la dépêche de lord Witworth à son gouvernement.

voir que le traité d'Amiens, loin d'être entre les deux nations une occasion de paix et de conciliation, soit devenu la source d'une jalousie et d'une défiance qui ne font que s'accroître tous les jours. Au mépris des conditions les plus expresses de ce traité, je vois encore Alexandrie et Malte occupées par les troupes de votre gouvernement : c'est un point sur lequel je ne transigerai jamais; et si j'avais à choisir, j'aimerais mieux voir les Anglais maîtres du faubourg Saint-Antoine que de Malte. Les papiers anglais me traitent d'une manière atroce; mais cela m'importe beaucoup moins que les outrages qui me sont prodigués dans les papiers français imprimés à Londres. Il est évident qu'ils ont le dessein de me rendre haïssable à l'Angleterre et peut-être à la France. On m'avait promis d'envoyer Georges et ses semblables au Canada : au lieu de cela, on les souffre à Londres, on les protége, on les pensionne, et cependant ces hommes ne sont occupés qu'à méditer ou à commettre des crimes sur les côtes de France et dans l'intérieur. Deux d'entre eux viennent d'être arrêtés en Normandie, et sont maintenant en route pour Paris : ce sont des assassins notoires payés par l'ancien évêque d'Arras, le baron de Rolle, par Georges et Dutheil. L'instruction de leur procès le prouvera; j'avoue que je me sens chaque jour aigri davantage contre l'Angleterre : tout vent qui souffle delà ne m'apporte qu'injure et inimitié. On prétend que j'ai de nouvelles vues sur l'Égypte : si j'avais eu la moindre velléité d'en renouveler la conquête, j'y aurais fait passer sans aucun obstacle 25,000 hommes qui auraient chassé vos 4,000 hommes de garnison. Cette mesquine armée ne peut que compromettre la tranquillité de ce pays, car elle me fournirait un prétexte légitime pour l'envahir. Cependant, je ne le ferai jamais, quelque désir que j'aie de fonder une colonie dans ce pays, parce que je ne veux pas courir les risques d'une guerre où j'aurais l'air d'être l'agresseur, et où j'aurais plus à perdre qu'à gagner; car tôt ou tard l'Égypte appartiendra à la France, soit par la ruine de l'empire turc, qui tombe en lambeaux, soit par quelque accommodement avec la Porte. »

Ici l'attention de lord Witworth devint plus vive; Bonaparte continua : « Que gagnerai-je à faire la guerre à l'Angleterre? Je n'ai de moyen contre elle qu'une descente, à la tête de laquelle il faudrait que je me misse. Mais au point où je suis parvenu, voudrais-je courir les risques d'une expédition dont la chance pourrait être d'aller au fond de la mer? Je ne m'en dissimule pas les difficultés. Je la tenterais cependant si la guerre devait être la suite nécessaire de cet entretien; et tel est l'esprit de mes soldats, que les armements se suivraient sans cesse pour le succès de l'entreprise. La France a 420,000 hommes prêts à tenter les plus périlleuses aventures; l'Angleterre possède une marine qui lui assure l'empire des mers, et avec laquelle je ne pourrais rivaliser avant dix ans; deux États semblables qui s'entendraient bien gouverneraient le monde, comme leurs débats le bouleverseraient. Si, depuis le traité d'Amiens, l'Angleterre n'eût pas donné mille preuves de son inimitié, il n'est rien que je n'eusse fait pour lui prouver le désir de la paix et de l'union : partage des indemnités, traité de commerce, influence sur le continent; mais rien n'a pu vaincre la haine du cabinet britannique; maintenant tout consiste en deux mots, *la paix* ou *la guerre*. Si c'est la paix, il faut exécuter le traité d'Amiens, contenir la liberté de la presse dans des bornes décentes, renoncer à protéger des misérables tels que Georges et ses pareils ; si c'est la guerre, il suffit d'un mot, et dites-le franchement, mylord. »

Lord Witworth écoutait ces paroles avec sang-froid, laissant se développer le système, afin de pénétrer jusqu'au fond la pensée du premier Consul. Selon les habitudes respectueuses des ambassadeurs envers les souverains, lord Witworth n'interrompit point Bonaparte, mais quand il eut fini d'exposer ses idées, lord Witworth expliqua l'opinion du gouvernement anglais sur le traité d'Amiens. Il répondit : « Qu'il n'était pas étonnant qu'après une aussi longue guerre qui avait profondément agité les deux peuples, il restât de puissantes animosités ; il fallait se placer au-dessus des vaines attaques de la presse ; tout ne pouvait être réglé en un jour, d'autant plus que l'accroissement démésuré de l'influence du premier Consul en Europe donnait de justes appréhensions à une partie du continent. » Alors Bonaparte l'interrompit : « Vous voulez parler de la Suisse et du Piémont ; ce sont des bagatelles ; vous deviez vous en plaindre pendant que la négociation se poursuivait à Amiens ; vous n'avez pas le droit d'en parler à cette heure. » L'ambassadeur répliqua : « Que jamais le roi d'Angleterre ne chercherait à grandir l'influence acquise, et que pour lui il s'agissait plutôt en ce moment de conserver que d'acquérir. Le plus vif désir de l'Angleterre était de maintenir la paix, et d'éviter les calamités de la guerre ; en ce moment son but unique était de protéger les droits de ses alliés, en empêchant toute invasion trop menaçante. »

A ces mots le Consul se leva de son fauteuil et dit : « Mylord, j'ai donné ordre au général Andréossy de conférer avec lord Hawkesbury, sur toutes ces questions ; je désire que l'on connaisse la sincérité de mes intentions et mon désir de maintenir la paix. » Puis il donna congé à l'ambassadeur. La conversation avait duré deux heures ; Bonaparte vint jusqu'à la porte, demanda des nouvelles de la duchesse de Dorset, et, souriant gracieusement, il ajouta : « N'oubliez pas de voir M. de Talleyrand ; croyez-le bien, la mission de Sébastiani est toute commerciale [1]. »

Cette conversation eut un grand retentissement dans le corps diplomatique, et lord Witworth se hâta de la transmettre textuellement à sa cour. La plus active correspondance s'était engagée entre lord Hawkesbury et lord Witworth ; chaque jour des messages apportaient les instructions du ministre anglais et les dépêches de l'ambassadeur. Qu'allait-on décider sur une situation si délicate dans laquelle aucun des partis ne voulait céder ? Afin de brusquer le dénouement, M. de Talleyrand crut nécessaire d'envoyer des instructions précises au général Andréossy, en forme d'*ultimatum;* si ces instructions n'arrivaient pas à un résultat, le général Andréossy devait écrire à sa cour pour activer les armements. Dans une note formulée en termes précis, le général Andréossy exposa donc à lord Hawkesbury : « Qu'en vertu du dixième article du traité d'Amiens, Malte devait être évacuée au bout de trois mois et remise aux troupes napolitaines ; que dix mois s'étaient écoulés, et que Malte était encore entre les mains des Anglais. L'armée française devait de son côté évacuer, dans le même délai, Naples et l'État pontifical, et l'évacuation avait eu lieu avant l'expiration des trois mois ; elle avait généreusement remis Tarente, dont la France avait relevé les fortifications, et où elle avait rassemblé cent pièces de canon. Dirait-on que les troupes napolitaines ne se sont point présentées à Malte ? ce serait manquer à la vérité ;

---

[1] Dépêche de lord Witworth, Paris 21 février 1803.

elles sont arrivées, et l'Angleterre n'a pas voulu les admettre. Alléguera-t-on aussi que les puissances continentales n'ont point accepté les garanties dont on a désiré qu'elles se chargeassent? d'abord ce ne serait pas une raison pour violer le traité; mais l'Autriche a envoyé son acte d'acceptation; la Russie a demandé quelques modifications, et le premier Consul y a consenti; s'il reste des difficultés de ce côté, ce ne peut donc être que de la part du gouvernement anglais. Le général Andréossy demandait une explication positive et catégorique, déclarant que, s'il ne l'obtenait, il était impossible de compter sur la durée de paix [1]. »

Dans cette situation presque déjà violente et hostile, le cabinet britannique se hâta de prendre l'initiative de grands armements; lord Hawkesbury, parfaitement renseigné sur tout ce qui se passait sur le continent, savait que l'Europe n'était pas sans inquiétude sur Bonaparte. Les agents intimes s'étaient dispersés en Allemagne, à Hambourg, en Hollande, pour bien connaître quelles étaient les froideurs des gouvernements, leurs plaintes et leurs rapports avec la France. Dès le mois d'octobre 1802, elle avait chargé M. Moore, secrétaire

---

[1] Londres, 19 ventôse an XI.

« Le soussigné, ambassadeur et ministre plénipotentiaire de la République française près S. M. B. a reçu du premier Consul l'ordre formel de demander au gouvernement britannique des éclaircissements sur l'occupation prolongée de l'île de Malte par les troupes anglaises : il avait espéré que les communications verbales qui avaient eu lieu antérieurement, suffiraient pour amener des explications satisfaisantes, en préparant le rapprochement mutuel des esprits et des intérêts; cette conduite lui avait été dictée par son zèle ardent pour le maintien de la bonne harmonie entre les deux pays et la paix en Europe, objets de la sollicitude du gouvernement français; mais le soussigné ne croit pas pouvoir tarder plus longtemps à se conformer aux instructions qu'il avait reçues, et il a l'honneur, en conséquence, d'adresser à S.E. lord Hawkesbury, les observations suivantes qui rappellent l'esprit et les principales dispositions des communications verbales qu'il lui avait précédemment faites. Aux termes du quatrième paragraphe de l'article 1er du traité d'Amiens, les troupes anglaises devaient évacuer l'île de Malte et ses dépendances, trois mois après l'échange des ratifications. Il y a dix mois que les ratifi-

de la légation anglaise à Amiens, de se rendre secrètement en Allemagne, d'établir sa résidence, suivant les circonstances, en Suisse, ou sur les frontières, de prendre une connaissance exacte de la situation politique de ce pays, de sonder les dispositions de la nation, et d'offrir des secours en argent et en armes. On lui avait donné un chiffre pour correspondre, en cas de besoin, avec l'ambassadeur anglais à Vienne et à Munich. M. Moore s'était d'abord établi à Constance; mais sa mission n'ayant pas eu le succès qu'il en attendait, et ses liaisons l'ayant rendu suspect, il l'avait abandonnée. Lord Hawkesbury donna de semblables instructions en Hollande à M. Liston; la république Batave était trop affaissée sous le joug français pour se prêter aux intentions du gouvernement anglais.

De tous ces faits résulta la conviction profonde que les États intermédiaires du continent étant placés sous l'influence absorbante du premier Consul, la paix était plus nuisible à la Grande-Bretagne qu'une guerre forte et avouée. En conséquence, M. Addington poussé par le parti Pitt, et déjà dans ses mains, n'hésita point à prendre l'initiative des mesures de guerre, afin d'ar-

---

cations sont échangées, et les troupes anglaises sont encore à Malte. Les troupes françaises au contraire, qui devaient évacuer les États de Naples et de Rome, n'ont pas attendu pour se retirer, l'expiration des trois mois qui leur étaient accordés, et elles ont quitté Tarente, dont elles avaient rétabli les fortifications, et où elles avaient réuni cent pièces de canon.

« Que peut-on alléguer pour justifier le retard de l'évacuation de Malte? L'article 10 n'a-t-il pas tout prévu? Et les troupes napolitaines étant arrivées, sous quel prétexte celles de l'Angleterre y sont-elles demeurées? Est-ce parce que toutes les puissances désignées dans le paragraphe 6 n'ont pas encore accepté la garantie qui leur est dévolue? Mais cette condition n'en est pas une pour l'évacuation; et d'ailleurs l'Autriche a déjà envoyé son acte de garantie; la Russie elle-même n'a fait qu'une seule difficulté, qui tombe par l'adhésion du premier Consul aux modifications proposées, à moins que l'Angleterre n'y mette personnellement obstacle en refusant d'adhérer aux propositions de la Russie; ce qui, après tout, n'empêcherait pas qu'aux termes formels du traité, S. M. B. ne se soit engagée d'évacuer l'île de Malte dans le délai de trois mois, en la mettant sous la garde des

rêter Bonaparte dans ses envahissements. Le 8 mars, un message du roi déclara : « Que des préparatifs militaires considérables se faisant dans les ports de France et de Hollande, il paraissait indispensable que le parlement prît à son tour des mesures pour la sécurité du royaume ; des différends d'une grande importance s'étant élevés entre le gouvernement français et Sa Majesté, le roi s'en rapportait avec confiance à son parlement, pour qu'il eût à prendre des résolutions compatibles avec l'honneur de la couronne et les intérêts essentiels du peuple. » Le lendemain, l'adresse fut présentée par lord Hobart et soutenue avec vigueur par le comte de Spencer, alors manifestant toute sa joie de ce qu'enfin on allait dignement répondre aux menaces de la France. Le comte de Moira jeta des railleries contre les ministres et sur le changement qui venait de s'opérer dans leur opinion : « Quant à lui, son sentiment était qu'il fallait combattre à outrance contre un gouvernement qui avait juré la perte de l'Angleterre ; puis serrant la main de lord Nelson, il s'écria : « Voilà maintenant les hommes qu'il nous faut et les glorieux amis qui doivent relever le pavillon de la Grande-Bretagne. »

Aux communes, M. Addington s'efforça néanmoins de

Napolitains, qui doivent en former la garnison jusqu'à la conclusion des arrangements définitifs de l'ordre. Il paraîtrait donc impossible, et il serait sans exemple dans l'histoire des nations, que S. M. B. se refusât à l'exécution d'un article fondamental de la pacification, de celui qui, lors de la rédaction des préliminaires, a été considéré comme le premier, et comme devant être arrêté préalablement à toute autre question ; aussi le premier Consul, qui aime à se confier aux intentions de S. M. B., et qui ne veut pas les supposer moins franches et moins loyales que celles dont il est animé, n'a-t-il voulu attribuer jusqu'ici le retard de l'évacuation de Malte qu'à des circonstances de mer. Le soussigné est donc chargé de demander, à cet égard, des explications ; et il est persuadé que le ministère britannique sera d'autant plus empressé d'en donner de satisfaisantes, qu'il sentira combien elles sont nécessaires au maintien de la bonne harmonie, et combien elles importent à l'honneur des deux nations. »   Signé, Andréossy.

rassurer le pays sur les craintes de la guerre: « Il espérait la continuation de la paix: les précautions qu'il prenaient n'était qu'un moyen défensif et non pas offensif. » Les esprits étaient si fortement dessinés pour le message, que M. Fox lui-même n'osa point s'opposer à la prise en considération: dans sa forte et mâle éloquence il attaqua le ministère comme le plus fatal et le plus destructeur de tous ceux qui avaient conduit les affaires publiques dans la Grande-Bretagne. «Le message, s'écria-t-il; est obscur, on doit donc voter dans les ténèbres; voulez-vous la paix ou la guerre! » Sheridan soutint l'opinion de Fox, mais il se réunit à l'adresse parce qu'il avait le cœur britannique et qu'un outrage à son pays lui faisait rougir le front. L'adresse votée unanimement aux communes comme aux lords, on accorda 10,000 marins; la milice fut organisée sur un vaste pied de guerre; tous les comtés durent s'armer, les ordres de l'amirauté furent précis pour l'équipement immédiat de grandes escadres. Tout se disposa dès lors à la guerre[1]; et cependant les négociations continuaient.

Si le premier message du parlement avait déjà jeté Bonaparte dans une situation complexe et irritée, la seconde communication faite par le ministère fit une impression plus profonde encore: c'était donc la guerre que voulait le gouvernement de la Grande-Bretagne! Bonaparte s'exprima sur la conduite de lord Hawkesbury avec beaucoup d'aigreur; il chercha l'occasion de voir lord Witworth pour lui révéler les pensées de son gouvernement, et l'occasion s'en présenta bientôt. Selon l'usage, le corps diplomatique venait deux fois aux Tuileries pour présenter ses hommages au premier

---

[1] *Annual register*, 1803.

Consul et faire cercle chez madame Bonaparte. A ces audiences, Bonaparte causait avec chaque ambassadeur; il montrait là cette supériorité d'esprit, cette éminence de pensées si magnifiques, noble apanage de son génie. Lord Witworth y vint au moment où le message du roi d'Angleterre se répandait à Paris. A peine le Consul l'eut-il aperçu qu'il l'aborda avec un ton impératif, et lui jeta brusquement ces questions : « Eh bien ! vous voulez donc la guerre? Nous l'avons déjà faite pendant quinze ans; vous voulez la faire encore quinze années, et vous m'y forcez. » Puis se tournant vers le comte de Marcoff et le chevalier d'Azzara qui étaient à quelque distance : « Les Anglais, dit-il, veulent la guerre, mais s'ils sont les premiers à tirer l'épée, je serai le dernier à la remettre. Ils ne respectent pas les traités ; il faudra dorénavant les couvrir d'un crêpe noir. » Il se rapprocha ensuite de lord Witworth : « Pourquoi des armements? contre qui des mesures de précaution? Je n'ai pas un seul vaisseau de ligne dans les ports de France. Mais si vous voulez armer, j'armerai aussi; si vous voulez vous battre, je me battrai aussi. Vous pourrez peut-être tuer la France, mais jamais l'intimider. — On ne voudrait ni l'un ni l'autre, répondit lord Witworth ; on voudrait vivre en bonne intelligence. — Il faut donc respecter les traités. Malheur à ceux qui ne respectent pas les traités, il en seront responsables envers l'Europe entière!... » Il était si agité, en achevant ces mots, que lord Witworth n'osa lui répondre ; il le laissa se retirer dans son appartement où il répéta à haute voix : « Malheur à ceux qui ne respectent pas les traités [1]! »

---

[1] Cette conversation est rapportée dans la dépêche suivante *Dispatch from lord Witworth to lord* Hawkesbury, dated Paris, March 14, 1803.

« Mylord, The messenger, Mason, went on

Ces scènes ardentes étaient un des mauvais défauts de Bonaparte; il jetait des paroles outrageantes aux hommes qui avaient encouru sa colère ou sa disgrâce; cela pouvait avoir un effet politique de terreur, vis-à-vis des fonctionnaires du gouvernement, classe résignée et obéissante; mais cela n'était d'aucune valeur auprès des ministres étrangers libres et indépendants, avec le haut sentiment de leur dignité. Il résultait de ces scènes de graves inconvénients; quand Bonaparte se laissait aller à ses emportements, il disait mille mots colères et étranges, immédiatement transmis par les ambassadeurs à leur cour; il y a toujours une supériorité réelle des hommes de sang-froid sur les esprits emportés, et c'est ce qui arrivait dans ces conférences publiques.

Lord Witworth, violemment apostrophé, se retira en saluant avec respect, mais il alla sur-le-champ porter plainte à M. de Talleyrand : « Ambassadeur d'une grande puissance, il ne comprenait pas cette manière de traiter les affaires; quand il allait dans les cercles aux Tuileries, ce n'était pas pour y parler de négociations, ou entendre juger la politique de l'Angleterre, mais bien pour y porter ses respects au premier Consul; qu'il voyait donc avec regret que cette manière inusitée de traiter, l'obligerait à s'abstenir désormais de visiter les Tuileries. » M. de Talleyrand s'efforça de le calmer, en lui disant : « Que

---

saturday with my dispatches of that date, and, until yesterday, sunday, I saw no one, likely to give me any farther information, such as I could depend upon, as to the effect which his Majesty's message had produced on the first Consul. At the court which was held at the Tuileries upon that day, he accosted me, evidently under very considerable agitation. He began by asking me if I had any news from England. I told him that I had received letters from your lordship two days ago. He immediately said, and so you are determined to go to war. No ! I replied, we are too sensible of the advantages of peace. — Nous avons, said he, déjà fait la guerre pendant quinze ans. — As he seemed to wait for an answer, I observed only, c'en est déjà trop. — Mais, said he, vous voulez la faire encore quinze années, et vous m'y forcez. — I told him, that was wery far from his Majesty's intentions. — He then proceded to coun

le premier Consul était militaire et méridional; que le sang bouillonnait souvent dans sa tête; qu'au reste, il fallait abandonner toutes ces susceptibilités pour aborder les véritables questions d'affaires. »

Une nouvelle dépêche de lord Witworth, adressée à lord Hawkesbury, indique le véritable état des négociations avec le premier Consul : « En me rendant à deux heures chez M. de Talleyrand, j'ai trouvé qu'il avait déjà connaissance du message du roi; il s'apprêtait à partir pour aller en donner communication au premier Consul, et j'ai remarqué qu'il était très agité. Il rentra avec moi dans son cabinet, et quoiqu'il m'eût dit d'abord que le temps le pressait, il me permit de l'entretenir sans interruption sur cet objet. Je tâchai de lui persuader que ce message était une simple mesure de précaution, et que l'intention de S. M. n'avait point été de faire une menace; je terminai mes observations par lui répéter que ce n'était qu'une mesure de sûreté personnelle fondée sur les armements qui se préparaient en France et en Hollande, lui faisant remarquer en même temps que lors même que ces armements n'auraient pas été aussi notoires qu'ils l'étaient, la détermination prise par le premier Consul d'augmenter, d'une manière aussi considérable, son armée en temps de paix, aurait pleinement et suffisamment justifié les précau-

---

Marcoff and the chevalier Azzara who were standing together, at a little distance from me, and said to them : les Anglais veulent la guerre, mais s'ils sont les premiers à tirer l'épée, je serai le dernier à la remettre. Ils ne respectent pas les traités, il faut dorénavant les couvrir d'un crêpe noir. — He then went his round. In a few minutes he came back to me, and resumed the conversation, if such it can be called, by something personally civil to me. He began again. — Pourquoi des armements ? Contre qui des mesures de précaution ? Je n'ai pas un seul vaisseau de ligne dans les ports de France ; si vous voulez vous battre, je me battrai aussi. Vous pourrez peut-être tuer la France, mais jamais l'intimider. — On ne voudrait, said I, ni l'un ni l'autre, on voudrait vivre en bonne intelligence avec elle. — Il faut donc respec-

tions. M. de Talleyrand me dit alors qu'il était déjà instruit de ce qui s'était passé; qu'un courrier, arrivé le matin même, lui avait apporté une copie du message. Je ne pus l'engager à faire aucune réponse à mes observations; il se borna strictement à me donner l'assurance qu'il m'avait tant de fois répétée : que les ministres de S. M. n'avaient aucun motif quelconque de concevoir des alarmes; que le premier Consul aimait la paix; qu'il n'avait aucunement l'intention d'attaquer les possessions de S. M., à moins qu'il n'y fût contraint par un commencement d'hostilités de notre part; qu'il regarderait toujours comme tel notre refus d'évacuer Malte, et que, comme nous avions jusqu'ici hésité de le faire, il était justifié d'adopter des mesures qui pourraient devenir éventuellement nécessaires. Il assura fortement que les armements qui se préparaient dans les ports de la Hollande, n'étaient uniquement destinés que pour les colonies, et finit par dire que, quant à lui, il ne concevait pas les motifs qui avaient pu forcer les ministres de S. M. à recourir à un vote semblable. Il me pria ensuite de permettre qu'il se rendît chez le premier Consul, en promettant de m'apprendre à dîner, chez le ministre de Prusse, le résultat de ce qui se serait passé. Il ne s'y rendit qu'à sept heures du soir. Au sortir de table, il me prit à part et me dit que, quoique le pre-

---

ter les traités, replied he, malheur à ceux qui ne respectent pas les traités ! ils en seront responsables à toute l'Europe. — He was too much agitated to make it adviseable for me to prolong the conversation; I therefore made no answer, and he retired to his apartment, repeating the last phrase.

« It is to be remarked, that all this passed loud enough to be overheard by two hundred people who were present, and I am persuaded that there was not a single person, who did not feel the extreme impropriety of his conduct, and the total want of dignity as well as of decency on the occasion.

« I propose taking the first opportunity of speaking to M. Talleyrand on this subject. »

I have the honour to be, etc.
Signé. Witworth.

mier Consul fût extrêmement blessé du soupçon injuste des ministres de S. M., il commanderait assez à son indignation pour ne pas perdre de vue les malheurs que cette discussion pourrait faire rejaillir sur l'humanité. Il s'étendit beaucoup sur ce chapitre, et m'expliqua l'espèce de mesures auxquelles le premier Consul serait forcé de recourir; savoir : que si l'Angleterre désirait s'expliquer franchement, il le désirait également; si l'Angleterre se préparait à faire la guerre, il s'y préparerait aussi; si l'Angleterre devait se déterminer finalement à agir d'une manière hostile, il se confiait à l'appui du peuple français pour venger la cause de l'honneur et de la justice. En vain je répétai que l'Angleterre ne désirait pas faire la guerre; que la paix lui était aussi nécessaire qu'à la France; que tout ce que nous désirions, tout ce sur quoi nous insistions, était la sûreté; que tout nous prouvait que cette sûreté était menacée par les vues du premier Consul sur l'Égypte et que, par conséquent, notre refus d'évacuer Malte était devenu une mesure de précaution aussi nécessaire que la défense de chacune des parties des possessions de S. M. B. M. de Talleyrand opposa à tous ces différents arguments la modération du premier Consul, son abnégation personnelle et sa détermination de sacrifier, jusqu'aux choses qu'il avait le plus à cœur, à son désir sincère d'éviter une rupture. M. de Talleyrand me dit alors qu'afin que je pusse communiquer plus facilement les sentiments du premier Consul, il me remettrait un écrit qu'il avait rédigé avec lui le matin même; qu'il ne fallait pas le considérer comme une communication écrite ou comme une pièce absolument officielle; que cette communication ne devait être que pour m'aider, et telle que je pourrais, si je le jugeais à propos, la transmettre à votre seigneurie. Je vous l'adresse ci-incluse. »

Cet écrit de M. de Talleyrand résumait la question en peu de mots : l'Angleterre voulait-elle exécuter le traité d'Amiens? Était-il dans ses intentions d'évacuer Malte? Lord Witworth ne répondit que par ses instructions, et il transmit à Londres le résumé de ses conférences avec le premier Consul et M. de Talleyrand, en exposant à sa cour que sa position à Paris devenait de plus en plus difficile. Les conférences se prolongeaient indéfiniment toujours sur les mêmes points par des répétitions fastidieuses ; il demandait donc à lord Hawkesbury un *ultimatum* précis sur lequel on exigerait immédiatement une réponse de M. de Talleyrand ; si cette réponse n'était pas donnée dans un délai déterminé, lord Witworth voulait être autorisé à prendre ses passeports, parce que les négociations seraient interminables. La dépêche à peine arrivée à Londres, lord Hawkesbury fit rédiger par son département un *ultimatum* destiné à la légation de Paris ; il portait[1] :

---

[1] Cette communication fut faite par la dépêche qu'on va lire.

Paris, may 10, 1803.

« Sir, In order not to lose an instant of so precious a time, I have the honour to convey to you the project which I have received from my court, with the note which accompanies it. I schall have the honour of calling on your excellency at any hour you may appoint, in consequence of the request I made yesterday. But, in the mean while, you will be in possession of the contents of my instructions. I hope to god that they may be of a nature to insure the tranquillity of both countries and off Europe.

« I avail myself of this opportunity to renew to your excellency the assurance of my high consideration. »

Signé. Witworth.

To his excellency M. de Talleyrand, etc.

Paris, may 10, 1803.

« Sir, Having yesterday morning received some important instructions to communicate to you, I write to you that evening to ask your excellency at what hour I could have the honour to acquit myself of this duty. That letter has not been answered. At two o'clock this afternoon I sent M. Mandeville, attached to the embassy, to the office for foreign affairs, in order to deliver to your excellency, or in your absence to your first secretary, a sealed packet, containing the papers which I had to communicate to you, and I added a second letter to your excellency. M. Mandeville delivered this packet into the hands of M. Durand, who assured him that it should be communicated to you without delay. At half past four, not having received any answer to my letters, I went to the foreign office, and I there learnt that you were in the country,

ULTIMATUM DE L'ANGLETERRE (MAI 1803).

« 1° Qu'on céderait à la Grande-Bretagne l'île de Lampedouse à titre définitif ; 2° l'Angleterre garderait Malte en sa possession pendant dix ans, comme gage et garantie ; 3° les troupes françaises évacueraient la Hollande ; 4° l'Angleterre reconnaîtrait le roi d'Étrurie et la république italienne ; 5° les Français quitteraient la Suisse ; 6° un territoire convenable serait assigné au roi de Sardaigne, en Italie, comme indemnité[1]. » Cet *ultimatum* si précis, si impératif, fut porté par lord Witworth aux affaires étrangères ; il y chercha en vain M. de Talleyrand, qui s'était dérobé toute la journée à sa visite, sous prétexte d'un travail à Saint-Cloud avec le premier Consul ; le but était de retarder de quelques jours la remise des passeports. Lord Witworth écrivit à trois reprises différentes à M. de Talleyrand ; sa dernière lettre de Paris, 10 mai, était ainsi conçue : « Monsieur, and that it was not known when you would return to town.

« Half an hour afterwards, having returned home, the papers which my secretary had taken and delivered to M. Durand, were brought to me, with a message I must send them to the minister in the country.

« In this state of things, since your excellency does not give me an opportunity of making you this communication, I have no other alternative than to give it in charge to M. Talbot, secretary to the embassy. He will have the honour to deliver to you the project of a convention, which, I hope, will serve as the basis to an amicable arrangement between our two governments.

« I have only to add, that the term of my stay in Paris is limited, and I must set out on my journey for England on thursday morning, if the negotiation is not favourably terminated before that time.

« I request you, sir, to accept the assurance of my high consideration. »

Signé. Witworth.

---

[1] *Project.*

ARTICLE 1er. « The french government shall engage to make no opposition to the cession of the island of Lampedosa to his majesty by the king of the two Sicilies.

Art. 2. « In consequence of the present state of the island of Lampedosa, his Majesty shall remain in possession of the island of Malta, until such arrangements shall be made to him, as may enable his Majesty to occupy Lampedosa as a naval station ; after which period, the island of Malta shall be given up to the inhabitants, and acknowledged as an independent state.

Art. 3. « The territories of the Batavian republic shall be evacuated by the french forces within one month after the conclusion of a convention, founded on the principles of this project.

Art. 4. « The king of Etruria, and the Italian and Ligurian republics, shall be acknowledged by his Majesty.

Art. 5. « Switzerland shall be evacuated by the french forces.

afin de ne pas perdre un temps précieux, j'ai l'honneur de vous envoyer le projet que je reçois à l'instant de ma cour; je prie votre excellence de m'indiquer un moment pour que vous puissiez répondre à la demande que je vous ai adressée. Je dois vous dire que cette note est le résumé de mes instructions; j'espère en Dieu, qu'elle sera de nature à assurer la tranquillité de l'Europe. » Lord Witworth chercha M. de Talleyrand toute cette journée du 10 mai, il ne put le joindre. Le 12 enfin, à huit heures du matin, lord Witworth envoya un petit billet à M. de Talleyrand, en termes laconiques et précis : « Comme il est impossible au soussigné de retarder plus longtemps les ordres de sa cour, il se voit obligé de requérir le ministre des affaires étrangères, pour qu'il ait la bonté de lui expédier les passeports nécessaires pour son retour en Angleterre. Witworth[1]. »

Il n'y avait plus alors à hésiter sans se mettre en opposition avec le droit des gens; les passeports furent expédiés[2], et lord Witworth quitta Paris le même soir. La rupture fut profonde et irritée; à peine lord Witworth

---

Art. 6. « A suitable territorial provision shall be assigned to the king of Sardinia, in Italy. »

Secret article.

« His majesty shall not be required by the french government to evacuate the island of Malta until after the expiration of ten years.

« Article 4, 5 and 6, may be entirely omitted, or must all be inserted.»

Paris 12 mai 1803.

« Sir, It being impossible for the undersigned to delay any longer executing the orders of his court, he finds himself obliged to request the minister for foreign affairs to have the goodness to expedite the necessary passeports for his return to England.

« He requests his excellency to accept the assurances of his high consideration. »

Signé : Witworth.

[2] M. de Talleyrand avait néanmoins suivi une négociation active avec lord Witworth. En voici la preuve :

« Le soussigné, etc., etc.

« Les intentions du premier Consul étant toutes pacifiques, le soussigné se dispense de faire aucune observation sur une manière aussi nouvelle et aussi étrange de traiter des affaires de cette importance. Et, pour donner encore un nouveau témoignage du prix qu'il attache à la conservation de la paix, le premier Consul a chargé de faire dans le style et dans les formes ordinaires la notification suivante :

« L'île de Lampedouse n'étant point à la France, il n'appartient au premier Consul ni d'accéder ni de se refuser au désir que

se fut-il embarqué, que les escadres britanniques insultèrent le pavillon de la République; des prises furent annoncées, et une déclaration parut à Londres signée par le roi et adressée au peuple anglais. Conçue dans les termes habituels de ces sortes d'actes publics, et de ces manifestes solennels, tous les torts étaient jetés sur la France; l'Angleterre seule avait exécuté le traité; le premier Consul l'avait méconnu; la dignité nationale, le besoin de maintenir ses droits, forçaient l'Angleterre à prendre l'initiative. Ce document était long, développé, ce qu'on y voyait de plus certain, c'était la haine que la France inspirait à la Grande-Bretagne; la vieille rivalité se réveillait. Aucun des deux peuples n'était à l'aise avec la paix; la guerre seule convenait à des races profondément ennemies, et c'est en vain que les deux gouvernements voulaient les rapprocher par des transactions.

La rupture du traité d'Amiens produisit une indicible

témoigne S. M. B. d'avoir cette île en sa possession. Quant à l'île de Malte, comme la demande que fait à cet égard S. M. B. changerait une disposition formelle du traité d'Amiens, le premier Consul ne peut d'abord que la communiquer à la république Batave, partie contractante audit traité, pour connaître son opinion; et de plus, comme les stipulations relatives à Malte ont été garanties par leurs majestés l'empereur d'Allemagne, l'empereur de Russie et le roi de Prusse, les puissances contractantes au traité d'Amiens, avant d'arrêter aucun changement dans l'article de Malte, sont tenues de se concerter avec les puissances garantes. Le premier Consul ne se refusera pas à ce concert; mais ce n'est point à lui à le provoquer, puisque ce n'est pas lui qui provoque aucun changement dans les stipulations garanties. Quant à l'évacuation de la Hollande par les troupes françaises, le premier Consul n'a point de difficulté à faire répéter par le soussigné que les troupes françaises évacueront la Hollande dès l'instant où les stipulations du traité d'Amiens, pour chacune des parties du monde, seront exécutées.

« Le soussigné saisit cette occasion, etc.»

Ch.-Maur. Talleyrand.

Paris, 2 mai 1803.

« Le soussigné, etc.

« Après la dernière communication qui a été adressée à S. E., on conçoit moins que jamais comment une nation grande, puissante et sensée, pourrait vouloir entreprendre de déclarer une guerre dont les résultats entraîneraient des malheurs si grands, et dont la cause serait si petite puisqu'il s'agit d'un misérable rocher. S. E. a dû comprendre que la double nécessité de s'entendre avec les puissances garantes du traité d'Amiens, et de ne pas violer un

impression de colère sur l'esprit de Bonaparte, car elle brisait son œuvre de paix; il fallait de nouveau se jeter dans la lice; le Consul savait bien la situation réelle du continent; rien n'était moins pacifique que l'attitude de la Russie, de l'Autriche, de la Prusse. La nouvelle guerre avec la Grande-Bretagne annonçait une prochaine coalition; Bonaparte s'exprime avec le vif et profond sentiment de ce nouveau danger; l'Europe va donc armer encore! Sa colère n'a plus de bornes; la veille il avait fait rassurer par l'*Argus* tous les voyageurs anglais répandus sur le continent, en Hollande, en France, en Italie. « Leurs personnes, disait-il, seraient garanties sous la protection d'un gouvernement qui respectait le droit des gens, alors que l'Angleterre le violait. » Le lendemain il apprend la capture de quelques navires français par les escadres britanniques; alors un ordre des Consuls déclare : « Que tous les voyageurs anglais sur le continent seront arrêtés et saisis comme prisonniers de

pacte dont l'exécution intéresse aussi essentiellement l'honneur de la France, la sûreté, l'avenir et la loyauté des relations diplomatiques entre les nations européennes, avait fait une loi au gouvernement français d'éloigner toute proposition diamétralement contraire au traité d'Amiens.

« Cependant le premier Consul, accoutumé depuis deux mois à faire des sacrifices de toute espèce pour le maintien de la pacification, ne repousserait pas un terme moyen qui serait de nature à concilier les intérêts et la dignité des deux pays. S. M. B. a paru croire que la garnison napolitaine, qui devait être établie à Malte, ne présenterait pas une force suffisante pour assurer véritablement l'indépendance de cette île. Ce motif étant le seul qui puisse au moins expliquer le refus qu'elle fait d'évacuer l'île, le premier Consul est prêt à consentir que l'île de Malte soit remise aux mains d'une des trois principales puissances qui ont garanti son indépendance; soit l'Autriche, la Russie ou la Prusse; bien entendu qu'aussitôt que la France et l'Angleterre seront d'accord sur cet article, elles réuniront leurs demandes pour y porter pareillement les différentes puissances, soit contractantes, soit adhérentes au traité d'Amiens. S'il était possible que cette proposition ne fût pas adoptée, il serait manifeste que non seulement l'Angleterre n'a jamais voulu exécuter le traité d'Amiens, mais qu'elle n'a même été de bonne foi dans aucune des demandes qu'elle a faites, et qu'à mesure que la France eût cédé sur un point, les prétentions du gouvernement britannique se fussent portées sur un autre; et si une pareille démonstration devait être acquise, le premier Consul aura du moins encore donné un gage de sa sincérité, de son application à méditer sur les moyens

guerre. » Cet arrêté si bizarre, si contraire au droit des nations, était motivé sur ce que les Anglais faisant partie de la milice de leur pays, étaient de véritables soldats ; le gouvernement français pouvait donc les retenir. Ce thème de l'arrêté des Consuls fut ensuite développé dans tous les journaux; on l'exécuta dans sa rigueur ; des familles anglaises entières furent retenues captives. Tout cela accumulait des ressentiments entre les peuples qui allaient recommencer une guerre fatale et acharnée.

Un vaste mouvement d'opinion publique se prononça dans les deux pays ; les gouvernements en favorisaient l'expression par les journaux. On rappelait de part et d'autre Crécy, Azincourt, Fontenoy et la retraite du duc d'York : les mots les plus irrités, les paroles les plus acerbes furent lancés dans les journaux français et dans

---

d'éviter la guerre, de son empressement à les saisir, et du prix qu'il mettrait à les faire prévaloir. »

Ch. Maur. Talleyrand.
Paris 4 mai 1803.

Note verbale.

« 1° L'intention de S. M. est de parler dans son message de l'expédition d'Helvœt-Sluys : tout le monde sait qu'elle était destinée pour l'Amérique, et qu'elle était sur le point de faire voile pour sa destination ; mais d'après le message du roi, l'embarcation et l'expédition seront contremandées.

« 2° Si nous ne recevons point d'explications satisfaisantes relativement aux armements de l'Angleterre, et s'ils se font présentement, il est naturel que le premier Consul fasse marcher 20,000 hommes en Hollande, puisqu'il est parlé de la Hollande dans le message.

« 3° Ces troupes une fois dans le pays, il est naturel qu'un camp soit établi sur les frontières du Hanovre, et, en outre, que des renforts se joignent aux troupes qui sont déjà embarquées pour l'Amérique, afin de former de nouvelles embarcations, et de maintenir une position offensive et défensive.

« 4° Il est naturel que le premier Consul ordonne la formation de différents camps à Calais, et sur les différents points des côtes.

« 5° Il est pareillement dans la nature des choses que le premier Consul, qui était sur le point d'évacuer la Suisse, soit dans la nécessité de continuer à maintenir une armée française dans ce pays.

« 6° C'est aussi la conséquence naturelle de toutes ces choses, que le premier Consul envoie de nouvelles forces en Italie, afin d'occuper, si besoin est, la position de Tarente.

« 7° L'Angleterre, par ses armements multipliés et aussi notoires, force la France à mettre ses armées sur le pied de guerre, mesure si importante qu'elle ne peut manquer d'agiter toute l'Europe. »

les feuilles anglaises; les haines nationales se réveillèrent comme aux époques les plus fameuses des guerres de Louis XIV et de la Révolution. Les discours du parlement, les harangues de Windham, du duc de Clarence, du duc de Moira furent des diatribes implacables contre la France et son gouvernement.

A Paris les mêmes scènes se renouvelèrent dans les séances du Sénat, du Tribunat et du Corps législatif. La guerre fut annoncée, il s'y fit des déclarations à la manière du Directoire contre la *perfide Albion*. Les conseillers d'État, les sénateurs, les tribuns, tous parlèrent à l'envi de Carthage qu'il fallait détruire, et de la perfidie de ce gouvernement qui ne respectait ni les traités, ni la parole humaine[1]. Chaque corporation de l'État vota des navires de guerre, le commerce si souffrant, chaque ville des départements,

---

[1] Le premier Consul avait même exigé que les journaux allemands prissent fait et cause pour lui.

Le sénat de Hambourg s'était assemblé pour délibérer sur la réquisition de M. Rheinard, ministre plénipotentiaire de France, qui demanda qu'on insérât dans le journal de cette ville un article contre le message du roi d'Angleterre. Le sénat n'avait point osé s'y opposer, et s'était contenté de solliciter quelques adoucissements aux passages les plus injurieux pour l'Angleterre; mais le ministre de France déclara qu'il avait des ordres pour exiger l'insertion de l'article sans aucun changement, et le sénat consentit. Cet article contribua beaucoup à la rupture de la paix :

« Depuis quelques mois il s'est élevé entre la France et l'Angleterre une guerre de journaux et de pamphlets : ce sont les dernières étincelles d'un grand incendie, la dernière consolation d'un parti désespéré, l'aliment de quelques basses passions et de quelques écrivains faméliques. Le gouvernement français est loin d'y attacher la moindre importance. Malgré quelques difficultés sur l'entier accomplissement du traité d'Amiens, il a toujours pensé qu'il pouvait s'en reposer sur la bonne foi du gouvernement anglais, et s'est uniquement occupé du rétablissement de ses colonies. Plein de confiance dans la foi des traités, il n'a pas hésité à livrer à la mer et aux vents les restes de la marine française qui pouvaient devenir la proie des flottes anglaises. Au milieu de cette sécurité, il est tout à coup sorti du cabinet de S. M. B. un message solennel où l'on informe l'Europe entière que la France fait d'immenses préparatifs dans ses ports et ceux de la Hollande Ce message a été suivi d'une adresse du parlement au roi, dans laquelle on lui offre tous les moyens extraordinaires de défense et de sécurité que peut réclamer l'honneur de l'empire britannique et des trois couronnes.

« On ne saurait dire si un pareil acte est l'ouvrage de la trahison, de la folie ou de

les agents de change, les notaires, les tribunaux et les corps politiques, depuis la cour de cassation jusqu'aux justices de paix, tous voulaient contribuer à l'invasion de l'Angleterre, sous un nouveau Guillaume-le-Conquérant. On prit des dispositions pour la course; on autorisa sur des bases très larges les lettres de marque; des levées de conscrits furent ordonnées pour compléter les armées, afin d'occuper tout à la fois la Hollande, la Suisse, Naples : ordre exprès fut envoyé pour envahir le Hanovre. L'indignation fut telle dans l'esprit du premier Consul, qu'il ne remarqua pas que ce déploiement de forces continentales allait réveiller tous les cabinets de l'Europe, et qu'il servait ainsi le dessein de l'Angleterre, de former une coalition nouvelle. Les cabinets durent s'alarmer de voir l'indépendance des États intermédiaires aussi violemment menacée par des levées et des invasions.

la faiblesse. Qu'on jette les yeux sur les ports de France et de Hollande, on n'y verra que quelques préparatifs isolés pour les colonies, consistant en deux vaisseaux de ligne et quelques frégates. Qu'on reporte ses regards sur les ports de l'Angleterre, on les trouvera occupés par les forces navales les plus formidables.

« Après cette revue, on sera tenté de se demander si le message du roi d'Angleterre n'est pas une plaisanterie, si une pareille farce est digne de la majesté d'un gouvernement. Si l'on considère l'influence des factions dans un pays aussi libre que la Grande-Bretagne, on sera disposé à croire que le roi d'Angleterre n'est coupable que d'une faiblesse, si toutefois la faiblesse est compatible avec la dignité d'une couronne. Enfin, on ne voit aucun motif raisonnable auquel on puisse rapporter un pareil acte, si ce n'est à la mauvaise foi, à une inimitié jurée envers la France, à la perfidie et au désir de violer ouvertement un traité solennel pour les avantages qu'on pourrait s'en promettre, et que l'honneur de la France, à la foi des traités, ne permettent pas d'accorder.

«Quand on lit ce message, on se croit transporté dans le temps où les Vandales traitaient avec les Romains dégénérés, lorsque la force usurpait la place du droit, et que, par un appel subit aux armes, on insultait à ceux qu'on avait envie d'attaquer. Dans l'état actuel de la civilisation, il est un respect que se doivent à eux-mêmes un grand monarque et un peuple policé, quand même ce respect n'aboutirait qu'à chercher un motif plausible pour une guerre injuste; mais ici on ne voit que précipitation, qu'oubli de toute décence et de toute justice. Une guerre éternelle succédera à cette odieuse attaque, et plus le motif sera injuste, plus l'animosité sera irréconciliable.

« Les Français sont moins intimidés qu'irrités par les menaces de l'Angleterre. Les revers n'ont jamais abattu, la victoire jamais enflé leur courage. Ils ont vu toute l'Europe conjurée contre eux dans une guerre dont on ne voyait pas le terme. Par

Ce n'était plus seulement une guerre maritime de nation à nation, mais la France en prenait prétexte pour menacer tous les États de second ordre. La lice des combats se préparait brillante pour les nobles armées de France, déployant encore leur gloire sur le continent; il fallait vaincre ou périr.

Le cabinet anglais, implacable contre notre existence de nation, se laissa entraîner à toutes les vieilles invectives; le parlement fut unanime comme la presse à calomnier Bonaparte et son gouvernement; il y eut un concours de haine; on n'épargna ni la marine, ni le commerce; on envoya partout des ordres cachetés aux amiraux, afin de multiplier les prises : Nelson, Sidney Smith, quittèrent Londres aux acclamations de la populace enivrée. Lord Keith eut un commandement pour surveiller les côtes de France; les ports se trouvèrent bloqués, les colonies menacées. Un sentiment d'indignation et de vengeance se manifesta quand on apprit que les Anglais voyageurs étaient arrêtés sur le continent; le cri de guerre fut jeté! La circonstance était belle; la marine française cinglait hors des rades; on pouvait s'en

---

leur constance, leur intrépidité et la promptitude des révolutions de leur gouvernement, ils l'ont terminée en peu de temps.

« La guerre qui va s'ouvrir aura un objet différent; les Français combattront pour la liberté de l'Europe et la foi des traités ; et si le gouvernement anglais veut faire une guerre nationale, peut-être cette haute puissance navale, dont on fait tant de bruit, ne suffira-t-elle pas pour en déterminer l'issue et fixer la victoire.

« A la première nouvelle du message, tous les yeux se sont tournés vers le cabinet des Tuileries. On a recueilli avec empressement tout ce qui s'y est dit, tout ce qui s'y est fait. On a donné de l'importance aux moindres choses. On attendait avec impatience le jour de la présentation des étrangers à madame Bonaparte, ce qui a lieu tous les mois. On se préparait à en tirer quelques conjectures. Le cercle a été aussi brillant que de coutume.

« On ajoute qu'après le cercle, le premier Consul dit à l'ambassadeur anglais : « Madame la duchesse de Dorset a passé ici un bien mauvais temps. Je désire de tout mon cœur qu'elle y goûte les charmes de la belle saison ; et s'il arrivait que nous fussions de nouveau en guerre, la responsabilité tombera exclusivement sur ceux qui méconnaissent les contrats »

emparer sans coup férir; l'expédition de Saint-Domingue n'avait pas encore obtenu de résultat, et on l'attaquerait à son retour pour la détruire. Le commerce de France, d'Espagne et de Hollande avait des masses énormes de capitaux engagés sur mer; toutes ces ressources allaient devenir la proie des escadres britanniques [1].

Telle avait été toujours dans l'histoire l'antipathie entre les deux peuples que cette situation acharnée semblait toute naturelle; l'union que la philosophie du XVIIIe siècle avait rêvée entre la France et l'Angleterre pour une même constitution était violemment rompue par une antipathie naturelle; les Jacobins et Bonaparte, les deux pouvoirs qui avaient le mieux compris avec Louis XIV les forces territoriales de la France, son unité et sa nationalité, avaient voué une haine implacable à l'Angleterre, et l'on peut remarquer que la France ne se rapprocha jamais de la puissance britannique qu'aux époques de faiblesse et d'abaissement. Il semblait que ces deux grandeurs de peuples ne pussent exister simultanément; une marche commune vers la prospérité était impossible; s'il y avait suspension d'armes par lassitude, il y avait reprise immédiate d'hostilités toutes les fois que la nation française se sentait la rougeur au front. En vain les philosophes parlaient de la

---

[1] Voici l'extrait d'une dépêche de l'envoyé de Prusse à Londres :

« Les préparatifs de guerre se poursuivent avec la plus grande activité. Le roi va ordonner la convocation des milices. En cas de guerre, une partie des milices d'Irlande sera appelée en Angleterre, et un égal nombre de milices anglaises passera en Irlande. Deux proclamations royales viennent de paraître : l'une pour rappeler tous les marins et matelots qui peuvent se trouver hors du royaume, et au service d'une puissance étrangère; l'autre, pour promettre des gratifications aux matelots de bonne volonté, et des récompenses à ceux qui découvriront des matelots déserteurs. Tout est en mouvement dans les ports. Le télégraphe de l'amirauté ne cesse de transmettre et de recevoir des signaux et des dépêches, tant de Portsmouth que de Sheerness et des Dunes. La presse continue d'enlever les gens de mer dans tous les ports. Elle est si active, que le nombre des matelots levés par ce moyen, ou par

sympathie de la constitution politique et des progrès simultanés de l'esprit humain; il y avait quelque chose de plus puissant sur les deux peuples, c'étaient l'honneur et la fierté de nation, les intérêts, le territoire, la vie sociale. Ainsi la guerre paraissait la situation normale de la France glorieuse et de l'Angleterre forte et puissante: leur rapprochement était une décadence. La rivalité implacable de Carthage et de Rome était sans doute une idée bien vieille, une expression de pamphlets et de journalisme surannés; mais il y avait du vrai dans cette comparaison, prouvée par nos vieilles annales et par l'histoire des premières années de la République française conquérante et dominatrice!

enrôlement volontaire, s'élevait hier, pour la seule ville de Londres, à 4,000. Le gouvernement espère se procurer 10,000 matelots en moins de quinze jours. Dix vaisseaux de ligne ont été mis sur-le-champ en commission, entre autres, *le Thunderer*, *le Dreagnough* et *le Tonnant*. On va aussi envoyer dans toutes les colonies des ordres conformes à la situation actuelle des affaires. Parmi les officiers supérieurs auxquels on destine les commandements, on cite les lords Gardner, Nelson, Keith, sir Edward Pellew, Sidney Smith. En cas d'hostilités, lord Gardner commanderait, dit-on, la flotte du grand Canal; sir James Saumarez occuperait la station des Dunes; l'amiral Thornborough, celles de Scheerness et du Nord; Sidney Smith et quelques autres officiers commanderaient de petites escadres, composées de frégates et de chaloupes canonnières, réparties sur divers points des côtes de France. Plus de 300 officiers de marine de tous grades sont venus offrir leurs services à l'amirauté. » (mai 1803.)

CHAPITRE IX.

RAPPROCHEMENT DES BOURBONS

ET DE L'OPPOSITION MILITAIRE.

Les Chouans. — Leur vie en Angleterre. — Leur forte organisation. — Georges Cadoudal et ses lieutenants. — Les aides-de-camp du comté d'Artois. — MM. de Polignac, de Rivière. — Parti militaire exilé. — Pichegru. — Dumouriez. — Villot. — Lajolais. — Rapprochements à Londres. - Espérance. - Missions de police. — Méhée de la Touche. — Plan général du complot — Débarquement. — Voyage à Paris. — Tentatives de rapprochement avec Moreau. — Plaintes des chouans contre la mollesse du parti militaire.— Plan de la conjuration.—Séjour de Georges et de ses lieutenants à Paris.

1803-1804.

Les époques d'agitation politique enfantent de mâles caractères et des âmes exceptionnelles, qui s'agitent fièrement dans la guerre civile ; ces races si énergiques d'hommes s'effacent habituellement avec l'ordre et la paix. La civilisation bien ordonnée ne les comprend pas, elle les frappe et les poursuit ; elle est dans son droit de conservation ; ils importunent parce qu'ils apportent au milieu de cette société indifférente, un cœur chaud et un sang qui bouillonne ; la police les traite de *brigands*, ils sont traqués par les lois sociales, flétris par le régime politique. Ainsi furent les derniers débris du parti jacobin en France sous le Consulat; ainsi furent aussi les

Chouans. L'histoire s'élève un peu au-dessus des opinions vulgaires ; tout en expliquant les nécessités politiques d'une société qui se défend, elle sait rendre justice à ces têtes hautaines encore sur l'échafaud, et qui se donnent à une cause, à une idée, martyrs dévoués d'une conviction politique.

La pacification de la Vendée et de la chouannerie avait amené deux résultats : les plus faibles, les plus fatigués des chefs avaient fait leur soumission au Consul; quelques-uns prirent même du service dans ses armées; ils y avaient prêté leur foi, et Bonaparte qui aimait les noms de race, se complaisait à compter plusieurs gentilshommes bretons parmi ses officiers. Le Consul s'était montré moins favorable aux généraux de la chouannerie ou de la Vendée élevés parmi les paysans au grade de général. La race noble eut toujours un privilége dans l'esprit de Bonaparte ; il la distinguait entre toutes les autres, comme par un souvenir d'éducation ; il n'aimait pas qu'un paysan montât trop haut[1]. Toutefois la masse des Chouans les plus intrépides, les plus vigoureux, s'était réfugiée en Angleterre, sous la protection du gouvernement britannique. Le premier Consul, pendant la paix, avait demandé l'expulsion des partisans des Bourbons comme un gage de bonne amitié et de rapports confiants, le ministère s'y était plusieurs fois engagé; on l'avait même formellement promis à Londres, pour éviter la rupture du traité d'Amiens. Puis, comme tout marchait à la ruine plus ou moins prochaine du traité, les Anglais voulaient se ménager cette force puissante dans une guerre civile ; ils savaient l'intrépidité des Bretons et du

---

[1] On a prêté d'autres sentiments à Bonaparte dans le *Mémorial de Sainte-Hélène*. Ils sont inexacts, ou bien le malheur avait changé l'âme de l'empereur.

général Georges qui les commandait; au premier signal de guerre, les navires anglais pourraient jeter ces masses d'hommes aventureux sur les côtes pour réveiller l'insurrection de la Vendée, et la guerre civile de Normandie et de Bretagne [1].

C'étaient en effet des caractères bien intrépides que Georges et ses lieutenants. Le général Georges Cadoudal avait alors 34 ans; né à Brech, près Auray, dans le Morbihan, il était Breton dans toute la force de sa nationalité, fier, têtu, dur de tête comme les rochers féériques du Morbihan; sa taille était ordinaire, son cou épais et court, sa face grosse, ses membres d'une certaine rondeur avec une force musculaire peu commune; il parlait avec facilité, ses yeux bleus s'animaient avec beaucoup de charme; sa chevelure était flottante à la manière des Bretons; toujours simple dans ses vêtements, il venait d'être décoré du cordon rouge de Saint-Louis par le roi et c'était le seul insigne qui le distinguât de ses lieutenants [2]. L'intrépidité de Georges était une chose si reconnue qu'il exerçait sur ses compagnons le droit du commandement bien plus par sa valeur personnelle que par les lettres-patentes qu'il avait reçues du roi et de M. le comte d'Artois.

Le plus cher et le plus aimé de ses lieutenants, était Louis Léridant, du Morbihan comme lui, jeune homme

---

[1] Aussi a-t-on vu que durant le traité d'Amiens, la France exigea plusieurs conditions du ministère anglais : 1° De renvoyer au Canada les princes français exilés et les émigrés vivant en Angleterre, ce qui engagea plusieurs de ceux-ci à se faire *deniser*, espèce de demi-naturalisation; 2° de reconnaître l'autorité du premier Consul et de sa famille, avant même qu'elle fût solennellement établie. A ces conditions l'Angleterre devait conserver Malte, ce qui fit manquer une négociation dont M. Malouet avait été l'agent.

[2] Louis XVIII avait écrit à Georges la lettre suivante :

« J'ai appris avec la plus vive satisfaction, général, que vous êtes enfin échappé des mains du tyran, qui vous a méconnu au point de vous proposer de le servir. J'ai gémi des malheureuses circonstances qui vous ont forcé de traiter avec lui; mais je n'en ai jamais conçu la plus légère inquié-

de vingt-six ans à peine et qui l'avait suivi dans toutes ses expéditions périlleuses ; puis à ses côtés était Alexis Joyaux, du même âge que Léridant ; Marie Burban, le plus décidé et le plus intraitable ; Guillaume Lemercier, d'un mâle caractère ; Bouvet de Lozier, remarquable par son nom, ancien officier de l'émigration, au cœur faible, à l'imagination vive ; Louis Picot ; Coster Saint-Victor ; Noël Ducorps [1], tous Bretons ou Normands qui avaient acquis une certaine célébrité dans les guerres civiles de la Vendée et de la Chouannerie, race d'hommes qu'on ne trouve plus dans nos molles époques. Plus d'une fois, dans la Révolution, l'énergie de l'esprit provincial s'était élevé contre Paris [2], la ville indifférente.

La paix d'Amiens n'avait point éteint les haines que ces âmes portaient à la Révolution française et à celui qui prenait le titre de Consul ; ils avaient la tête ardente, et leur dévouement allait jusqu'à l'exaltation. Ce que les Bretons avaient résolu avec foi ils l'exécutaient avec fermeté ; ils ne pardonnaient pas à ceux qui les avaient

---

tude ; le cœur de mes fidèles Bretons, et le vôtre en particulier, m'est trop bien connu. Aujourd'hui que vous êtes libre, vous êtes auprès de mon frère, tout mon espoir renaît ; je n'ai pas besoin d'en dire davantage à un véritable Français tel que vous. »

[1] Voici comment se donnait le brevet de commandant des provinces normande et bretonne.

« Au nom du roi, en vertu de l'autorisation spéciale de son altesse royale, Monsieur, frère du roi, lieutenant-général du royaume ; nous, François de Mallet, maréchal des camps et armées du roi, chevalier de l'ordre du Mérite militaire, commandant en chef provisoirement pour le roi, dans l'arrondissement de Haute-Normandie et sur la rive droite de la Seine. En raison des bons et loyaux services rendus par Monsieur Louis Ducorps, de son expérience et vigilance à la guerre, de son attachement aux principes de la religion et de la monarchie, nous l'avons nommé et nommons provisoirement, par ces présentes, capitaine d'infanterie dans la quatrième division, pour prendre rang, en cette qualité, parmi les autres capitaines des armées royales, et pour jouir des droits, titres et prérogatives accordés à cet emploi. Ordonnons à tous les fidèles sujets de S. M. de le reconnaître en cette qualité, et de lui obéir en tout ce qu'il commandera pour le bien du service. »

Donné à notre quartier-général de Rouen, le 7 décembre de l'an de grâce 1799. »

Signé. De Mallet.

[2] C'était un des griefs le plus violents du premier Consul contre l'Angleterre que la présence de Georges à Londres.

combattus jusque sous leur chaumière; ils attendaient avec impatience que des circonstances favorables pussent leur ouvrir une fois encore le champ de bataille dans leur province chérie. Ils avaient les grades de colonel, de capitaine, sous le général Georges, pour le cas d'une vaste insurrection qui devait embrasser la Normandie, la Bretagne et Paris même ; car ils se faisaient des illusions sur la faiblesse de la République. Tous recevaient une solde du gouvernement anglais, selon le grade qu'ils avaient obtenu ; intrépides officiers, ils devaient former des légions bretonnes, appelées à opposer la provincialité de la vieille France, à cette nation si glorieuse sous la main du Consul. Pour cela il fallait attendre la guerre. Pendant la paix ils étaient soumis à une surveillance attentive ; le gouvernement anglais était obligé à des concessions pour maintenir les bons rapports entre la Grande-Bretagne et le premier Consul ; il fallait attendre que ces ménagements cessassent d'exister pour entreprendre une expédition en France avec quelques chances de succès.

Le général Georges Cadoudal et ses Bretons vivaient à Londres dans une société à part. Comme tous les proscrits dans les mouvements de guerre civile, ils voyaient la France à travers la prisme de leur opinion; pleins d'espoir de succès pour une expédition bien conduite, ils visitaient les princes français, le comte d'Artois, les ducs d'Orléans et de Montpensier, le prince de Condé, le duc de Bourbon et le duc de Berry, dont on voulait employer le jeune dévouement dans une guerre future. M. le comte d'Artois conservait son esprit actif, remuant, avec le besoin de tenter les chances de la fortune; Londres était comme le quartier-général des cadets de la maison de Bourbon, et tandis que son chef Louis XVIII négociait avec tous les partis, les princes, plus jeunes, plus ardents, rêvaient une expédition à la Henri IV, en se mettant à la tête d'une armée dans la Bretagne ou la Normandie, et marchant sur Paris en pleine sédition. Cela flattait leur amour-propre; seulement ils se trompaient d'époque.

Le comte d'Artois était entouré à Londres de jeunes gentilshommes dévoués à sa personne, avec une abnégation d'eux-mêmes digne des temps héroïques. S. A. R. avait un charme indicible, une manière gracieuse d'attirer les cœurs à lui; une parole du prince suffisait pour entraîner ces jeunes hommes à tous les sacrifices. Parmi eux se distinguait Charles de Rivière, le plus âgé de tous, quoiqu'il n'eût pourtant alors que trente-neuf ans, débris dévoué de l'esprit gentilhomme. Charles de Rivière, était officier des gardes-françaises, à l'époque de la Révolution; sa famille n'était point illustre, mais d'une bonne noblesse provinciale, et le comte d'Artois se l'était attaché comme son premier aide-de-camp; dévoué au prince, il s'était exposé à mille morts pour lui; à plusieurs reprises il avait séjourné en France et à Paris même pour s'informer de l'esprit du pays, afin que les princes ne vinssent pas s'exposer imprudemment à l'échafaud, dans un piége de police. Monsieur l'aimait d'une affection tendre; pour lui, son attachement à monseigneur allait jusqu'à l'adoration; il portait toujours sur sa poitrine le portrait du comte d'Artois [1] que le prince avait donné à son fidèle de Rivière, au retour de plusieurs voyages dangereux en Vendée, et plus d'une fois il le couvrait de baisers comme une sainte relique. Nous ne com-

---

[1] *Paroles de Monseigneur.*
« Conserve-toi pour tes amis et contre nos ennemis communs. »
22 octobre 1799.
« Donné par Monseigneur le comte d'Artois, à son fidèle de Rivière, son aide-de-camp, au retour de plusieurs voyages dangereux, à Paris et dans la Vendée. »

prenons plus cela nous autres génération indifférente; demandez-le au républicain qui meurt sous les balles pour une idée; celui-là seul est digne de vous l'expliquer. Ardent de cœur et calme de tête, M. de Rivière se dévouait avec réflexion; il se faisait martyr sans entraînement, par le seul sentiment du devoir; il croyait que c'était chose naturelle qu'un fidèle mourût pour son prince et se sacrifiât comme Blondel pour Richard; sorte de pacte mystique inconnu aux époques froides et indifférentes. Ces caractères pourtant se retrouvent de temps à autre, et Bonaparte malheureux en eut des témoignages.

Les deux autres aides-de-camp du comte d'Artois, portaient le nom de Polignac, fils de la noble duchesse dont les joies et les larmes se mêlèrent plus d'une fois à celle de la reine Marie-Antoinette. Triste destinée que celle de ces deux femmes; elles se prennent d'une vive amitié; elles passent leur belle et jeune existence dans les palais de Versailles et de Trianon, elles posent leurs pieds sur les riches tapis, elles se mirent dans les porcelaines de Sèvres, de Chine et du Japon, et dans les trumeaux de Venise; leurs têtes se parent de diamants dans les bals somptueux, et toutes deux finissent leur vie, à quelques mois de distance, l'une sur l'échafaud, l'autre dans l'exil à Vienne; et on lit encore sur la tombe de celle-ci : « Morte de douleur! [1] » C'étaient les deux fils de madame de Polignac que le comte d'Artois avait pris auprès de lui comme ses aides-de-camp, souvenir des temps plus heureux. Ils étaient jeunes; Armand avait trente et un ans à peine; officier à quinze ans, il avait porté l'épaulette d'argent dans les

---

[1] Yolande-Gabrielle de Polastron, duchesse de Polignac, gouvernante des enfants de France, née en 1749, mourut à Vienne le 9 décembre 1793.

gardes-françaises. Jules, le cadet, alors à vingt-quatre ans, avait à peine quelque mémoire du vieux régime; la Révolution l'avait pris enfant, et il visita l'Europe avec son père le duc de Polignac; pendant quelque temps, il demeura à Saint-Pétersbourg, auprès de Catherine II [1] et de Paul Ier, puis à Vienne, au milieu des plaisirs et des fêtes, dans le brillant hôtel du prince Rasumowski. Jules avait ensuite rejoint le comte d'Artois en Angleterre, où jeune homme, il s'était jeté à ses pieds pour lui offrir sa vie et son épée. Armand, Jules de Polignac et M. de Rivière, formaient la société habituelle du prince alors en rapport avec le général Georges Cadoudal et la fraction énergique et bretonne de l'émigration.

A ce moment, vivaient aussi en Angleterre d'autres proscrits, que les vicissitudes de la Révolution française avaient jetés là; tous n'appartenaient pas aux opinions royalistes; leurs antécédents se liaient à la République, de ses victoires, et aux jours glorieux à la Convention. Le plus important, le plus élevé, était Charles Pichegru, dont le nom se mêle aux triomphes des temps de gloire [2], aux premiers élans de la *Marseillaise*. Il y avait des épisodes curieux dans cette vie de soldat; à Brienne, Pichegru avait enseigné les mathématiques à Bonaparte, comme répétiteur, car alors il était sergent au premier régiment d'artillerie. Pichegru, véritable officier de fortune, fut élu par son bataillon de volontaires; puis employé à l'état-major de l'armée du Rhin; quand la Convention jeta sur l'échafaud Custine, Houchard et Biron, il y eut un homme qui osa prendre le

---

[1] Le duc de Polignac est mort à Saint-Pétersbourg, en 1817.
[2] Il était né en 1761.

commandement en chef des mains de Saint-Just, et ce fut Pichegru. L'armée française, vaincue et démoralisée, se mettait en pleine retraite, Pichegru en releva l'énergie, et arracha la victoire aux Autrichiens; il fit lever le blocus de Landau, et dans ces temps difficiles le Comité de salut public déclara qu'il avait bien mérité de la patrie. Sa belle campagne fut celle de la Hollande; il y avait acquis une gloire immortelle en brisant les bataillons du duc de Cobourg et du duc d'York. Pichegru était encore un de ces hommes marqués à l'antique, pur, désintéressé, tel que la Convention en avait produit; sans ambition personnelle, il était inquiet comme toutes les âmes froissées, et se laissait aller à tous ses ressentiments. A la tête de l'armée du Rhin, des intrigues habilement conduites l'avaient rapproché du prince de Condé; il traita avec les princes par l'intermédiaire de Fauche-Borel [1].

Depuis ce moment, Pichegru s'était jeté avec ardeur dans le mouvement bourbonien; il avait fait son pacte pour restaurer la monarchie sur les larges bases d'une constitution politique. Louis XVIII saisit avec empressement ses propositions et ses offres; Pichegru devint le bras d'une restauration libérale [2]. Le 18 fructidor

---

[1] Voici la lettre de M. le prince de Condé à Pichegru:

« Puisque M. Pichegru est aussi honnête que je l'avais toujours espéré, je désirerais bien qu'il envoyât ici une personne de confiance à qui j'expliquerais les avantages de tout genre que j'assurerais à M. Pichegru et à tous ses amis, dans le cas où il ferait ce qui lui a été communiqué de ma part. Cette mesure me paraît absolument indispensable; car, sans cela, on peut multiplier les messages sans s'entendre, perdre un temps précieux, et compromettre cet important secret. »

Signé. Louis-Joseph de Bourbon.

A Mulheim, le 18 août 1795.

[2] Louis XVIII lui adressa aussi, le 9 juin 1796, une lettre écrite sur de la gaze, dans laquelle il lui disait : « Je dépose entre vos mains, monsieur, toute la plénitude de ma puissance et de mes droits; faites-en l'usage que vous croirez nécessaire à mon service. Si les intelligences précieuses que vous avez à Paris, si vos talents et votre caractère surtout pouvaient me permettre de craindre que quelque événement impossible à prévoir vous obligeât à sortir du royaume, c'est entre M. le prince de Condé et moi que vous trouverez votre place. Si j'en connaissais une plus digne de vous, je vous l'offrirais. »

fut le coup d'État qui sauva le Directoire, comme le 15 vendémiaire avait sauvé la Convention. Pichegru fut déporté à Cayenne, et ici commence sa vie aventureuse et presque romanesque: les députés proscrits, Ramel, Barthélemy et Pichegru, se sauvent sur une frêle embarcation à la merci des flots et des vents; ils abordent à la colonie hollandaise de Synamary, après des périls inouïs. De là, Pichegru vint en Angleterre avec Barthélemy que son fidèle Letellier avait préservé: qui n'a lu l'intéressant journal de Ramel, sur les infortunes prodigieuses de ces proscrits, et sur leurs souffrances dans la frêle pirogue? Pichegru habitait Londres s'unissant au parti royaliste, pour en finir avec la République, qui pourtant l'avait élevé si haut.

Il se trouvait aussi en Angleterre le vieux général des patriotes, Dumouriez, si dévoué à la famille d'Orléans, dans la première époque de la Révolution française; capacité militaire d'un ordre distingué, Dumouriez avait conquis une grande importance. Ses plans parfaitement réfléchis étaient généralement marqués d'une forte habileté stratégique; actif, remuant, il détestait cordialement Bonaparte, et il partageait les ressentiments de Pichegru contre le gouvernement qu'ils avaient l'un et l'autre abandonné[1]. Dumouriez et Pichegru étaient deux têtes assez fortes pour diriger un plan de campagne dans les plus savantes combinaisons; ils savaient bien le personnel de l'armée républicaine, ce qu'il y avait de bon, ce qu'ils y trouvait de faible. Plusieurs officiers de second ordre se groupaient autour de Pichegru; tel était l'adjudant général Lajollais, qui avait servi sous Moreau; caractère inquiet, incessamment mêlé à

---

[1] Une notice fort remarquable sur le général Dumouriez a été publiée par M. Michaud jeune, dans la *Biographie universelle*; elle a été tirée à part.

tous les périls, à tous les hasards des conspirations. Le général Villot, dévoué aux Bourbons, partageait les idées de Pichegru sur la possibilité d'un mouvement militaire; il avait pris rang dans l'armée anglaise, et commandait un corps destiné pour les côtes de Bretagne, au moment où la guerre éclaterait avec le plus de violence.

Pendant leur séjour à Londres, Pichegru et le général Georges s'étaient particulièrement rapprochés par l'intermédiaire du marquis de Rivière; tous s'étaient vus dans les salons de M. le comte d'Artois. Dans plusieurs conférences on discuta les moyens les plus sûrs pour arriver à une restauration en France, et surtout les éléments militaires qui pouvaient préparer le renversement immédiat du premier Consul. A Londres, on était informé de tout ce qui se passait à Paris; on savait les mécontentements que le système du premier Consul avait fait naître dans l'armée; l'opposition de Moreau, les haines de Bernadotte, les résistances qu'opposaient quelques têtes ardentes et agitées au projet de despotisme conçu par Bonaparte. Comme il arrive toujours parmi les exilés, on s'exagérait la mauvaise situation de l'ennemi commun; on se faisait illusion sur le pays que l'on avait quitté; on représentait l'opposition de Moreau comme tellement formidable [1], que le premier Consul ne pourrait pas y résister : un coup de main et cela suffisait; quelques centaines d'hommes déterminés, et dans l'incertitude de tous, on pourrait proclamer les Bourbons à Paris, et la déchéance de Bonaparte, au moyen du Sénat. Pouvait-on compter sur Moreau? L'adjudant général Lajollais avait fait déjà deux fois le voyage de Paris, protestant en termes énergiques que

---

[1] Rapport de Mehée de la Touche au ministre de la police, 1804.

Moreau ne désirait rien plus que de se rapprocher de Pichegru et d'oublier les torts qu'il avait eus envers lui en 1797, lors de l'envoi des papiers qui le compromettaient. « Moreau, disait-il, était prêt à se décider pour la cause commune ; les haines devenaient chaque jour plus violentes contre Bonaparte; il fallait agir si l'on ne voulait tout compromettre. »

Il y avait d'ailleurs en tous ces hommes un désir immense de revoir Paris et la France ; on ne peut dire le saisissement qui prend le cœur du proscrit lorsqu'il parle de la patrie : il entreprendrait mille folies, mille coups extravagants pour toucher cette terre dont la fatalité l'éloigne ; il voit tout sous le prisme des illusions ; il s'imagine toujours que le gouvernement qui l'opprime est près de tomber ; sa haine est encore du patriotisme ; il veut saluer le château de ses ancêtres, leur tombe, le clocher de la paroisse. Et si maintenant l'on jette au milieu de ces affections pour le pays, les trames d'une police provocatrice, si les agents favorisent au cœur de l'émigré cet extrême penchant pour la patrie, on le mènera comme un enfant sur le chemin de la terre natale alors même que l'échafaud l'y attendrait. C'est à peu près ce qui se passait à Londres ; sous ce ciel brumeux, les Chouans, les émigrés, les généraux mécontents frappés de l'exil, voulaient revoir la France, et ce besoin unissait, dans une cause commune, les opinions les plus disparates, les vieux patriotes et les royalistes. C'est ce qui arrive au temps où chacun veut triompher d'un ennemi commun.

La police consulaire, faite avec soin, savait les instruments qu'on devait mettre en action pour entraîner les émigrés de Londres dans une faute susceptible de compromettre tout le parti ; elle entretenait en Angleterre de nombreux agents; épiant toutes les démarches, profitant de toutes les émotions, elle les tournait au profit de ses desseins. A Londres, résidait un agent actif du nom de Mehée de la Touche, triste renommée qui se mêlait aux souvenirs des journées de massacre; porté sur les listes du 18 brumaire, exilé comme septembriseur, Mehée de la Touche, s'était sauvé de l'île d'Oleron, et passant en Angleterre il avait offert ses services à ce gouvernement. Les ministres le repoussèrent d'abord, mais lorsque la rupture du traité d'Amiens ralluma la guerre, ils voulurent en faire un instrument de parti pour soulever les Jacobins de France. Mehée vint plusieurs fois à Paris et se mit en rapport avec la police; esprit souple et actif, il parcourut l'Allemagne, trompa les ministres anglais, MM. Drake et Spencer Smith, spécialement chargés d'agiter la France; il reçut de l'argent à pleines mains des Anglais et des émigrés [1]; puis il rendit compte jour par jour à la police de toutes les menées des royalistes à l'extérieur; il partageait ses missions secrètes avec un autre agent du nom de Rosey, et M. de Mont-

---

[1] Voici le plan que Mehée de la Touche soumettait aux conjurés au nom de M. Drake :

Art. 1er. Il paraît plus convenable que M. D. L. se rende à Paris même ou dans les environs, où la police a bien moins les moyens de surveiller quelqu'un qui sait se cacher, que dans un autre endroit où chaque nouveau visage est remarqué, et où le moindre maire est instruit de tout ce qui arrive, et en rend compte pour s'en faire un mérite. On ne parle pas des soupçons que les allées et venues et le passage des lettres peuvent faire naître, ainsi que de leur interception possible. Il est encore bon d'observer que l'on est bien mieux éclairé en parlant bien séparement aux personnes mêmes qu'en obtenant d'elles des renseignements écrits qui supposent toujours une certaine réserve qui n'a pas lieu dans l'abandon de la conversation.

Art. 2. Le but principal du voyage de M. D. L. étant le renversement du gouvernement actuel, un des premiers moyens d'y parvenir est d'obtenir la confidence des plans de l'ennemi ; pour cet effet, il est de la plus haute importance de commencer avant tout par établir des correspondances sûres dans les différents bureaux, pour avoir une connaissance exacte de tous les plans, soit pour l'extérieur, soit pour l'intérieur. La connaissance de ces plans fournira les meilleures armes pour les déjouer, et le défaut de succès est un des moyens de discréditer absolument le gouvernement, premier pas vers le but proposé et le plus important : pour cet effet, on tâchera de se ménager des intelligences

gaillard, qui avait vendu les secrets du parti royaliste après avoir donné au prince de Condé des témoignages d'un dévouement actif.

La police de Paris chargea donc Mehée de la Touche de se rendre à Londres, afin de décider, selon le conseil de Fouché, le parti royaliste et l'opposition militaire mécontente à quelque démarche compromettante. Bonaparte avait besoin d'une grande faute dans les partis pour préparer activement ses desseins à l'Empire ; il fallait perdre Moreau en le rapprochant de Pichegru et tout confondre dans une vaste conspiration de chouannerie. Mehée de la Touche vint à Londres dans ce dessein ; il peignit en termes énergiques aux princes, à leurs fidèles, les mécontentements de Moreau et de l'armée. « Le moment était venu d'agir parce que le Consul se trouvait pressé de toutes parts entre les feux croisés de l'armée et des partis en armes. Il fallait qu'un prince se mît à la tête de ce mouvement en débarquant en Normandie ; tout se soulèverait : le nom de Pichegru était chéri du soldat et rattacherait les républicains ; Mo-

très sûres dans les bureaux de la guerre, de la marine, des affaires étrangères et des cultes. On tâchera de savoir aussi ce qui se passe dans le comité secret que l'on croit établi à Saint-Cloud, et composé des amis les plus affidés du Consul. Les avis doivent être donnés en forme de bulletin conformément aux instructions du président du comité, et envoyés avec toute la célérité possible à M. D. (Drake) de la manière qui sera convenue. On aura soin de rendre compte des différents projets que B. (Bonaparte) pourrait avoir relativement à la Turquie et à l'Irlande, et des menées du comité des Irlandais ; ces points sont très spécialement recommandés à M. D. L. comme les plus importants en commençant et dans les premiers moments. On fera connaître aussi le déplacement des troupes, des vaisseaux, les constructions et tous les préparatifs militaires. Les lettres seront adressées à un ami, à Strasbourg, et delà, par lui, portées à la poste, à Kehl. Lorsqu'on aura beaucoup à écrire on pourra le faire sur le dos d'une ou plusieurs cartes géographiques, avec l'encre sympathique, ou sur la marge de livres imprimés sur papier bien collé, en observant de faire une petite tâche d'encre sur la feuille où l'écriture commence, et on enverra le paquet par un chariot de poste, à l'adresse de mademoiselle Franck, ou de M. Papelier et compagnie, à Strasbourg, avec une lettre signée du nom d'un libraire quelconque, où l'on priera le correspondant de le faire passer à M. D. Ces correspondants étant dans l'usage de faire des commissions pour M. D., ne soupçonne-

reau s'empresserait de s'y joindre, par la haine que tous portaient à Bonaparte : que Pichegru vînt donc à Paris et tout serait prêt. » De tels raisonnements jetés à des âmes hautement exaltées par l'idée de la France et sous le prisme de tant d'illusions, devaient agir efficacement. En matière de police, les agents provocateurs ne font pas les complots ; ils ne créent pas les opinions, mais ils les caressent et les enlacent de telle manière qu'elles sont entraînées à faire plus promptement et plus aveuglément ce qu'elles rêvaient dans leur cœur.

Le plan des conjurés fut arrêté à Londres par les généraux Dumouriez et Pichegru : un corps de braves Bretons dévoués à Georges devaient se rendre à Paris par des voies mystérieuses et détournées sans que nul pût savoir leur destination. Des amis fidèles devaient leur préparer des logements, soit dans la cité, soit dans les environs : tous ces Bretons, fils de la chouannerie, devaient être bravement armés et dévoués au premier signal du général Georges. Puis Pichegru débarquait avec le général Lajollais, suivant ces mêmes routes détour-

ront jamais de quoi il s'agit, ces objets étant des objets de commerce ordinaire. Ceci n'aura lieu cependant que lorsqu'il y aura beaucoup à écrire, et dans le cas où le volume du paquet pourrait éveiller des soupçons à la poste, et alors on préviendra M. D. de cet envoi, dans la première lettre ; on observera que la manière d'empaqueter n'ait rien d'affecté. Les adresses de ces paquets seront toujours A. B., avec une lettre d'envoi pour Madame Franck ou M. Papelier et compagnie.

Art. 3. On tâchera de fournir à M. D. un aperçu des dépenses qui seront nécessaires, en observant de faire la demande, autant en avance qu'il sera possible, et en expliquant les différents objets. On indiquera à M. D. le nom de convention de la personne en faveur de qui la lettre de change doit être tirée, et M. D. aura soin de procurer une lettre, où son nom ne paraîtra pas, et qui ne pourra pas être suspectée.

Art. 7. On pourrait, de concert avec les associés, gagner les employés dans les fabriques de poudre, afin de les faire sauter quand l'occasion s'en présentera.

Art. 8. Il est surtout nécessaire de s'associer et de s'assurer de la fidélité de quelques imprimeurs et graveurs, pour imprimer et faire tout ce dont l'association aura besoin.

Art. 9. Il serait à désirer que l'on connût au juste l'état des partis en France, et surtout à Paris, et quel serait le résultat le plus favorable, si B. venait à mourir.

Art. 10. On ne parlera au comité, pour le moment actuel, que du renversement

nées pour se rendre à Paris; là, par l'intermédiaire d'amis communs: Lajollais, l'abbé David et Couchery, ils devaient se rapprocher de Moreau pour aviser aux moyens d'attaquer corps à corps le gouvernement de Bonaparte, l'objet de la haine commune. Moreau étant considéré comme le chef de l'opposition militaire, Pichegru devenait le lien naturel entre cette opposition et les Bourbons; ils se donnaient mutuellement parole et garantie.

On parlait de certains plans pour l'organisation d'un gouvernement provisoire, après la déposition de Bonaparte: d'abord on essaierait l'attaque de vive force s'il le fallait; les Bretons s'offraient pour cela; tous hommes déterminés et au cœur fier, ils ne demandaient qu'à se prendre corps à corps avec la garde consulaire; on aurait constitué un système de transition en attendant un prince de la maison de Bourbon, et c'est pour préparer les voies et examiner les faits que MM. de Rivière et de Polignac venaient à Paris. Ensuite, Dumouriez débarquait à Hambourg pour se mettre en rapport avec Barras, alors à Bruxelles; il devait parcourir l'Allemagne, réunissant les émigrés sous le duc d'Enghien, chargé d'un mouvement par Strasbourg ou Huningue. L'argent ne devait pas manquer, l'Angleterre fournissait tous les fonds; les ministres britanniques à Munich, à Stuttgard, MM. Drake et Spencer Smith, devaient mettre à la disposition de

du gouvernement, hormis à ceux que l'on sait être bien disposés, en attendant que l'on ait quelque chose de certain sur les dispositions du roi, et que l'on connaisse mieux la nature des moyens d'agir dans l'intérieur, ainsi que la disposition générale des esprits. On enverra par la suite de nouvelles instructions, tendantes au but que l'on se propose, et qui seront calquées sur les renseignements que l'on recevra.

Art. 11. On recommande la plus grande circonspection, surtout dans les premières démarches, et de ne se confier qu'avec la plus grande réserve, pour éviter les trahisons des faux-frères qui pourraient profiter de cette occasion d'acquérir des droits aux faveurs du gouvernement, et dans aucun cas quelconque, on ne se fiera qu'à des hommes très prudents. Une manière de sonder l'opinion des gens dont on doute serait naturellement d'observer que si la

Moreau et de Pichegru des sommes considérables, afin de préparer un mouvement dans le Sénat qui ratifierait les changements de la constitution. Mehée de la Touche trompant tout le monde par ses exaltations, recevait de l'argent de chacun, et rendait compte à la police de toutes les phases de ce complot.

Ce plan vaste, inouï, fut adopté d'enthousiasme; Mehée de la Touche en promettait succès. Bonaparte avec sa prévision habituelle, savait que le résultat serait son élévation à l'Empire; on viendrait à lui dans le danger commun. Quand tout fut prêt pour le départ, la marine anglaise fournit une corvette, fine voilière, sous le commandement du capitaine Wright et des officiers les plus distingués de l'amirauté. Le débarquement devait être successif, afin de ne pas donner des soupçons aux autorités de la côte. Le capitaine Wright, dont la destinée fut depuis si fatale, était un de ces hommes qui semblent appelés à un rôle de guerre civile, âmes fortes et d'exception qui succombent dans cette lutte des partis et des gouvernements. Wright connaissait parfaitement les côtes; sa vie première s'était passée à surveiller les contrebandiers et les pêcheurs autour des vigies.

Si vous avez parcouru quelquefois les dunes de l'Océan entre le Tréport et Dieppe, majestueuses montagnes de sable qui s'élèvent de quelques cents pieds sur les flots de la mer; quand vous avez quitté le Tréport,

---

république n'est pas possible, il paraît plus simple et plus juste de recourir à la royauté ancienne que de se dévouer au nouveau despotisme d'un étranger.

Art. 12. M. D. n'est pas d'avis que M. D. L. quitte la France, à moins d'une nécessité très urgente, vu la difficulté de passer et de repasser les frontières.

Art. 13. Il est entendu qu'on emploiera tous les moyens possibles pour désorganiser les armées, soit au-dehors, soit au-dedans.

Art. 14. On tâchera d'établir une correspondance plus directe avec l'Angleterre, par la voie de Jersey, ou de quelque point de la côte de France. On pourrait aussi voir s'il y a moyen d'établir une correspondance par la voie de Hollande et d'Embden.

traversé Tocqueville, vous arrivez à Biville-sur-Mer, non loin du petit hameau de Penli, fameux dans les annales des Normands. La falaise qui s'élève là, à deux cent cinquante pieds du niveau de la mer, est entourée de récifs sur lesquels viennent battre les vagues écumantes [1], tristes rochers redoutés par les matelots des côtes de la Manche. Là, dans une anse creusée par les mains du vieil Océan dans le granit, sont des abris inaccessibles, refuge des contrebandiers lorsque la mer est orageuse et que la tempête gronde. En vain les douaniers, les gardes-côtes, veulent y arriver, le précipice est trop grand, le danger trop immense dans les ténèbres de la nuit, l'heure à laquelle les contrebandiers débarquent leurs marchandises. Un câble aussi haut que le rocher, de deux cent cinquante pieds environ, était alors suspendu du sommet à la base; les contrebandiers y attachaient leurs marchandises, s'élançant ainsi dans les airs et franchissant les barrières. Les habitants de ces côtes sont demi-sauvages; parmi eux vivent encore les coutumes affreuses des naufrages; ils en recueillent les débris avec une joie féroce, et n'ont de respect que pour les contrebandiers, oiseaux de mer qui battent des ailes lorsque la tempête noircit l'horizon, et annoncent de riches proies.

---

[1] Voici le rapport du général Savary, envoyé pour surveiller la falaise de Biville:

« J'arrivai de nuit à la falaise, et j'allai, au jour, reconnaître, avec Troche, le cutter ennemi, qu'il connut pour être celui auquel j'avais affaire. Ce bâtiment gagnait le large dès que l'aurore commençait à poindre; mais il venait louvoyer dès que le jour tombait, et se plaçait en face d'une tour de signaux de côte, que baignait un large et profond ravin à l'extrémité duquel était fixée une corde, connue dans le canton sous le nom de corde des contrebandiers.

« Cette corde, de la grosseur d'un câble de vaisseau marchand, était appliquée perpendiculairement le long de la falaise, qui, en cet endroit, a plus de deux cent cinquante pieds d'élévation à pic. Elle était amarrée à de gros pieux fichés profondément dans la terre, et disposés de six en six pieds. Celui qui montait le dernier la repliait et l'accrochait à un piquet destiné à cet usage, afin de la dérober aux pa-

C'était pourtant à cette falaise de Biville que les Bretons, sous le général Georges et les conjurés conduits par le général Pichegru, devaient débarquer. Le capitaine Wright avait fait sonder toutes les côtes depuis Tréport jusqu'à Dieppe; des espions étaient partout répandus, et le capitaine avait décidé le débarquement à la fameuse falaise des Contrebandiers. Rien ne transpirerait dans cette immense solitude; on se servirait, pour jeter les Chouans sur les côtes, des mêmes moyens employés pour les marchandises transportées à Paris; les stations de la contrebande devaient servir d'asile aux conspirateurs. On passerait les routes de traverse, Saint-Agnan, Londinières, couchant de métairie en métairie.

Partout les Bretons et leurs compagnons de périls seraient accueillis par les paysans comme de dignes contrebandiers avec ce respect qu'ils inspirent aux villageois des dunes : le contrebandier est le roi de la côte, comme le brigand des Abruzzes ou de la Sierra-Morena est le prince de la montagne; on leur ferait éviter les vigies, les postes, les douanes, ils voyageraient la nuit conduits par des guides les plus fidèles. Le capitaine Wright exécuta parfaitement ses instructions; plusieurs débarquements eurent lieu sur la côte; le premier se fit sous les ordres de Georges, dès le 21 août; il était le plus considérable; tous les Bretons armés suivirent leur général. MM. de Po-

---

trouilles qui pouvaient circuler le long de la côte. Ce moyen d'introduire de la contrebande devait être bien ancien, car cette corde me parut être un établissement tout à fait organisé. Elle avait ses surveillants, qui étaient chargés de l'entretenir, et les contrebandiers payaient fort exactement la contribution qui leur était imposée pour la passe.

« Jamais péril ne m'avait paru aussi imminent que celui que courait un homme gravissant ainsi la falaise un fardeau sur les épaules. Il suffisait qu'un pieu d'amarrage manquât pour qu'il ne fût plus question de la contrebande ni du contrebandier. C'était par là que Georges et ses compagnons étaient venus en France, et assurément on était loin de penser à un passage qui s'effectuait à moins de cent pas d'une tour de signaux, habitée par les guetteurs, qui, à la vérité, se retiraient la nuit. »

(Récit du général Savary.)

lignac et de Rivière, le général Pichegru et Lajollais débarquèrent dans une seconde et troisième expédition.

Tous ces hommes déterminés se dirigèrent vers Paris par les stations que leur indiquait leur itinéraire [1]; ils furent partout accueillis avec un profond mystère et un secret de parti tenu avec la plus scrupuleuse attention. Leurs amis les attendaient sur la route; tous arrivèrent à Paris ou aux environs et la police n'eut que des renseignements vagues et indécis : on dit que Fouché, qui avait cessé d'être ministre, connaissant l'arrivée de quelques-uns des conjurés, les laissa s'engager par adresse; il avait besoin d'un grand complot pour rétablir à son profit le ministère de la police. Mais en politique on attribue souvent à l'habileté ce qui n'est que l'effet du hasard. Des asiles furent assurés à Paris par les complices de la conspiration; il est cependant difficile de croire qu'une police aussi active que celle du Consul n'eut pas quelques données sur la présence de Georges, de Pichegru; peut-être voulait-on les laisser compromettre plus Moreau avant de les arrêter complétement.

Une fois sur le théâtre des événements, il fallait agir, et plusieurs plans se déroulèrent devant les conspirateurs. Les Bretons, à la tête ardente, étaient hommes de résolution et d'expédients; le général Georges, s'il avait

---

[1] Des stations avaient été disposées par un Breton du nom de Jean-Marie, dit Lemaire, arrivé par Boulogne sur un paquebot, dans les premiers jours de prairial, et par Raoul Gaillard, dit Saint-Vincent, venu en France par Hambourg, qui, après avoir été secondés par Bouvet et d'autres initiés, étaient retournés en Angleterre. La première de ces stations, à partir de Biville, était à Guillemecourt, chez Pajot. La seconde, commune de Saint-Rémy, ferme de la Poterie, hameau d'Hautélimont, chez les Détrimont. La troisième, à Preusseville, chez Loizel; là se forment trois lignes particulières, en direction sur Paris. A gauche, la quatrième station était à Aumale, chez Monnier. La cinquième à Feuquières, chez Boniface Colliaux. La sixième, au Monceau, commune de Saint-Omer, chez Leclerc. La septième, à Auteuil, chez Quentin Rigaud. La huitième, à Saint-Lubin, commune de Remonville, chez Jean-Baptiste Massignon,

eu moins d'élévation dans l'esprit, moins de loyauté dans le caractère, aurait pu concevoir, exécuter un assassinat contre Bonaparte; ce n'était certes pas difficile, car le premier Consul s'exposait sans déguisement; il se montrait partout aux parades, offrant sa noble poitrine à tous les coups. Mais le général Georges, pas plus que ses officiers, ne voulaient être des assassins; ils reculaient devant cette idée; Georges avait toujours désavoué la machine infernale; elle lui pesait sur la mémoire, il savait le déplorable effet qu'elle avait produit dans l'opinion. Cette idée de passer pour un misérable le blessait profondément.

Le plan qu'il avait conçu était plus vaste, mieux en rapport avec des têtes bretonnes; Georges et ses officiers avaient compté un à un les gardes du Consul; les guides étaient trente; trente Bretons, des plus intrépides, devaient engager le combat. Quand le Consul revenait de Saint-Cloud, les Chouans devaient tendre deux cordes dans les Champs-Élysées, arrêter l'escorte, fondre sur elle le pistolet au poing, le poignard à la ceinture; engager un combat de trente contre trente, comme les vieilles annales nous en citent l'exemple entre les Bretons et les Anglais [1]. Il y avait de la chevalerie dans ce projet, poétique coup de main contre l'ennemi commun; s'il y avait peu d'apparence de succès, au moins y avait-il attaque

et à Jouy-le-Peuple, chez Nicolas Massignon. La neuvième à Saint-Leu-Taverny, chez Lamotte. A prendre au point d'embranchement, ligne du milieu, la quatrième station était à Gilles-Fontaine, chez la veuve Lesueur. La cinquième à Saint-Clair, chez Daché. La sixième, à Gournay, chez la veuve Caqueray. A remonter toujours au dit embranchement, la quatrième station était à Forges et à Roncherolles, chez les Cambu. La cinquième, à Saint-Crépin, commune de Lorlot, chez Bertengles. La sixième, à Estrapagny, chez Damonville et son fermier. La septième, à Vauréal, chez Bouvet, dit Larivière, et la huitième, à Aubonne.

[1] Ce plan est conservé en écrit parmi quelques-uns des conjurés qui vivent encore. La correspondance continuait entre les Chouans et Georges Cadoudal. En voici un témoignage:

« Général, je travaille sans cesse à voir

publique et franche d'ennemi à ennemi. Georges même, pour mettre toute la loyauté de son caractère à jour, devait engager un combat corps à corps avec le premier Consul, l'épée à la main comme un duel d'homme à homme; et il ne craignait pas ces sortes de combats!

Le général Pichegru avait un autre dessein plus militaire; lui ne s'occupait pas de ces attaques qui avaient des chances de succès plus ou moins grandes, et devaient subir les incertitudes du triomphe; son plan se résumait en des termes plus raisonnables. Il voulait profiter des mécontentements de l'armée, réunir les débris du vieux parti républicain, voir Moreau, s'entendre avec lui afin de tenter un coup de main contre le gouvernement du premier Consul par l'armée et le Sénat. Et ici Pichegru comprenait parfaitement la situation; l'inquiétude était réelle sous la tente, le mécontentement se ferait entendre dans sa plus vive expression; la tyrannie de Bonaparte déplaisait à l'armée, il fallait soulever le parti patriote, invoquer l'appui du Sénat et faire prononcer la déchéance. En réduisant le plan à de telles proportions, il avait des chances de succès; la faute de Pichegru fut de s'être trop lié aux Bourbons de manière

les individus les plus propres à l'opération dont nous avons parlé; je les trouve très apathiques et très alarmés des surveillances et des recherches que l'on fait sur le compte de chaque voyageur arrivant à P... et les environs, les comptes que l'on prend sur eux dans la commune dont ils sont partis, etc., etc.; enfin votre dernière résolution sur cet objet. Je ne douterai jamais de former un noyau d'insurrection au moment favorable, malgré l'indifférence du clergé et de la noblesse; un prince avec une force imposante, enlèvera toujours la nation entière, ce que cent mille royalistes réunis ne pourront faire; alors je crois voir déjà que je pourrai préalablement fournir un petit contingent. Quand j'aurai fini ma mission, si je ne reçois de nouveaux ordres de vous, je me rendrai au lieu d'où je suis parti. Les rhumatismes me tracassent grandement; j'irai jusqu'à tomber sur les dents. Ne doutez jamais de mon zèle, de mon attachement et de mon dévouement. »

Salut d'amitié respectueuse,
Signé. Gaspard.

« P. S. j'emploie le plus utilement possible la petite somme que vous m'avez confiée; je ne la ménage pas : aujourd'hui on ne peut rien faire sans beaucoup d'argent. »

Cette lettre portait pour suscription : *au papa.* (Lettre de Debar à Georges Cadoudal, en date du 12 novembre 1803.)

à en faire une, condition indispensable de tout mouvement militaire et sénatorial. Beaucoup d'officiers pleins de haine au cœur contre Bonaparte, auraient secondé Moreau et Pichegru s'ils avaient travaillé au profit de la République en renversant le premier Consul ; mais si on leur posait la question de rétablir les Bourbons, l'affaire devenait alors complexe ; il y avait des répugnances pour la vieille dynastie à côté de l'enthousiasme du soldat pour la cause publique ; une fraction de l'armée pouvait détester Bonaparte, mais pour arriver à une restauration de Louis XVIII, il y avait à faire un pas immense, auquel on n'était pas préparé [1].

Dès l'arrivée de Pichegru à Paris, les amis communs cherchèrent à le mettre immédiatement en rapport avec Moreau, et la chose ne fut pas difficile. Les agents actifs de ce rapprochement étaient M. Couchery, l'abbé David, le général Lajollais, qui travaillèrent dans le plus profond secret. Moreau n'hésita point à voir Pichegru, son vieux camarade, son maître dans l'art de la guerre, envers lequel il avait eu de grands torts, car c'était lui qui avait dénoncé au Directoire la correspondance de Pichegru avec le prince de Condé. Pichegru et Moreau se virent à plu-

---

[1] Dans le rapport secret adressé au ministre de la police par M. Desmarest, on trouve le passage suivant :

« La cause de ces longs délais, si dangereux puisqu'ils ont tout ruiné, mérite d'être considérée. Ce que je vais dire est de pure conjecture et d'après mes propres inductions, que chacun pourra apprécier. Georges dans sa nouvelle position, qui avait élevé ses vues, tenait fortement à une idée particulière : c'était de n'être pas un *aventurier* ou un *assassin par ordre*. Il marchait contre le Consul à deux conditions : d'abord, de le frapper de l'épée dans un choc militaire, et non sous les formes clandestines du meurtre, et ensuite que le comte d'Artois, lieutenant général du royaume, serait de sa personne à Paris pour donner le signal de l'attaque, et s'emparer aussitôt du mouvement politique.

« Or, pour le premier objet, Georges s'était fait fort de réunir dans la capitale une élite de 200 à 250 hommes. Aussi dès avant son départ de Londres, il avait envoyé en Bretagne son lieutenant Debar, qui lui mandait : « Qu'ayant sondé ceux qu'il croyait les plus propres à l'opération, il ne trouvait que des apathiques, ou effrayés des surveillances exercées sur eux à Paris, etc. »

Au mois de janvier 1804, un autre officier

sieurs reprises; en fiacre dans un rendez-vous de nuit sur la place de la Madeleine, et ils se rapprochèrent; Pichegru osa même se présenter publiquement à l'hôtel de Moreau, rue d'Anjou; tous deux convinrent d'un point principal : la nécessité de renverser la dictature de Bonaparte et son gouvernement oppresseur. La haine était ici égale, elle existait aussi profonde dans le cœur de Moreau que dans l'âme de Pichegru; on arrêta aussi les moyens d'exécution qui étaient un acte de déchéance par le Sénat à la suite d'un mouvement militaire. Mais lorsqu'il fut question de savoir quel serait le but de l'entreprise, les garanties qu'elle pourrait offrir, la cause ou l'idée pour laquelle on travaillerait, Pichegru et Moreau ne purent s'entendre; parfaitement d'accord pour renverser, ils ne le furent pas pour reconstruire. Pichegru développa son plan pour les Bourbons appuyé sur un système de liberté et les idées de 1789. Moreau fit suffisamment entendre qu'il ne voulait travailler dans cette circonstance que pour l'armée et l'établissement du Consulat temporaire, à son profit ou au profit d'un autre général, tel que Jourdan ou même Pichegru, ayant donné des gages à la Révolution et à la gloire. Tout cela devait

---

(Lahaye Saint-Hilaire) fut expédié de Paris, par Georges, avec trois cents louis pour presser les levées. Mais sa mission tardive fut sans effet, à cause des événements qui, dans le même temps, vinrent rompre toute la trame.

« Il paraît donc qu'à la fin de janvier, quand la conjuration fut éventée, Georges, après cinq mois, avait au plus quarante ou cinquante hommes ralliés à lui; encore, plus de la moitié en avait été tirée d'Angleterre. Je n'y comprends pas un nombre de volontaires normands et picards, gentilshommes ou autres, dont les services pour l'exécution pouvaient lui paraître précaires.

« Ainsi, l'une des conditions voulues par lui-même, échappait à ses efforts. L'autre condition, l'arrivée du prince, étant subordonnée à celle-là, se trouvait suspendue; et elle devint bientôt impossible, quand Moreau, abordé par Pichegru et Georges, se montra tout à fait éloigné de seconder leur mouvement tel qu'ils l'entendaient, et de lier sa fortune avec la contre-révolution. Dès lors, l'espoir d'une forte recrue intérieure étant en partie déçu, et le nœud politique et militaire manqué, il ne restait plus aux conjurés venus du dehors, que la ressource d'un coup désespéré ou d'une prompte retraite. »

LES CONJURÉS À PARIS (1803).

être bien entendu avant que Moreau se décidât à une entreprise militaire. Pichegru se sépara de lui mécontent, et Georges exprima son opinion en termes énergiques. Il était facile de voir qu'on ne s'entendait pas.

Ainsi il faut bien caractériser l'action des divers partis qui se mettaient alors en scène. Georges venait à Paris pour attaquer de vive force le premier Consul en digne Breton, les armes à la main, d'homme à homme; Pichegru arrivait pour sonder le parti militair, eafin de préparer un mouvement plus sérieux de concert avec Moreau, sans projet arrêté d'une attaque de vive force; il s'agissait de donner l'impulsion au Sénat pour prononcer un acte de déchéance et créer un gouvernement provisoire. Enfin MM. de Polignac et de Rivière, aides-de-camp du comte d'Artois, avaient une double mission; incontestablement ils se seraient réunis à l'attaque armée de Georges et des Bretons contre le premier Consul. Quand il s'agissait de tirer l'épée pour la cause des Bourbons, les aides-de-camp du comte d'Artois ne pouvaient hésiter; ils iraient droitement au danger sans baisser la tête. Mais la mission de MM. de Polignac et de Rivière était d'examiner la situation et de l'apprécier avec justesse, afin d'en rendre compte aux princes français à Londres; et, sur le rapport de ses aides-de-camp [1], M. le comte d'Artois ou tout autre prince de la maison de Bourbon, le duc de Berry, par exemple,

---

[1] Je donne le récit de M. de Rivière :

« M. le comte d'Artois ne recevait depuis longtemps que les rapports les plus invraisemblables; à entendre ceux qui les lui adressaient, il semblait qu'il n'avait plus qu'à se présenter, que tout allait lui obéir. Il était difficile, en considérant la source d'où partaient ces rapports, de se défendre de l'impression qu'ils devaient naturellement produire. Cependant, je ne partageais pas le moins du monde les espérances qu'on nous donnait. Je dis ma façon de penser au prince; je lui demandai la permission de venir en juger moi-même, et lui annonçai qu'il pourrait se déterminer sur mon rapport, parce que je ne me laisserais aller à aucune illusion. S. A. R. consentit à ce voyage. Je vins à Paris; je ne tardai pas à me convaincre que l'on nous trompait. »

devait se rendre à Paris pour donner une impulsion, une unité à une contre-révolution naturellement désordonnée. Les uns disaient que M. le comte d'Artois aurait la lieutenance générale du royaume en attendant Louis XVIII; les autres n'allaient pas aussi loin, ils voulaient seulement que M. le duc de Berry ou M. le duc d'Enghien vînt parler à l'armée et lui rappeler les souvenirs de Louis XIV et du grand Condé, en laissant ensuite se développer le mouvement militaire. Quelques-uns ajoutaient même que M. le duc d'Orléans ou le duc de Montpensier paraîtrait au milieu de Paris, afin de donner par son nom quelques gages au parti révolutionnaire; nommé lieutenant général du royaume, il préparerait la restauration de la maison de Bourbon, en la fondant sur des institutions constitutionnelles. Tout cela se disait dans cette confusion d'idées et de partis qui formaient alors l'opposition à Bonaparte.

Qu'on se représente maintenant au milieu de Paris cette masse d'hommes s'agitant en conspirateurs, la plupart sans asile, errant la nuit, couchant çà et là; Georges tantôt à Chaillot, à Saint-Leu, ou bien sur le revers de la montagne Sainte-Geneviève : Pichegru[1], le vainqueur de la Hollande, sans foyer pour reposer sa tête; les deux jeunes de Polignac, élevés sur les riches tapis de Ver-

---

[1] Pichegru s'exposait grandement à Paris. Voici ce que racontait Moreau en 1807 :

« Il y avait déjà quelque temps que Pichegru était à Paris et que nous nous voyions tous les jours.

« Lorsqu'il venait chez moi, il avait coutume de demander un de mes domestiques, qui était le seul qui le connût, et auquel j'avais donné ordre d'être toujours apprêté pour le recevoir et l'introduire dans mon cabinet, où j'allais le rejoindre, si je n'y étais pas déjà.

« Il arriva qu'une fois que mon salon était rempli par une société qui avait dîné chez moi, Pichegru vint plus tôt qu'à son ordinaire. Ne trouvant pas sur l'escalier le domestique qui avait l'habitude de l'y attendre, il monta jusqu'à l'antichambre, où n'ayant de même trouvé personne, parce que mes gens étaient à dîner, il ouvrit la porte du salon; le voyant plein de monde, il se retira aussitôt. Heureusement il ne fut remarqué que par ma femme, qui avait tourné la tête du côté de la porte au mo-

sailles, tendant la main pour solliciter un lit chaque soir, quand la brume de décembre couvrait Paris de ses ténèbres, et trouvant cet abri dans cette pitié de femmes qui comprend toujours les cœurs jeunes et les hommes qui se dévouent. De temps à autre on se voyait dans des lieux écartés pour examiner les progrès de la conspiration; Georges, mécontent, écrivait partout, afin de réunir les trente hommes assez déterminés pour se battre corps à corps; il ne voulait pas répéter la fâcheuse impression de la machine infernale, désirant une attaque sans guet-apens, un combat loyal à armes égales. Vingt fois la vie du premier Consul fut dans ses mains, et il ne voulut pas l'obtenir au prix d'un assassinat; or, quand on est dans la voie des complots, cette générosité d'âme perd souvent les plus hardis projets. Georges écrivait en Bretagne à ses lieutenants pour recruter des hommes d'une grande force de corps et d'une résolution à l'épreuve. Pichegru voyait de temps à autre Moreau, mais il en revenait toujours mécontent de ses irrésolutions, de ses faiblesses et surtout de sa répugnance pour la cause des Bourbons. La loyauté de Georges empêcha l'attaque des Bretons; les incertitudes de Moreau ne permettaient pas au parti militaire de triompher; il y avait là assez de causes pour faire échouer le projet de renversement.

ment où elle s'était ouverte, et l'avait reconnu. Je sortis de suite pour aller le conduire moi-même à mon cabinet, où nous restâmes une partie de la soirée.

« Le lendemain, j'eus une explication vive avec ma femme, qui prétendait que je me perdais, parce que le général Pichegru ne venait sans doute à Paris que pour travailler en faveur des Bourbons, et qu'une fois qu'il n'aurait plus besoin de moi, il me ferait repentir de ce que j'avais écrit contre lui au Directoire. Elle ne cessa pendant longtemps de me parler sur ce ton-là, et j'étais dans des transes mortelles qu'elle n'allât enfin confier ses doléances à quelques-unes de ses amies; mais il paraît qu'elle s'était observée, car ce n'est pas par des indiscrétions de sa part que l'on a eu les premiers avis de cette affaire. »

(Conversation de Moreau.)

Ce qu'il y a de plus curieux dans une négociation active et dans un secret qui se gardait par des masses d'hommes, c'est que la police ne fut qu'imparfaitement instruite : on n'avait que ces données vagues qui ne peuvent autoriser les poursuites d'un complot; plus de deux cents têtes se cachaient dans Paris, Pichegru et Moreau se voyaient[1]; Georges, le redoutable adversaire du premier Consul, rassemblait ses chefs de bandes, et le gouvernement restait en pleine sécurité ou au moins faisait semblant de l'être. Bonaparte pouvait disparaître dans une tempête, dans un combat corps à corps, et la police n'avait rien prévu, rien fait pour l'empêcher. Une sorte de frissonnement se manifestait dans l'opinion : les Chouans, jeunes Bretons, ne se cachaient pas; ils s'exprimaient haut sur le *petit homme*, annonçant sa ruine prochaine et même sa mort jusque dans les lieux publics; la police inquiète ne pouvait rien préciser.

Une version, assez appuyée, raconte que cette longue sécurité entrait dans les desseins perfides de la police, afin de préparer l'Empire, en compromettant le parti militaire opposant. Bonaparte, a-t-on dit, voulut perdre Moreau, et il prépara l'arrivée de Pichegru, et cette conspiration, moitié bourbonienne et moitié répu-

---

[1] Voici le rapport intime de la police sur les entrevues de Moreau et de Pichegru.

« Le domestique de Georges déclara qu'un soir il était sorti en fiacre avec son maître, qui avait avec lui un petit général boiteux dont il ne savait pas le nom, ainsi qu'un autre personnage qui lui était également inconnu. Il ajouta, qu'arrivés au boulevard de la Madeleine, le petit général était descendu, et avait été chercher le général Moreau chez lui, rue d'Anjou; qu'alors son maître avec l'autre personnage, avaient mis pied à terre, et que tous deux s'étaient promenés avec le général Moreau, pendant que lui et le petit général boiteux se tenaient dans le fiacre. Quand il remontèrent en fiacre, il entendit dire au personnage qui accompagnait son maître, en parlant du général Moreau : « Il paraît que ce b... là a aussi de l'ambition. »

« Ce propos a une coïncidence avec l'espérance qu'avait le général Moreau, d'être revêtu de la puissance consulaire, et avec les refus qu'il fit de s'engager dans les principes de Georges. J'ai appris que, dans une autre entrevue, Georges lui avait dit que son projet était tout prêt, qu'il frapperait le premier Consul

blicaine fut une des grandes habiletés du Consul. Il y eut certes beaucoup de police dans la marche de ce complot et la mission de Mehée de la Touche à Londres en est la preuve. Toutefois, il eût été étrange que pour arrêter une si vaste conspiration, le Consul fût resté six mois exposé aux coups d'audace de ces vigoureux Bretons qui pouvaient en finir dans un jour de désespoir. On pouvait savoir vaguement la conspiration, la laisser se mûrir et se développer dans un dessein ambitieux, mais le rapprochement de toutes les opinions hostiles à Bonaparte était chose naturelle. Quand il s'agit de perdre un ennemi commun toutes les têtes se touchent, toutes les mains se pressent, et après la rupture du traité d'Amiens, le Consul était devenu le point de mire de tous les partis.

tel jour (qu'il lui désignerait), et qu'il ne lui demandait que de partir d'avance avec le général Pichegru, pour se rendre dans les environs de Boulogne, y attendre la nouvelle de l'événement, et ne pas perdre de temps pour agir sur l'armée ; ce que Moreau refusa positivement. De sorte que Georges fut obligé de retarder son coup par la conviction qu'il acquérait qu'il n'aurait abattu le premier Consul qu'au profit du général Moreau. C'est alors qu'il dit : « Un bleu pour un bleu, j'aime encore mieux celui qui y est que ce j...f..... là. »

[1] « Fouché suivait avec une sollicitude toute particulière les recherches que dirigeait M. Réal et quand il avait surpris quelque nouvel incident, il courait le raconter aux Tuileries. Le premier Consul qu'amusait quelquefois son esprit, lui disait : « Vous faites donc toujours la police ? — J'ai conservé répondait Fouché, quelques amis qui me tiennent au courant. » La conversation s'engageait ainsi sur l'entreprise de Georges, dont les ramifications ne laissaient pas que d'occuper le premier Consul, qui aimait à en parler de confiance. Fouché s'emparait de tout ce qui lui échappait pour aller puiser de nouvelles informations. »

CHAPITRE X.

PRÉPARATIFS DE GUERRE APRÈS LA RUPTURE
DU TRAITÉ D'AMIENS.

Esprit militaire de la France. — Levée de la conscription. — Offre des conseils municipaux. — Formation des armées. — Corps d'invasion du Hanovre. — Mortier. — Occupation. — Armée de Hollande. — Camp pour l'expédition d'Angleterre. — Les généraux Soult, Davoust, Marmont, Oudinot. — La division des grenadiers réunis. — Junot. — Préparatifs maritimes. — Le chantier. — Les flottilles. — Visite des camps par le premier Consul. — Voyage en Belgique. — Véritable destination de l'armée d'Angleterre.

1803.

Le cri de guerre poussé à la rupture du traité d'Amiens trouvait un long retentissement au sein de la nation française. Les idées belliqueuses plaisent au peuple, elles correspondent à ses sentiments aventureux; si le commerce et les manufactures avaient salué le traité d'Amiens comme un grand bienfait du Consulat, le soldat ne l'avait subi qu'avec peine; l'oisiveté ne favorisait pas l'avancement. Chaque campagne avait vu des fortunes inouïes, des grades rapidement conquis; la vie pacifique ne convenait pas à ces valeureuses troupes qui avaient accompli avec tant de gloire les campagnes d'Italie et d'Allemagne; quand donc la trompette retentit une fois encore, on vit ces braves régiments retrouver leur fier courage pour le porter jeune et fort sur de nouveaux champs de bataille, leur vie habituelle.

La nécessité d'affaiblir l'opposition militaire et de soumettre les colonies, avait déterminé le premier Consul à se séparer des plus vieilles troupes de l'armée; plusieurs milliers d'officiers et de soldats étaient licenciés [1]; d'autres avaient été envoyés à Saint-Domingue, dans cette expédition meurtrière; des régiments même étaient partis pour l'Inde, l'île de France ou la Guadeloupe; plus de 50,000 hommes d'excellentes troupes étaient jetés loin de la patrie, sans qu'on pût les rappeler pour un coup de main décisif. La cavalerie avait été mise sur le pied de paix après Lunéville; l'artillerie comptait à peine le tiers des pièces qu'elle avait, lors de la campagne de Marengo et de la bataille de Hohenlinden; le besoin d'économie, le déficit du budget, avaient forcé à ces suppressions, et le Consul, comptant sur une plus grande durée du traité d'Amiens, avait même diminué les cadres des régiments de ligne. En commençant une ère nouvelle de guerre, il fallait prendre des ressources plus vastes, et mettre en action les véritables éléments des batailles, et remplir les vides. Lors du message du roi Georges III aux communes pour demander leur con-

---

[1] Bonaparte avait agrandi son système de vétérans à l'imitation des Romains; chaque camp devait être composé de 405 hommes, savoir : 1 chef de bataillon, 4 capitaines, 4 lieutenants, 8 sergents, 16 caporaux, 363 soldats. Les camps seraient distingués dans chaque division par l'ordre de leur établissement. Le premier établi dans une division, porterait le nom de premier camp de cette division, et ainsi de suite. Il serait tracé pour chaque camp une enceinte dans laquelle seraient réunies les habitations des vétérans destinés à le composer, placée dans une disposition saine, militaire et rapprochée autant qu'il se pourra du centre des terres destinées à sa dotation. Chaque vétéran serait logé dans une maison rurale. Les maisons nationales existantes sur le terrain désigné pour l'emplacement des habitations, devaient être affectées au logement des vétérans, et celles qui seraient susceptibles d'être divisées, seraient partagées en autant d'habitations distinctes qu'elles pourraient contenir de vétérans, et les constructions nécessaires à cette séparation seraient faites ainsi qu'on va le voir. Il serait construit des maisons rurales

cours, le premier Consul avait préparé une levée de 120,000 conscrits pour combler le déficit militaire que les récentes expéditions avaient faites dans les rangs de l'armée [1].

Cette augmentation considérable de l'armée ne grandissait pas actuellement les ressources actives de la France; si elle accroissait son effectif réel, elle ne donnait pas des soldats faits et exercés; les conscrits étaient des recrues qu'il fallait former en les incorporant dans de vieux régiments; 120,000 hommes de nouvelles troupes ne pouvaient subitement se présenter sur un champ de bataille. A cet effet, on multiplia les camps militaires qui s'étendaient depuis Ambleteuse jusqu'à Ostende; sur ce vaste terrain, les conscrits pouvaient être exercés comme en pleine campagne; on les incorporait dans des régiments vieillis sous des drapeaux couronnés tant de fois par la victoire; ils y prenaient l'esprit de corps, l'amour de leur état, l'obéissance absolue à la discipline. Bonaparte, je l'ai dit, toujours à l'imitation des idées romaines, avait imposé à ses légions de grands travaux; jamais oisives, elles prenaient les armes, se réunissant par des alertes simulées; ou bien encore elles exécutaient des œuvres immenses, comme

---

pour les vétérans qui n'auraient pu être logés dans les maisons nationales. Chaque camp serait entouré d'un mur élevé et crénelé, avec une halle au milieu.

« Chaque vétéran devant recevoir une portion de terre d'un revenu net égal au montant de sa solde de retraite, il serait préalablement procédé à l'évaluation particulière des différentes natures et qualités des terres affectées à la dotation des camps. La répartition des terres se ferait, pour chaque camp, par le préfet du département de concert avec un agent du domaine, désigné par le ministre des finances, ainsi qu'avec un officier supérieur nommé dans chaque division par le général qui la commande, et choisi parmi ceux qui sont en activité. Les préfets pourraient s'adjoindre pour cette opération les expers chargés de l'évaluation. La portion de terre de chaque vétéran serait distinguée par des bornes ou limites placées avec l'exactitude nécessaire pour prévenir toute contestation avec les propriétaires des terres voisines.

[1] Novembre 1802,

les cohortes sous les centurions et les tribuns : on en avait fait l'essai au premier camp de Boulogne; le résultat avait prouvé que les soldats maniaient la pioche avec le même zèle que le fusil et le sabre des batailles. Ce furent les conscrits des camps qui creusèrent le port d'Ambleteuse, commencé sous Louis XVI : ici l'armée déblayait le lit des rivières, là elle desséchait les marais ; plus loin, des jetées empêchaient les eaux stagnantes de répandre la contagion dans les contrées trop basses ; à Boulogne, l'armée finit le port avec un zèle et une ardeur indicible. En méditant l'histoire des conquêtes de Rome, on peut voir que la merveilleuse organisation de ses armées avait servi de base à tous les plans de Bonaparte; il voulait faire tourner les travaux des soldats à toutes les améliorations de l'agriculture et aux voies de communication : les soldats aussi élevaient des autels de gazon à leur Consul, comme les légions à leur César et aux dieux immortels. Bientôt un mouvement de guerre vint suspendre les travaux des glorieux enfants de la France.

Dès que la rupture du traité d'Amiens fut officiellement annoncée, le premier Consul résolut d'envahir le Hanovre, possession héréditaire des rois de la Grande-Bretagne et leur patrimoine le plus cher. Le général Mortier, un des chefs de la garde consulaire, reçut le commandement d'une expédition qui devait, en méprisant la neutralité allemande, se porter rapidement sur le territoire germanique [1]. L'Angleterre avait fait quelques

---

[1] Le roi d'Angleterre avait publié l'acte suivant :

Georges III, par la grâce de Dieu, roi du royaume uni de la Grande-Bretagne et de l'Irlande, défenseur de la foi, duc de Brunswick et de Lunebourg, archi-trésorier et électeur du Saint-Empire romain.

« Quelle que soit l'issue des négociations entre notre couronne et le gouvernement français, notre ferme résolution est d'observer, comme électeur et État de l'em-

préparatifs de défense ; mais dans la situation où se trouvait le continent, elle était aise de cette invasion, afin de montrer l'esprit de conquête qui animait Bonaparte dans ses gigantesques entreprises ; le cabinet anglais semblait dire ainsi à l'Europe : « Voyez, la France ne respecte rien ; il est temps que vous preniez des mesures pour empêcher l'envahissement complet de tous les territoires, la chute de tous les trônes ; une coalition est devenue indispensable, la preuve en est dans la neutralité rompue, dans cette violation de principes, et l'Allemagne va être le théâtre d'une occupation comme la Suisse, l'Italie et la Hollande. » Le général Mortier agit avec une grande vigueur : quand le premier Consul avait donné des ordres, on devait les exécuter sur l'heure ; quelques marches forcées suffirent pour amener l'occupation du Hanovre ; les ressources de l'électorat servirent à recruter l'armée de France en chevaux, en artillerie ; on y trouva plus de cinq cents pièces attelées, et vingt mille

pire, la plus stricte neutralité. Nous devons espérer en conséquence, ainsi qu'il est juste, que nos fidèles pays et sujets allemands n'auront rien à souffrir des événements. Cependant, comme il est notoire qu'il se fait de grands mouvements de troupes en Hollande, et que dans cette circonstance il nous est impossible de nous dissimuler le danger auquel nos pays et et sujets allemands pourraient être exposés, si, contre nos vœux, les négociations n'avaient pas une issue pacifique, nous croyons qu'il est de notre devoir le plus sacré d'employer, sous la protection divine sur laquelle la justice de notre cause nous permet de compter, les mesures de précaution les plus efficaces pour garantir de tout danger nos fidèles états allemands que la Providence a confiés à notre sollicitude. Nous nous adressons donc à tous nos fidèles sujets allemands avec cette confiance que nous inspirent l'affection paternelle que nous leur portons et le dévouement sans bornes qu'ils nous ont toujours montré ; nous les sommons tous, et chacun en particulier, de remplir tous les devoirs que leur imposent les serments qu'ils nous ont prêtés, leur attachement à leur fortune et à leur patrie, l'amour de leur famille, enfin, la conservation de tout ce qui est cher et précieux à leur cœur. Nous faisons cette sommation avec d'autant plus de confiance que notre prince chéri, le duc de Cambridge, d'après sa tendre affection pour nos sujets allemands, partagera tous les dangers avec eux, coopérera en personne, efficacement, à toutes les mesures que leur salut pourrait demander. Pour être préparés à tous événements imprévus, il est indispensable dès ce moment de connaître exactement le nombre de tous nos sujets allemands en état de porter les armes pour la défense de la patrie. C'est dans cette intention seule que nous ordonnons à toutes les au-

chevaux de remonte, qui furent distribués aux différents corps du camp de Boulogne. La Prusse fut profondément affectée de l'occupation du Hanovre; l'empire germanique était blessé dans son principe et dans sa neutralité. L'opposition de la noblesse au ministre Haugwitz se fit plus vivement sentir; on se prépara sourdement aux hostilités; l'occupation du Hanovre portait les avant-postes français à quelques marches de Berlin.

L'armée du Hanovre fut soutenue sur sa gauche par un corps aux ordres du général Bernadotte, destiné à occuper la Hollande, sous prétexte de la défendre contre l'invasion des Anglais. Bernadotte momentanément réconcilié avec Bonaparte, avait reçu de lui un commandement important, et peut-être le plus actif dans la campagne qui se préparait. Comme le corps du Hanovre, l'armée destinée à occuper la Hollande, ouvrait une véritable campagne; on craignait un débarquement des Anglais et on tenait en échec un mouvement prussien,

torités publiques de nos fidèles pays allemands, de dresser promptement la liste complète de tous ceux de nos sujets qui sont propres au service militaire, et d'exiger d'eux la promesse qu'au premier appel qui leur sera fait, ils accourront à la défense de la patrie, se portant partout où leur présence sera jugée nécessaire. La fidélité et le patriotisme éprouvés de nos bien aimés sujets, nous sont un sûr garant qu'aucun d'eux ne méconnaîtra ses devoirs, et ne sera assez lâche pour se soustraire par une fuite honteuse à la voix de l'honneur. Si cependant, contre toute attente, ce cas arrivait, un tel sujet indigne, qui priverait sa patrie du secours qu'il lui doit dans un moment aussi critique, serait irrémissiblement déchu de tous les biens qu'il possède dans nos pays allemands, et de toute succession qui pourrait lui revenir.

« Mais nous nous confions sans réserve dans la fidélité de nos sujets allemands, e sommes pleinement assurés qu'ils seront unanimement enflammés d'un égal zèle pour coopérer, de tout leur pouvoir et sans craindre aucun sacrifice, au salut de leur patrie.»

Hanovre, 16 mai 1803.
Ad mandatum regis et electoris speciale.

Signé. De Kielmansagger,
d'Arnsswald,
de Decken,
Grote.

[1] Pour témoigner de la modération de son système, le premier Consul fit écrire au ministre d'Angleterre pour lui proposer l'échange des prisonniers.

Lettre du ministre des relations extérieures à lord Hawkesbury. — Paris, 21 prairial an XI (10 juin).

« Mylord. Après un léger engagement avec les troupes de S. M. B., l'armée fran-

sur la frontière. Bernadotte se montrait extérieurement très dévoué au premier Consul ; les griefs paraissaient oubliés ; ses quinze mille soldats formaient la tête de la colonne vers le nord de la grande armée française. Tout en jetant les yeux sur les côtes d'Angleterre, Bonaparte menaçait le Rhin et l'Elbe.

Le corps d'invasion de Hollande était soutenu par quatre divisions aux ordres de Marmont, campées autour d'Utrecht ; le général devait appuyer toute opération militaire dans les provinces unies, si cela était nécessaire ; il donnait la main à l'armée du centre sous Davoust, si redouté de ses camarades, par sa sévérité et son dévouement trop intime à Bonaparte ; Ostende était son quartier militaire. Le général Soult, commandant le quatrième corps, avait son centre à Boulogne ; ce corps, spécialement destiné à une descente en Angleterre, comptait les meilleures troupes, sous le chef peut-être, le plus capable de grandes manœuvres. Ney commandait

çaise occupe tout le pays de Hanovre.

« Le premier Consul n'ayant en vue que d'obtenir des gages pour l'évacuation de Malte, et de travailler à accomplir l'exécution du traité d'Amiens, n'a point voulu faire éprouver toutes les rigueurs de la guerre aux sujets de S. M. B. Cependant, le premier Consul ne peut ratifier la convention conclue entre l'armée française et celle de S. M. B., dont j'ai l'honneur de joindre ici copie, qu'autant qu'elle sera pareillement ratifiée par S. M. B., et dans ce cas, le premier Consul me charge expressément de déclarer qu'il est dans son intention que l'armée du roi d'Angleterre en Hanovre soit d'abord échangée contre tous les soldats ou matelots que les vaisseaux de S. M. ont faits ou sont dans le cas de faire prisonniers.

« Le premier Consul verrait avec peine que S. M. B., en refusant de ratifier ladite convention, obligeât le gouvernement français à traiter le pays de Hanovre avec toute la rigueur de la guerre, et comme un pays qui, livré à lui-même, abandonné par son souverain, se serait trouvé conquis sans capitulation, et laissé à la disposition de la puissance occupante. J'attendrai avec empressement, mylord, que vous me fassiez connaître les intentions de S. M. B. Recevez, mylord, l'assurance de ma plus haute considération. » Signé. Ch. Maur. Talleyrand.

Réponse de lord Hawkesbury au ministre des relations extérieures.

Downing-Street, le 15 juin 1803.

« Monsieur, j'ai mis sous les yeux du roi votre lettre du 10 courant.

« J'ai l'ordre de S. M. de vous informer que, comme elle a toujours considéré le caractère d'électeur de Hanovre comme distinct de son caractère de roi des royaumes unis de la Grande-Bretagne et de l'Irlande, elle ne peut consentir à acquiescer à aucun acte qui pourrait consacrer l'idée

le camp de Montreuil et d'Étaples; Lannes, qui revenait de Portugal, dut former deux divisions auxiliaires appelées à seconder le général Soult à Boulogne.

Pour compléter l'ensemble de ce grand campement, Bonaparte forma une armée de réserve composée d'hommes d'élite, nouvelle garde capable d'un coup décisif dans une bataille rangée. L'opinion du Consul sur ce point était invariable; il savait par expérience que, dans le moment décisif, lorsqu'il faut enlever le succès d'une affaire, un corps d'élite bien placé, parfaitement conduit, donne la victoire, et c'est ainsi que les cuirassiers de Kellermann, et la garde consulaire avaient déterminé le succès de Marengo. Cette garde n'était point assez nombreuse; elle n'allait pas au-delà de 10,000 hommes. Bonaparte avait donc préparé l'organisation des grenadiers réunis, sous le général Junot, à l'imitation du système militaire des Russes et des Autrichiens qui ont des régiments de grenadiers d'élite. Cette

qu'elle est justement susceptible d'être attaquée dans une capacité pour la conduite qu'elle peut avoir cru de son devoir d'adopter dans l'autre. Ce n'est pas de ce moment que ce principe est avancé pour la première fois. Il a été reconnu par plusieurs puissances de l'Europe, et plus particulièrement par le gouvernement français, qui, en 1795, en conséquence de l'accession de S. M. au traité de Bâle, reconnut sa neutralité dans sa capacité d'électeur de Hanovre, dans le moment où il était en guerre avec elle en sa qualité de roi de la Grande Bretagne. Ce principe a été de plus confirmé par la conduite de S. M. à l'occasion du traité de Lunéville, et par les arrangements qui ont eu lieu dernièrement, relativement aux indemnités germaniques, qui doivent avoir eu pour but de pourvoir à l'indépendance de l'empire, et qui ont été solennellement garanties par les principales puissances de l'Europe, mais auxquelles S. M., comme roi de la Grande-Bretagne n'a pris aucune part.

« Dans ces circonstances, S. M. est déterminée, dans son caractère d'électeur de Hanovre, à en appeler à l'empire et aux puissances de l'Europe qui ont garanti la constitution germanique, et par conséquent ses droits et possessions en qualité de prince de cet empire. En attendant que S. M. soit informée de leurs sentiments, elle m'a commandé de dire, que dans son caractère d'électeur de Hanovre, elle s'abstiendra scrupuleusement de tout acte qui pourrait être considéré comme contrevenant aux stipulations contenues dans la convention qui fut conclue le 3 juin entre les députés nommés par la régence de Hanovre et le gouvernement français. Je désire que vous acceptiez les assurances de la haute considération avec laquelle j'ai l'honneur d'être, Monsieur, votre très humble et très obéissant serviteur. » *Signé*. Hawkesbury.

belle division formée à Arras, exercée comme la garde des Consuls, devait composer la réserve de l'armée d'Angleterre. La cavalerie, qui avait besoin d'un vaste terrain de fourrage, n'était pas réunie sur un même point; les dragons, groupés en divisions de quatre régiments chacune, étaient cantonnés depuis l'embouchure de l'Escaut jusque sur les bords de l'Oise et de l'Aisne; la cavalerie légère, les chasseurs et les hussards, s'étendaient depuis Saint-Omer jusqu'à Compiègne[1].

Les conscrits, réunis avec l'admirable activité française, manœuvraient comme de vieilles troupes; la supériorité de la cavalerie et de l'infanterie était incontestable. L'esprit national si belliqueux se déployait dans toute sa magnificence; l'armée avait ses généraux, les plus habiles tacticiens comme les plus intrépides chefs de corps; on disait qu'elle était destinée pour une descente en Angleterre, afin de venger les outrages de la grande nation que le cabinet anglais insultait par ses actes et par ses paroles; chefs et soldats croyaient à cette destination d'une campagne à Londres. Les proclamations, les arrêtés consulaires indiquaient le but d'une invasion comme le seul que l'on devait entrevoir dans un très prochain avenir. Bonaparte, plus avancé dans le véritable sens d'une campagne, n'avait en vue que l'or-

---

[1] « Les régiments, composés aux deux tiers de conscrits, quittèrent leurs garnisons et allèrent former des camps d'instruction qui s'étendaient d'Utrecht à l'embouchure de la Somme. Celui d'Utrecht était commandé par le général Marmont, qui avait été remplacé à l'inspection générale de l'artillerie par le général Songis. Il s'étendait jusqu'à Flessingue, et avait le n° 2 parce que le corps du Hanovre, qui était alors commandé par le général Bernadotte, avait pris le n° 1.

« Le 3me, aux ordres du général Davoust, avait son centre à Ostende, et s'étendait jusqu'à Dunkerque inclusivement.

« Le général Soult commandait le 4me, qui était établi à Boulogne, et s'étendait depuis Gravelines jusqu'à la gauche de Boulogne.

« Le 5me, commandé par le général Ney, comprenait Montreuil et Étaples; il prit plus tard le n° 6, parce qu'on forma un nouveau corps à Boulogne, auquel on donna le n° 5. Il fut placé sous le com-

ganisation d'une grande armée; l'état du continent l'inquiétait trop pour qu'il pût se précipiter dans les hasards d'une expédition en Angleterre, même avec une armée plus considérable. Indépendamment des difficultés insurmontables que l'expédition présentait, comment supposer que dans la situation de l'Europe, lorsque la Prusse et l'Autriche armaient, lorsque la Russie était prête à éclater, comment supposer que le Consul se fût imprudemment dégarni sur ses frontières? Sous Paul Ier et après la paix de Lunéville, il pouvait rêver les idées historiques de César pour la conquête de la Grande-Bretagne; mais à la face d'ennemis prêts à se coaliser, Bonaparte ne pouvait s'exposer à une campagne outre mer; le Consul avait une trop grande prévoyance, un sentiment trop exquis des besoins du pays; lui seul connaissait le secret de sa diplomatie et l'orage qui se formait sur le continent.

Le camp de Boulogne était donc un moyen de réunir de grandes masses de troupes, de les exercer et de les faire mouvoir comme une armée pour une campagne prévue dans un temps déterminé; les corps qui s'appuyaient les uns sur les autres depuis le Hanovre jusqu'à Paris, depuis Amsterdam jusqu'à Ambleteuse et Dieppe, étaient réunis sous une même main, les chefs

mandement du général Lannes, qui revenait du Portugal, où il était ambassadeur.

« Une réserve composée de douze bataillons de grenadiers réunis se rassembla à Arras, sous les ordres du général Junot, qui quitta le gouvernement de Paris pour prendre le commandement de cette division.

«Tous les régiments de dragons qui étaient en France furent réunis en divisions de quatre régiments chacune. Elles furent cantonnées depuis l'embouchure de l'Escaut sur les bords de l'Oise et ceux de l'Aisne.

«Les chasseurs et hussards furent réunis à Saint-Omer et Ardres.

« Les troupes ainsi réparties, on les occupa, on les disciplina à la manière des Romains. Chaque heure avait son emploi; le soldat ne quittait le fusil que pour prendre la pioche, et la pioche que pour prendre le fusil. » (Récit du général Savary.)

intelligents, se prêtaient appui comme si une guerre allait commencer; l'expédition d'Angleterre était un essai. Quelque aventureux que fût le Consul, allait-il livrer aux flots de la mer, les dernières ressources de la patrie? Il ne l'aurait osé qu'en étant profondément assuré de la paix du continent [1].

Comme la haine était grande contre les Anglais, il était important de ménager l'esprit public et de lui donner cette direction militaire. L'idée d'une descente sur les côtes britanniques flattait l'orgueil national en réveillant les époques historiques; elle caressait cette vanité française qui aime les choses inouïes. Tous les journaux déclamaient contre la *perfide Albion* et la trahison du cabinet de Saint-James. Quand la guerre fut déclarée, ce fut un concert unanime en France pour offrir au premier Consul les moyens de descente sur les côtes de l'ennemi commun. L'impulsion fut donnée par le ministre de l'intérieur et les préfets; de toutes parts

---

[1] Avec les hommes sérieux, jamais Bonaparte ne s'expliqua sur l'expédition d'Angleterre qu'en termes très dubitatifs. On lui a fait tenir depuis à Sainte-Hélène d'autres paroles; mais, je le répète, rien de plus puéril que la plupart des livres attribués aux inspirations de Bonaparte à Sainte-Hélène.

« Qu'est-ce que disent les badauds de mes préparatifs de descente? — Général, il y a une grande diversité d'opinions; chacun en parle à sa manière. Suchet, par exemple, qui vient me voir assez souvent, ne doute pas qu'elle ait lieu, et il espère vous donner, dans cette circonstance, une nouvelle preuve de sa reconnaissance et de son dévouement. — Mais Suchet m'a dit que vous n'y croyez pas. — C'est vrai, je n'y crois pas du tout.—Et pourquoi?—Parce que vous m'avez dit à Anvers, il y a cinq ans, que vous ne vouliez pas jouer la France sur un coup de dé; que cela était trop chanceux; et rien, sous ce rapport, n'est changé depuis ce temps-là.—Eh bien! oui, vous avez raison; ceux qui croient à une descente sont des niais. Ils ne voient pas la chose sous son véritable aspect. Je puis sans doute débarquer avec 100,000 hommes. On me livrera une grande bataille, je la gagnerai; mais je dois compter sur 40,000 hommes tués, blessés ou prisonniers. Si je marche sur Londres, une seconde bataille m'y attend; je la suppose encore heureuse: que faire à Londres, avec une armée diminuée des trois quarts, sans espoir de renforts? ce serait une folie. Sans une supériorité acquise de notre marine, il ne faut jamais songer à un pareil projet. La grande réunion de troupes que vous voyez dans le nord a un autre but. Il faut que mon gouvernement soit le premier de tous ou qu'il succombe. » (Cette conversation est rapportée par l'interlocuteur lui-même).

vinrent des adresses et des offres de navires et d'argent [1] : la conscription fournissait des hommes à la volonté du gouvernement; mais on manquait des éléments d'une belle et grande marine; les prodiges de la nation pouvaient-ils remplacer le vide des dernières guerres? Chaque cité, chaque corporation, les corps politiques mêmes, offrirent des vaisseaux ou des chaloupes selon la richesse de chacun, le traitement des fonctionnaires et les revenus des employés. Les départements empruntèrent ou bien encore votèrent des centimes additionnels pour la construction de la flotte et des flotilles : le Sénat offrit un vaisseau de ligne; la ville de Paris et les cités commerciales eurent aussi leur vote d'un vaisseau de haut bord, le Conseil d'État donna sa frégate, le Tribunat et le Corps législatif des corvettes. A travers tout ce bruit, il y eut quelque chose dans l'emploi des ressources de désordonné; l'enthousiasme voulut créer l'impossible et improviser une marine avec cette même supériorité d'intelligence que le premier Consul avait mise à créer une armée. Le zèle fut beau, mais bien mal dirigé ; des sommes énormes vinrent s'enfouir dans les chantiers de Bou-

---

[1] On faisait de toutes parts des circulaires pour stimuler le zèle. Bonaparte écrivait aux évêques :

« Monsieur, les motifs de la présente guerre sont connus de toute l'Europe. La mauvaise foi du roi d'Angleterre, qui a violé la foi des traités en refusant de restituer Malte à l'ordre de Saint-Jean de Jérusalem, qui a fait attaquer nos bâtiments de commerce sans déclaration préalable de guerre, la nécessité d'une juste défense, tout nous oblige de recourir aux armes. Je vous écris donc cette lettre pour vous dire que je souhaite que vous ordonniez des prières pour attirer la bénédiction du ciel sur nos entreprises. Les marques que j'ai reçues de votre zèle pour le service de l'État, m'assurent que vous vous conformerez avec plaisir à mes intentions. »

Écrit à Saint-Cloud, le 18 prairial an XI.
Bonaparte.

« Citoyen préfet, le cabinet britannique veut la guerre.

« Non contente de dominer dans l'Asie et dans l'Amérique, l'Angleterre aspire à la possession exclusive du commerce du monde, et ose nous fermer les portes du Levant. Tout envahir, tout posséder, rendre tous les peuples tributaires, étouffer partout l'industrie, telle est la politique et l'ambition de son gouvernement.

« Le premier Consul a voulu fortement la paix ; il a fait pour la conserver tous les sacrifices qu'il a cru compatibles avec sa

logne et s'éparpillèrent en péniches et bateaux plats.

Le conseil des amiraux et des officiers de marine réuni à Paris, l'on discuta longtemps sur la question de savoir quel serait le meilleur mode pour préparer une descente facile sur les côtes britanniques en utilisant toutes les ressources de la patrie. Les uns soutenaient la nécessité d'une forte escadre de vaisseaux de haut bord qui se réunissant sur un point, présenterait à la marine anglaise dispersée une flotte en masse de soixante ou quatre-vingts vaisseaux livrant bataille, tandis que les frégates, les corvettes, opéreraient le débarquement de 60 à 80,000 hommes. Ceux-ci devaient se retrancher jusqu'à ce que de nouveaux secours vinssent fortifier le premier débarquement toujours protégé par la grande flotte de vaisseaux de ligne. Ce mode d'expédition militaire exigeait ainsi le double emploi d'une forte escadre et d'une petite flottille; la simultanéité d'un combat naval et d'une invasion militaire.

La seconde opinion qui parut plus séduisante parce qu'elle était plus facilement réalisable, consistait à faire construire des myriades de bateaux plats, armés de deux

propre gloire et la dignité nationale; le premier Consul a épuisé, dans les négociations, tout ce que la sagesse peut offrir de ressources; mais le gouvernement britannique a voulu la guerre, et il n'est plus d'espoir de conserver cette paix glorieuse que nos armées avaient conquise.

« L'Angleterre ne veut ni notre prospérité commerciale, ni le rang que la nation a pris en Europe; elle voudrait une nation avilie, constamment tributaire de son industrie, et recevant la loi de son commerce; mais, citoyen préfet, nos destinées sont marquées par la population et la position de la France, par le caractère de ses habitants, par la force de son gouvernement et le génie de son chef, et n'en doutez pas, l'Angleterre dans son délire viendra se briser contre le colosse d'airain, au pied duquel l'Europe avait déposé ses armes.

« Mais comme cette guerre est la cause de tous, puisqu'il s'agit de l'honneur français et du sort du commerce national, tous doivent se presser autour du gouvernement, et la jeunesse, qui est surtout appelée à en recueillir les fruits, doit ambitionner l'honneur de se mêler dans les rangs de nos braves pour y apprendre à vaincre, à établir la prospérité de la France sur les débris du gouvernement britannique.

« Pressez donc, citoyen préfet, le départ des conscrits, entretenez l'ordre et la

pièces d'artillerie : chacun de ces bateaux porterait 50 hommes jetés rapidement de l'autre côté du détroit tandis qu'une bataille navale serait livrée s'il le fallait par l'escadre. Les bateaux plats présentaient l'avantage de pouvoir transporter en six heures 100,000 hommes sur les côtes de l'Angleterre. C'était renouveler l'expédition de Guillaume-le-Conquérant, qui n'employa que de simples barques pour conduire les Normands sur le rivage de l'Angleterre ainsi qu'on le voit dans la tapisserie de Bayeux. Tout cela se discutait gravement au ministère de la marine, à Paris [1].

Quand ce mode d'invasion par les péniches fut arrêté, l'impulsion du gouvernement se répandit sur toutes les parties de la population; chaque point du territoire fut envahi par les chantiers de construction où l'on improvisait des bateaux plats. Le peuple de France a besoin d'être frappé par les yeux, il se laisse aller à tous les enthousiasmes; à Paris surtout où la multitude a besoin de spectacle et d'émotions nouvelles on éleva plusieurs chantiers pour la construction navale : les pacifiques navigateurs de la Seine eurent des tressaillement de joie quand ils virent cent cinquante bateaux plats en construction depuis le Gros-Caillou sur le quai jusqu'au palais du Corps législatif; quand ces péniches étaient construites, les bourgeois allaient voir manœuvrer sur la Seine ces pauvres petites coquilles d'eau douce, et on les remorquait ainsi jusqu'à Rouen et le Havre; on en transporta même

---

tranquillité publique, et tâchez d'adoucir par une administration ferme et paternelle, les maux inséparables de la guerre la plus juste. »

Je vous salue.   *Signé*. Chaptal.

[1] Voici quelques-uns des votes des départements:

« Le conseil général du département de la Vienne a voté un supplément de 7 centimes 1/2 par franc, aux contributions directes, pour la construction de bateaux plats, qui porteront le nom du département.

— Celui de la Vendée a voté 6 centimes par franc sur toutes les contributions et les patentes de l'an XII. Le produit en sera employé à la construction d'un vaisseau

sur de grandes charrettes. On put dire à ce moment qu'on avait la monomanie des bateaux ; on ne parlait que de constructions dans les journaux : des couplets patriotiques furent chantés ; on se promit, en vaudevilles, la conquête de la Grande-Bretagne, par ces petits coches de la Seine et de la Marne, par ces jonques qui devaient voguer sur le grand Océan à la face des cétacés de cent-vingt canons de la marine britannique.

Bientôt une flottille considérable se rassembla dans les ports depuis Ambleteuse, jusqu'à Ostende ; les navires plats se groupaient par milliers et arrivaient de la Hollande, de la Bretagne, de la Guyenne ; ils suivaient la côte, sous la protection des batteries, pour se réunir dans les ports principaux. L'armée s'essayait à l'embarquement et au débarquement ; les divisions couraient sur la flottille. On faisait des évolutions sur les rivières et sur les rades, comme des comparses de théâtre ; on hissait les chevaux ; les hommes s'accoutumaient au mouvement des vagues ; tandis que les marins s'exerçaient aux manœuvres sur des frégates, des corvettes, des bateaux de haut bord qui devaient protéger le débarquement ; l'activité était immense.

Spectacle curieux à voir que ce camp de Boulogne, plus remarquable sous le rapport de la tenue militaire, que pour les manœuvres de la marine. Il n'y avait pas assez d'expérience dans les matelots de la flottille, pas assez l'habitude du commandement dans les amiraux, pour

qui portera le nom de *la Vendée*. — Celui des Deux-Sèvres a voté 300,000 francs destinés à la construction d'une frégate qui sera nommée *les Deux-Sèvres*. — Celui de la Sarthe, 5 centimes par franc sur les contributions directes de l'an XII, pour la construction de bateaux plats. — Celui de l'Oise, 300,000 francs pour la construction de chaloupes canonnières et bateaux plats. — Celui de la Meuse, 176,660 francs pour la construction de bâtiments. — Celui de la Meurthe, 240,000 francs. — Celui de la Haute-Marne, 5 centimes par franc sur les contributions de l'an XII, pour la construction de trois bateaux plats de première classe. Ces trois bâtiments porteront le nom de *Haute-*

vaincre les escadres anglaises. Puis, je le répète, Bonaparte ne dit jamais son dernier mot sur le camp de Boulogne; il ne croyait pas alors que la situation diplomatique pût permettre de jeter en Angleterre la meilleure, la seule armée qui alors existât pour la défense de la patrie. La capitulation des deux armées d'Égypte et de Saint-Domingue était là comme exemple.

En face de ces préparatifs militaires pour accomplir une invasion, la Grande-Bretagne éprouvait une certaine inquiétude, au moins parmi les classes inférieures de la société, de la bourgeoisie et des métiers de la Cité de Londres. L'aristocratie, instruite de la situation véritable, ne croyait pas à une invasion sur les côtes britanniques; elle avait foi dans sa marine, elle connaissait surtout l'esprit de l'Europe qui ne permettait pas à Bonaparte d'accomplir ses desseins d'invasion et de conquête contre la Grande-Bretagne, et de jeter au-delà du détroit une armée dont il avait besoin sur le Rhin et le Danube. Cependant, feignant de croire à ces grands armements, elle se gardait de rassurer le peuple anglais et le laissait à toute l'énergie d'une défense. Si la caricature se moquait des coquilles de noix que la France lançait dans un bassin, et que Bonaparte soufflait de sa bouche immense, l'Angleterre armait ses milices, donnait un vaste développement à sa flotte afin d'empêcher toute espèce d'entreprise sur la Manche. La marine avait reçu de nombreux renforts, et la flotte du canal

---

Marne, et pour suscription, le premier Bonaparte, et le second Jerphanin (préfet). — Celui de Lot-et-Garonne a voté 5 centimes par franc, dont le produit sera employé à l'achat de toiles à voiles prises dans la manufacture d'Agen. — Celui de la Mayenne, 250,000 francs pour une corvette qui portera le nom de la Mayenne. — Celui de Loir-et-Cher, 62,000 francs. — Celui du Léman, 5 centimes par franc (la ville de Genève, outre ces cinq centimes par franc, paiera 5 centimes sur les contributions mobiliaire et somptuaire. Le conseil municipal de Genève a formellement adhéré à ce vœu). — Celui de la Creuse, 5 centimes par franc, sur les impositions directes. —

comptait trente-sept vaisseaux de ligne, se déployant avec majesté depuis Ambleteuse jusqu'à Ostende; les côtes sur lesquelles on craignait le plus un débarquement, étaient hérissées de canons; les milices des comtés s'exerçaient comme si elles devaient le lendemain courir aux batailles. L'organisation de l'aristocratie allait permettre un système de défense mutuel comme au temps des Saxons et des Normands, quand les barons étaient en armes. Chaque lord, seigneur territorial, commandait sa milice, les francs tenanciers devaient fournir des hommes comme aux époques de la féodalité, à la première convocation du seigneur dans l'ordre des fiefs. Nul ne pouvait s'exempter de la milice, et sur une population de 13,000,000 d'hommes, 700,000 armés de fusils s'exerçaient dans les paroisses pour le cas d'invasion des Français.

Le moyen le plus sûr pour préserver la Grande-Bretagne, était sa marine gardant le détroit sous des amiraux tels que Nelson. Dans un engagement sur terre, la victoire serait restée à la France; dans le détroit, les Anglais étaient les maîtres; à Portsmouth, à Plymouth, les escadres étaient prêtes à cingler pour surveiller le moindre mouvement de la flottille de Boulogne; était-il probable que des barques armées de deux canons, bateaux plats ou petites corvettes, pourraient tenir la mer et résister à l'artillerie formidable des vaisseaux de

---

Celui du Cher, 10 centimes par franc, dont le produit sera employé à la construction de bateaux plats, et à l'achat de chanvre, fer et toiles à voiles déjà fabriquées. — Celui des Ardennes, 200,000 francs. — Celui de l'Aisne, 311,752 francs. — Celui de l'Ain, 5 centimes par franc, dont 2 centimes sur les rôles de l'an XI, et 3 sur ceux de l'an XII. — Celui de la Loire-Inférieure, 15 centimes par franc. — Le conseil municipal d'Ostende, 15 centimes par franc sur les contributions somptuaire et mobilière de l'an XII. — Celui de Bruges, 20,000 francs. — Celui d'Avranches, un bateau plat de troisième classe. — Celui de Montauban (Lot) 3 centimes par franc pendant les années XII et XIII sur les contributions directes et indirectes de la ville.

haut-bord et des frégates qui, placées au centre, les accableraient de leur feu redoublé ? C'était la lutte des géants contre les pygmées. Espérer qu'une flottille de chaloupes pouvait s'emparer de vaisseaux de haut-bord, c'était renouveler à peu près le spectacle de ces pirogues qui entouraient les frégates du capitaine Cook, dans les mers du Sud, et qu'on brisait au moyen de quelques coups de canon. Je le répète, l'aristocratie anglaise était aise de laisser croire à l'invasion des trois royaumes afin de réveiller l'esprit national dans un grand mouvement de milices.

Cependant nos admirables camps qui s'étendaient depuis Étaples jusqu'à Anvers; ces tentes, à la manière romaine, que surmontait le drapeau tricolore continuaient à s'exercer comme si l'expédition d'Angleterre dût s'accomplir dans quelques jours; généraux, soldats attendaient les ordres de leur Consul pour s'embarquer sur la flotille[1], au milieu des périls de la mer. Tel était le dévouement et l'esprit belliqueux de toute cette belle armée, qu'elle ne raisonnait rien, se laissant

---

[1] L'expédition d'Angleterre était dans toutes les têtes ; voici un document curieux pour constater l'esprit du temps :

Les militaires, membres du Sénat, du Corps législatif et du Tribunat, dans une réunion particulière, ont remis au général Duroc l'adresse suivante pour le premier Consul :

« A Bonaparte le Grand, les soldats soussignés, membres du Sénat, du Corps législatif et du Tribunat.

« Général, nous venons vous demander une faveur que vous ne refuserez pas à notre zèle et à notre affection.

« Sans vouloir pénétrer les secrets de votre sagesse, en laquelle nous aurons toujours une pleine et entière confiance, et seulement si tel est l'ordre de vos desseins, et dans le cas où vous n'auriez pas autrement disposé de nous, nous vous prions de nous admettre à bord du vaisseau qui vous portera en Angleterre, et avec vous la vengeance et les destinées du peuple français. »

Signés. Kellermann, Pérignon, Serrurier, Lamartillière, l'Espinasse, Rampon, Vaubois, Cazabianca, Dubois-Dubay, Dedelay-d'Agier, Béguinot, Jalopin, Liguiville, Lefranc, Latour-Maubourg, Auguis, Nattes, Amel, Duranteau, Toulongeon, Regnaud-Lascours, Barsenet, Travenel, Terrasson, Dalesme, Despalière, Sapey, Duhamel, Sahuc, Auguste Jubé, Daru, Félix Beaujour, Leroi (de l'Orne), Chabaud-Latour, Carrion-Nisas, Émile Gaudin, etc., etc.

Bonaparte répondit :

« Nous sommes forcés à faire la guerre pour repousser une injuste agression ; nous la ferons avec gloire... Les sentiments qui animent les grands corps de l'État et le

aller aux plus nobles espérances de conquête sous le glorieux chef qu'elle saluait; pour lui, elle se serait exposée à tous les périls; que lui importaient les flots de l'Océan, les vagues, les naufrages? L'esprit français n'était-il pas accoutumé à tout braver? Les uns avaient vu l'Égypte, les autres Naples, Malte ou les îles Ioniennes. A la voix de Bonaparte, on était disposé à franchir les mers comme on avait passé les Alpes ou traversé les sables du désert. Ces tentes présentaient l'aspect le plus magnifique; tout était digne du génie qui avait commandé de tels miracles; qu'on donnât le signal de bataille à de tels hommes, et l'Europe devait s'abaisser.

Il était dans le devoir du premier Consul de récompenser tout ce zèle des armées par une de ces visites solennelles que les Césars rendaient souvent aux légions campées sur les limites de l'empire, en Bretagne, dans la Gaule, ou dans l'Asie-Mineure. Bonaparte résolut un premier voyage en Belgique, pour saluer les camps

mouvement spontané qui les porte auprès du gouvernement dans cet importante circonstance, sont d'un heureux présage...

« La justice de notre cause est avouée même par nos ennemis, puisqu'ils se sont refusés à accepter la médiation offerte par l'empereur de Russie et par le roi de Prusse, deux princes dont l'esprit de justice est reconnu par toute l'Europe.

« Le gouvernement anglais paraît même avoir été obligé de tromper la nation dans la communication officielle qu'il vient de faire. Il a eu soin de soustraire toutes les pièces qui étaient de nature à faire connaître au peuple anglais la modération et les procédés du gouvernement français dans toute la négociation... Quelques-unes des notes que les ministres britanniques ont publiées, sont mutilées dans leurs passages les plus importants; le reste des pièces données en communication au parlement, contiennent l'extrait des dépêches de quelques agents publics ou secrets. Il n'appartient qu'à ces agents de contredire ou d'avouer leurs rapports, qui ne peuvent avoir aucune influence dans des débats aussi importants, puisque leur authenticité est au moins aussi incertaine que leur véracité... Une partie des détails qu'ils contiennent est matériellement fausse, notamment les discours que l'on suppose avoir été tenus par le premier Consul, dans l'audience particulière qu'il a accordée à lord Witworth.

« Le gouvernement anglais a pensé que la France était une province de l'Inde, et que nous n'avions le moyen ni de dire nos raisons, ni de défendre nos justes droits contre une injuste agression. Etrange inconséquence d'un gouvernement qui a

de ses divisions se déployant sur les côtes jusqu'à Anvers ; à plusieurs reprises déjà il était allé à Boulogne, accompagné de quelques aides-de-camp de confiance, pour surveiller les travaux et hâter les préparatifs : il partait le soir dans une chaise de poste et sans s'arrêter il arrivait le lendemain sous la tente. Là, son activité infatigable lui permettait de tout voir, de tout commander ; il dirigeait les officiers généraux de la marine et les chefs de corps de l'armée; il les accablait de questions, leur communiquait ses idées afin de hâter l'instant d'une résolution définitive; puis incessamment sur le rivage, il braquait sa lorgnette sur les côtes d'Angleterre et suivait des yeux les évolutions des escadres devant le port. Plus d'une fois, comme le roi Canut, il eut les pieds baignés dans les flots de l'Océan, et il se réjouissait de la pensée que la marine recevait une noble impulsion de sa présence. Quand il voyait cingler de loin quelques barques de la flotille saluant le port de Boulogne, il en était joyeux comme un

---

armé sa nation, en lui disant que la France voulait l'envahir... On trouve dans la publication faite par le gouvernement anglais, une lettre du ministre Talleyrand à un commissaire des relations commerciales. C'est une simple circulaire de protocole qui s'adresse à tous les agents commerciaux de la République. Elle est conforme à l'usage établi en France depuis Colbert, et qui existe aussi chez la plupart des puissances de l'Europe. Toute la nation sait si nos agents commerciaux en Angleterre, sont, comme l'affirme le ministère britannique, des militaires. Avant que ces fonctions leur fussent confiées, ils appartenaient pour la plupart ou au Conseil des Prises ou à des administrations civiles.

« Si le roi d'Angleterre est résolu de tenir la Grande-Bretagne en état de guerre jusqu'à ce que la France lui reconnaisse le droit d'exécuter ou de violer à son gré les traités, ainsi que le privilége d'outrager le gouvernement français dans les publications officielles ou privées, sans que nous puissions nous en plaindre, il faut s'affliger sur le sort de l'humanité... Certainement, nous voulons laisser à nos neveux le nom français toujours honoré, toujours sans tache... Nous maintiendrons notre droit de faire chez nous tous les règlements qui conviennent à notre administration publique, et tels tarifs de douanes que l'intérêt de notre commerce et de notre industrie pourra exiger.

« Quelles que puissent être les circonstances, nous laisserons toujours à l'Angleterre l'initiative des procédés violents contre la paix et l'indépendance des nations, et elle recevra de nous l'exemple de la modération qui seule peut maintenir l'ordre social. »

enfant; il trépignait de bonheur à chaque évolution heureuse, parce qu'il savait bien que là était le côté faible de son empire. Si les escadres de France avaient été en rapport avec ses armées de terre, le bras du Consul eût été trop fort et trop long : le monde était à lui.

Dans les derniers jours de l'année 1803, Bonaparte accomplit son voyage en Belgique pour visiter les départements réunis et saluer les camps militaires qui se déployaient sur la côte [1]. Ce voyage, il devait le faire avec madame Bonaparte, comme les anciens souverains conduisaient la reine de France; partout il fut accueilli avec enthousiasme : les villes flamandes, antiques par leurs corporations ouvrières, Bruges au beau clocher, Liége, si remarquable par son hôtel-de-ville; Gand, Bruxelles avec leurs souvenirs du moyen âge, répétèrent pour le premier Consul les joies, les pompes, les fêtes qui signalaient la présence des anciens comtes quand ils parcouraient les cités de leurs États. Bonaparte s'arrêta particulièrement à Aix-la-Chapelle; il en visita l'église cathédrale, où l'image de Charlemagne brille partout sur les autels et les monuments antiques, et tandis que les aides-de-camp, légers et moqueurs, cherchaient à distraire leur vie dans des plaisirs vulgaires, lui, l'homme de méditation et de génie, entrait dans la cathédrale, et,

---

[1] « Pour ses fréquents voyages aux côtes tantôt sur un point, tantôt sur un autre, Bonaparte partait pendant la nuit, et s'arrêtait le lendemain matin à la maison de poste de Chantilly, où il faisait en toute hâte un déjeûner modeste. Rapp, que je continuai à voir souvent quand il était à Paris, me parlait sans cesse de ces voyages, car il accompagnait presque toujours le premier Consul, et plût à Dieu qu'il n'eût été entouré que d'hommes semblables à Rapp! Le soir le premier Consul soupait à Abbeville et arrivait le lendemain de très bonne heure au pont de Brique. « Figure-toi, me disait Rapp, qu'il faut être de fer pour résister au métier que nous faisons : à peine sommes-nous descendus de voiture que c'est pour monter à cheval, et nous y restons avec le premier Consul quelquefois dix et douze heures de suite. Il voit tout, examine tout, cause souvent avec des soldats; aussi comme ils l'aiment ! Quand est-ce donc que nous pourrons faire une visite à Londres avec tant de braves ?»

(Mémoires de M. de Bourrienne).

comme Charles-Quint, il allait se placer sur le tombeau du grand empereur pour réfléchir sur les temps comme il s'était absorbé dans les siècles en face des pyramides! Que de pensées alors ne durent point venir à lui ; que de souvenirs des générations éteintes se présentèrent à cette magnifique intelligence! Agenouillé sur le tombeau de Charlemagne quelques mois avant qu'il ne se proclamât empereur, rêvait-il l'épopée de son règne! Les pensées d'ambition s'agitèrent confuses dans l'âme du Consul; cette image de l'empereur couché dans la tombe et noirci par le temps; ce Charlemagne à la barbe vénérable, couronné de sa tiare impériale, tel qu'on le voit sur les monuments publics d'Aix-la-Chapelle; cette mystérieuse histoire du passé en poussière, cette énigme des ruines qui se confondent dans la marche des temps; ce mélange de néant et de grandeur dut s'agiter dans son imagination orientale. Sorti de la cathédrale méditatif, puis s'élançant bientôt sur son cheval de bataille, il se hâta de visiter les camps, où les braves légions attendaient la visite militaire de leur Consul.

Toutes les paroles de Bonaparte furent empreintes d'une douce affection pour l'armée; il revit là ses compagnons d'Italie et d'Égypte. Sa phrase caressante réveilla l'enthousiasme sous la tente; il accueillit les officiers généraux avec une indicible bienveillance; il tourna la tête à quelques-uns en les appelant ses vieux amis. Junot surtout avec ses grenadiers réunis vint serrer la main de son général. Bonaparte put contempler une sorte de révolution dans le costume et dans les allures de l'armée. On préparait peu à peu le passage de la République à l'Empire; les souvenirs d'uniformes étaient même proscrits; les soldats du Consulat portaient encore, comme sous la vieille monarchie, le tricorne, les cheveux longs, pommadés, tradition indélébile, qui imprimait au vieux troupier un air de coquetterie martiale; le soldat de l'armée de Sambre-et-Meuse, soigneux de sa chevelure, la portait tressée et pendante; son tricorne était posé de manière à lui donner l'air conquérant : un ordre du jour de Junot changea cet antique uniforme des époques de gloire. Le Consul avait les cheveux courts, toute l'armée dut les porter ainsi, comme un commencement de courtisanerie; au lieu du tricorne on adopta le schako, emprunt fait à la Prusse et aux Russes de Souwarow; plus d'un vieux soldat gémit de sacrifier sa chevelure et de ressembler ainsi à un *chien tondu*, comme ils le disaient dans leur langage soldatesque. Mais il fallait effacer les souvenirs de la République; l'Empire arrivait silencieusement; on devait arracher au cœur des soldats la mémoire de ces temps heureux où la patrie triomphante les appela sous le drapeau. Il y eut des désespoirs, des résistances inouïes pour conserver la belle chevelure de l'armée de Sambre-et-Meuse. Qui eût osé blâmer les soldats de cet amour naïf pour les traditions de leurs grandes journées [1] ?

Si l'armée principale était campée sur les côtes de l'Océan, d'autres corps isolés se disposaient pour de véritables campagnes; j'ai déjà parlé de l'armée du Hanovre se déployant au cœur même de l'Allemagne, celle-ci avait accompli son œuvre; les troupes électorales étaient dispersées, la conquête se transformait en une occupation contre laquelle protestait en vain l'électeur. Sur un autre

---

[1] Bonaparte voulait que les réformes se fissent lentement et sans brusquerie :

« Junot, j'ai accueilli ton projet parce qu'en effet il est utile, mais je *défends les façons prussiennes*. Je n'entends pas que rien s'opère dans mon armée, ni à coups de sabre, ni à coups de canne. Les bruits qui me sont parvenus m'affligent. »
Adieu. Bonaparte.

point de la frontière, 25,000 hommes s'emparaient de tous les défilés du Valais, de manière à rester maîtres des positions fortes de la Suisse, dans le cas où une campagne s'ouvrirait en Allemagne ou en Italie. Un corps de 30,000 hommes filait aussi dans les États romains et sur le royaume de Naples, s'y assurant des positions afin de dominer l'Italie au moment des hostilités générales en Europe. La levée de 120,000 conscrits mettait dans les mains du pouvoir des recrues suffisantes pour constituer sur le pied de guerre les divers régiments. 17,000 hommes rentraient de l'armée d'Égypte et de Malte : répartis dans le Midi, ils occupaient le Var jusqu'à Nice, en garnison le long des côtes, depuis Toulon jusqu'à Marseille ; soldats éprouvés, ils ne craignaient ni les fatigues, ni les périls de la guerre. L'Europe pouvait voir ainsi que le Consul ne respectait aucune neutralité : le Hanovre était envahi, la Hollande et la Suisse occupées, et l'Italie jusqu'à Naples voyait une fois encore le drapeau tricolore : l'infraction aux traités devenait habitude [1].

Le côté le plus triste de la situation militaire n'était point en Europe ; on avait de fatales nouvelles de Saint-Domingue. En face des acclamations du camp de Boulogne, une vaillante armée était exposée sans secours à tous les fléaux, à la fièvre jaune, à la férocité des noirs,

---

[1] « Tout a pris subitement un aspect guerrier sur le Bas-Rhin. Un corps considérable de troupes s'y rassemble et se tient prêt à passer le Rhin, au premier signal, pour se réunir à l'armée du général Mortier, dont le quartier-général est établi à Nimègue. Aussitôt que la guerre aura éclaté avec l'Angleterre, l'aile gauche de cette armée, qui est rassemblée dans les provinces bataves de la West-Frise, de Grœningue et d'Ower-Yssel, ira occuper le duché de Brême, Verden et Lunébourg, et fermer aux Anglais l'embouchure du Wéser et de l'Elbe ; le centre, actuellement placé dans les environs de Nimègue et d'Arnheim, s'emparera des possessions hanovriennes de la Westphalie et surtout d'Osnabruck ; enfin, l'aile droite occupera le pays de Hanovre proprement dit. » (De Francfort, 21 mai 1803).

à ce climat brûlant qui dévorait les hommes avec une rapidité impitoyable. L'expédition du général Leclerc avait éprouvé bien des vicissitudes. Le débarquement sur le môle s'était fait presque sans opposition ; les premières victoires sont faciles aux armées de France ; la conquête est son patrimoine. Saint-Domingue, presque tout entier, fut dompté ; on agit par la force et par la ruse. Toussaint-Louverture, qui pouvait rendre tant de services, fut enlevé par les ordres du général Leclerc, au milieu des splendeurs d'un banquet.

Cette perfidie, jointe aux rigueurs que le général Leclerc déploya, portèrent le désespoir dans l'âme des esclaves ; les Anglais, les yeux fixés sur Saint-Domingue, souffraient avec inquiétude que la possession de cette île revînt à la France ; ne pouvant nous laisser une si grande importance coloniale, ils répandirent de l'argent, fournirent des armes aux noirs en pleine paix. La résistance devint formidable ; les Français éprouvèrent de tristes échecs ; ils ne pouvaient s'accoutumer à ce climat dévorant, à ces rochers qui s'élèvent à pic, à ce soleil qui brûle. Les noirs, instruits de toutes les infirmités de nos armées, les entouraient, les poursuivaient sous les feux du tropique ; les hôpitaux étaient remplis ; des milliers d'hommes mouraient par jour, et le général Leclerc, le chef même de l'expédition, succomba à cette affreuse maladie. La trahison qu'on avait employée contre Toussaint-Louverture, ne permettait plus aux noirs de croire à la parole des généraux français ; ils se battirent avec les cruautés du sang africain, exterminant tout ; les dernières habitations des blancs furent livrées aux flammes ; les villes encore debout virent l'incendie s'étendre au loin. Cette sinistre expédition avait commencé par l'exil de toute une armée républicaine ; elle finit par la maladie qui décimait les hommes, et la flamme qui détruisait les cités! Saint-Domingue était ainsi perdu pour la France; l'Angleterre jetait les fondements de la république d'Haïti qui a survécu aux crises publiques. Ainsi fut réalisé le projet du cabinet britannique : à son inspiration s'organisa l'indépendance de Saint-Domingue, comme un souvenir de l'émancipation coloniale favorisée par Louis XVI; ils répondaient à la révolte de l'Amérique du nord par le massacre et l'incendie de la plus belle des Antilles [1].

Les expéditions dirigées sur la Guadeloupe, la Martinique et les Grandes-Indes eurent plus de succès; toutes ces colonies reçurent des secours, et le pavillon tricolore y fut arboré sans résistance. A quoi pouvaient servir ces établissements dans l'état de guerre acharnée entre la France et l'Angleterre? Ces garnisons allaient rester sans appui, entièrement exposées aux attaques des Anglais; quelques mille hommes, dispersés sur l'Océan, ne pourraient longtemps résister aux escadres qui voguaient sur toutes les mers; un système colonial ne peut se maintenir que par une marine formidable, et quand elle n'existe point, c'est en vain qu'on jette des troupes sur les points éloignés. Après une résistance plus ou moins longue, toutes devaient capituler comme l'avait fait Malte, et l'armée d'Égypte elle-même, si patiente, si disciplinée.

Cette considération détermina le premier Consul à céder la Louisiane aux États-Unis, par une transaction arbitraire, car elle supposait la dictature la plus absolue : la Louisiane avait été donnée à la France par un traité solennel conclu avec l'Espagne; elle faisait donc

---

[1] Il existe à la bliblothèque du roi une correspondance autographe de Toussaint-Louverture. Je le ferai connaître plus tard pour sa captivité.

partie intégrante de la République; la conquête pouvait l'enlever; un traité aurait pu la distraire dans un cas de guerre malheureuse; mais comment qualifier la vente d'une partie de territoire à prix d'argent consentie par le chef d'un pouvoir? Combien était absolue la dictature du Consul, puisque de sa seule volonté il vendait une colonie de la France aux États-Unis d'Amérique! Rien ne pouvait se comparer à un tel acte, les rois les plus absolus l'auraient à peine osé. Que devinrent les millions de dollars stipulés comme prix de la Louisiane? Il y eut également des conventions intimes qui stipulaient des dons secrets à Bonaparte, à sa famille et à ses proches, comme gratifications à la suite de la vente. Tout cela s'excusait par les besoins immenses d'argent, qui marquent toujours les périodes d'un gouvernement nouveau.

Bonaparte préparait la fondation de son Empire; pour acheter les convictions et les votes militaires, il fallait de l'argent; le développement du système de conquêtes exigeait aussi l'incessante application de toutes les facultés du trésor: les recettes ne correspondaient plus aux dépenses; le Consul dut faire ressource de tout, pour apaiser les murmures, les impatiences des généraux les plus avides: il fallait préparer des dotations aux uns, des établissements aux autres. La fondation de l'Empire ne pouvait arriver que par des sacrifices inouïs; on devait jeter à pleines mains de l'or et des honneurs sous la tente; il fallait corrompre l'esprit républicain, et pour cela, Bonaparte vendant la Louisiane, imposant arbitrairement le Hanovre, tirait des lettres de change sur Madrid, sur la Toscane, sur le Piémont; il saisissait les fonds de quelques banques de Hambourg. Le futur empereur savait bien que tout lui serait pardonné, parce qu'il assurait à la France cette gloire, cette sécurité dont elle était avide ; la haute position de Bonaparte, les services immenses qu'il avait rendus devaient justifier sa dictature. Au milieu d'une guerre imminente, les ressources que l'Angleterre s'assurait par les emprunts réguliers, Bonaparte devait les conquérir par la force : préserver et grandir la patrie était le premier devoir. La dictature n'a pas de limites ; pour être utile, elle doit s'étendre à tout ; pour être forte, elle doit embrasser toutes les ressources du pays et se faire pardonner les excès par les services.

CHAPITRE XI.

ÉPOQUE DE TERREUR

SOUS LE GOUVERNEMENT CONSULAIRE.

La prison du Temple. — Les captifs. — Régime de la prison. — Républicains. — Royalistes. — Bruits populaires. — Exécutions nocturnes. — La gendarmerie d'élite. — Le général Savary. — Les Mamelucks. — Séjour des Chouans à Paris. — Aveu du Chouan Querelle. — Mesures de police. — Projet d'arrêter un prince de la maison de Bourbon. — Situation des conspirateurs à Paris. — Arrestations de Moreau, de Pichegru et de Georges Cadoudal. — Interrogatoire. — Aspect de Paris.

Octobre 1803 à avril 1804.

Le vieux Paris conservait autour de ses murailles quelques-unes de ces forteresses du moyen âge, restées debout comme des témoignages du temps accompli. A une de ses extrémités, la Bastille qu'un mouvement de peuple venait de briser et dont les ruines restaient éparses; en dehors des murs, Vincennes, bijou de l'époque féodale, au milieu des bois, monument de cette époque de chasse dans les forêts séculaires et des hommes d'armes qui dépouillaient les voyageurs sur les routes de Brie-Comte-Robert, de Nogent ou de Saint-Maur. A l'autre extrémité le fort l'Évêque avec les souvenirs de sa juridiction ecclésiastique. Enfin au centre le Temple, antique asile de ces chevaliers qui étonnèrent les vieux temps par leur sensualisme. Les Templiers, dignes féodaux, remplissaient leurs larges coupes de vins exquis, entonnant les chansons au milieu de l'ivresse des festins [1].

Le Temple, sous le Consulat, se composait d'une vaste tour noircie, avec un bâtiment en pierres froides et carrées; la tour était percée de quelques fenêtres longues comme des meurtrières avec des barreaux de fer; sur le derrière, un jardin vaste entouré de maisons, sorte de *préau* arrosé de deux fontaines dont l'eau se perdait dans les cours. Une terrasse s'étendait autour du bâtiment, et là, plus d'une fois, lors de la captivité de Louis XVI, on avait vu la famille royale se promener sous les yeux de quelques fidèles serviteurs avides de la contempler et qui peuplaient les maisons voisines. Au Temple, le jeune dauphin, innocente victime, avait subi la mort; c'est là qu'avait vécu captive Madame Royale; souvenirs affreux qui donnaient à chaque pierre de ce vieux bâtiment une empreinte de douleur et de deuil. La conduite du Directoire avait été plus impitoyable que celle de la Convention; la grande assemblée démocratique était allée droit à l'échafaud de Louis XVI; il y avait de la franchise dans le régicide, une logique dans la doctrine. Le Directoire avait tué, mais à petit feu et sans bruit; la Convention avait du courage et des idées; le Directoire n'avait que de la lâcheté et du désordre.

Ce vaste bâtiment du Temple avait servi depuis de prison commune pour les crimes politiques; le régime y était doux. Les époques d'agitation font toujours de la captivité une vie habituelle; on s'y accoutume, on l'embellit, on y sème des fleurs. Au temps de la loi des sus-

---

[1] L'histoire du Temple n'a jamais été faite. Ce serait un curieux travail d'érudition.

pects, on plaisantait au Luxembourg, on riait aux Madelonnettes et à la Force; les prisons n'avaient plus l'aspect sombres qu'elles ont toujours dans les sociétés régulières; on s'y rapprochait, on avait ses joies et ses plaisirs, car on y trouvait bonne compagnie, meilleure quelquefois que dans les salons dorés des puissants du jour. Les guichetiers du Temple étaient habitués aux grands seigneurs depuis Louis XVI [1], leur royal prisonnier; la police y jetait tout le monde sans distinction : royalistes, chouans, républicains, les prisonniers anglais comme sir Sidney Smith, le capitaine Wright, et surtout ces caractères ardents qui se sacrifiaient pour une idée, comme d'autres mouraient pour la patrie.

Il n'y avait pas de déshonneur à être au Temple; on y trouvait des hommes à conviction et à dévouement; on y était commodément avec ses amis, ses sentiments et ses habitudes. Seulement de temps à autre voici ce qui arrivait : la nuit on entendait un bruit de clefs, quelques-uns des prisonniers étaient réveillés; on leur signifiait un ordre de la police pour les transférer à la Conciergerie; le lendemain, traduits devant la commission militaire [2] permanente établie à Paris, on apprenait, par un petit article du *Moniteur*,

---

[1] Les geôliers et guichetiers du Temple étaient d'une grande aménité. Le concierge se nommait Fauconier.

[2] Voici comment parle le général Savary de la manière expéditive dont on choisissait les prisonniers au Temple pour les traduire devant les commissions militaires; leur affaire était finie en trente-six heures :

« Il y avait dans les prisons plusieurs individus que la police y retenait, comme prévenus d'espionnage, et l'on n'avait pas voulu les faire juger, parce que le premier Consul disait que le temps amènerait l'époque où pourrait ne plus attacher d'importance à ces intrigues-là, et qu'alors on les mettrait en liberté. Dans cette occasion-ci, il se fit apporter la liste de tous ces indidividus, avec la date de leur arrestation, et des notes sur leurs différents antécédents.

« Il y avait parmi eux un nommé Picot, et un autre nommé Lebourgeois, qui avaient été arrêtés depuis plus d'un an à Pont-Audemer en Normandie, comme venant d'Angleterre; ils avaient été signalés à leur départ de Londres par un agent que la police y entretenait, et qui avait su d'eux-mêmes le sinistre projet qui les fai-

que quelques-uns de ces jeunes hommes au visage si frais et si riant, qui jouaient aux barres dans le jardin ou au palet dans la cour, avaient été fusillés dans les plaines de Grenelle comme brigands, Jacobins ou royalistes. On les plaignait un moment, on répandait sur eux quelques larmes; bientôt insouciant et dans cet égoïsme qu'inspire le danger personnel, on se remettait à l'œuvre, on jouait, on s'amusait comme auparavant. Jamais les terribles paroles de l'Écriture : *Aujourd'hui pour moi, demain pour toi,* ce cri de mort du prophète, n'avait plus profondément retenti que dans ces murs du Temple; on restait indifférent, parce qu'on exposait sa vie dans les plus aventureux hasards.

Des bruits étranges étaient répandus sur l'histoire de ces murs noircis; et comme dans les vieux châteaux de chevalerie, le vulgaire parlait de crimes secrets, de souterrains et de trappes sanglantes. On racontait donc dans tous les quartiers environnant le Temple, que la nuit on entendait des bruits sinistres, des râles de mourants. S'il fallait en croire la foule crédule [1], il y avait des exécutions nocturnes dans ces tours et ces bâtiments noircis; là, dans les ténèbres, accouraient des séides dévoués qui choisissaient les victimes parmi ce peuple de prisonniers, et on en finissait avec ceux dont

sait passer en France, où ils ne se rendaient que pour attenter à la vie du premier Consul. On s'était jusqu'alors contenté de les tenir en prison. Le premier Consul les désigna avec trois autres pour être mis en jugement; ils furent livrés à une commission. Les deux premiers montrèrent une obstination qu'on n'attendait pas; ils refusèrent de répondre, et furent condamnés, fusillés, sans laisser échapper un seul aveu. Ils semblèrent même vouloir défier l'autorité, et périrent en lui annonçant qu'elle n'attendrait pas la guerre. Cette bravoure diminua l'impression pénible que fait toujours une exécution. On ne fut pas plus avancé. Le premier Consul néanmoins fit surseoir à la mise en jugement qu'il avait ordonnée. »

[1] Le Temple dépendait exclusivement du ministre de la police. Les tribunaux n'y avaient pas de juridiction; c'était une prison véritablement politique.

on craignait le jugement public et les révélations [1]. Ces bruits étaient sans preuves ; on sait combien la multitude va vite dans ses jugements, combien elle marche rapidement dans cette voie ; elle s'imagine toujours que les gouvernements sont coupables, et que l'action du pouvoir est toujours criminelle. On accusait principalement le corps des gendarmes d'élite de ces fatales exécutions, tous vieux soldats, la plupart couverts de cicatrices ; on disait néanmoins que par esprit d'obéissance passive ils exécutaient la volonté du Consul au moindre commandement. Par devoir c'était la gendarmerie d'élite qui gardait les prisonniers [2] ; par devoir c'était elle encore qui les conduisait au lieu de l'exécution, et le républicain comme le royaliste tombaient sous les balles. De cette triste obligation était née une fatale prévention contre la gendarmerie d'élite ; on la disait chargée de missions affreuses ; puis elle était sous les ordres du général Savary, qui avait dit ces tristes paroles : « *Si le Consul m'ordonnait de tuer mon père, je le tuerais* [3]. »

Ces dévouements étaient souvent redoutables aussi bien pour celui qui les imposait que pour ceux qui étaient chargés de frapper. Les hommes aveugles ne sont bons pour personne ; ils servent mal, ils atteignent sans réfléchir, et le lendemain ils ont fait la honte et le remords de la tête puissante devant laquelle ils

---

[1] Voir le témoignage de Picot dans le procès de Georges.

[2] Le général Savary a justifié la gendarmerie d'élite :

« C'était moi qui avais formé ce corps de gendarmes d'élite, composé de 480 cavaliers et de 240 gendarmes à pied, tous choisis sur le corps entier de la gendarmerie ; la plupart avaient été sous-officiers dans l'armée. Je leur avais communiqué pour le premier Consul, tout le zèle dont j'étais moi-même animé, et je n'avais pas de plus grand plaisir qu'à profiter des avantages de ma position pour leur faire du bien à eux ou à leurs proches. »

[3] Ces paroles furent dites à Junot ; elles ont été rapportées par madame d'Abrantès.

sont agenouillés en esclaves. Le général Savary valait mieux que sa réputation; aide-de-camp du premier Consul, brave militaire plein d'exaltation pour Bonaparte, son idole, il était chargé de toutes les missions secrètes qui se rattachaient à la police du gouvernement et à la sûreté personnelle du Consul; c'était l'homme de sa confiance, sa chair, son sang, sa respiration; quand Bonaparte avait donné un ordre, il était sûr que le général Savary l'exécuterait de nuit ou de jour, au milieu des éclairs de la foudre, sur une mine près d'éclater, sans examiner le péril et le caractère de l'action qui lui était commandée[1]. L'opinion vulgaire disait que la police avait pour aide le corps de Mamelucks qui entourait Bonaparte; ces hommes, obéissants à la manière d'Orient, maniaient le cimeterre, la lame de Damas qui abat les têtes d'un seul coup; ils chargeaient leurs épaules du tromblon à large gueule qui lance la balle meurtrière au Caire ou à Alexandrie; ils serraient le cordon à la manière orientale, autour du cou d'un prisonnier, comme les muets autour du cou du pacha infidèle. Le peuple répandait ces récits que nulle preuve ne justifiait; quand il s'est persuadé que le despotisme existe, il le voit partout et constamment. On disait donc mille propos étranges sur les Mamelucks; on faisait des romans lugubres : au Temple, c'était la rumeur publique, les récits qui effrayaient les soirées des prisonniers; et la nuit le plus léger bruit semblait encore causé par quelques-unes de ces exécutions fantastiques.

---

[1] « Savary n'est pas un méchant homme; au contraire, Savary a un excellent cœur, et c'est un brave soldat. Il m'aime avec toute l'affection d'un fils. » (Paroles de Bonaparte.) Au reste, comme l'histoire doit admettre toutes les justifications, je renvoie aux Mémoires du duc de Rovigo où le général a répondu à ses détracteurs.

Étrange population que celle du Temple! Lorsque le secret ne séparait pas les prisonniers, on y trouvait pêle-mêle, des prêtres qui avaient refusé de baisser la tête devant le Consul, des officiers qui avaient murmuré le jour du Concordat, des républicains à l'âme noble et fière, et des royalistes au cœur chaud et enthousiaste. Tout cela vivait ensemble; on était sans haine, sans ressentiment; la captivité avait usé toute l'aspérité des opinions; on échangeait de communes pensées. Il y avait de l'expansion et de la franchise; et la police, qui alors épiait tout, jetait parmi ces têtes ardentes quelques-unes de ces âmes de boue qui se placent au milieu des épanchements pour les attirer et les perdre. Le Temple était plein de ces prisonniers que l'affreux argot appelle *moutons,* qui se font bien doux, bien compatissants, pour livrer un homme à l'échafaud.

Le Temple allait recevoir une population bien plus considérable; des généraux renommés par des services rendus à la patrie, allaient s'y trouver jetés par une mesure de gouvernement hardie et prompte; la prison allait grandir! Selon le fatal usage dont j'ai parlé, souvent dans la nuit on venait chercher des prisonniers au Temple pour les traduire devant des commissions militaires. Le Consul avait auprès de lui les listes des captifs, et lorsqu'on soupçonnait quelques conspirations menaçantes, lorsqu'on avait quelques premières idées d'un complot, ou de tout autre mouvement de parti, on prenait de mémoire quelques-uns des prisonniers du Temple dans le sens des opinions compromises pour les traduire en jugement. Là, devant la commission militaire, on cherchait à leur arracher des aveux; le plus souvent condamnés à mort, on les entourait d'obsessions diverses même sur le lieu de l'exécution : la police leur faisait des promesses, et presque toujours elle obtenait des renseignements précieux sur la conspiration nouvelle qu'elle cherchait à suivre et à découvrir. Bonaparte avait eu l'instinct qu'il se tramait contre lui quelque chose à Paris; Fouché l'en avait instruit; je crois même qu'il savait que Pichegru et Moreau se voyaient dans des conférences intimes, et que par un de ces coups de police habilement combinés, il voulait compromettre le parti militaire en le confondant avec la chouannerie; il espérait constater les rapports de Georges, de Pichegru avec Moreau, afin de les confondre tous sous une même dénomination de *brigands* et d'*assassins,* et d'en finir par un vaste complot. Ce plan, Mehée l'avait préparé en Angleterre et on cherchait à le grandir pour élever l'Empire. Au milieu de la terreur générale n'était-ce pas le meilleur moyen d'arriver à un grand résultat? La puissance du premier Consul ne s'accroîtrait-elle pas démesurément à la face de tous ces faits? Et comme déjà on songeait à tresser la couronne d'Empereur, il y aurait dans ce complot les motifs d'une subite élévation pour la dynastie des Bonaparte [1].

Ainsi raisonnait le Consul, et pour cela il avait besoin de preuves, d'aveux arrachés; il fallait qu'il eût tous les fils d'une conspiration dans ses mains; et, sur le

---

[1] « Des conscriptions orageuses en plusieurs départements de l'Ouest, des achats de poudre, surpris dans Paris; l'apparition même de quelques-uns des conjurés, dont on s'était saisi par précaution; tout présageait une crise. On se sentait sur un terrain miné; c'est le premier Consul qui de lui-même indiqua les points à fouiller. La nuit du 25 janvier, (presque au moment de l'entrevue de Georges et de Pichegru avec Moreau sur le boulevard), il décréta d'inspiration la mise en jugement des cinq détenus. Il donna leurs noms de mémoire, ou peut-être sur des états et des rapports antérieurs. Que l'on juge de sa sagacité et de l'à-propos; ici vient échouer la conspiration, tous les cinq en étaient positivement? Je ne puis pas même en excepter l'un d'eux, M.....; quoique arrêté après le 3 nivôse, il est de nouveau détenu pour ce fait. En effet, Georges qui l'avait alors envoyé avec un autre à Saint-Rejant, ne fut pas plus tôt arrivé à Paris, qu'il l'avait porté sur ses contrôles,

conseil de Fouché, il fit sur-le-champ traduire cinq Chouans détenus au Temple, devant la commission militaire. Le premier, Breton rusé, se tint dans les voies absolues d'une dénégation; il n'y eut pas de preuves, et on fut obligé de le renvoyer. Le second était M. de Sol de Grisolles; il constata qu'après l'amnistie il était demeuré constamment à Paris; on n'eut pas de preuves du contraire, et d'ailleurs Bonaparte qui avait quelque respect des noms nobiliaires, l'épargna. M. de Sol put continuer de vivre à Paris. On n'eut pas autant de ménagement pour deux autres : Picot et Lebourgeois, hommes simples et fermes; ils furent condamnés à mort et subirent leur sentence en dignes Chouans, sans mot dire. Le cinquième avait nom Querelle; traduit devant la commission militaire, il subit le même jugement que ses camarades, mais à la vue des gendarmes qui remplissaient les cours pour le conduire à l'exécution, son courage pâlit, ses forces l'abandonnèrent et il demanda subitement à faire des révélations pourvu qu'on lui sauvât la vie. Quelques traditions disent que Querelle n'était qu'un agent de police déguisé, un de ces traîtres qui vendent les partis, et que ce fut une comédie jouée depuis le départ de Londres. Tant il y a qu'il voulut voir M. Réal, et qu'en sortant, le conseiller d'État chargé de la police se rendit immédiatement dans le cabinet du

et lui payait dans sa prison, la solde de cinq louis par mois, comme aux autres conjurés.

« Celui-ci, contre qui on ne pouvait avoir que d'anciens griefs, fut acquitté par les juges. M. de Sol de Grisolles, lieutenant du général Georges, le fut aussi par le même motif, puisqu'on n'avait nulle idée du complot actuel; l'on ne sut que le lendemain qu'il en jouait un des premiers rôles. Ainsi absous, il dut au respect de la chose jugée, de ne point figurer avec ses complices dans le grand procès qui suivit.

« Deux autres, Picot et Lebourgeois, venus de Londres en même temps que Georges, mais par une autre route, furent condamnés comme espions, subirent leur jugement sans rien révéler, et soulagèrent d'une pénible inquiétude les chefs du complot, attentifs à des jugements si importants pour eux.

premier Consul ; il lui annonça ce que Bonaparte savait peut-être déjà : que Georges et Pichegru, secrètement débarqués en France, étaient à Paris. Que venaient-ils faire? quels étaient leurs desseins? La police fit des rapprochements, et Bonaparte avec son instinct merveilleux vit bien qu'il y avait deux bénéfices à tirer de ce complot : le premier consistait à s'emparer d'un prince de la maison de Bourbon pour donner une leçon sévère à la dynastie remuante, et en finir avec elle en livrant un gage à la Révolution ; le second était de perdre le parti militaire opposant, et Moreau, son chef, en le confondant avec les Chouans et les Bourbons. Sur tout cet échafaudage devait s'élever l'édifice de son pouvoir impérial, la pourpre de son manteau, l'éclat de sa couronne.

Dans cette vue, il donna pleins pouvoirs à deux hommes de sa confiance. Le général Savary dut aller sur les côtes de Bretagne attendre et attirer le prince de la maison de Bourbon que l'instruction avait signalé ; M. Réal, si fin, si rusé, dut prendre les mesures de police nécessaires pour compromettre Moreau, Pichegru, et les confondre avec les Chouans afin de les frapper. Le premier Consul venait de confier à Murat le gouvernement de Paris ; on avait envoyé Junot commander les grenadiers réunis à Arras, afin de placer

« Enfin, le cinquième, Querelle, au moment de l'exécution de sa sentence, sauva sa vie en déclarant : « qu'il avait débarqué à la falaise de Biville, cinq mois auparavant, avec le général Georges et six autres; qu'ils s'étaient rendus tous ensemble à Paris, par des chemins écartés; qu'un nombre plus considérable devait les suivre et y former, avec des renforts de l'intérieur, un corps de 2 à 300 hommes, pour renverser le premier Consul. Il ne savait rien de plus, ni même ce qu'étaient devenus depuis les conjurés, ayant été arrêté peu de jours après son arrivée, et gardé au Temple sans aucune communication. » Il ajouta : « que M. de Sol de Grisol, jugé la veille sur le même banc avec lui et acquitté, était venu au-devant d'eux à Saint-Leu-Taverny, et avait lui-même introduit Georges dans Paris. » (Notes de Desmarets, inspecteur général de police.)

un homme sûr à la tête des forces militaires de Paris, et tout dans les intérêts du premier Consul; Junot, dont le dévouement était fanatique pour son général, avait néanmoins des répugnances difficiles à vaincre quand il s'agissait de frapper ses camarades des jours de la République; Bonaparte préféra Murat qui lui avait prêté un concours si complet au 18 brumaire; avec Murat il était sûr de tout: son dévouement était aussi absolu que celui de Savary; et dans la crise actuelle c'était chose précieuse.

Le général Savary partit avec ses instructions pour les côtes de Normandie [1]; les premiers aveux qu'on avait obtenus, avaient donné la clef des signaux au moyen desquels on pouvait attirer le débarquement des conjurés. D'après les renseignements recueillis, le cabinet du Consul avait presque la certitude que le prochain débarquement devait amener un membre de la maison de Bourbon sur la falaise : le comte d'Artois ou le duc de Berry; Mehée de la Touche l'avait promis; on disait même que le duc de Montpensier viendrait à Paris; or il était précieux qu'on pût s'en emparer; une telle capture était nécessaire pour agrandir la culpabilité du parti militaire opposant. Le Consul voulait constater qu'il ne s'arrêterait pas devant un Bourbon. En lui

---

[1] «Depuis l'établissement de la tranquillité intérieure, la police avait fait le relevé de tous les individus qui avaient pris part aux discordes civiles, ou s'étaient fait remarquer dans les contrées où les vols de diligences et autres actes semblables avaient eu lieu; ces états étaient divisés en plusieurs classes; 1° les excitateurs, 2° les acteurs, 3° les complices, 4° enfin ceux qui avaient favorisé l'évasion de quelques-uns de ces individus.

«Le tableau d'Eu et du Tréport désignait un horloger, nommé Troche, comme un ancien émissaire du parti. A la vérité, il avait vieilli, mais son fils était en état de le remplacer. On ordonna à la gendarmerie de l'arrêter sans bruit et de l'amener à Paris. On avait deviné juste. Ce jeune homme, âgé de dix-huit ou dix-neuf ans, fut reconnu par Querelle, et comme il avait autant de finesse que d'ingénuité, il se douta bien, en voyant ce dernier, de ce qu'on avait à lui demander. Il ne chercha pas à nier un fait qui était trop palpable

faisant grâce, il le forcerait d'acheter sa clémence par des concessions indignes de son rang, ou s'il le livrait à la mort, il donnerait ce gage sanglant à la Révolution le saluant Empereur. Le général Savary partit avec des instructions et les signaux convenus; accompagné d'un fort détachement de gendarmes d'élite, il fit la route rapidement en poste jusqu'à la falaise de Biville. Là il s'arrêta dans l'obscurité de la nuit, au pied des dunes de sable, dans des villages écartés; et comme l'oiseau de proie, il s'établit pour saisir les victimes à leur débarquement. Savary s'était instruit, par toutes les communications qu'il avait reçues, du lieu et du mode de débarquement; il vit le cutter anglais qui louvoyait, afin de s'approcher la nuit du rivage; la mer était trop orageuse; le prince de la maison de Bourbon sans doute avait été prévenu. La mission de Savary ne fut qu'imparfaitement remplie; il s'en revint après dix jours de veille, sans avoir accompli l'objet de son voyage; les Bourbons ne débarquèrent pas.

À Paris, M. Réal déployait une grande activité et une dextérité surprenante pour arriver au but que l'on se proposait: s'emparer des Chouans, accuser Moreau, multiplier les dangers afin d'obtenir plus sûrement la victoire politique de l'Empire. Il était convenu d'affaiblir le

pour être contesté; d'ailleurs son rôle avait été si simple, qu'il ne voulut pas s'exposer à devenir plus coupable par une dénégation qui, dans tous les cas, ne lui aurait servi personnellement à rien. Il raconta tout ce qu'il avait fait, tout ce qu'il avait vu ou appris; qu'il avait conduit M. de Polignac à Biville, où il avait passé la journée dans la maison d'un matelot; qu'il était allé le reprendre à la nuit pour le mener à la ferme qui formait la première station pour se rendre à Paris. Ces détails fixèrent l'opinion qu'on devait se former de cette entreprise.

« Troche avait déclaré que trois débarquements avaient déjà eu lieu, et qu'il devait s'en faire un quatrième le lendemain soir du jour où il parlait. On donna sur-le-champ avis de cette circonstance au premier Consul. Il me fit appeler dans son cabinet, où je le trouvai qui mesurait au compas les distances des différents points de la côte de Normandie à Paris.

« Il m'expliqua de quoi il était question

parti militaire républicain, en confondant Moreau et Pichegru dans une conspiration de Chouans; il fallait pour cela déployer une habileté raffinée, obtenir des aveux, prendre des mesures de police d'une certaine étendue, suspendre toutes les formes légales afin d'agir à son aise. Par de simples notes de police, on arrêta sur-le-champ tous les Chouans qu'on eut sous la main, amnistiés ou non; on ne pouvait saisir Moreau et Pichegru qu'après avoir mené la procédure à ce point de jeter sur eux l'odieux de la conspiration; les autres n'étaient qu'accessoires, eux seuls étaient importants. Il se passa des choses inouïes au Temple; on mit des prisonniers au régime le plus sévère, en les privant de nourriture pendant trois et quatre jours, sorte de petite question, renouvelée des procédures du Châtelet, souvenirs de M. Réal, manière d'arracher des aveux et d'obtenir des renseignements pour arrêter les principaux complices. Comme à toutes les époques de danger, le gouvernement ne s'arrêta devant rien et se joua des violences; menacé dans son existence, il se proposait un grand dessein : que lui importaient les moyens? Il voulait arriver à son but; de là les mesures impitoyables prises dans les prisons; on allait recourir à des actes plus arbitraires encore; ils jetèrent la ter-

---

et me fit partir de suite pour aller m'emparer de ce nouveau débarquement; il me chargea ensuite de revenir par la route qu'avaient suivie ces petites bandes, et de reconnaître moi-même ces divers foyers de troubles.

« Je partis à sept heures du soir, suivi d'une grosse guimbarde des écuries du premier Consul, qui était pleine de gendarmes d'élite.

« J'avais amené le jeune Troche avec moi, parce que le transport n'eût pas pris terre, s'il ne l'eût aperçu sur le rivage; chemin faisant, il me conta son aventure avec une véritable ingénuité. Il venait seulement de s'apercevoir qu'on l'avait employé à des intrigues qui pouvaient le conduire à l'échafaud; il mettait autant de zèle à aller tendre un piège à ceux qui arrivaient, qu'il avait pu en mettre à servir ceux qui avaient passé.

« J'avais des pouvoirs du ministre de la guerre pour tous les cas qui pourraient survenir; je ne craignais aucune entrave.

reur au milieu de Paris. Rien n'arrêta la police, décidée à saisir les conjurés.

Dans ce fatal moment, les hommes hardis que le gouvernement allait traquer dans la capitale, erraient sans asile la nuit au milieu des ténèbres; comment furent-ils livrés à l'implacable justice qui les frappa? où étaient Georges, Pichegru, Moreau? quels étaient leur conduite et leurs desseins? Depuis leur arrivée à Paris, les Bretons, groupés autour de leur général, voulaient en finir par un coup de main hardi, désespéré; plus ils craignaient d'être dénoncés par des révélations, plus ils avaient hâte de finir le drame dans lequel ils se posaient acteurs; frapper Bonaparte était chose simple; tête pour tête, l'enjeu était égal. Le général Georges, aussi brave et aussi déterminé qu'eux, voulait agir avec autant d'énergie, mais en épurant les moyens; l'idée d'un combat singulier lui souriait seul : point d'assassinat, point de machine infernale; il comptait sur Pichegru, Pichegru sur Moreau, et Moreau, dans la mollesse de ses opinions, se bornait à exhaler ses dépits contre le premier Consul. Tous étaient incapables d'arrêter contre lui un de ces plans d'attaque individuelle qui fermentait dans la tête de quelques-uns des plus ardents de la Chouannerie.

J'arrivai à Dieppe le lendemain à la nuit close, c'est-à-dire vingt-quatre heures après mon départ de Paris.

« Je demandai de suite les signaux de la côte. Ils n'apprenaient rien si ce n'est qu'un cutter ennemi continuait à se tenir en croisière près du Tréport; j'en fis part à Troche, qui me dit que c'était celui qui portait le débarquement et le même qui avait amené les trois autres. Il se tenait dans cette position afin de pouvoir, dans une seule bordée, arriver au pied de la falaise où il avait coutume de débarquer; au surplus, il promettait, quand il l'aurait vu au jour, de me donner des indications plus positives..La mer était assez forte, et peu propre à favoriser l'échouage d'une chaloupe sur une côte semée de récifs. Néanmoins je ne m'arrêtai pas à Dieppe. Je me déguisai et partis à cheval pour me rendre à Biville, où j'emmenai le jeune Troche, ainsi que mes gendarmes, qui étaient aussi déguisés. Tous étaient des hommes d'un courage éprouvé. On pouvait

Quant à MM. de Polignac et de Rivière, hommes de dévouement et de loyauté, ils examinaient tous les événements de la situation ; ils en écrivaient à M. le comte d'Artois par des moyens détournés, et leur but était de constater surtout que le temps n'était pas venu pour qu'un prince pût se rendre à Paris, sans s'exposer à des périls inutiles ; les Bourbons avaient peu de partisans ; la génération les connaissait à peine. Les conjurés, demeurés si longtemps hors de France, s'abreuvaient pour ainsi dire de l'aspect de Paris ; ils y goûtaient l'indicible bonheur de revoir la patrie. Au milieu des périls de leur dévouement, ils y avaient de douces distractions ; le cœur généreux des femmes s'ouvre facilement à ceux qui s'exposent à de grands périls, et font bon marché de leurs têtes.

Tout à coup des affiches placardées annoncent aux conjurés les dénonciations de Querelle, le traître qui avait manqué à sa cause ; elles donnent aussi le signalement de tous. La première déclaration fut faite dans le *Moniteur* par un article en style de police : « On annonçait que l'Angleterre avait encore recours à l'assassinat, aux machines infernales, à tous les moyens enfin qui pouvaient réveiller chez le peuple l'indignation et l'effroi. » M. Réal n'avait rien manqué : on ajoutait qu'un misérable, nommé Querelle, avait fait des ré-

---

avec eux courir sans inquiétude tous les hasards. Je fis mettre pied à terre à quelque distance de Biville. J'envoyai les chevaux à l'auberge, et attendis pour pousser plus avant, que ma petite troupe, qui avait ordre de se montrer, m'eût rejoint. Elle ne tarda pas : nous nous remîmes en route sous la conduite de Troche, qui nous mena à une maison où entraient habituellement les émissaires que les paquebots anglais jetaient sur la côte. C'était là qu'ils se réchauffaient, se délassaient, se disposaient à gagner la première station, qui, placée à plusieurs lieues dans les terres, était hors du cercle de la surveillance habituelle des autorités. Située à l'extrémité du village qui regarde la mer, la maison offrait à ceux qui la fréquentaient l'avantage de pouvoir entrer et sortir sans que personne les aperçût. » (Rapport du général Savary au premier Consul dans ses Mémoires.)

vélations de telle nature qu'on pouvait être sur les traces des auteurs et des complices d'une conspiration contre la personne et le pouvoir du Consul. » L'éveil fut ainsi donné aux conjurés; le soir ils purent entendre leur nom dans les bouches dégoûtantes des crieurs de police. Dès ce moment les asiles devinrent plus rares; ils s'interrogèrent sur la nature et les résultats des indications qu'avait données ce faux frère, ce Querelle, sur lequel Georges comptait pourtant. On se dispersa avec plus de soin dans Paris, tandis que la police tout entière était en éveil pour chercher leurs traces. Les barrières furent fermées [1]; les gendarmes parcouraient les rues divisés en nombreuses patrouilles.

Un conseil intime fut tenu à Saint-Cloud sur les moyens à prendre dans cette grave affaire, et sur la tendance qu'il fallait lui donner pour servir les desseins du premier Consul. La conjuration n'était qu'un moyen dans le plan de Bonaparte. Il avait mesuré l'intervalle qui le séparait de la couronne en face du parti militaire, seul à redouter comme opposition; au moment de la transition méditée du Consulat à l'Empire, Moreau se plaçant à la tête des armées mécontentes, la couronne

---

[1] « Depuis le moment où la conspiration de Georges et la présence à Paris des conspirateurs eurent été dénoncés par Querelle, jusqu'au jour où tous les individus compromis furent arrêtés, les barrières restèrent fermées, et personne ne put entrer à Paris ni en sortir sans une autorisation bien en règle. Les habitants de la capitale qui d'abord s'étaient vivement préoccupés de la conspiration, avaient cessé d'y songer, et pendant que la police doublait d'efforts pour s'emparer des personnes compromises, fouillait les maisons, démolissait des cachettes habilement construites, la grande question à Paris était de savoir comment aurait lieu la promenade de Longchamp si la barrière de l'Étoile restait fermée; cette question n'était pas sans intérêt non plus pour l'administration; la suppression des fêtes de Longchamp aurait causé une perte importante pour le commerce, et une diminution sensible dans le revenu de la ville. La police cependant ne se montrait pas disposée à céder. Heureusement les deux derniers complices de Georges furent arrêtés dans la matinée du dimanche des Rameaux; l'ordre d'ouvrir les barrières fut aussitôt donné et exécuté, et la promenade de Longchamp put avoir lieu comme à l'ordinaire. » (Extrait des papiers de M. Réal.)

impériale était brisée sur le front du nouveau César. Pour éviter cette prise d'armes, le meilleur moyen était de perdre Moreau; il fallait flétrir la conspiration républicaine en la confondant avec la chouanerie; puis, sur les débris de tous les partis vaincus, élever le trône impérial.

Dès lors peu importaient au premier Consul le général Georges ou les MM. de Polignac; il voulait atteindre Moreau et Pichegru, les seuls noms connus de l'armée, capables de prendre part à un mouvement; Pichegru avait eu sa réputation atteinte dans une circonstance récente (les papiers envoyés au Directoire); Moreau seul restait pur et puissant au milieu de ses camarades. Le conseil intime eut donc à délibérer sur la question de savoir si l'on était assez fort pour arrêter le vainqueur de Hohenlinden : ne verrait-on pas l'expression d'un sentiment de jalousie, la volonté de perdre la première réputation de l'armée, la seule qui pouvait lutter avec celle de Bonaparte? Une fois Moreau arrêté, aurait-on des preuves pour obtenir une condamnation? C'était un coup de partie, et Fouché, appelé au conseil, développa quelques craintes sur les résultats qu'une telle audace pouvait avoir. Bonaparte insista, et Fouché lui-même convint de la pusillanimité du caractère de Moreau; il appuya ses principaux motifs sur cette faiblesse qui ne permettait pas à Moreau de profiter de la bonne volonté de ses amis; on pouvait tout tenter contre lui, parce que lui n'oserait rien; il se laisserait briser plutôt que de sortir de sa nonchalance; et cela perd les meilleures positions. Bonaparte, toujours audacieux, livrant bataille partout, déclara hautement que les choses étaient avancées à ce point qu'il fallait agir. Moreau avait vu Pichegru et le général Georges; on le savait, et cela suffisait pour établir une accusation judiciaire, et motiver une condamnation : l'acte pour arrêter le vainqueur de Hohenlinden fut signé le soir du 14 janvier, avec une sorte de solennité. Le lendemain, Moreau revenant de sa campagne, fut arrêté sans résistance; il remit son épée avec calme, fut conduit à la Force; le général vit d'où le coup partait, et le piége qu'on lui avait tendu. On ne pouvait plus reculer; cependant M. Réal lui déclara : « Qu'il pouvait monter en voiture pour voir le premier Consul s'il le désirait, et que là tout pourrait s'arranger. » Le général refusa, et on le transféra de la Force au Temple [1].

L'effet de l'arrestation de Moreau devait être immense dans la population et dans l'armée; depuis longtemps on savait la jalousie qui séparait le Consul de son émule qui avait accompli, avec tant de gloire, les campagnes d'Allemagne : Marengo et Hohenlinden étaient aux prises dans une lutte politique; Pompée était frappé par César; comme dans le vieux monde romain les légions germaniques étaient en face des prétoriens d'Italie. Cette impression profonde, il fallait l'atténuer, si on ne pouvait la détruire; et c'est à quoi les écrivains de police travaillèrent toute la nuit. Dès le jour, Paris

---

[1] Au Tribunal, le frère du général Moreau protesta de l'innocence de son frère :

« Je ne saurais voir, s'écria-t-il, sans la plus profonde douleur, l'opiniâtre et noire méchanceté avec laquelle on s'attache depuis si longtemps à calomnier un homme qui a rendu tant de services à la République, et qui n'a pas même en ce moment la liberté de se défendre. Mais je le déclare au Tribunal, qui m'entend, à la nation tout entière, à l'Europe, témoin des triomphes de mon frère, il est innocent des crimes atroces qu'on ose lui imputer. Qu'on lui donne les moyens de se justifier et il se justifiera. Je demande en son nom, au mien, au nom de toute sa famille éplorée, au nom de son pays, qu'il a servi avec tant de gloire, qu'on donne à son jugement toute la solennité qu'exige une si grande accusation.

« Je demande surtout qu'il soit jugé par ses juges naturels, et j'affirme que tout ce qu'on a dit ici n'est qu'un tissu d'infâmes calomnies. » (Le frère du général Moreau fut arrêté.)

fut couvert de placards où l'on annonçait la conspiration de Georges et des Chouans ; l'on confondait les noms de Pichegru et de Moreau sous la qualification de *brigands*, avec tous les Bretons qui avaient pris part au complot contre la vie et le pouvoir du premier Consul. On supposait que Moreau s'était mêlé à des assassins, et tout cela était écrit d'un style dégoûtant, avec cette forme de police qui se ressent toujours des mauvaises passions du cœur humain. On voulait briser Moreau, on cherchait à l'abattre aux pieds du premier Consul, et la police n'avait pas vu qu'en allant trop loin, elle montrait les antipathies et les haines plus que la vérité pure et absolue ; quand un pouvoir veut perdre un homme ou un parti, il en a toujours mille moyens, mais il est mal habile quand il les montre trop.

Le lendemain, le général Murat s'empressa d'adresser une proclamation aux soldats, car on pouvait craindre une fermentation dans les casernes, un cri universel dans les débris de l'armée d'Allemagne, à laquelle on enlevait son digne chef ; désormais quelle garantie restait-il aux généraux supérieurs, puisqu'ils dépendaient tous de la volonté ou du caprice de Bonaparte? Aujourd'hui c'était Moreau, demain ce serait Masséna, Jourdan ou Bernadotte ; rien ne préserverait, ni la gloire ni les services ; César s'élevant sur la gloire de tous, voulait briser les faisceaux républicains pour constituer sa dictature. Ainsi raisonnaient les officiers mécontents, et l'ordre du jour de Murat eut pour objet d'atteindre Moreau[1], en l'accusant hautement d'être complice avoué

---

[1] « Soldats, cinquante brigands, reste impur de la guerre civile, que le gouvernement anglais tenait en réserve pendant la paix, parce qu'il méditait de nouveau le crime qui avait échoué le 3 nivose, ont débarqué par petits pelotons et de nuit, sur la falaise de Biville ; ils ont pénétré jusque dans la capitale ; Georges et le gé-

des brigands de la chouannerie. Beau-frère du Consul, le gouverneur de Paris était resté l'homme du 18 brumaire, quand à la tête de ses grenadiers il s'ébranla pour faire évacuer la salle du conseil des Cinq-Cents. Cet ordre du jour, dicté par Bonaparte dans son cabinet, Murat le revêtit de sa signature, et il fut partout proclamé dans Paris; on y lut avec indignation l'épithète de *brigand*, ajoutée au nom de Moreau.

Il fallait aussi travailler l'opinion publique; le moyen des adresses était ancien dans les formes gouvernementales; il suffisait d'un mot pour que tous les corps constitués vinssent déposer aux pieds du Consul, le témoignage [1] de leur dévouement profond, sorte de formule de toutes les époques et de tous les pouvoirs. Le cri fut unanime, l'impulsion était donnée, le Corps législatif, le Tribunat, les évêques [1], les maires de Paris, tout ce qui avait une force, une puissance dans

néral Pichegru étaient à leur tête. Leur arrivée avait été provoquée par un homme qui compte encore dans nos rangs, par le général Moreau, qui fut remis hier aux mains de la justice nationale.

« Leur projet, après avoir assassiné le premier Consul, était de livrer la France aux horreurs de la guerre civile, aux terribles convulsions de la contre-révolution; mais tous ces complots ont échoué. Dix de ces brigands sont arrêtés. L'ex-général Lajolais, l'entremetteur de cette infernale trame, est aux fers; la police est sur les traces de Georges et de Pichegru.

« Un nouveau débarquement de vingt de ces brigands doit avoir lieu ; des embuscades sont dressées ; ils seront arrêtés. Dans cette circonstance affligeante pour le premier Consul, nous, soldats de la patrie, nous serons les premiers à lui faire un bouclier de nos corps, et nous vaincrons autour de lui les ennemis de la France et les siens. »   Le gouverneur de Paris,
Joachim Murat.

[1] « Au premier bruit de la conspiration qui a menacé des jours si utiles et si chers à la patrie, tous les membres du Corps législatif ont été saisis de douleur et d'indignation. Celui qui était l'objet de tant d'inquiétudes, de vœux et d'amour, n'a point ignoré nos sentiments. Il a su que nos cœurs se contraignaient avec peine, et n'attendaient qu'un signal pour les manifester.

« Que de tristes pensées fait naître l'étrange assemblage de ces personnages si divers accusés du même crime ! Comment un nom célèbre se trouve-t-il associé aux noms de quelques vils assassins ? un guerrier qu'on estima longtemps a-t-il pu manquer de respect à sa propre gloire? Si la patrie s'afflige en voyant passer dans les rangs de ses ennemis un de ses plus grands défenseurs, qu'elle se console et s'applaudisse en voyant celui dont elle reçoit sa vrai gloire, sa sûreté et son bonheur, échapper au plus horrible des complots.

l'État, fit entendre sa voix, afin de protester au premier Consul, du zèle pour sa personne [1]. Des corps tout entiers de l'armée, au camp qui se formait près de Boulogne, firent aussi des adresses où l'on demandait vengeance contre les traîtres, et sûreté pour le premier Consul [2]; on rivalisait de dévouement parmi ceux qui voulaient établir leur fortune et participer aux rayons de sa gloire.

Bonaparte attentif à tous ces témoignages, fit présenter, par le grand juge, un rapport au Sénat conservateur, l'autorité fondamentale de l'État; devant lui furent portées les premières accusations contre Moreau et l'armée mécontente. Le conseiller d'État Réal avait rédigé ce document avec perfidie; il fut lu par le grand juge Régnier : on partait de l'origine de la conjuration, pour en suivre avec sollicitude

---

« Le danger qu'a couru le chef du gouvernement n'aura fait qu'augmenter sa force, en avertissant tous les intérêts de se réunir plus fortement autour de lui. Le projet d'un grand crime ne tournera qu'à la confusion de l'Angleterre, qui l'a conçu, et fera mieux sentir le besoin d'appuyer de plus en plus les destinées de ce vaste empire sur la colonne qui le porte tout entier. » (Discours de M. de Fontanes, président du Corps législatif.)

Le premier Consul :

« J'ai vu avec plaisir le bon esprit des Français. Les conspirateurs n'ont trouvé d'asile que parmi cette espèce d'hommes qui n'a point de patrie. Tous ceux qui mettent du prix à l'honneur, et qui ont des droits à la considération publique, soit par leurs habitudes anciennes, soit par la confiance actuelle du gouvernement, se sont éloignés avec horreur des assassins. Nulle classe n'est coupable. Quelques individus seront seuls frappés. Les opinions et les arrières-pensées, de quelque nature qu'elles soient, ne pourront être recherchées par la justice nationale. Elle ne connaîtra que les délits actuels. Les puissances continentales de l'Europe forment le même vœu que le gouvernement français ; elles désirent avec lui que les instruments de troubles disparaissent à jamais. »

[1] « Attenter à la vie du premier Consul, écrivait le clergé de Valogne, c'est nier l'existence de Dieu et braver sa foudre ! »

[2] « L'armée verra avec la plus grande indignation que le général Moreau, qui lui-même proclama la trahison de Pichegru, ait souillé sa gloire jusqu'à s'associer non seulement avec ce général transfuge soldé par l'ennemi, *mais qu'il se soit avili jusqu'à servir ces princes armés contre leur pays*, et portant comme eux, depuis plusieurs années, la cocarde anglaise.

« Vengeance, citoyen premier Consul ! vengeance par nos baïonnettes ! puissions-nous mourir tous pour vous conserver à la France ! » (Lettre du général Baraguay-d'Hilliers.)

tous les développements. Comme dans les proclamations de Murat et de la police, on mêlait incessamment dans une trinité indissoluble les noms de Georges, Pichegru et Moreau, moyen d'abîmer ces noms les uns par les autres; de compromettre les royalistes par les révolutionnaires, et les révolutionnaires par les royalistes. Cet exposé du grand juge fut accompagné de la publication de pièces relatives à la mission de Mehée de la Touche auprès de MM. Drake et Spencer-Smith, ministres d'Angleterre à Munich et à Stuttgard; le grand juge dénonçait la perfide Albion comme de coutume et appelait la vengeance contre la violation du droit des gens. La dénonciation alla même plus loin, et M. de Talleyrand reçut ordre d'adresser à tout le corps diplomatique une copie du rapport du grand juge afin de flétrir l'attentat des agents accrédités par l'Angleterre[1], comédie jouée de part et d'autre. Si les lettres en réponse des ministres de Bavière, du cardinal légat, du grand-duc de Bade furent expressives, les réponses des ambassadeurs de Russie, de Prusse et d'Autriche restèrent dans des ter-

---

[1] « Monsieur l'ambassadeur, le premier Consul m'a donné l'ordre d'adresser à Votre Excellence un exemplaire du rapport qui lui a été présenté par le grand juge, sur une conspiration incidente tramée en France par M. Drake, ministre de S. M. B. près la cour de Munich, et qui, par son objet comme par sa date, se rattachait à l'infâme complot que, dans ce moment, les tribunaux s'occupent de juger. La copie imprimée des lettres et pièces authentiques est jointe au rapport. Les originaux seront immédiatement envoyés, par ordre du premier Consul, à S. A. E. M. l'électeur de Bavière. Une telle prostitution de la plus honorable fonction qui puisse être confiée à des hommes, était sans exemple dans l'histoire des nations civilisées. Elle étonnera, elle affligera l'Europe, comme le scandale d'un crime inouï, et que, jusqu'à ce moment, les gouvernements les plus pervers n'avaient osé méditer. Le premier Consul connaît trop les sentiments et les qualités qui distinguent le corps diplomatique accrédité auprès de lui, pour n'être pas convaincu qu'il verra, avec une profonde douleur, la profanation du caractère sacré d'ambassadeur, indignement travesti en ministère de complots, d'embauchage et de corruption. »

Recevez, etc., etc.
Le ministre des relations extérieures.
Signé. Ch. Maur. Talleyrand.
Ce 3 germinal an XII (24 mars 1804).

mes vagues et froids qui témoignaient de leur situation embarrassée à l'égard du cabinet de Paris [1]; le temps d'une grande crise diplomatique se préparait.

Ces écrits, ces proclamations de la police, n'étaient destinés qu'à réveiller profondément les sympathies de l'opinion publique pour le Consul menacé; on ne devait point s'arrêter sur cette voie : la police prépara l'arrestation des coupables pour joindre leurs aveux comme pièces de conviction au procès du général Moreau; lui seul était l'objet important de Bonaparte, impatient de toucher à cette renommée par une condamnation ou par une grâce; or, pour donner plus de corps et plus de gravité au procès qu'on allait suivre devant l'opinion publique, il fallait effrayer les esprits par l'aspect de mesures militaires, en répandant une sorte de terreur dans Paris. Sur tous les murs on placarda le signalement *des brigands;* des récompenses furent accordées à qui les arrêterait; on avait copié dans des signalements répétés, et la physionomie colossale de Georges Cadoudal, et la haute taille de Pichegru au

---

[1] Voici la série des réponses diplomatiques.
Lettre de S.E. le cardinal légat.
« Excellence, j'ai reçu avec la lettre de V. Excellence, du 3 germinal, un exemplaire du rapport du grand juge, relative à la correspondance de M. Drake, ministre de S. M. B. près la cour de Bavière, avec les hommes qui conspiraient dans l'intérieur de la France contre le gouvernement.
« Le tendre attachement de Sa Sainteté pour le premier Consul, le respect que je lui ai voué, les services essentiels qu'il a rendus à la religion, la protection spéciale qu'il a accordée à l'Église, la reconnaissance que lui doivent non seulement les catholiques français, mais encore ceux des pays voisins, ont fait naître en moi la plus vive douleur, quand j'ai appris que ses jours avaient été en danger, et que la tranquillité publique avait été sur le point d'être troublée.
« J'étais alors bien éloigné de penser qu'aucun des agents diplomatiques pût être impliqué dans ce complot; le caractère public et sacré dont ils sont revêtus, éloignait ce soupçon. Je vois avec la plus grande peine, par la correspondance que Votre Excellence vient de me transmettre, qu'un de ses agents s'est permis d'adresser aux ennemis du gouvernement français dans l'intérieur, des instructions, des moyens et des plans. Je suis persuadé que Sa Sainteté sera aussi sensible que je le suis moi-même à cette fâcheuse nouvelle. Daignez assurer le premier Consul que le souverain pontife a vu et verra toujours avec horreur tout

front chauve et méditatif, et les traits frêles du jeune de Polignac, et la figure honnête du marquis de Rivière. Les barrières de Paris furent sur-le-champ fermées; nul ne put désormais sortir sans être fouillé, visité; les rues étaient pleines de soldats groupés en patrouilles, et dans le silence des nuits on entendait le pas lent des chevaux des gendarmes d'élite ou des guides de la garde consulaire, précédés des crieurs et des agents de police. Tous les citoyens durent avoir des cartes de sûreté; on fut arrêté en pleine rue; les agents de police se répandirent dans tous les cabarets, dans les lieux de prostitution, et l'on ne parla plus que du brigand Georges et de ses complices Moreau et Pichegru.

La bourgeoisie, si facile à alarmer, craignait toujours de voir éclater une machine infernale; les paisibles habitants s'imaginaient que Paris était livré à la merci d'une troupe incendiaire, et miné par la poudre sous les Catacombes; et puis avec habileté on jetait les noms des traîtres Pichegru et Moreau, flétris par le souvenir de la machine infernale. Des mesures législa-

---

ce qui tendrait à troubler la paix intérieure de son gouvernement, sur laquelle repose l'édifice entier du rétablissement de la religion catholique en France. Tout attentat contre ses jours précieux, serait aux yeux de Sa Sainteté, un crime aussi atroce en lui-même que funeste pour l'Église, pour le repos et la tranquillité de la France. Je ne doute pas le Corps diplomatique de l'Europe ne partage avec moi ces sentiments, et ne désavoue hautement quiconque, parmi les membres qui le composent, abuserait de son caractère pour propager la discorde et fomenter des troubles. »

Lettre de l'ambassadeur d'Autriche.

« Citoyen ministre, je rends bien des grâces à Votre Excellence, de la communication qu'elle a bien voulu me faire du rapport du grand juge, dont elle m'a envoyé un exemplaire que je ferai d'abord passer à Vienne, pour l'information de ma cour. L'opinion que le premier Consul manifeste avoir des sentiments et des qualités du Corps diplomatique qui a l'honneur d'être accrédité près de sa personne, prouve qu'il rend justice à tous les membres qui le composent; et certainement, il ne se trompe pas, en pensant qu'il n'y a aucun d'entre nous qui ne condamne hautement tout ce qu'un agent diplomatique et son gouvernement se permettent de contraire au droit des gens, et aux règles de droiture et de loyauté généralement adoptées parmi les nations civilisées.»

Philippe de Cobentzl.

tives furent prises encore pour frapper Paris d'une plus grande terreur; le Corps législatif, réuni à la hâte, rendit un acte punissant de mort comme complices, tous ceux qui logeaient les brigands, ou leur fournissaient un asile; disposition fatale qui n'avait d'exemple qu'aux époques les plus funestes du comité de sûreté générale. Mais la police était alors aux mains de M. Réal, l'un des débris de ce comité, expression de ses souvenirs; il fallait arriver à un but, et l'on n'était point alors scrupuleux sur les moyens. Un sénatus-consulte suspendit le jury pendant deux ans, mesure de peur qui brisait toutes les garanties. Ce n'était pas assez d'avoir fait arrêter Moreau; il fallait obtenir une condamnation, et un acquittement eût bouleversé tout le plan de la police consulaire.

Ainsi, toutes les libertés furent méconnues; la dictature la plus effrayante domina Paris; on voulut se rendre maître de toutes les émotions, on chercha à diriger l'opinion publique, et chaque matin paraissaient dans le *Moniteur* ou dans les journaux dévoués, des articles dirigés contre Moreau, Pichegru, Georges et les autres

---

Lettre de l'ambassadeur de Prusse.

« Citoyen ministre, je me suis empressé de transmettre à ma cour, par courrier, la lettre que V. E. m'a fait l'honneur de m'écrire le 3 germinal, et l'exemplaire du rapport du grand juge sur une conspiration incidente, heureusement découverte par la vigilance de la police. Vous connaissez, citoyen ministre, le vif intérêt qu'a toujours inspiré au roi mon maître la conservation des jours du premier Consul, ainsi que le maintien de l'ordre et de la tranquillité dans l'État, dont il est le digne chef. Vous pouvez donc présumer l'effet de cette communication sur l'esprit de S. M. P., quels que soient les moteurs et les agents de ce complot, et V. E. prévoira aisément toute la part que le roi prendra à l'entière cessation de tant de sujets d'alarmes pour les amis de la France; car, en m'acquittant de la commission qu'elle venait de me donner, je me suis fait un devoir de rassurer S. M. sur la plus parfaite union entre le chef auguste de la République et tous les serviteurs de l'État, entre la nation entière et ses représentants ou ses défenseurs. C'est par de tels rapports que je tâcherai toujours de concilier au caractère sacré dont je suis revêtu, la confiance et les égards du gouvernement auquel le roi mon maître a daigné m'envoyer. »

Lucchesini.

Lettre du chargé d'affaires de Russie.

« Monsieur, j'ai eu l'honneur de recevoir

brigands; tantôt on inventait des articles de Londres où l'on disait que la Bourse avait joué à la hausse sur l'assassinat du premier Consul, confié aux brigands, attentat prémédité à la suite d'un complot où entraient simultanément Georges, Pichegru et Moreau. Tantôt on supposait des lettres écrites de la Vendée ou de la Bretagne, pour annoncer la guerre civile, en y mêlant le nom des conjurés sans distinction. Lorsqu'on étudie l'esprit de la bourgeoisie, on doit comprendre combien de tels articles pouvaient l'alarmer profondément; la conjuration était l'objet de toutes les causeries; Moreau et Pichegru étaient des traîtres à la République; et tandis que Bonaparte s'assurait un trône avec une habileté remarquable, on accusait deux vieux généraux républicains de tenter la restauration d'un autre trône; les uns ne formaient qu'un projet et on les dénonçait comme traîtres; Bonaparte marchait droit à la destruction de la République, et l'enthousiasme l'entourait. Ainsi vont les choses de ce monde, par les contraires.

l'exemplaire que V. E. m'a adressé le 2 germinal, par ordre du premier Consul, d'un rapport qui lui a été présenté par le grand juge, et la lettre dont elle a bien voulu accompagner cet envoi. Je me suis empressé de faire passer l'un et l'autre à ma cour. S. M. I. y verra certainement, avec satisfaction, que ses agents près le gouvernement français participent à la justice que le premier Consul rend au corps diplomatique accrédité auprès de lui, et que leurs soins d'observer en toute occasion, conformément à ses hautes intentions, les principes les plus rigoureux du droit des gens, sont honorablement appréciés par le chef du gouvernement. »

Lettre de l'ambassadeur de Naples.

« Monsieur, je viens de recevoir la communication que V. E. a bien voulu me faire du rapport du grand juge au premier Consul, et des pièces annexées sur la conspiration dirigée contre la France. La justice que le premier Consul rend aux sentiments du corps diplomatique qui a l'honneur d'être accrédité auprès de lui, excite toute sa reconnaissance, et répond entièrement à la vive sensation et à la profonde douleur avec laquelle il envisage tout ce qui peut profaner la sainteté et la dignité d'un caractère public dont les fonctions sont consacrées par l'honneur et la loyauté. Je ne puis cacher à V. E. la peine extrême avec laquelle je viens de lire les pièces qui font l'objet de sa communication, et que je me suis fait un devoir d'expédier sur-le-champ à ma cour. Les sentiments de S. M. le roi mon maître pour la personne du premier

Maintenant supposez cet état d'esprit public à Paris, la terreur partout, la police éveillée, et voyez la situation des proscrits. Moreau était arrêté; Pichegru, le vainqueur de la Hollande, capacité militaire du premier ordre, errait de rue en rue, le soir, par les froides nuits de février. Tous les jours il changeait d'asile; un ou deux amis sûrs qui lui restaient, lui procuraient tantôt des mansardes, tantôt des caves, ou des cachettes dans les murs; après quelques heures de sommeil, il se remettait à errer, la tête brûlante. On ne peut dire combien est sinistre cette situation d'un proscrit; il ne sait si la main qui le sert est fidèle. La loi punissant de mort ceux qui donnaient abri à un des membres actifs de la conjuration, nul dès lors n'osait se mouvoir; l'ami craignait l'ami; l'échafaud attendait le dévouement; la récompense venait à la dénonciation. Enfin Pichegru fut arrêté, trahi par un misérable à qui il s'était confié; vigoureux de corps, il voulut lutter un instant, six hommes se saisirent de lui, l'enchaînèrent, et il fut conduit au Temple comme Moreau, l'un et l'autre au

Consul et pour la tranquillité d'une puissance amie, dont les résultats rejaillissent sur celle des autres nations, sont trop connus du premier Consul, pour que j'aie besoin de les rappeler à V. E. en cette occasion, et de lui exprimer l'impression que ces communications vont produire dans l'esprit de S. M. »

Lettre de l'ambassadeur de Bavière,

« Citoyen ministre, j'ai reçu la lettre par laquelle vous m'avez communiqué le rapport du grand juge sur les menées honteuses et criminelles de M. Drake, ministre de S. M. B. près ma cour. Je n'hésite pas d'assurer V. E., que l'électeur manifestera, par les mesures les plus sévères, les plus conformes à son amitié personnelle pour le premier Consul, la douleur et l'indignation que ce prince éprouvera de ce que l'on ait osé méditer et suivre dans ses États, à l'abri d'un caractère sacré, des desseins aussi vils et aussi pervers. J'essaierai vainement de vous exprimer, citoyen ministre, combien je déplore l'outrage qui en résulte pour les fonctions respectables dans lesquelles je me trouve; je n'en sens que d'autant plus vivement le prix de votre attention à me faire connaître la justice accordée par le premier Consul aux sentiments de tous ceux qui ont l'honneur d'être accrédités près de sa personne. J'ambitionnerai toujours son suffrage, comme une récompense flatteuse de mon zèle, et comme le moyen le plus honorable de mériter la bienveillance de mon souverain. »

secret sous la plus sévère surveillance. Le Consul avait déjà sous sa main les deux hommes qu'il redoutait; le parti militaire était à ses pieds.

On fut dès ce moment à la recherche des royalistes et des Chouans; MM. de Polignac et M. de Rivière erraient aussi dans Paris d'asile en asile [1], se cachant comme Pichegru dans des mansardes; mais jeunes hommes, ils trouvaient souvent abri dans la pitié des femmes. Au temps de sa fortune brillante, sous les lustres de l'ambassade de Londres ou au ministère des affaires étrangères, le prince de Polignac, puissant et environné de tous, aimait à raconter ses jours de jeunesse, de désolation et de désespoir, dans les rues de Paris, lors de la conjuration de Georges : il avait vingt-quatre ans alors, les soirées brumeuses et froides de février étaient animées par les bals du plein carnaval; les danses retentissaient, et lui, pauvre jeune homme, parcourant les rues de Paris, épuisé de faim et de fatigue, s'assit sur la borne d'un hôtel; la soirée était splendide, mille voitures entraient et déposaient des femmes richement vêtues. Les tapis de la Savonnerie se déployaient sur l'escalier parfumé de fleurs, et lui, Jules de Polignac,

---

[1] A ce moment fut publié dans les rues, le sénatus-consulte qui supprimait les garanties des jugements.

Art. 1. Les fonctions du jury seront suspendues pendant le cours de l'an XII et de l'an XIII, dans tous les départements de la République, pour le jugement des crimes de trahison, d'attentat contre la personne du premier Consul, et autres contre la sûreté intérieure et extérieure de la République.

Art. 2. Les tribunaux criminels seront à cet effet organisés, conformément aux dispositions de la loi du 28 floréal an X, sans préjudice du pourvoi en cassation.

Art. 3. Le présent sénatus-consulte sera transmis par un message au gouvernement de la République. (Sénatus-consulte du 8 ventôse, 28 février 1804.)

Le lendemain une loi est rendue contre les receleurs des conjurés, elle porte :

Art. 1. Le recèlement de Georges et des soixante brigands actuellement cachés dans Paris ou dans les environs, soudoyés par l'Angleterre pour attenter à la vie du premier Consul, sera jugé et puni comme le crime principal.

Art. 2. Sont receleurs, ceux qui, à dater de la publication de la présente loi, auront sciemment reçu, retiré ou gardé l'un ou

élevé sur les genoux de Marie-Antoinette, de la reine de France à Versailles, était là, entendant son nom prononcé par les crieurs de police; Jules ne vivait que par son frère; quand il apprit qu'Armand était arrêté, il se laissa prendre, ou plutôt il se livra lui-même. La police quelques jours après put annoncer dans son argot qu'elle avait en ses mains les trois brigands : de Rivière, Armand et Jules de Polignac: singulière langue que tous les pouvoirs emploient à l'égard de tous les partis vaincus [1] !

Restait le général Georges : celui-là n'était pas une proie facile; il ne s'agissait pas d'un jeune homme de vingt-quatre ans, frêle comme une jeune fille de couvent, mais du chef puissant des Bretons, de l'homme d'énergie dont le nom seul faisait frissonner les agents de police. Sorte de vieux de la montagne pour l'imagination bourgeoise, Georges vivait depuis sept mois à Paris; se montrant partout, son signalement était livré, mais il échappait toujours au moment de le saisir. Des versions disent que la police connaissait son asile, et que bien aise de laisser planer la terreur dans Paris, elle ne voulait pas arrêter Georges tout d'abord, afin de laisser se déployer toute la péripétie du drame sur Pichegru et Moreau; Georges pris, tout était fini, et c'est ce qu'on ne voulait pas. On avait arrêté Picot, le domestique de

---

plusieurs des individus mentionnés en l'article précédent, à moins qu'ils n'en fassent la déclaration à la police, dans le délai de vingt-quatre heures, à compter du moment où il les auront reçus, soit que les individus logent encore chez eux, soit qu'ils ne s'y trouvent plus.

Art. 3. Ceux qui, avant la publication de la présente loi, auront reçu Pichegru ou les autres individus ci-dessus mentionnés, seront tenus d'en faire la déclaration à la police dans le délai de huit jours ; faute de déclaration, ils seront punis de six ans de fers.

Art. 4. Ceux qui feront la déclaration dans le susdit délai, ne pourront être poursuivis, ni pour le fait de recélement, ni même pour infraction aux lois de police. (Loi du 9 ventôse, 29 février 1804.)

[1] Voici quelques-unes des publications que faisait alors la police.

« La police vient de faire arrêter plusieurs des personnes qui ont donné ou procuré des logements aux brigands signalés ; de ce nombre sont : la femme Gille, de Besançon,

Georges, on le soumit, dit-on, à la torture pour savoir l'asile de son maître ; on pressa le bout de ses doigts dans des tenailles et des pierres à feu, il persista dans le silence. Quelques jours se passèrent, et on fut alors sur les traces ; on sut que Georges avait habité Chaillot, puis la montagne Sainte-Geneviève ; les agents le suivirent, et on le vit monter dans un cabriolet que conduisait Léridant ; il descendait avec rapidité la rue de Condé, près de l'Odéon, lorsqu'un officier de paix, suivi d'agents, saisit la bride de son cheval ; à peine avait-il prononcé le mot : « Je vous arrête, » que Georges arme un de ses pistolets, lâche la détente, et étend raide mort l'officier de paix, saute à bas du cabriolet, prend sa course, et bientôt un garçon serrurier et deux bouchers luttent avec lui corps à corps, s'en emparent, et le conduisent à la préfecture. La capture était bonne, on avait promis une forte récompense, et dès le jour même Georges fut aussi conduit dans ce Temple où se trouvait alors toute la conspiration.

Ainsi le vieux monument des Templiers devenait comme la Bastille du Consulat ; le pouvoir nouveau avait besoin de s'exercer dans toute sa dictature ; il voulait abattre le parti républicain et militaire, briser toutes les

qui a reçu Pichegru, et lui a procuré divers logements. La fille Bonnet, de Mayence, qui s'est entremise aussi pour les logements des brigands, notamment de Villeneuve et Barco. Le nommé Caron, parfumeur, ancien agent de Hyde. Georges se rendait chez lui, lorsqu'il fut arrêté. Villeneuve et Barco s'y sont jetés ce soir-là même, et y ont logé les dix jours suivants, jusqu'au moment où Caron fut arrêté dans une maison où il venait de faire une commission pour eux. C'est en s'échappant de chez Caron, que Barco, le 30 ventôse, frappa d'un coup de poignard un agent de police qui s'était saisi de lui. Le misérable Caron avoue lui-même que, pendant les dix jours que ces monstres ont logé chez lui, il n'a pas cessé un seul instant de trembler pour sa vie, tant ils lui témoignaient une agitation et une terreur farouches. Les renseignements recueillis par la police et les déclarations même de quelques-uns des brigands arrêtés, ont fait connaître la plupart des maisons où ils ont été reçus, et les entremetteurs qui les leur ont procurées. Les manœuvres de ces derniers sont encore en ce moment l'objet d'une surveillance particulière. »

espérances des Bourbons, et tuer l'armée opposante. Le Consul dut éprouver une joie exaltée d'obtenir ainsi pleine victoire sur ses ennemis ; il les avait mis sous sa main avec une remarquable dextérité. Que pouvait-il dès lors redouter? L'armée mécontente était désorganisée et n'oserait braver le commandement du Consul; l'obéissance devenait une nécessité. La dictature se formulait dans tout son éclat, et la conjuration de Georges Cadoudal, de Pichegru et de Moreau donnait la pourpre à l'Empereur Napoléon !

CHAPITRE XII.

PRÉPARATIFS DE L'EMPIRE.

Esprit public. — Pensée fixe de Bonaparte sur l'Empire. — Son habileté. —Vœux des conseils-généraux et de l'armée. — Direction de l'opinion publique. — Communication intime au Sénat, au conseil d'État, sur la question de l'hérédité. — Discussion sur le titre. — Roi. — Empereur des Gaules. — Empereur des Français. — Projet sur les dignités impériales. — Les armoiries. — Le lion. — Le tigre. — L'aigle. — L'abeille. — Études de l'époque de Charlemagne. — Préparation du sénatus-consulte. —Esprit de la famille du Consul. —Madame Bonaparte. — Joseph. — Louis. — Lucien. — Jérôme. — Dissensions de famille.— L'hérédité restreinte.— Exclusion de plusieurs des membres de la lignée.

1804.

Après la publication du parallèle entre *César, Cromwell, Monck et Bonaparte*, l'intention du premier Consul sur l'hérédité de sa magistrature, ne pouvait être douteuse pour les hommes d'État [1]. En vain avait-on désavoué cet essai lorsqu'il parut, la volonté de constituer l'Empire ne se révélait pas moins dans tous les actes du Consulat. Depuis deux années surtout, on jetait incessamment dans le public des idées de fixité, de transmission du pouvoir; on faisait naître mille craintes sur l'instabilité des institutions publiques; on disait partout : il n'y a pas de pouvoir sans hérédité. Les écrivains du cabinet intime ex-

---

[1] Voyez tom. 2.

ploitaient la crainte de tout un peuple de bourgeois qui avait tant subi de révolutions. Que deviendrait-on si le Consul nous manquait? Le poignard pouvait l'atteindre au nom de ces factions toujours éveillées tant que la loi de l'hérédité ne serait pas promulguée pour perpétuer le droit dans sa famille. La France n'avait-elle pas tremblé à l'aspect de la conspiration de Georges et de Pichegru? Deux idées avant tout devaient être inculquées dans l'esprit de la génération : la première, c'est qu'il ne pouvait y avoir d'ordre que dans la reconstitution successive et complète d'une monarchie confiée à un suprême magistrat; et la seconde se résumait dans cette démonstration historique : que la dynastie des Bourbons ne pouvait plus être appelée sur son vieux trône vermoulu. A une civilisation nouvelle il fallait une dynastie nouvelle [1].

Là fut le thème obligé de toute la presse intime du cabinet de Saint-Cloud et des Tuileries ; on propagea ces idées avec quelques précautions encore. L'esprit public avait besoin d'être ménagé pour ne pas amener une transition trop brusque [2]; Bonaparte avait sa pensée fixe,

---

[1] « Il parut alors un nouveau journal sous le titre de *Bulletin de Paris*. Le rédacteur de cette feuille était en apparence un homme obscur, mais il avait pour principaux collaborateurs deux écrivains habiles, le conseiller d'État Régnault de Saint-Jean-d'Angely, et M. de Montlosier, que Bonaparte avait attiré d'Angleterre en France, et attaché à ses intérêts : on y prônait chaque jour les avantages de la concentration et de l'hérédité du pouvoir, la nécessité d'asseoir les intérêts de la Révolution sur une base immuable. Le gouvernement feignait de repousser ces doctrines, et leur faisait faire une guerre convenue par ses journaux officiels. On affecta même de frapper l'auteur d'une disgrâce éclatante, en le privant de sa liberté. On faisait en même temps proclamer par les crieurs publics, afficher et saisir pour la forme un pamphlet sous le titre de : *Vœu d'un grenadier pour le rétablissement d'un empereur des Gaules*. Mais on avait soin de s'élever contre ces provocations, et de déclarer que le premier Consul n'envierait pas un titre plus beau que celui qu'il tenait du vœu libre et unanime de la nation, et que penser autrement c'était calomnier sa modestie. » (Mémoires contemporains.)

[2] Adresse du département du Rhône :

« Il n'est plus possible de dissimuler un vœu plus longtemps renfermé par le respect et la discrétion dans le cœur de plus de 30.000,000 de Français, et qui échappe à toutes les lèvres : *c'est l'hérédité de la magistrature suprême dans une seule fa-*

immuable, sa volonté d'arriver à son but; mais habile, dissimulé, il savait saisir le temps et préparer une base à sa puissance; il ne s'élevait plus haut qu'après avoir affermi ses pas. S'il avait marché droit à l'autorité héréditaire, il aurait trouvé partout des résistances, des oppositions; il assouplit le pays avant de le dompter, il mit le frein à la démocratie avant de conduire ce coursier vigoureux dans la carrière infinie de sa destinée. Quatre ans s'étaient écoulés depuis le 18 brumaire; une des grandes habiletés de Bonaparte fut toujours de choisir les circonstances; il tenait cela de sa nature corse, patiente dans ses desseins, si rusée dans le développement de ses pensées, ne disant jamais que le demi-mot de ses volontés. Quelquefois même, à des intervalles très rapprochés, il émettait des opinions contradictoires, parce qu'il savait bien qu'en politique la mémoire est courte; souvent il arrive que les hommes, toujours mobiles, disent le lendemain le contraire de la veille. Quand le sol tremble incessamment, qui garde la mémoire du passé? Il y avait deux ans à peine que dans

mille et par conséquent dans la famille de celui qui l'exerce en ce moment. Car, quelle autre compte assez de titres de gloire, assez de services rendus à la nation française, a manifesté autant de talents et de génie pour avoir le droit d'entrer en concurrence avec celle du premier Consul? C'est, disons-nous, cet ordre de choses, qui n'accorde à une seule famille un droit particulier, que pour établir plus solidement le droit commun de toutes les autres; qui, n'exigeant pas que le chef d'un grand empire soit toujours un grand homme, permet aux nations de considérer, sans trop d'inquiétude, le moment où elles seront gouvernées par un homme ordinaire, qui, coalisant l'orgueil et l'intérêt de tous les membres du corps politique contre l'ambition d'un individu factieux, et rendant inutile le meurtre d'un premier magistrat, parce que la première magistrature, impérissable ne peut jamais être vacante, écarte jusqu'à la pensée de complots qui n'offriraient pour salaire aux conspirateurs qu'une mort infâme et l'exécration des contemporains et de la postérité.

« C'est cette institution qui seule aurait maintenu notre ancienne organisation sociale, s'il n'était pour les gouvernements, ainsi que pour les hommes, un terme où il faut que les uns et les autres finissent, et si ce terme n'eût été avancé pour la France par l'excès des vices invétérés qui rongeaient la monarchie, et simultanément par l'excès d'impéritie et de faiblesse des mains qui tenaient les rênes de l'État. »

cette question de la magistrature héréditaire Bonaparte s'exprimant d'une manière bien nette, avait dit : « L'hérédité est une chose absurde, inconciliable avec le principe de la souveraineté du peuple, et impossible en France [1]. » Paroles textuelles du Consul quand l'on discuta au conseil d'État le sénatus-consulte qui prorogeait sa magistrature. Cela était nécessaire alors, et il l'avait dit; depuis, ses opinions avaient fait d'étranges progrès; il n'avait plus les mêmes motifs pour dissimuler; Bonaparte croyait le temps venu de révéler ses desseins.

L'impulsion donnée, il n'y avait pas un salon parmi les affiliés des Tuileries qui ne retentît des vœux de toute espèce pour demander l'hérédité. On se fit des mots de convention comme toujours; le pouvoir et les partis choisissent habituellement certaines expressions, et une fois ces mots adoptés ils deviennent comme un vocabulaire pour réaliser une idée. Il fut de bon goût de demander partout l'hérédité : « Était-il possible d'abandonner le pays sauvé par le 18 brumaire aux tourmentes de révolutions nouvelles? N'était-on pas guéri de l'instabilité? Bonaparte était bien grand; mais fallait-il limiter les destinées de la France à cette vie précieuse? Lorsque tant de complots grondaient autour de la patrie, ne fallait-il pas la mettre à l'abri de toutes ces criminelles entreprises en plaçant la dignité héréditaire dans une famille choisie? Les Bourbons étaient une race perdue, dégénérée, finie; ils auraient opéré la contre-révolution, il ne le fallait pas. Avec Bonaparte, au contraire, tous les intérêts révolutionnaires étaient affermis; son pouvoir n'était que la consécration

---

[1] Discussion au conseil d'État. tom. 4, chap 3.

de tout ce qui s'était opéré depuis 1789. Une nouvelle dynastie serait saluée par l'Europe[1]. »

Plusieurs pamphlets avaient été publiés en ce sens; la police les faisait circuler avec une activité bien grande; et le Consul profondément habile avait l'air de repousser toute complicité dans ces œuvres. Plusieurs fois même il fit réfuter le principe d'hérédité monarchique dans les journaux qui dépendaient spécialement de lui : « La République n'était-elle pas un admirable système? Que pouvait-on désirer de plus que ce qu'elle avait proclamé? pourquoi l'hérédité? Dieu sauverait la vie du premier Consul, et après lui la souveraineté du peuple s'exercerait dans toute sa plénitude pour le choix de son successeur. » Ainsi Bonaparte, dissimulé dans ses projets d'avenir, repoussait l'empire tout en le souhaitant avec ardeur[2]; comme Tibère, il rejetait la pourpre dont il avait tissu lui-même les réseaux d'or.

Lorsque de si grands principes étaient jetés dans les journaux affidés, Bonaparte faisait secrètement sonder

---

[1] Tel fut le but d'une brochure qui parut sous le titre de la *Garantie* :

« L'auteur abordait avec franchise la question de savoir s'il y a contradiction entre *Empereur* et *République*; il montrait une foule d'idées libérales en compensation; il trouvait dans cette loi *d'hérédité*, le principe et le complément de la Révolution. Son but était de concilier tous les intérêts anciens et nouveaux, de prouver aux *royalistes*, aux *républicains*, aux *indifférents*, aux *militaires*, aux *acquéreurs* des domaines nationaux, qu'ils ont tous besoin de sécurité, qu'ils ne la trouveront que là, et qu'à cela tient la prospérité au dedans et la considération au dehors. Le *Journal des Débats* ajoutait en recommandant cette brochure : « Tel est enfin le résultat de cette lecture, qu'en la quittant on est tenté de se regarder tous comme des gens réveillés d'un rêve fatigant, qui n'ont rien de mieux à faire que d'oublier leurs torts et leurs illusions. C'est le plus bel éloge que nous puissions faire de cette brochure, en attendant que nous en citions quelques fragments qui la loueront encore mieux. »

[2] Voici quelques-unes des adresses :

« Le collége électoral de Dax, département des Landes, exprime en ces termes son hommage au chef de l'État : « Ne vous refusez pas, premier Consul, aux grandes mesures que la Providence vous indique pour consolider à jamais le bonheur de la France : donnez à votre puissance cette stabilité qui seule peut étouffer, pour toujours, les vains projets d'une ambition insensée. Ces mesures sont dans tous les cœurs, tous les vœux les appellent, tous les intérêts s'y rallient. Lorsque dans votre

toutes les autorités politiques sur l'hérédité, et ces autorités dévouées donnaient l'impulsion pour qu'un vœu unanime éclatât en saluant la couronne sur le front de Bonaparte. Des circulaires secrètes provoquèrent l'expression des vœux dans les conseils-généraux; le besoin d'ordre, la crainte d'un retour vers la révolution, avaient singulièrement aidé les manœuvres des amis du premier Consul. Il ne fut pas difficile de décider les conseils généraux, expression de la propriété, à demander des gages de stabilité pour consolider le sol. Et quant à l'armée, les ordres du jour communiqués par les officiers du Consul, devaient provoquer une de ces manifestations solennelles que l'on retrouvait encore en fouillant dans les vieux souvenirs de Rome. Les légions salueraient leur Empereur; elles n'hésiteraient pas à le revêtir de la couronne sacrée [1].

Tout ces moyens ainsi combinés pour préparer l'opinion publique à la ruine des institutions républicaines, il se fit un long et laborieux travail d'esprit public dans

sagesse, vous aurez fixé l'heure de leur exécution, vous verrez tous les bons français se réunir, se presser autour de vous, et sacrifier leur fortune et leur vie pour en assurer le succès. Tels sont nos vœux, tel est notre espoir ; puisse-t-il être bientôt comblé ! »

Dans une adresse au premier Consul, le conseil général du département de la Seine-Inférieure s'exprimait en ces termes : « Nous vous reportons, citoyen premier Consul, l'expression de l'indignation des habitants de ce département, contre les hommes affreux qui ont osé préparer le plus grand des forfaits, et contre le gouvernement perfide qui les a soudoyés. Nous vous reportons l'expression de leurs inquiétudes et de leurs alarmes ; et, nous osons le dire, ces inquiétudes ne cesseront que par les institutions que nous avons demandées, il y a deux ans, et que nous demandons avec une nouvelle force, aujourd'hui que leur nécessité est généralement sentie comme elle est évidemment démontrée. Il est digne de vous, citoyen premier Consul, de reconcilier, par une grande pensée, l'avenir avec le présent, et de faire enfin reposer sur des bases éprouvées, le sort d'un peuple dont vous êtes jusqu'ici la gloire, mais la seule espérance. »

[1] « Dans l'armée, le changement proposé prit tout seul ; la chose se comprend aisément. Les dragons, qui étaient tous réunis par division de quatre régiments chacune, et disposés pour se rapprocher de Boulogne donnèrent l'élan : ils envoyèrent une adresse au premier Consul, dans laquelle ils lui disaient que leurs efforts ne serviraient à rien, si des méchants parvenaient à lui ôter

les bureaux des ministères; on résumait les vœux de toutes les autorités; on devait prendre des précautions, car l'on avait en face le parti républicain, toujours inquiet, et particulièrement préoccupé depuis l'adoption du Consulat à vie; ennemi de la monarchie, il la voyait néanmoins s'élever debout devant lui; toutes les institutions prenaient une tendance d'organisation et de perpétuité. La Légion d'honneur adoptée par une loi, était un premier pas vers les ordres et distinctions abolis par le système révolutionnaire. On venait de promulguer le Code civil, après une longue discussion dans le Tribunat comme un système d'unité jeté au sein de la famille et de la propriété.

La plupart des antiques garanties s'étaient reformées dans des conditions semblables. On marchait non seulement vers le pouvoir absolu mais encore vers l'hérédité dans la famille Bonaparte; la monarchie était fondée; il ne restait à créer que le monarque : transition importante à ménager. Les peuples en matière de liberté cèdent bien plus volontiers les choses que les mots; ils ne s'aperçoivent de leurs sacrifices que lorsqu'ils voient la puissance qui s'élève les fouler aux pieds. » Or, le parti républicain subirait-il, sans résistance, le rétablissement d'un trône lorsque pendant tant d'années, il avait lutté pour le briser? Devait-on cesser

la vie; que le meilleur moyen de déjouer leurs projets et de fixer les irrésolutions, était de mettre la couronne impériale sur sa tête et de fixer cette dignité dans sa famille. Après les dragons vinrent les cuirassiers, puis tous les corps d'infanterie, ensuite les marins; et enfin, ceux des ordres civils qui désiraient le changement suivirent l'exemple de l'armée Cela s'étendit en un instant jusqu'aux plus petites communes; le premier Consul recevait des voitures pleines d'adresses semblables. On n'avait pas négligé de fomenter cet élan, mais au moins les corps de l'État furent assemblés; ces pièces leur furent communiquées. Et indépendamment de leurs délibérations, on soumit toutes ces manifestations de désir pour le retour de l'ordre monarchique à la sanction du peuple. »

(Mémoires du général Savary.)

tout ménagement envers les idées et les hommes de la Révolution? N'était-ce que pour un changement de dynastie que tant de sang avait été versé et tant d'efforts accomplis? » Ainsi raisonnait le parti démocratique, alors que des coups violents étaient portés à toutes les opinions extrêmes par suite de la conspiration de Georges et de Pichegru; la police avait admirablement exploité ce complot pour compromettre toutes les opinions ardentes et profondes; une sorte d'affaissement se manifestait dans les esprits; la terreur, habilement répandue, empêchait tout mouvement énergique; le moment était venu d'aller vite pour acccomplir une modification décisive dans les institutions politiques; la résistance serait moindre. Quand le pouvoir a fait un coup d'audace, il doit profiter de l'étonnement de tous, pour marcher droit à son but; s'il s'arrête, il est perdu. Le premier Consul s'appuyait alors sur les tendances monarchiques du pays; autour de lui se groupaient les monarchistes de la Constituante, et les hommes qui, en 1789, s'étaient bornés comme Rœdérer à demander un changement de dynastie à la façon anglaise, au profit du duc d'Orléans.

Ce fut à l'aide de ces deux catégories d'hommes que Bonaparte avançait silencieusement l'époque de sa monarchie. Il s'appuyait aussi sur quelques unités du parti

---

Voici quelques-unes des adresses de l'armée:
Le général Lasalle, chef du quatrième régiment de vétérans, et membre de la Légion d'honneur, aux vétérans de sa troupe assemblés à la caserne des Carmes, place Maubert.

« Mes camarades, les départements, l'armée, connaissant les services que le premier Consul a rendus à la France, tant en reculant ses frontières, qu'en rétablissant les lois et le culte, en encourageant l'industrie, en donnant au monde la paix, que la perfidie des Anglais seule a troublée, ont désiré, pour assurer notre bonheur, de récompenser ses vertus par un titre plus éminent, et de prévenir la guerre civile, suite des élections, en établissant l'hérédité du pouvoir dans la famille de *Dieudonné*, notre libérateur; vos chefs se sont empressés de voter une adresse pour lui demander ce nouveau

jacobin, ralliées à lui, parce qu'elles semblaient voir dans Bonaparte le fils de la Révolution française, et l'héritier énergique de l'unité telle que la comprenait le Comité de salut public. Pour eux, les mots ne faisaient rien à la chose : dictateur, consul, empereur, Robespierre ou Bonaparte, peu leur importait, pourvu qu'on prît en main les intérêts de la Révolution pour les faire triompher; qu'on les garantît d'une contre-révolution, ils ne demandaient pas davantage. Ce n'était pas la dictature qui leur faisait peur, mais la vieille monarchie.

Ces pensées d'hérédité, vagues encore dans l'âme de tous, devaient se formuler par les communications entre les corps politiques. Bonaparte, appuyant son pouvoir sur le Sénat, venait d'agrandir ses prérogatives et la souveraineté de son droit constitutionnel; les plus hautes dignités étaient réservées à ses membres : la plupart recevaient des sénatoreries et des dotations qui avaient pour but d'en faire tout à la fois le grand corps politique et l'aristocratie de l'État; le Sénat en gardait reconnaissance, et on venait de l'éprouver par son dévouement dans la conspiration de Georges. César avait fait beaucoup pour lui, il devait faire tout pour César. Ce fut donc au Sénat ou, pour mieux dire, à quelques membres dominants que furent faites les pre-

bienfait; je vous invite, au nom de la reconnaissance que nous lui devons, de l'admiration qu'il nous inspire, et du bonheur futur de l'État, de joindre vos signatures aux nôtres, pour lui prouver que ses anciens frères d'armes savent l'apprécier, et le nomment Empereur... C'est le vœu de la victoire. »

Les troupes du camp de Montreuil, disent dans leur adresse au premier Consul :

« Acceptez, citoyen premier Consul, la couronne impériale que vous offrent 30,000,000 d'hommes; Charlemagne, le plus grand de tous nos rois, l'obtint jadis des mains de la victoire; avec des titres plus glorieux encore, recevez-la des mains de la reconnaissance : qu'elle soit transmise à vos descendants, et puissent vos vertus se perpétuer sur le trône avec votre nom! »

mières communications pour formuler l'hérédité de la magistrature. Sans rien proposer de précis, on se bornait à dire seulement que le premier Consul était aise de consulter le patriciat sur la question de savoir : « S'il n'y aurait pas nécessité de rendre héréditaire un pouvoir que les factions menaçaient si ouvertement [1]. Le grand cœur du premier Consul devait se perpétuer en sa postérité. »

C'était précisément l'époque de la conspiration de Georges, et cette circonstance prêtait considérablement à toutes les tentatives pour l'hérédité. Le Sénat fut donc le premier consulté sur les mesures à prendre contre la conjuration menaçante; et dans les délibérations secrètes, telles qu'elles nous sont conservées par les registres, plusieurs sénateurs firent entendre : « Qu'il fallait en finir avec cette instabilité qui ne permettait de rien accomplir à l'extérieur surtout. » L'ordre devait se consolider par la perpétuité du pouvoir dans une famille. Quand le Sénat fut appelé à s'exprimer sur le complot de Moreau et de Pichegru, il fit une démarche officielle auprès du premier Consul, pour que celui-ci daignât prendre un parti dans le but de déjouer les trames qui s'attachaient à sa vie. Or, quand ses ennemis implacables sauraient que le Consul mort, l'œuvre resterait debout, il n'y aurait pas d'attentats contre sa personne; sa vie ne serait pas le but constant des factions atroces qui aiguisaient le poignard; on ne viserait plus à son cœur. Dans une adresse présentée au nom du Sénat par François de Neufchâteau, les mêmes idées sont reproduites, mais dans un style plus clair et plus précis; le Sénat a toute hâte de proclamer l'Empire :

[1] Registre secret du Sénat conservateur. (Chambre des Pairs.)

« Oui, citoyen premier Consul, le Sénat doit vous le dire, en réorganisant notre ordre social, votre génie supérieur a fait un oubli qui honore la générosité de votre caractère, mais qui augmente peut-être nos dangers et nos craintes. Toutes nos constitutions, exceptée celle de l'an VIII, avaient organisé ou une haute cour, ou un jury national. Vous avez eu la confiance qu'un pareil tribunal ne serait pas nécessaire, et la postérité qui doit vous tenir compte de tout ce que vous avez fait, vous comptera aussi ce que vous n'avez pas voulu prévoir. Mais, citoyen premier Consul, vous vous devez à la patrie; vous n'êtes point le maître de négliger votre existence, et le Sénat qui, par essence, est le conservateur du pacte social de 30 millons d'hommes, demande de leur part que la loi s'explique sur le premier objet de cette conservation. Citoyen premier Consul, un grand tribunal national assurera d'une part la responsabilité des fonctionnaires publics, et de l'autre il offrira aux conspirateurs un tribunal tout prêt, tout investi de la confiance et des pouvoirs nécessaires pour maintenir la sûreté et l'obéissance d'un grand peuple, attachées à la sûreté, à la puissance de son chef. Mais le jury national ne suffit pas encore pour assurer en même temps et votre vie et votre ouvrage, si vous n'y joignez pas des institutions tellement combinées, que leur système vous survive; vous fondez une ère nouvelle, mais vous devez l'éterniser : l'éclat n'est rien sans la durée. Nous ne saurions douter que cette grande idée ne vous ait occupé; car votre génie créateur embrasse tout et n'oublie rien. Mais ne différez point. Vous êtes pressé par le temps, par les événements, par les conspirateurs, par les ambitieux; vous l'êtes, dans un autre sens, par une inquiétude qui agite tous les Français. Vous pouvez enchaîner le temps, maîtriser les événements, mettre un frein aux conspirateurs, désarmer les ambitieux, tranquilliser la France entière en lui donnant des institutions qui cimentent votre édifice et prolongent pour les enfants ce que vous fîtes pour les pères. Citoyen premier Consul, soyez bien assuré que le Sénat vous parle ici au nom de tous les citoyens ; tous vous admirent et vous aiment ; mais il n'en est aucun qui ne songe souvent avec anxiété à ce que deviendrait le vaisseau de la République s'il avait le malheur de perdre son pilote avant d'avoir été fixé sur des ancres inébranlables. Dans les villes, dans les campagnes, si vous pouviez interroger tous les Français l'un après l'autre, il n'y en aurait aucun qui ne vous dît ainsi que nous : « Grand homme, achevez votre ouvrage en le rendant immortel comme votre gloire. Vous nous avez tiré du chaos du passé, vous nous faites bénir les bienfaits du présent, garantissez-nous l'avenir. » Dans les cours étrangères la saine politique vous tiendrait le même langage : le repos de la France est le gage assuré du repos de l'Europe [1]. »

Le Sénat se hâtait ainsi de prendre une secrète

---

[1] Le Consul fit une admirable réponse à cette adresse ; elle est antique.

« Sénateurs, votre adresse du 6 germinal (27 mars) n'a pas cessé d'être présente à ma pensée ; elle a été l'objet de mes méditations les plus constantes. Vous avez jugé l'hérédité de la suprême magistrature nécessaire pour mettre le peuple français à l'abri des complots de nos ennemis, et des agitations qui naîtraient d'ambitions rivales. Plusieurs de nos institutions vous ont, en même temps, paru devoir être perfectionnées pour assurer sans retour le triomphe de l'égalité et de la liberté publique et offrir à la nation et au gouvernement la double garantie dont ils ont besoin. Nous avons été constamment guidés par cette grande vérité : que la souveraineté réside dans le peuple français, en ce sens que tout, tout sans exception, doit être fait pour son intérêt, pour son bonheur et pour sa gloire. C'est afin d'atteindre ce but que la suprême magistrature, le Sénat, le conseil d'État, le Corps législatif, les colléges électoraux, et les diverses branches de l'administration, sont et doivent être instituées. A mesure que j'ai arrêté mon attention sur ces grands objets, je me suis convaincu davantage de la vérité des sentiments que je vous ai exprimés, et j'ai senti de plus en plus que, dans une circonstance aussi nouvelle qu'importante, les conseils de votre sagesse et de votre expérience m'étaient nécessaires pour fixer toutes mes idées.

initiative sans que rien transpirât officiellement sur les desseins ultérieurs de Bonaparte; l'adresse, lue par François de Neufchâteau, était toute confidentielle. Le pouvoir serait héréditaire, ce point paraissait admis; mais quel titre prendrait le Consul? Désignerait-il seulement son successeur, cas prévu par la dernière constitution, ou bien sa famille de plein droit, serait-elle appelée au trône comme une dynastie nouvelle, par ordre de primogéniture? Le Sénat serait-il consulté, ou bien recourrait-on encore comme pour le Consulat à vie aux votes populaires des cités par les registres municipaux? Quand François de Neufchâteau disait au premier Consul : « d'achever son ouvrage, » il indiquait assez que cet ouvrage était la monarchie dont Bonaparte serait le prince, et le Sénat le principal appui [1].

Avant d'essayer l'examen de cette grande question de l'Empire dans le Sénat, elle fut également agitée aux séances secrètes du conseil d'État. Le premier Consul depuis quelque temps se tenait à l'écart, et ne venait plus au Conseil, pour y laisser planer le vague de ses desseins. Son frère Joseph, qui assistait assidûment aux

---

Je vous invite donc à me faire connaître votre pensée toute entière. Le peuple français n'a rien à ajouter aux honneurs et à la gloire dont il m'a environné; mais le devoir le plus sacré pour moi, comme le plus cher à mon cœur, est d'assurer à ses enfants les avantages qu'il a acquis par cette Révolution qui lui a tant coûté, surtout par le sacrifice de ce million de braves, morts pour la défense de ses droits. Je désire que nous puissions lui dire le 14 juillet de cette année : Il y a quinze ans, par un mouvement spontané, vous courûtes aux armes, vous acquîtes la liberté, l'égalité et la gloire. Aujourd'hui, ces premiers biens des nations, assurés sans retour, sont à l'abri de toutes les tempêtes; ils sont conservés à vous et à vos enfants : des institutions conçues et commencées au sein des orages de la guerre intérieure et extérieure, développées avec constance, viennent se terminer au bruit des attentats et des complots de nos plus mortels ennemis, par l'adoption de tout ce que l'expérience des siècles et des peuples a démontré propre à garantir les droits que la nation avait jugés nécessaires à sa dignité, à sa liberté et à son bonheur. » *Signé*. Bonaparte.

[1] « La commission proposa un projet d'adresse qui ne contenait que des félicitations sur le danger auquel le premier Consul et le pays avaient échappé, sans rien ajouter au moyen de s'en garantir. Dans le Sénat, Fouché se leva et dit : « Que ce

séances, avait son rôle tout préparé, s'exprimant hautement contre l'hérédité comme si le Consul voulait laisser partout les opinions libres. Le Conseil d'État savait pourtant aussi bien que le Sénat qu'un parti était arrêté et qu'on blessait profondément le premier Consul en repoussant le principe héréditaire. Cependant à la séance du matin, Cambacérès prit la parole avec sa gravité accoutumée ; comme vice-président, il déclara que : « Depuis quelque mois une pensée occupait le chef du gouvernement et l'absorbait même ; des vœux arrivaient de tous côtés sur un objet important, dont M. Regnauld de Saint-Jean-d'Angély allait bientôt entretenir le Conseil ; ce n'était point comme conseillers d'État [1] qu'on allait les consulter, mais comme réunion privée de citoyens sages et remplis de lumières, seuls capables peut-être d'envisager de haut les questions gouvernementales. »

Le consul Cambacérès se retira avec la même solennité, et Regnauld de Saint-Jean-d'Angély, expliquant, avec sa parole habituellement fleurie, les différentes phases de la situation politique, posa dans le conseil d'État une question précise. « Convient-il de donner l'hérédité pour base au gouvernement de la France? » La question ainsi habilement résumée, on ne sortait pas encore de l'idée du Consulat, qu'on voulait rendre héréditaire. Sans parler du caractère de la nouvelle dignité et de la majesté d'un trône, on établirait devant le Conseil une simple thèse de

---

n'était point suffisant, qu'il fallait réclamer des institutions qui détruisissent l'espérance des conspirateurs, en assurant l'existence du gouvernement au-delà de la vie de son chef. » Un membre demanda ce qu'il entendait par ces institutions. Fouché refusa de s'expliquer, mais donna à entendre qu'il avait conféré la nuit précédente, sur ce sujet important, avec le premier Consul ; et un sénateur qui n'avait pas coutume de voter avec lui, se leva pour appuyer sa proposition : chacun comprit que c'était une chose arrangée et qu'il ne serait pas sûr de s'y opposer. On inséra donc dans l'adresse la phrase proposée, mais sans aucun développement. (Pelet de la Lozère).

[1] Registre secret du Conseil d'État. (Séances d'avril 1804.)

politique gouvernementale; on se gardait de descendre jusqu'à des détails d'organisation qui auraient pu singulièrement compliquer les discussions au conseil d'État[1]. M. Regnauld développa les motifs de ses préférences pour l'hérédité : sorte de redite de tout ce que M. de Talleyrand avait exprimé dans le conseil privé. M. Regnauld fit valoir des raisons diplomatiques puisées dans les traités et dans le besoin de donner de la force et de la durée à la constitution. Le conseiller d'État Fourcroy parla dans le même sens que Regnauld, et il demanda même qu'une adresse fût rédigée sur-le-champ pour demander l'hérédité.

La République trouva un interprète convenable et fort de raison dans le conseiller d'état Berlier : « Avec l'hérédité, s'écria-t-il, que reste-t-il du gouvernement républicain ? Vous avez épuisé les trésors de la France, sacrifié des milliers d'hommes, et pourquoi ? pour en revenir au point de départ; croyez-vous que le peuple reconce facilement à un bien si chèrement acquis ? Vous parlez du besoin de donner de la stabilité aux relations extérieures; mais n'y a-t-il pas assez de stabilité dans un pouvoir à vie du Consul qui a même le droit de désigner son successeur ? Si vous faites de l'hérédité et de la monarchie, prenez garde de livrer à la risée les hommes qui se sont sacrifiés pour les intérêts et les idées de la Révolution ! — Soyez tranquille, répondit Régnauld de Saint-Jean d'Angély avec énergie; rassurez-vous, citoyen Berlier, l'homme supérieur qui gouverne la France [2] est enfant

---

[1] Voici les questions qui furent posées devant le Conseil d'État.
Première question. Le gouvernement héréditaire est-il préférable au gouvernement électif ?
Seconde question. Est-il convenable d'établir l'hérédité dans le moment actuel ?
Troisième question. Comment l'hérédité devrait-elle être établie ?

[2] Mémoires d'un conseiller d'État sur le Consulat.

de la Révolution, et il a le bras assez fort pour empêcher le triomphe d'un parti sur l'autre. » Berlier fut à peine appuyé dans le conseil d'État; seulement Réal, Boulay, Béranger, examinèrent l'opportunité de la mesure en déclarant peut-être qu'il fallait la retarder : « Qu'était-il besoin d'agiter encore l'opinion? Le Consul était plein de force et de vie; pourquoi jeter si promptement dans le public la question de l'hérédité? » Toutes ces raisons cédèrent devant la volonté intime de Bonaparte; il ne demanda pas une adresse au conseil d'État; ne lui reconnaissant pas le droit de juger la question; il appela l'opinion individuelle de chaque conseiller pour s'éclairer, sans admettre qu'un corps politique pût arrêter une résolution soumise à la sanction du peuple. On maintint une sorte d'indépendance dans ce mode d'exprimer l'opinion individuelle de chaque conseiller d'État; sept seulement se prononcèrent contre l'hérédité; voix impuissantes du vieux système républicain.

Jusqu'ici tout le débat avait porté sur une question vague : la transmission du pouvoir consulaire dans la famille de Bonaparte; le pouvoir serait-il héréditaire? tel était le point discuté d'abord. Puis quel serait le titre que prendrait le premier Consul? car, pour lui, l'hérédité n'était que la condition; le titre c'était le symbole de l'établissement monarchique. Le nom de Consul ne pouvait se maintenir dans le nouvel ordre de choses; dignité passagère à Rome, elle s'effaçait avec les circonstances d'une guerre. Dictateur paraissait un titre odieux, c'était trop dire qu'on réunissait tous les pouvoirs; le dictateur n'était pas un magistrat permanent; né de circonstances extraordinaires, il cessait avec elles ; puisqu'on faisait une monarchie, pourquoi n'oserait-on pas prendre le titre de roi? N'était-ce pas comme rois que les Capétiens avaient succédé aux Carlovingiens? *Rex* signifiait le conducteur du peuple, son chef élu. Cette dignité était comprise en France, toute autre ne l'était pas ; l'instinct de Bonaparte répondit que le nom de roi était usé ; on en avait fait monter un sur l'échafaud ; il y avait des régicides dans le Sénat, dans les conseils ; on avait vu le roi d'Étrurie à Paris, et la moquerie s'était attachée à ce jeune prince.

En France, il fallait quelque chose de neuf, de vif, de saisissant ; eh bien! le titre d'*imperator,* d'empereur, si mâle, si romain, devait être préféré ; le nom d'empereur était tout à la fois militaire et républicain : il ne devait blesser aucune opinion ; dans ses rapports avec l'Europe, il plaçait Bonaparte à l'égalité des plus hauts souverains : l'empereur de Russie et l'empereur d'Allemagne. Dans les souvenirs historiques de la patrie, il était non moins éclatant, car Charlemagne portait le titre impérial et le manteau de pourpre descendait ondoyant sur ses épaules. Maintenant, Bonaparte serait-il empereur de France ou des Gaules? En réveillant un titre antique, l'appliquerait-on à l'ancienne circonscription du territoire, et ferait-on revivre la nation gauloise avec la dignité retentissante d'empereur? *Empereur des Gaules* avait séduit d'abord, on l'avait écrit dans plusieurs projets ; Bonaparte l'avait approuvé. Plus tard on fit entendre qu'il ne serait pas compris par tout le peuple ; il supposait une certaine science d'histoire que les masses n'avaient pas, et il leur faut des titres réels pour commander l'obéissance. En élevant sur le pavois un empereur des Gaules, la multitude ne saurait pas ce qu'elle faisait, la nature de ce titre, la splendeur de cette dignité : *empereur de France* était également empreint d'un sens mal défini, sorte de propriété féodale de territoire. On s'arrêta donc au titre d'*Empereur des Français*, chef, conducteur de la nation ; il ne blessait aucune opinion, aucune susceptibilité en réunissant le titre antique de Charlemagne avec la formule adoptée par l'Assemblée constituante de *Roi des Français* ; il n'exprimait pas une dignité territoriale, mais un principe de souveraineté populaire [1].

Avec un empereur il fallait une grande armoirie [2], comme le symbole de la dignité dont Bonaparte allait être revêtu ; on devait la placer sur les drapeaux, en couronner les étendards, afin de constater partout la présence du prince. On fouilla dans les vieux souvenirs ; les fleurs de lys étaient vieilles comme le titre de roi ; ce symbole eût excité une trop vive opposition dans les idées révolutionnaires, et des risées peut-être dans les masses ; on avait banni partout les fleurs de lys. Quelques-uns proposèrent des piques, image de la France militaire des Gaulois ; d'autres un lion, symbole de la force ; debout il devait tenir sous sa griffe impériale la boule du monde et un sceptre ; il fut remarqué que le lion, le léopard ou le tigre, se rattachaient à des idées anglaises, au blason des rois Normands ou Saxons. La France voulait quelque chose de plus grandiose ; les empereurs de Russie et d'Allemagne avaient l'aigle à deux têtes, le roi de Prusse l'aigle noire ; pourquoi n'adopterait-on pas cette image de grandeur et d'audace ? L'aigle portant la couronne en tête, la foudre dans ses serres, s'élancerait des Alpes sur le monde.

---

[1] « On discuta la question de savoir quel serait le nouveau titre du chef héréditaire de l'État ; s'appellerait-il *Consul* ou *Prince*, ou *Empereur* ? Oserait-on prendre le titre de Roi ? Rétablir la chose était possible, mais le nom, nul ne l'aurait osé. Le titre de Consul ou de Prince, semblait modeste, et celui d'empereur trop ambitieux. On objectait contre celui-ci, le souvenir de l'humble condition dans laquelle avait vécu la famille de Bonaparte ; ceux qui l'avaient vue dans sa médiocrité, s'accoutumeraient difficilement, disait-on, à y voir une famille impériale. (Souvenir d'un conseiller d'État.)

[2] L'Académie des inscriptions fut consultée sur la légende, les titres et armoiries.

Bonaparte modifia ce projet, il préféra l'aigle en repos ; majestueux comme la force, il devait être prêt à lancer la foudre ; le Consul trouvait quelque chose de plus grandiose dans cette attitude de l'aigle se reposant avec son œil perçant, les ailes ployées ainsi que les camées antiques reproduisent l'aigle de Jupiter. Plus le nouvel empereur serait accusé d'ambition et d'un amour insensé de la guerre, plus il fallait frapper les yeux par les images du repos et de l'énergie pacifique. A côté de l'aigle, on placerait sur toutes les armoiries impériales l'abeille, insigne de l'abondance et du travail ; l'abeille, symbole du commerce, de la vigilante activité et de la douceur ; comme les antiques Francs, le nouvel empereur voulait avoir son alphabet symbolique sur ses armoiries ; elles devinrent ainsi l'expression de ses desseins et de ses destinées.

Les érudits fouillèrent profondément dans les annales afin d'entourer la dignité impériale des hautes fonctions et des attributs qui, sous l'empire Romain et durant l'époque Carlovingienne, relevaient le trône ; on remua les codes Théodosiens, les ouvrages spéciaux, pour découvrir quelles étaient les fonctions inhérentes dans tous les ordres du palais. Le vieil archevêque Hincmar fut spécialement consulté dans son livre de *ordine palatii* ou il a représenté la cour impériale du grand Charles, à Francfort, à Mayence, à Aix-la-Chapelle [1]. Les dignités du palais se divisèrent en deux ordres : militaires et civils ; il y eut d'abord la belle institution des maréchaux de France ; Bonaparte l'adopta ;

---

[1] Aussi le conseil municipal d'Aix-la-Chapelle, dit à Bonaparte :
« Trente-quatre empereurs et dix impératrices, depuis l'an 813 jusqu'en 1531, ont été sacrés et couronnés dans cette ville, pourquoi cette ville, redevenue française, ne serait-elle pas admise à faire valoir auprès de l'Empereur des Français, la noble

mais, pour s'éloigner un peu des traditions de l'ancien régime [1], on déclara qu'au lieu de douze maréchaux, le nombre en pourrait être porté à seize, tous chefs de corps, ayant sous leurs bannières les hommes d'armes de l'Empereur, et portant le bâton de commandement; maréchaux de Rois sous Philippe-Auguste, maréchaux de l'Empereur sous Bonaparte; tous dépendaient du Connétable, ce *Comte de l'Étable* des vieilles chroniques, le chef des royales écuries, dignité si élevée, lorsque le coursier de bataille formait la plus noble passion du chevalier. Sous le Connétable, les maréchaux; à côté les grands officiers militaires, colonels-généraux, titre emprunté à la monarchie de Louis XIV, et presque à l'armée du prince Condé. Avec le même rang que le Connétable, un grand-amiral, dignité dont était revêtu

prérogative qu'elle reçut de son illustre fondateur? Quoiqu'on ait transporté, on ne sait comment, une partie des ornements impériaux à Nurenberg, la ville d'Aix-la-Chapelle a conservé, jusqu'en 1794, le trône de marbre revêtu de plaques d'or, l'épée impériale, le baudrier, et le livre d'évangiles écrit en lettres d'or. En 1794, ces ornements impériaux furent transportés outre Rhin. On a fait des démarches pour en obtenir la restitution, nous espérons qu'elles seront efficaces. Il n'y a dans l'Europe qu'une seule main en état de porter l'épée de Charlemagne, c'est celle de Bonaparte-le-Grand. »

[1] D'après les actes qui se préparaient au Sénat, les titulaires des grandes dignités de l'Empire étaient celles de grand-électeur, d'archi-chancelier de l'Empire, d'archi-chancelier d'État, d'archi-trésorier, de connétable, de grand-amiral.

Le procès-verbal continue :

« Les titulaires des grandes dignités de l'Empire, sont nommés par l'empereur. Ils jouissent des mêmes honneurs que les princes français, et prennent rang immédiatement après eux. L'époque de leur réception détermine le rang qu'ils occupent respectivement.

« Les grandes dignités de l'Empire sont inamovibles.

« Les titulaires des grandes dignités de l'Empire, sont : sénateurs et conseillers d'État.

« Ils forment le grand conseil de l'Empereur, ils sont membres du conseil privé; ils composent le grand conseil de la Légion d'honneur. Les membres actuels du grand conseil de la Légion d'honneur conservent, pour la durée de leur vie, leurs titres, fonctions et prérogatives.

« Le Sénat et le conseil d'État sont présidés par l'Empereur. Lorsque l'Empereur ne préside pas le Sénat ou le conseil d'État, il désigne celui des titulaires des grandes dignités de l'Empire qui doit présider.

« Tous les actes du Sénat ou du Corps législatif sont rendus au nom de l'Empereur, et promulgués ou publiés sous le sceau impérial. »

sous l'ancien régime, un prince du sang, et souvent un fils de France[1].

Dans l'ordre civil, la hiérarchie était non moins splendide; les annales d'Allemagne reproduisent en plusieurs circonstances le titre de grand électeur; les membres du conseil privé établirent cette dignité en France comme le résumé et le blason du système représentatif. Charlemagne avait un archi-chancelier; les empereurs d'Allemagne avaient encore cette puissante dignité en la personne du chef du ministère; le conseil secret qui préparait l'empire à Bonaparte, la rétablit également; il y eut donc un *archi-cancellerius*, titre féodal jeté dans la révolution. On joignit à ce chef suprême de justice, un archi-trésorier, qui devait veiller à toutes les questions du trésor. Il fut nommé un grand chambellan, dignité de la couronne de France, appelée à maintenir l'ordre et la hiérarchie dans le palais; un grand aumônier, idée religieuse alors que le roi répandait l'abondance des aumônes aux saints jours de l'année; pieux établissement qui confondait la pensée

---

[1] Dans le projet il est dit :

« Le connétable est présent au travail annuel dans lequel le ministre de la guerre et le directeur de l'administration de la guerre rendent compte à l'Empereur, des dispositions à prendre pour compléter le système de dépenses des frontières, l'entretien, la réparation et l'approvisionnement des places. Il pose la première pierre des places fortes dont la construction est ordonnée. Il est gouverneur des écoles militaires. Lorsque l'Empereur ne remet pas en personne les drapeaux aux corps de l'armée, ils leur sont remis en son nom par le connétable. En l'absence de l'Empereur, le connétable passe les grandes revues de la garde impériale. Lorsqu'un général d'armée est prévenu d'un délit spécifié au code pénal militaire, le connétable peut présider le conseil de guerre qui doit juger. Il présente les maréchaux de l'Empire, les officiers-généraux et les colonels de toutes les armes, au serment qu'ils prêtent entre les mains de l'Empereur. Il reçoit le serment des majors, chefs de bataillon et d'escadron de toutes les armes. Il installe les maréchaux de l'Empire. Il présente les officiers-généraux et les colonels, majors, chefs de bataillon et d'escadron de toutes les armes, lorsqu'ils sont admis à l'audience de l'Empereur. Il signe les brevets de l'armée et ceux des militaires pensionnés de l'État.»

« Le grand-amiral est présent au travail annuel dans lequel le ministre de la marine

catholique du souverain avec ses libéralités et ses largesses envers le pauvre. On formula également une hiérarchie de grands maîtres, de chambellans, qui tous composaient ce qu'alors on appela la maison impériale, destinée à éclipser par un éblouissant éclat la noblesse de l'Europe, et à rappeler le cérémonial de France, aux jours de ses splendeurs royales. Les dignités de l'Empire furent ainsi un mélange de souvenirs, un résumé des études romaines, byzantines et monarchiques de Louis XIV, un nouveau livre d'or; on n'adopta rien exclusivement encore; des érudits se chargèrent d'expliquer les attributions de chacun des dignitaires, afin de les mettre en rapport avec les fonctions actives du gouvernement. Les rédacteurs de la constitution maintinrent quelques mots de république et de souveraineté du peuple; mais une ère nouvelle commençait; on jetait la pourpre et les titres à pleines mains, et le conseil privé achevait l'œuvre de l'Empire silencieusement avant qu'il en fût question dans aucun des corps politiques. A Saint-Cloud, à la Malmaison, chaque jour se discutaient les formulaires du nouveau Code impérial [1].

L'hérédité de la magistrature de Bonaparte, devait

rend compte à l'Empereur de l'état des constructions navales, des arsenaux et des approvisionnements. Il reçoit annuellement et présente à l'Empereur les comptes de la caisse des Invalides de la marine. Lorsqu'un amiral, vice-amiral, ou contre-amiral commandant en chef une armée navale, est prévenu d'un délit spécifié au Code pénal maritime, le grand-amiral peut présider la cour martiale qui doit juger. Il présente les amiraux, les vices-amiraux, les contre-amiraux et les capitaines de vaisseaux au serment qu'ils prêtent entre les mains de l'Empereur. Il reçoit le serment des membres du conseil des Prises, des capitaines de vaisseau et de frégate; et présente les membres du conseil des Prises, lorsqu'ils sont admis à l'audience de l'Empereur. Il signe les brevets des officiers de l'armée navale et ceux des marins pensionnaires de l'État. »

[1] Toutes les autres dignités furent ainsi définies par le projet:

« L'archi-trésorier est présent au travail annuel dans lequel les ministres des finances et du trésor public rendent à l'Empereur les comptes des recettes et des dépenses de l'État, et exposent leurs vues sur les besoins des finances de l'Empire. Les comptes des recettes et des dépenses annuelles, avant d'être présentés à l'Empereur, sont revêtus de son visa. Il reçoit tous les trois mois, le compte des travaux de la comptabilité nationale, et tous les ans, le résultat général et les vues de ré-

dans le travail préparé par le conseil privé, profiter surtout à sa famille; c'était pour elle un nouvel état, un principe de grandeur; quel rang allait-elle tenir et quelles dignités lui seraient assignées ? En tête de tous, dans les annales romaines, se présentait la vieille majesté impériale, la mère de l'Empereur, la Popéa, l'Agrippine des Annales de Tacite. Cette fortune resplendissante, qui avait touché le front de Lætitia Ramolini, était accueillie par elle sans émotion et sans orgueil; elle ne s'en laissait pas éblouir, parce que si elle avait foi dans le génie de son glorieux fils, elle n'était point aveugle en face de sa fortune; femme d'un sens exquis, d'une raison droite, elle savait bien que tout reposait sur la tête de son cher Napolione; et comme elle n'ignorait pas d'où venait toute sa famille, de quel lieu elle était partie pour s'élever si haut, elle ne se laissait point dominer par ces grandeurs soudaines qui rayonnaient autour de ses enfants; Bonaparte voulait que sa mère fût vénérée et qu'elle parût dans les annales, comme ces belles figures des mères des empereurs, telles qu'on les voit sur les bas-reliefs et les pierres gravées.

forme et d'amélioration dans les différentes parties de la comptabilité; il les porte à la connaissance de l'Empereur. Il arrête, tous les ans, le grand livre de la dette publique. Il signe les brevets de pensions civiles. Il reçoit les serments des membres de la comptabilité nationale, des administrations des finances et des principaux agents du trésor public. Il présente les députations de la comptabilité nationale et des administrations de finances admis à l'audience de l'Empereur. Il présente les sections réunies du Conseil d'État et du Tribunat, à l'audience de l'Empereur.

« L'archi-chancelier de l'Empire fait les fonctions de chancelier pour la promulgation des sénatus-consultes organiques et des lois. Il fait également celle de chancelier du palais impérial. Il est présent au travail annuel dans lequel le grand-juge, ministre de la police rend compte à l'Empereur des abus qui peuvent s'être introduits dans l'administration de la justice, soit civile, soit criminelle. Il préside la haute cour impériale; il préside les sections réunies du conseil d'État et du Tribunat, conformément au sénatus-consulte. Il est présent à la célébration des mariages et à la naissance des princes; au couronnement et aux obsèques de l'Empereur. Il signe le procès-verbal que dresse le secrétaire d'État. Il présente les titulaires des grandes dignités de l'Empire, les minis-

Madame Lætitia prenait comme ses enfants, le titre d'Altesse Impériale; elle devenait la souche et l'origine de toute la famille : *Madame Mère.*

Joséphine, inquiète de sa fortune, avait assisté au développement de l'ambition de Bonaparte ; hélas! il lui faisait pressentir une chute non moins rapide. Elle ne rapportait pas seulement ses frayeurs aux prédictions de la vieille sorcière à la Martinique, marmottant, à l'aspect de sa main, son élévation souveraine; mais elle avait cette révélation du cœur qui ne trompe jamais. les femmes L'hérédité supposait un héritier, reproche incessant jeté comme à sa face, puisqu'elle n'avait pu donner un enfant à Bonaparte ; dans cette fatale idée se trouvait l'avenir d'un divorce ; à plusieurs reprises, elle avait demandé au premier Consul, en souriant tristement, s'il était vrai qu'il la ferait *Impératrice des Gaules,* et Bonaparte avait promis d'orner son front d'un diadème brillant, si jamais il revêtait la pourpre. Cela ne laissait pas de l'inquiéter; les diamants pesaient sur sa tête, la couronne serait de feu ; son éclat l'éblouissait plutôt qu'il

---

tres, le secrétaire d'État, les grands officiers civils de la couronne et le premier président de la cour de cassation, au serment qu'ils prêtent entre les mains de l'Empereur. Il reçoit le serment des membres et du parquet de la cour de cassation ; des présidents et des procureurs généraux des cours d'appel et des cours criminelles. Il présente les députations solennelles et les membres des cours de justice admis à l'audience de l'Empereur. Il signe et scelle les commissions et brevets des membres des cours de justice et des officiers ministériels ; il scelle les commissions et brevets des fonctions civiles administratives et les autres actes qui seront désignés dans le règlement portant organisation du sceau.

« Le grand-électeur fait les fonctions de chancelier, 1º pour la convocation du Corps législatif, des colléges électoraux et des assemblées des cantons ; 2º pour la promulgation des sénatus-consultes portant dissolution soit du Corps législatif, soit des colléges électoraux. Le grand-électeur préside en l'absence de l'Empereur, lorsque le Sénat procède aux nominations des sénateurs, des législateurs et des tribuns. Il peut résider au palais du Sénat. Il porte à la connaissance de l'Empereur les réclamations formées par les colléges électoraux ou par les assemblées de canton pour la conservation de leurs prérogatives. Lorsqu'un membre d'un collége électoral est dénoncé, conformément à l'art. 21 du sénatus-consulte orga-

JOSÉPHINE ET SES ENFANTS (1804).   567

ne réjouissait ses yeux; elle se pressait de s'entourer de sa fille Hortense et de son fils Eugène; Hortense [1] récemment unie au propre frère du Consul, et sur laquelle la calomnie s'exprimait si haut. Il y avait plus d'un Suétone à la cour consulaire, pour peindre les mœurs domestiques; cette jeune femme semblait destinée à combler le vide que la stérilité de Joséphine avait fait dans la postérité de celui qu'on allait élever à la dignité d'Empereur. Eugène Beauharnais, colonel des guides de la garde, noble jeune homme, sévèrement jugé par Bonaparte, cherchait néanmoins par son respect filial, son dévouement attentif au premier Consul, à faire oublier ces premières impressions : Bonaparte lui avait dit un jour : « Vous ne serez jamais qu'un colonel brave, mais médiocre. » Il le vit pourtant aux époques difficiles, et Eugène Beauharnais se vengea fièrement du jugement improvisé que Bonaparte portait trop légèrement dans ses colères impétueuses sur ses contemporains, et sur l'histoire.

L'aîné de la famille [2], Joseph Bonaparte, ne s'était ja-

nique du 16 thermidor an x, comme s'étant permis quelque acte contraire à l'honneur ou à la patrie, le grand électeur invite le collége à manifester son vœu. Il porte le vœu du collége à la connaissance de l'Empereur. Le grand électeur présente les membres du Sénat, du conseil d'État, du Corps législatif et du Tribunat, au serment qu'ils prêtent entre les mains de l'Empereur. Il reçoit le serment des présidents des colléges électoraux de département et des assemblées de cantons. Il présente les députations solennelles du Sénat, du Corps législatif, du Tribunat et des colléges électoraux, lorsqu'elles sont admises à l'audience de l'Empereur. »

[1] « Toute jeune, Hortense avait éprouvé un grand éloignement pour le mari de sa mère; elle le détestait; mais insensiblement le temps, l'âge, l'auréole de gloire qui environnait Bonaparte, et ses procédés pour Joséphine, firent passer Hortense d'une sorte d'antipathie à l'adoration; sans être jolie, elle était spirituelle, sémillante, pleine de grâces; elle plut. » (Mémoires contemporains.)

[2] Voici comment était conçu le projet du Sénat en conseil secret.

« La dignité impériale est héréditaire dans la descendance directe naturelle et légitime de Napoléon Bonaparte, de mâle en mâle, par ordre de primogéniture, et à l'exclusion perpétuelle des femmes et de leur descendance.

« Napoléon Bonaparte peut adopter les enfants ou petits-enfants de ses frères,

mais séparé des opinions du premier Consul, avec une soumission qui tenait à son bon sens et à la justice qu'il savait se rendre. Dans le projet du conseil secret, il était porté en première ligne, au cas où le nouvel empereur mourrait sans postérité. Joseph, esprit honnête et doux, se ployait à toutes les volontés du Consul, et il obtenait comme récompense l'appel de sa postérité au trône impérial. Dans le projet rédigé par le conseil secret, à défaut de Joseph, on appelait le seul Louis Bonaparte, comme seconde ligne, et cela devait étonner, car on excluait ainsi Lucien et Jérôme. Comme la loi salique était maintenue, on s'expliquait comment il n'était pas question d'Élisa, de Pauline et de Caroline; mais Lucien qu'avait-il fait au Consul pour qu'il fût ainsi exclu du trône? Jérôme presqu'enfant pouvait-il mériter la disgrâce de son frère? Cette énigme de l'avènement de l'Empire et du règlement de la famille impériale a besoin d'explication.

J'ai dit les services que Lucien avait rendus à son frère dans la journée du 18 brumaire surtout; Lucien avait fait la puissance et constitué la grandeur du Consul; sans Lucien, Bonaparte était brisé à Saint-Cloud, et peut-être une commission militaire en aurait-elle fini le soir sous les grands arbres du parc. Aussi, après la journée accomplie, il obtint une position brillante; libre de paroles avec son frère, différant d'opinion, il ne se gêna jamais; il fut appelé au ministère de

---

pourvu qu'ils aient atteint l'âge de dix-huit ans accomplis, et que lui-même n'aient point d'enfants mâles au moment de l'adoption. Ses fils adoptifs entrent dans la ligne de sa descendance directe. Si postérieurement à l'adoption, il lui survient des enfants mâles, ses fils adoptifs ne peuvent être appelés qu'après les descendants naturels et légitimes. L'adoption est interdite aux successeurs de Napoléon Bonaparte et à leurs descendants.

« A défaut d'héritier naturel et légitime ou d'héritier adoptif de Napoléon Bonaparte, la dignité impériale est dévolue et déférée à Joseph Bonaparte et à ses descendants naturels et légitimes, par ordre de primo-

l'intérieur, et là, quelques imprudences, jointes à des prodigalités de gentilhomme, lui méritèrent une première disgrâce; il partit pour l'Espagne, d'où il revint à Paris avec une fortune colossale. Lucien se mêla beaucoup de politique, tout en suivant son goût de plaisir; partisan de l'hérédité, il se joignit à Rœderer et à la coterie confidentielle qui poussait à la constitution d'une monarchie; en cela il secondait les sentiments du premier Consul. Mais il arriva dans sa vie de grand seigneur, dans ses parties de chasse, dans ses représentations scéniques, que Lucien s'éprit d'une femme de beaucoup d'esprit, d'un nom fort commun[1], d'une origine très vulgaire : madame Jouberteau; elle jouait avec talent la comédie à la terre de Plessis, la résidence habituelle de Lucien. Il en eut un fils; ivre d'amour, Lucien promit d'épouser la mère, et tandis que Napoléon le poussait à donner sa main à la reine d'Étrurie, infante d'Espagne et veuve alors, Lucien, par esprit de contradiction, hâta son union avec madame Jouberteau. Le mariage fut célébré furtivement par surprise, comme une bravade. Bonaparte furieux le fait appeler; une explication hautaine d'égal à égal a lieu entre Lucien et lui; le frère ne cède pas; loin de s'excuser, il outrage. Napoléon lui dit : « Vous n'avez donc pas honte d'avoir épousé une femme perdue de mœurs. » Et Lucien lui répond avec impertinence : « Au moins celle-là est jeune; » ajoutant

géniture et de mâle en mâle, à l'exclusion perpétuelle des femmes et de leur descendance.

« A défaut de Joseph Bonaparte et de ses descendants mâles, la dignité impériale est dévolue et déférée à Louis Bonaparte et à ses descendants naturels et légitimes, par ordre de primogéniture et de mâle en mâle, à l'exclusion perpétuelle des femmes et de leur descendance. » Il n'est pas question des autres frères.

[1] « Parmi les actrices se faisait remarquer une beauté déjà célèbre par ses galanteries, et que Lucien venait d'attirer à sa cour; elle se nommait madame *Jouberteau*, et jouait avec talent les rôles de princesses et de reines; elle était jeune, grande et belle. » (Mémoires contemporains.)

un trait direct plus dur encore qui atteignait Bonaparte dans sa vie intime. La rupture devint publique, et Lucien quitta Paris pour habiter Milan. Dans le mouvement de sa colère, Bonaparte avait commandé au conseil privé de mettre Lucien en dehors du projet d'hérédité soumis plus tard au Sénat, sorte d'indignité et de vendetta corse contre son frère. Ainsi Barras, le protecteur de Bonaparte, était exilé à Bruxelles, et son sauveur au 18 brumaire allait fuir à Milan.

Jérôme Bonaparte, presque enfant, fut compris dans la même exclusion ; son crime était à peu près égal à celui de Lucien ; sa disgrâce provenait encore d'une cause de mariage et de mésalliance. Napoléon en était arrivé à ce point d'aristocratie de ne pas souffrir qu'on s'alliât mal, lui qui avait épousé Joséphine et rêvé, dit-on, un mariage avec la Montansier. Jérôme, jeune officier de marine, chargé de commander une croisière à la hauteur de la Martinique, avait contracté un mariage d'amour avec la fille d'un riche négociant américain, nommé Paterson. Bonaparte, alors dans toute sa gloire, ivre de sa fortune, se considérait comme le chef de sa famille et par conséquent destiné à préparer les alliances de ses frères ; il regarda l'union de Jérôme comme un coup de tête [1], une folie de jeune homme ; que pouvait être, pour la nouvelle dynastie, la fille d'un commerçant républicain des États de l'Union, lorsque le Consul destinait sa famille

---

[1] « Jérôme était à la même époque tombé dans la même disgrâce, et c'était aussi un mariage qui lui avait attiré le courroux de son frère. Envoyé à Saint-Domingue, il était revenu en France peu de temps après, avait été chargé par son frère du commandement d'une croisière à la hauteur de la Martinique, s'était vu forcé de se retirer aux États-Unis, où, sans l'autorisation de sa famille, et quoique mineur, il avait contracté un mariage avec la fille d'un riche négociant nommé *Paterson*. A son retour en France, Napoléon avait exigé la rupture de son mariage ; et Jérôme, soutenu par son frère Lucien, s'était pendant quelque temps refusé à ses ordres. » (Mémoires contemporains.)

à des têtes couronnées? A Lucien, une infante d'Espagne; à Jérôme, une princesse de grande race allemande. La persistance du jeune frère du Consul amena les coups de foudre d'une disgrâce. Bonaparte imposa au conseil privé l'obligation d'exclure Jérôme ainsi qu'il avait exclu Lucien ; son nom ne dut pas paraître dans le sénatus-consulte. Comme Napoléon était tout, il fit la loi dans sa famille selon l'usage des rois.

Le Consul trouva plus de docilité dans ses sœurs, soumises à sa volonté; le dévouement de Murat était incontestable; beau-frère de celui que la fortune élevait si haut, Murat, nommé au gouvernement de Paris, maintenait avec une grande vigilance la garnison et l'armée dans les sentiments personnels d'obéissance envers Bonaparte. Caroline, tout éprise de Murat, suivait l'impulsion de son frère; le Consul était obéi avec une ponctualité qu'il aimait à trouver dans tous ceux qu'il attachait à sa personne. Pauline avait quitté Saint-Domingue, et veuve du général Leclerc, nouvelle Arthémise (parce que, dit-on, le noir lui aait parfaitement), elle rapportait une légère empreinte de douleur et de deuil que les plaisirs de Paris dissipèrent bientôt. Bonaparte, craignant le scandale et les irrégularités de mœurs dans sa famille, se hâta d'unir sa sœur Pauline à un second mari, et choisit pour elle l'héritier de la famille Borghèse, dont nous avons tous vu les riches palais et les *villa* délicieuses à Rome, près la Porte du Peuple. Les Borghèse étaient une grande race papale, première alliance princière des Bonaparte. Aussi Pauline, pleine de joie, se disait la seule véritable princesse au milieu de tous ces autres dignitaires qu'un coup de baguette allait bientôt improviser; elle aimait ce titre de princesse Borghèse, avec ses beaux diamants, ses riches parures héréditaires ; elle avait des palais de marbre et de porphyre, des galeries immenses de tableaux, des robes somptueuses, des musées tout entiers où les bas-reliefs antiques, les camées, brillaient à côté des coupes d'Herculanum et des vases d'or du Bas-Empire. Élisa, un peu frondeuse, restait attachée à Lucien, et cependant elle baisait les mains de son frère, du glorieux Napolione, qui seul pouvait assurer sa fortune. Les sœurs du Consul avaient une sorte de crainte respectueuse pour la grande figure de leur lignée.

Toute cette famille causait le souci de Bonaparte, soit pour la pousser, soit pour la retenir; le premier Consul craignait de trop laisser en arrière les membres de sa race ; cela l'eût fait accuser d'ingratitude et d'indifférence; il fallait qu'il élevât toute sa famille à une certaine hauteur. Puis il devait la conduire, parce que la plupart de ses membres, esprits entêtés ou exigeants, capricieux ou fantasques, ne pouvaient comprendre les vastes desseins du premier Consul, ni s'associer à sa pensée. Cette double obligation d'élever et de retenir formait la douleur de la vie de Bonaparte, depuis surtout qu'il préparait la question de l'hérédité; sa tâche était plus imposante, sa mission immense, il s'abîmait dans la création d'une dynastie.

Cette pensée de race préside à tous les actes du conseil privé qui précédèrent la promulgation du sénatus-consulte constitutif de l'Empire; rien ne transpire encore positivement sur les derniers desseins de Bonaparte; tout se fait en silence, quelques confidents seuls sont instruits; on prend secrètement l'avis du Sénat sur les points essentiels qu'il faut organiser. Quelles seront les lois de transmission ? Quelle garantie et quel gage donnera-t-on au peuple en relevant le trône? Quels seront les statuts particuliers de la famille impériale? Il faut tout sonder, tout préparer; le terrain sera-t-il assez ferme? Bonaparte pourra-t-il poser la couronne à son front sans qu'il éclate des conspirations dans l'armée, des mécontentements et des murmures? César a-t-il ses légions préparées, ses prétoriens dévoués? Charlemagne peut-il compter sur ses preux, sur ses leudes et ses fidèles? De nouveaux gages, même sanglants s'il le faut, ne doivent-ils pas manifester la volonté de Bonaparte de se séparer à jamais des Bourbons, en fondant l'édifice impérial sur les idées et les intérêts de la Révolution française? Ne faut-il pas prouver qu'on dédaigne le rôle de Monck?

CHAPITRE XIII.

CATASTROPHE DU DUC D'ENGHIEN.

Rapports sur les princes de la maison de Bourbon. — Mesures de police. — Conseil privé. — Exposé de M. de Talleyrand. — Opinion de Fouché et de Cambacérès. — Rassemblement d'émigrés sur le Rhin. — Ordre et mission militaire. — Les généraux Caulincourt et Ordener. — Correspondance diplomatique. — Le cabinet des Tuileries et le grand-duc de Bade. — Le duc d'Enghien à Ettenheim. — La princesse de Rohan. — Arrestation du duc. — Translation à Strasbourg. — Arrivée à Vincennes. — Commission militaire. — Les généraux Murat et Savary. — Jugement et exécution du duc d'Enghien.

Février, mars 1804.

Au milieu de la terreur que les mesures vigoureuses de la police avaient jetée dans Paris, le bruit s'était répandu qu'un prince de la maison de Bourbon devait se mettre à la tête du mouvement armé contre le gouvernement consulaire [1]. Ce sentiment était si général que le peuple se livrait à mille conjectures sur la présence d'un Bourbon à Paris; on disait qu'un de ces princes était caché à l'hôtel de l'ambassadeur d'Autriche; d'autres prétendaient l'avoir vu dans les réunions secrètes des Bretons et des mécontents militaires, où présidait un homme à la tête haute et belle, respecté de tous. Les rapports de la police faits par Méhée de la Touche et par

[1] Voir chap. 9.

M. de Montgaillard donnaient des indications précises sur tous les membres de la maison de Bourbon[1]; ce ne pouvait être que le duc de Berry ou le duc d'Enghien qui fût caché dans Paris. Bonaparte au conseil d'État, trouva l'occasion de s'expliquer sur ce que tous ces bruits avaient d'absurde et d'invraisemblable; il dit que s'il eût été vrai que M. de Cobentzl eût donné asile à un Bourbon, la police aurait franchi, sans scrupule, l'hôtel de l'ambassade pour s'en saisir, car il n'appartenait à aucun des envoyés des puissances de protéger les conspirateurs : il ne voulait point souffrir la scène du marquis de Bedmar conjurant au sein même de la république de Venise[2].

La mission du général Savary sur les côtes de Normandie avait eu pour but secret de s'emparer d'un prince de la famille exilée, auquel on avait tendu des piéges à Londres. Au moment de la conjuration de Georges, la police aurait désiré le débarquement de M. le duc de Berry, afin d'avoir un otage sous sa main pour toutes les éventualités. Bonaparte prétendait que pour comprimer l'activité remuante des émigrés, il était indispensable de donner un exemple et d'avoir au moins un de leurs princes entre les mains, s'il ne valait pas mieux encore en finir par une exécution militaire. A Londres, Méhée de la Touche s'était efforcé de compro-

---

[1] Méhée de la Touche avait fait le portrait politique de tous les princes de la maison de Bourbon. On sait comment la police fait les portraits.

[2] « La population de Paris, n'a-t-elle pas imaginé de dire que les princes sont cachés dans l'hôtel de l'ambassadeur d'Autriche ? comme si je n'oserais les aller chercher dans cet asile ! Sommes-nous à Athènes où les criminels ne pouvaient être poursuivis dans le temple de Minerve ? Le marquis de Bedmar ne fut-il pas arrêté, dans sa propre maison, par le Sénat de Venise, et n'aurait-il pas été pendu sans la crainte de la puissance espagnole ? Le droit des gens a-t-il été respecté, à Vienne, à l'égard de Bernadotte, notre ambassadeur, quand le drapeau national arboré sur son hôtel a été insulté par une foule menaçante ? » (Le premier Consul au conseil d'État, dans M. Pelet de la Lozère.)

mettre les princes en leur donnant de fallacieuses espérances sur une prochaine contre-révolution. Si le comte d'Artois ou le duc de Berry n'étaient point descendus sur les côtes, ils le devaient aux rapports intimes de MM. de Polignac et de Rivière écrivant à Monsieur la véritable situation de Paris et le peu de chances actuelles pour le triomphe des Bourbons. Le voyage du général Savary n'avait point réussi ; après de vains efforts, il n'avait pu s'emparer des princes, suffisamment prévenus contre les piéges qu'on leur tendait sur la côte.

Cependant, dans les premières révélations de Querelle et d'autres Bretons assez pusillanimes pour dévoiler le complot, on avait remarqué surtout une circonstance curieuse, c'est qu'ils disaient avec une certaine unanimité : « Que toutes les fois qu'il y avait réunion chez Georges ou chez quelques-uns des chefs, un homme à la taille élégante, inconnu de tous, était mystérieusement introduit, comme je l'ai dit déjà, dans le lieu où se trouvaient les conjurés : chacun le saluait avec respect, tous gardaient la tête nue en sa présence ; quand ce personnage se retirait, les mêmes honneurs lui étaient rendus[1]. » D'où la police concluait qu'immanquablement un prince de la maison de Bourbon était à Paris ; à lui seul s'adressaient ces hommages. On en cherchait depuis un mois les traces ; les agents secrets envoyés à Londres recueillirent des notes exactes sur la situation actuelle de la famille des Bourbons ; bientôt on eut les résultats suivants par des notes vérifiées : Louis XVIII continuait d'être à Varsovie, et auprès de lui le duc et la duchesse d'Angoulême ; l'esprit

---

[1] Déposition de Querelle. — Procès-verbal.

de modération du prince répondait suffisamment qu'il ne prendrait aucune part au complot armé, et le duc d'Angoulême pas plus que lui ; la conjuration de Louis XVIII avait une autre direction politique. A Londres, on remarqua la présence du comte d'Artois, du duc de Berry, du duc d'Orléans, et de M. de Montpensier, caractère entreprenant que des rapports de police signalaient aussi comme le prince qu'on avait vu à Paris [1] ; la famille d'Orléans avait des partisans en France ; elle voulait interroger les faits. Il ne restait donc plus que les princes de la maison de Condé : un d'eux était-il à Paris ? Leur chef résidait à Londres, son fils le duc de Bourbon était auprès de sa personne ; on le savait. Le jeune duc d'Enghien avait fixé son séjour dans les États du grand duc de Bade, sur les bords du Rhin, dans l'admirable pays qui s'étend d'Ettenheim à Carlsruhe. Que faisait-il en un lieu si rapproché des frontières ? était-ce lui qu'on avait vu dans la réunion de Chouans à Paris ?

Louis-Antoine-Henri de Bourbon, duc d'Enghien, était né au château de Chantilly, là où vous voyez ce beau parc, cette verte pelouse ; fils unique de Henri-Joseph de Bourbon et de Louise-Thérèse-Mathilde d'Orléans, il fut élevé dans le manoir de ses pères ; une éducation attentive avait développé chez le duc d'Enghien le goût des choses militaires, inhérent à la famille des

---

[1] « Le gouvernement eut d'autres pensées, ce fut de faire une reconnaissance de tous les princes de la maison royale de France. Le roi et le duc d'Angoulême étaient à Varsovie ; le comte d'Artois, les ducs de Berry et d'Orléans, les princes de Condé et de Bourbon, à Londres ; le duc d'Enghien à Ettenheim, à une marche du Rhin. Il fallait s'assurer si quelqu'un d'eux avait quitté sa résidence, ou se disposait à la quitter. L'information sur Ettenheim arriva la première. Un officier de gendarmerie, détaché de Strasbourg, y trouva le duc. On lui nomma les principaux officiers de son état-major, entre autres le général Thumery. L'officier, trompé par la prononciation allemande, entendit le général Dumouriez, et mit ce nom dans sa dépêche. On verra le fatal effet d'une si légère méprise. » (Pièces de M. Desmarêts.)

Condé. A seize ans, Louis XVI orna sa poitrine du cordon bleu, et tout jeune homme il siégea dans le parlement de Paris, comme prince du sang; pour la première fois on vit s'asseoir sur les fleurs de lis trois générations de la même race. Lors de l'émigration, son devoir l'appelait à l'armée de Condé, il y commanda un corps de cavalerie; aux lignes de Weissembourg on le vit charger avec résolution et vigueur. Il avait vingt-et-un ans lorsqu'il conduisit toute la cavalerie des gentilshommes, et partout il se distingua comme un digne descendant des Condé.

A cette époque, le prince s'éprit chevaleresquement de Charlotte de Rohan-Rochefort, de vieille race, et depuis il lui voua sa vie. Ettenheim faisait partie du grand duché de Bade, par suite de la sécularisation des États ecclésiastiques du Rhin; la famille des Rohan y possédait des biens considérables, et c'était sa passion pour la princesse plutôt que la proximité de la France qui avait déterminé le séjour du duc d'Enghien dans les États de Bade. Lors de la seconde coalition de 1799, les Condé commandèrent les corps nobles auxiliaires; le duc d'Enghien défendit Constance, et tout son corps d'émigrés protégea la retraite des Russes avec vaillance. On se battit d'homme à homme [1], le sabre à la main, jusqu'à la paix de Lunéville qui mit un terme aux armements des émigrés. Revenu sur les bords du Rhin, le duc d'Enghien se fixa à Ettenheim, tout entier à sa douce passion et à la chasse dans la Forêt-Noire, si belle lorsque les fanfares du cor annoncent le cerf et le sanglier. A Ettenheim, comme le Grand Condé à Chantilly, le duc d'Enghien aimait les fleurs, cultivait les jardins, passant une vie paisible sous

---

[1] Campagnes de Condé par le marquis d'Ecquivilly, t. 2.

les inspirations de la plus vive tendresse ; il aimait aussi à revoir la France; le bruit vulgaire était que de temps à autre, passant le Rhin, le duc allait au spectacle à Strasbourg. Qui pouvait lui reprocher l'ardeur et l'activité du sang qui coulait dans ses veines? La fortune l'avait condamné à l'exil, mais il rêvait au bonheur de revoir la France et les épais ombrages de Chantilly, passion profonde dans toutes les âmes d'exilés.

Ce fut donc le jeune duc d'Enghien que la police dut faire surveiller ; le Consul voulait avoir des renseignements sur sa vie et connaître si c'était véritablement lui qu'on avait vu à Paris dans le mouvement armé des Bretons contre le premier Consul. Que faisait-il à Ettenheim [1]? A cet effet, trois moyens furent employés : la police militaire, l'action diplomatique et l'administration préfecturale du Bas-Rhin; on ne dut rien négliger pour suivre les traces du duc d'Enghien. Dans les habitudes du gouvernement consulaire, les officiers de la gendarmerie d'élite étaient chargés des missions de surveillance et d'examen ; quand il y avait un fait de police à vérifier, on envoyait habituellement un officier, chargé de voir et de juger les circonstances pour en rendre

---

[1] On a trouvé quelques lettres autographes du prince dans les papiers de M. Réal.

« Je vous remercie, mon cher Vauborel, de votre avertissement sur les soupçons que mon séjour ici pourrait inspirer à Bonaparte, et des dangers auxquels m'expose sa tyrannique influence en ce pays. Là où il y a du danger, là est le poste d'honneur pour un Bourbon. En ce moment, où l'ordre du conseil privé de S. M. B. enjoint aux émigrés retraités de se rendre sur les bords du Rhin, je ne saurais, quoi qu'il en puisse arriver, m'éloigner de ces dignes et loyaux défenseurs de la monarchie. »

Signé. Duc d'Enghien.

Voici une autre lettre, dont M. Réal possédait l'original, adressée au duc d'Enghien et trouvée dans ses papiers à Ettenheim ; elle est du comte de Lanan (colonel du régiment de son nom, à l'armée de Condé.) Ses craintes et ses avertissements nous représentent bien la lettre du général Vauborel. J'en transcris ici textuellement le passage suivant :

Munich, 11 février 1804.

« Si, comme je le pense, les vues énergiques des gouvernements qui nous protègent si particulièrement sont reconnues par de grandes puissances, comme le seul moyen de rendre la tranquillité à l'Europe

compte, afin qu'on se décidât sur son rapport. Le général Moncey désigna donc un officier, avec mission de parcourir les bords du Rhin; il devait éclairer le gouvernement sur la vie du duc d'Enghien et ses rapports avec les conspirateurs, sur ses ressources et ses distractions même. Le premier Consul avait donné lui-même les instructions; le rapport de l'officier qui existe encore [1], indique faussement la présence auprès du prince, du général Dumouriez, et ceci était la suite d'une erreur de prononciation allemande; on répéta devant lui le nom de Thumery, aide-de-camp du prince, avec la même consonnance que celui de Dumouriez. Le vieux général était alors à Hambourg; il y vivait au milieu d'un comité actif pour la maison d'Orléans, auquel le duc d'Enghien était tout à fait étranger. Avec un peu de réflexion on aurait vu que Dumouriez tout dévoué à la maison d'Orléans, ne pouvait s'allier à un Condé.

Cependant il suffit de ce nom de Dumouriez pour justifier une multitude de conjectures dans la tête ardente et préoccupée du premier Consul; Dumouriez, son vieil ennemi, ne pouvait être là que pour tramer des complots contre l'État, et pour seconder une conjuration; la pré-

---

par une paix juste, ces bases seront nécessairement le rétablissement de la monarchie; c'est ce qui me fait désirer vivement que V. A. ait le projet de s'éloigner un peu des rives du Rhin. Monseigneur, verra également avec moi, que si l'ennemi a quelques craintes du continent, sa première opération sera de prévenir et d'occuper la rive droite du Rhin, et de couvrir, par sa droite, la partie essentielle de la Suisse, dont l'alliance peut être regardée par lui comme insolide; c'est un coup de main qui ne demande pour son exécution que l'ordre de marcher, et cette idée m'est pénible. La personne de V. A. nous est trop précieuse pour n'être pas alarmé des dangers qu'elle pourrait courir.

« Je mande à M. de Thumery, sous le secret, les démarches que l'ambassadeur nous a autorisés de faire auprès de MM. de Lanjamets et de Rissons. »

Dans une lettre postérieure, 28 février, M. de Lanan accuse réception d'une lettre du prince, du 24, avec l'ordre du jour (probablement de Strasbourg) sur la découverte de la conspiration et sur l'arrestation de Moreau.

[1] « Il faut savoir que les officiers de gendarmerie n'exécutaient aucune mission, de

sence de Dumouriez sur le Rhin se liait à l'attentat de Georges, de Pichegru et de Moreau. Ainsi raisonnaient Bonaparte et les amis du gouvernement consulaire [1]; on ne s'éclaira pas davantage, on agit à l'étourdie comme il arrive toujours dans les grandes préoccupations.

M. de Massias, ministre à Carlsruhe, avait parlé dans ses dépêches de rassemblements d'émigrés sur les frontières, et la police diplomatique de M. de Talleyrand, signala également des réunions nombreuses sur les bords du Rhin: un premier ordre fut adressé à M. de Massias, chargé d'affaires auprès du grand duc de Bade, afin de se plaindre d'une manière vive et impérative de tous ces rassemblements d'émigrés; on invitait le grand duc à dissoudre sur-le-champ ces réunions hostiles qui menaçaient la sûreté et la dignité de la République [2]. M. de Massias exécuta les ordres de son gouvernement, et le grand duc de Bade fit des dispositions pour obéir aux volontés du Consul; beaucoup d'émigrés s'éloignèrent du Rhin; le

quelque part qu'elle vînt, sans adresser le double de leur rapport à leur inspecteur général. Aussi le ministre de la police ne les employait pas pour ce qui exigeait du secret, et ici il ne s'agissait que du fait simple de présence ou d'absence du prince. Le général Moncey reçut donc le rapport de son officier en même temps que la police, mais il n'en connaissait ni le motif ni la portée. Il le présenta tel quel au premier Consul, à onze heures du matin, en venant à l'ordre, tandis que M. Réal allait aux Tuileries plus tard, circonstance légère encore qui fit un grand mal. J'ignore quelles paroles et quels signes échappèrent à Bonaparte devant le général à cette communication; mais, d'après ce qui suit, l'effet dut en être violent comme si une révélation soudaine lui montrait un Bourbon armé aux portes de Strasbourg, attendant la catastrophe sanglante des Tuileries; un état-major d'émigrés près de lui, et même un commissaire anglais, car le rapport nommait un colonel Smith. «Le général Dumouriez, envoyé de Londres, doit diriger, par son expérience, les plans d'invasion et les défections. Deux ministres anglais, sir Francis Drake à Munich, Spencer Smith à Stuttgard, combinent tous les mouvements et renouent sur cette frontière les trames de Pichegru. Enfin, lorsque l'ouest au signal donné à Paris par la mort de Bonaparte éclatera en guerre civile, la frontière de l'est sera de nouveau le théâtre de la guerre et des trahisons. » (Papiers de M. Desmarêts.)

[1] Dépêche de M. de Talleyrand, mai 1804.

[2] « M. Réal, venant le soir au travail, trouva le premier Consul étendu sur une table où étaient développées de grandes cartes géographiques. Il étudiait la ligne depuis le Rhin jusqu'à Ettenheim, mesurait les distances, calculait les heures de mar-

duc d'Enghien resta dans sa résidence avec quelques-uns de ses serviteurs.

La police la plus active, la plus perfide peut-être, fut celle du préfet de Strasbourg, M. Shée, aidé de M. Méhée de la Touche; tous deux étaient trop rapprochés dans leur haine contre les Bourbons, pour ne point surveiller avec des yeux prévenus ce qui se passait à Ettenheim; M. Shée, régicide implacable, se laissant aveugler par ses souvenirs, se déchaîna contre le duc d'Enghien dans sa correspondance; au lieu d'éclairer le Consul, il exagéra ses idées en lui faisant voir le prince comme la tête de la partie militaire du complot sur le bord du Rhin; quant à Méhée de la Touche, mêlé aux premières fureurs de la Révolution française, il faisait son métier de police et parcourait toutes les provinces rhénanes pour prendre des renseignements sur la vie du duc d'Enghien; et chose qui ne s'explique pas dans un agent fin et délié comme lui, c'est qu'il ne fit pas vérifier le fait de la présence de Dumouriez auprès du prince. La vérité est qu'on voulait s'emparer d'un Bourbon; habituellement les agents du pouvoir servent ses idées plutôt qu'ils n'éclairent sa conscience; ce n'est pas la réalité qui leur importe, il leur faut avant tout

che... s'arrêtant tout à coup...: « Eh bien! M. Réal, vous ne me dites point que le duc d'Enghien est à quatre lieues de ma frontière, organisant des complots militaires. » Le conseiller d'État, étonné de le voir prévenu si à faux, répondit: « Que précisément il venait l'entretenir de cela, non pour lui apprendre que le duc résidât à Ettenheim, ce qui était assez connu, mais bien qu'il y était encore et ne l'avait pas quitté, seul point qu'il avait chargé un officier de vérifier. » Mais Bonaparte s'était remis sur ses cartes, tout entier à ses premières préventions, ne s'interrompant que par des mouvements d'indignation et de menaces: « Suis-je donc un chien qu'on peut assommer dans la rue, tandis que mes meurtriers seront des êtres sacrés!... On m'attaque au corps, je rendrai guerre pour guerre!.. » Et à M. de Talleyrand, qui rentrait alors: « Que fait donc M. de Massias à Carlsruhe, lorsque des rassemblements armés de mes ennemis se forment à Ettenheim. » Sur la réponse du ministre que M. de Massias ne lui avait rien transmis à ce sujet: « Je saurai, reprit-il, punir leurs complots; la tête du coupable m'en fera justice. » (Papiers de M. Desmarêts.)

satisfaire la passion, la pensée, la rage même du gouvernement qui les emploie.

Quand tous ces rapports arrivèrent à Paris, Bonaparte, impatient de ce qu'il voyait se tramer autour de lui, s'exprima sur les Bourbons avec sa colère habituelle; tenace, impératif, jamais il ne comprit la résistance; plusieurs fois déjà il avait dit : « Qu'il fallait en finir par un exemple avec les princes de cette race, et qu'il ne s'arrêterait devant rien. » Or, sans vérifier plus avant le fait, voici comment il raisonna : « Le duc d'Enghien et le général Dumouriez réunis doivent conspirer sur le Rhin; ils veulent se réunir aux mécontents de Paris; qui sait? peut-être le duc d'Enghien est-il déjà venu au milieu des conciliabules. Dès lors on devait frapper; les faits seraient-ils faux, que néanmoins de hautes idées politiques commandaient une résolution vigoureuse contre les Bourbons. »

Depuis longtemps les patriotes accusaient Bonaparte de jouer le rôle de Monck; on l'avait dit, on l'avait écrit; partout le Consul rétablissait les institutions monarchiques; la religion était restaurée, les autels relevés et les lois politiques mises en harmonie avec le principe de conservation; Bonaparte marchait vers le trône sans déguisement; mais pour qui le relevait-il? Il pouvait, sans remords, se rapprocher de la branche aînée et lui rendre sa couronne; car Bonaparte était pur de tous les antécédents révolutionnaires; la famille des Bourbons n'avait rien à lui reprocher : il n'était pas régicide. Si donc le Consul voulait que la Révolution lui élevât un trône, il fallait donner des gages à tous les intérêts inquiets, à toutes les fatalités de l'époque révolutionnaire. Il y a de ces pactes qui se font tout seuls par la terrible loi de la nécessité; bons ou mauvais ils se contractent; quelquefois on a besoin de jeter une tête à un parti pour le rassurer. Les inquiétudes ne venaient pas de ce que Bonaparte créait une monarchie, mais de ce qu'il pouvait rétablir les Bourbons; il fallait donc quelque chose entre eux et lui, une exécution fatale qui le séparât tout à fait des espérances et de l'avenir de la maison de Bourbon. La Convention en frappant Louis XVI et Marie-Antoinette, avait montré sa sauvage énergie à l'étranger; Bonaparte, héritier des Jacobins, voulut faire quelque chose de semblable à l'égard des royalistes; en atteignant au cœur le dernier des Condé, il s'engageait à fonder son trône sur les seuls intérêts révolutionnaires, il se mit à l'unisson des régicides, et rassurant leurs consciences, il dit: « Moi aussi, je suis le fils de la Convention nationale! »

Cependant l'arrestation du duc d'Enghien était une mesure trop décisive pour que Bonaparte la prît seul, sans l'opinion de son conseil; il réunit aux Tuileries les deux Consuls Cambacérès et Lebrun, Fouché, Rœderer, les ministres, M. de Talleyrand, afin de délibérer sur cette question si grave; et à ce moment, il ne s'agissait que de l'arrestation du prince, comme otage contre les complots. Deux points se présentaient : 1° la question gouvernementale et de sûreté publique; 2° les convenances diplomatiques; car il fallait envahir le grand duché de Bade, violer les lois de la neutralité germanique, et ajouter ainsi aux griefs de l'Europe, au sujet de l'invasion du Hanovre. Bonaparte s'exprima en termes impérieux sur la necessité d'en finir par une arrestation soudaine; à tort ou à raison, il partit de cette idée fondamentale: que le duc d'Enghien était venu à Strasbourg, et peut-être à Paris, en violant toutes les lois portées contre les émigrés. Ce fait au moins incertain, Bonaparte le posa comme sûr; le Consul Cambacérès fit une seule observation : « Puisque le duc d'Enghien vient sur le territoire, rien n'est plus simple que de le faire arrêter en flagrant délit, et au moins vous aurez un prétexte, un fait assez grave pour être opposé à la diplomatie et à toutes les plaintes; on ne violerait aucun territoire. » M. de Talleyrand répondit : « Que les journaux s'occupant de cette affaire, le duc d'Enghien serait suffisamment prévenu, et qu'il ne serait pas assez simple pour revenir en France : la capture serait donc manquée. » Quant à la question diplomatique, M. de Talleyrand lut d'un ton fort grave un rapport très étendu sur les intrigues des comités d'émigrés réunis aux bords du Rhin ; il n'y prononçait qu'indirectement le nom du duc d'Enghien [1] ; mais le ministre établissait, d'après le droit diplomatique : « Qu'un gouvernement voisin pouvait faire arrêter les agents et les instigateurs de complots, même sur les territoires neutres, en vertu des principes du droit des gens. » La conclusion de ce rapport était qu'il n'y avait pas d'objections possibles de la part des cabinets étrangers à l'enlèvement d'un émigré; chaque État ayant la faculté d'assurer sa conservation.

Le premier Consul était trop décidé à prendre une mesure violente pour que rien pût l'en détourner; l'arrestation du duc d'Enghien était pour lui un coup décisif, une pensée fixe, et deux heures après des ordres formels étaient expédiés. Le 10 mars 1804, le premier Consul dicta des instructions adressées au ministre de la guerre : Berthier [2] devait donner mission au général

---

[1] Tous ces faits sont rapportés par le général Savary qui hélas ! a pu bien juger et connaître l'événement.

[2] *Lettre du premier Consul au ministre de la guerre.*
Paris, le 19 ventôse an XII (10 mars 1804).

« Vous voudrez bien, citoyen général, donner ordre au général Ordener, que je mets à cet effet à votre disposition, de se rendre dans la nuit en poste à Strasbourg. Il voyagera sous un autre nom que le sien, et verra le général de la division.

Ordener de se rendre dans la nuit en poste à Strasbourg. Le général voyagerait sous un autre nom que le sien; le but de sa mission était de se porter sur Ettenheim, de cerner la ville, d'y enlever le duc d'Enghien, le général Dumouriez, et tous les gens de leur suite; 300 hommes du 26ᵉ de dragons devaient passer le bac, et se rendre droit à Ettenheim; deux cents autres dragons sous le général Caulaincourt s'empareraient de la baronne de Reich à Offembourg, jetant des patrouilles jusqu'à Ettenheim, afin de seconder les mesures prises par Ordener; le général Caulaincourt devait s'entendre avec lui sur tous les points de la mission commune. Un courrier serait expédié sur l'heure, si le duc d'Enghien ne se trouvait plus à Ettenheim.

« Le but de sa mission est de se porter sur Ettenheim, de cerner la ville, d'y enlever le duc d'Enghien, Dumouriez, un colonel anglais et tout autre individu qui serait à leur suite. Le général de la division, le maréchal-des-logis de gendarmerie qui a été reconnaître Ettenheim, ainsi que le commissaire de police, lui donneront tous les renseignements nécessaires.

« Vous ordonnerez au général Ordener de faire partir de Schelestadt 300 hommes du vingt-sixième régiment de dragons, qui se rendront à Rheinau, où ils arriveront à huit heures du soir.

« Le commandant de la division enverra quinze pontonniers à Rheinau, qui arriveront également à huit heures du soir, et qui, à cet effet, partiront en poste ou sur les chevaux de l'artillerie légère. Indépendamment du bac, il se sera déjà assuré qu'il y ait là quatre ou cinq grands bateaux, de manière à pouvoir faire passer d'un seul voyage trois cents chevaux.

« Les troupes prendront du pain pour quatre jours et se muniront de cartouches. Le général de la division y joindra un capitaine ou un officier, et un lieutenant de gendarmerie, et trois ou quatre brigades de gendarmerie.

« Dès que le général Ordener aura passé le Rhin, il se dirigera droit à Ettenheim, marchera droit à la maison du duc et à celle de Dumouriez; après cette expédition terminée, il fera son retour sur Strasbourg.

« En passant à Lunéville, le général Ordener donnera ordre que l'officier des carabiniers qui a commandé le dépôt à Ettenheim se rende à Strasbourg en poste, pour y attendre ses ordres.

« Le général Ordener, arrivé à Strasbourg, fera partir bien secrètement deux agents, soit civils, soit militaires, et s'entendra avec eux pour qu'ils viennent à sa rencontre.

« Vous donnerez ordre pour que, le même jour et à la même heure, 200 hommes du vingt-sixième de dragons, sous les ordres du général Caulaincourt (auquel vous donnerez des ordres en conséquence), se rendent à Offembourg, pour y cerner la ville et arrêter la baronne de Reich, si elle n'a pas été prise à Strasbourg, et autres agents du gouvernement anglais, dont le préfet et le citoyen Méhée, actuellement à Stras-

En conséquence de ces ordres, le ministre de la guerre fit appeler le général Ordener, et lui remit des instructions spéciales, en tout conformes à celles qui avaient été données par le premier Consul ; seulement des mesures plus intimes de police étaient indiquées au général Ordener, auquel on remettait une somme de douze mille francs en or pour distribuer, comme gratification et frais de voyage aux soldats et aux officiers. On sait comment étaient exécutés les ordres émanés du cabinet du premier Consul. M. de Talleyrand adressait aussi une dépêche au baron d'Edelsheim, ministre d'état à Carlsruhe[1] ; elle porte la date du 11, le lendemain des instructions de Berthier au général Ordener. La dépêche était laconique ; en rappelant tout ce que le Consul avait déjà écrit sur le comité d'émigrés siégeant à Offembourg, M. de Tal-

bourg, lui donneront les renseignements.

« D'Offembourg, le général Caulaincourt dirigera des patrouilles sur Ettenheim, jusqu'à ce qu'il ait appris que le général Ordener a réussi. Ils se prêteront des secours mutuels.

« Dans le même temps, le général de la division fera passer 300 hommes de cavalerie à Kelh, avec quatre pièces d'artillerie légère, et enverra un poste de cavalerie légère à Wilstadt, point intermédiaire entre les deux routes.

« Les deux généraux auront soin que la plus grande discipline règne, que les troupes n'exigent rien des habitants ; vous leur ferez donner à cet effet 12,000 francs.

« S'il arrivait qu'ils ne pussent pas remplir leur mission, et qu'ils eussent l'espoir, en séjournant trois ou quatre jours et en faisant des patrouilles, de réussir, ils sont autorisés à le faire.

« Ils feront connaître aux baillis des deux villes que, s'ils continuent de donner asile aux ennemis de la France, ils s'attireront de grands malheurs.

« Vous ordonnerez que le commandant de Neuf-Brisac fasse passer cent hommes sur la rive droite avec deux pièces de canon.

« Les postes de Kelh, ainsi que ceux de la rive droite, seront évacués dès l'instant que les deux détachements auront fait leur retour.

« Le général Caulaincourt aura avec lui une trentaine de gendarmes ; du reste, le général Caulaincourt, le général Ordener et le général de la division tiendront un conseil, et feront les changements qu'ils croiront convenables aux présentes dispositions.

« S'il arrivait qu'il n'y eût plus à Ettenheim ni Dumouriez ni le duc d'Enghien, on rendrait compte par un courrier extraordinaire de l'état des choses.

« Vous ordonnerez de faire arrêter le maître de poste de Kelh et autres individus qui pourraient donner des renseignements sur cela. »
Signé. Bonaparte.

[1] *Lettre de M. de Talleyrand, ministre des relations extérieures, à M. le baron d'Edelsheim, ministre d'État, à Carlsruhe.* Paris, le 20 ventôse an XII (11 mars 1804.)

« Monsieur le baron, je vous avais envoyé une note dont le contenu tendait à requé-

leyrand exposait : « Que l'arrestation successive des brigands envoyés en France par le gouvernement anglais avait indiqué que des trames s'ourdissaient à Offembourg; on avait appris également que le général Dumouriez et le duc d'Enghien se trouvaient à Ettenheim dans un même but de conjuration, circonstances qui affligeaient profondément le premier Consul; le grand duc donnait ainsi asile aux ennemis acharnés de la France! A cet effet, deux petits détachements avaient ordre de se rendre à Offembourg et à Ettenheim afin de saisir les prévenus d'un crime qui plaçait les coupables hors du droit des gens. » Cette courte dépêche dut être remise par le général Caulaincourt au ministre du grand duc de Bade, au moment où le détachement français se porterait en toute hâte sur Ettenheim; elle était un simple acte de notification. Le ministre tranchait la question de droit diplomatique.

Ainsi se préparait la catastrophe : le duc d'Enghien,

rir l'arrestation du comité d'émigrés français siégeant à Offembourg, lorsque le premier Consul, par l'arrestation successive des brigands envoyés en France par le gouvernement anglais, comme par la marche et le résultat des procès qui sont instruits ici, reçut connaissance de toute la part que les agents anglais à Offembourg avaient aux terribles complots tramés contre sa personne et contre la sûreté de la France. Il a appris de même que le duc d'Enghien et le général Dumouriez se trouvaient à Ettenheim, et comme il est impossible qu'ils se trouvent en cette ville sans la permission de S. A. électorale, le premier Consul n'a pu voir sans la plus profonde douleur qu'un prince auquel il lui avait plu de faire éprouver les effets les plus signalés de son amitié avec la France, pût donner un asile à ses ennemis les plus cruels, et laissât ourdir tranquillement des conspirations aussi évidentes.

« En cette occasion si extraordinaire, le premier Consul a cru devoir donner à deux petits détachements l'ordre de se rendre à Offembourg et à Ettenheim, pour y saisir les instigateurs d'un crime qui, par sa nature, met hors du droit des gens tous ceux qui manifestement y ont pris part. C'est le général Caulaincourt qui à cet égard est chargé des ordres du premier Consul. Vous ne pouvez pas douter qu'en les exécutant il n'observe tous les égards que S. A. peut désirer. Il aura l'honneur de remettre à V. E. la lettre que je suis chargé de lui écrire.

« Recevez, monsieur le baron, l'assurance de ma haute estime. »

Signé Ch. M. Talleyrand.

Voici la dépêche que M. de Dalberg adressait alors à sa cour.

Lettre de M. de Dalberg, ministre plénipotentiaire de Bade à Paris, à M. le baron d'Edelsheim, ministre des affaires étrangères.

Paris, le 20 mars 1804.

Monsieur le baron,

« Les arrestations qui viennent d'avoir

plein de sécurité, continuait sa vie paisible à Ettenheim ou dans les petites cités du grand duché de Bade; il partageait son existence entre la chasse dans les noires forêts, la vie simple d'un jardinier, et l'amour de sa jeune châtelaine; de temps à autre, il entretenait des correspondances avec son aïeul le prince de Condé, et son père le duc de Bourbon, pour pressentir les événements de la guerre. Dans toutes ses lettres, le duc d'Enghien souhaitait les hostilités; son éducation lui faisait une habitude de soupirer avec ardeur pour le temps où le bruit des armes l'appellerait encore dans la lice.

Le prince était entouré de quelques aides-de-camp, de domestiques fidèles, de M. Saint-Jacques, son intendant ou son secrétaire, et il portait jusqu'à l'adoration son penchant pour un petit chien, compagnon de son émigration du Rhin, et portant les armes de Condé à son beau cou de lévrier de chasse. De temps à autre le duc d'Enghien recevait des visites, et la noble amitié du roi de Suède était venue soulager son exil; il n'avait jamais vu Dumouriez; le prince ne conspirait pas dans le sens absolu du mot; il pouvait rêver un mouvement militaire qu'il conduirait l'épée à la main, mais son caractère était entièrement éloigné de tout projet de complot à la manière de Georges et des Chouans. Sa vie toute paisible était déjà une longue déception pour un

---

lieu dans le pays de Bade doivent avoir été une source des plus grands embarras pour la cour. Il n'y a pas eu moyen de vous prévenir de ce qui se passait, tout s'étant fait avec trop de secret et de précipitation.

« Les dépositions ayant compromis les émigrés à Ettenheim et à Offembourg, le premier Consul ordonna à M. de Caulaincourt de partir sur-le-champ et de porter l'ordre de l'arrestation, telle qu'elle a été faite. Il n'eut que le temps de voir sa mère. Il partit dimanche 11. Lundi au soir 12, j'appris qu'il était allé à Strasbourg, et on se disait qu'il s'agissait de l'arrestation de Dumouriez; on ne nomma pas encore dans le public le duc d'Enghien, je calculai qu'ayant dû arriver mardi 13, ma lettre à V. E. serait trop tardive pour vous prévenir, ne pouvant arriver que le 16 ou 17, et je résolus d'attendre que j'eusse d'autres informations, un courrier même ne pouvant devancer l'aide-de-camp du premier Consul. Jeudi 15 enfin,

Condé; il avait rêvé la gloire, et la paix de l'Europe le condamnait à un stérile repos. Tel était le prince que la police militaire de Bonaparte allait saisir, et il n'est pas étonnant que quelques-unes de ses lettres ardentes et belliqueuses eussent pu le compromettre.

Les généraux Ordener et Caulaincourt, en exécution des ordres qu'ils avaient reçus du ministre de la guerre, s'étaient rendus en poste à Strasbourg, où ils se communiquèrent leurs dépêches et les instructions qu'ils avaient réciproquement reçues. M. Shée en avait de semblables; tous virent Méhée de la Touche, l'agent de la police, parfaitement instruit de ce qui se passait sur le Rhin, afin de se concerter sur les mesures générales pour l'exécution du fatal mandat contre le prince. Les ordres du Consul devaient être toujours militairement exécutés; il n'y avait pas de retard possible, pas d'observation à présenter, et tous se mirent en devoir de préparer l'expédition. Il fallait reconnaître les lieux, examiner quels étaient les moyens de défense, et Méhée de la Touche proposa d'envoyer en observation, un colonel de gendarmerie et un sous-officier à Ettenheim, sorte d'espionnage préparatoire, indispensable pour exécuter les instructions reçues du cabinet. En conséquence, le colonel Charlot passa le Rhin, déguisé; puis s'abouchant avec les gens du prince, il s'informa positivement de ses

je sus positivement l'ordre que portait M. de Caulaincourt. La chose avait été dite pour la première fois par madame Bonaparte, le matin, à une dame de ses amies, avec laquelle je fus lié et dont je le sus; elle y ajouta combien cette affaire l'affectait et augmenterait les embarras du gouvernement.

« Comme ma lettre n'aurait alors été d'aucun effet, je résolus d'attendre que nous eussions pu recevoir des nouvelles positives.

Hier au soir seulement, on connut les détails de l'expédition, et comme la violation du territoire étranger ne se laissait point cacher, la sensation ici est très grande.

« Les ministres de Suède, d'Autriche, M. Oubrill, ont été les seuls qui ont prononcé leur opinion d'une manière très forte.

« Réunis dans le cercle diplomatique de lundi, on voulait savoir des détails de moi; j'assurai que je n'en avais aucun.

« Comme le gouvernement, ici, ne par-

habitudes, et comme s'il lui portait une sollicitude tendre, les agents donnèrent aux serviteurs des renseignements sur la situation de Strasbourg, avec toute l'expression d'un faux zèle. C'est ce que le rapport secret appele *une mission bien exécutée*. Quand on se fut assuré que le prince était là, les généraux Ordener et Caulaincourt firent passer quatre escadrons de dragons sur le bac du Rhin, et se portèrent en toute hâte, une partie à Ettenheim, l'autre à Offembourg.

La ville d'Ettenheim est placée dans une situation un peu basse, au pied des forêts dans cette partie du Rhin si gracieuse, qui ressemble à un pré fleuri. L'habitation du prince était située dans ce bourg qui compte à peine 2,000 habitants; or, pendant une de ces nuits encore froides du mois de mars, la ville d'Ettenheim se vit tout à coup cernée par deux escadrons de cavalerie, les habitants se réveillèrent en sursaut en entendant ce bruit étrange de chevaux qui faisaient trembler leurs murs vieillis; les officiers rassurèrent les habitants : «Tout, disaient-ils, se faisait de concert avec le grand duc[1]; il s'agissait d'une simple mesure de police pour la sûreté d'un gouvernement allié; la France avait cru indispensable d'arrêter quelques émigrés fugitifs et conspirant contre le premier Consul. » Ainsi parla le commandant au bourgmestre, et un détachement de dragons

vient point à saisir tous les prévenus, on parle de visites domiciliaires, et si elles ont lieu, on se portera décidément à la visite des maisons des ministres. C'est à cet effet qu'on répand depuis cinq à six jours que la police croyait qu'il y avait quelqu'un de caché chez M. de Cobentzl. Les barrières sont toujours gardées; on ne sort qu'avec des passe-ports. M. de Beust vient de me dire qu'ayant vu hier M. de Talleyrand, ce dernier lui avait dit qu'on venait de donner à tous les ministres français, en Allemagne, l'ordre d'exiger qu'on éloignât les émigrés des États des princes, et qu'il l'invitait à l'écrire à sa cour. M. de Saint-Genest n'en sera donc point excepté, si M. de Massias a reçu le même ordre. »

Dalberg.

[1] Le grand-duc de Bade était tout entier à la disposition de Bonaparte. Il se

se portait au milieu de la nuit à la résidence du duc d'Enghien; réveillé en sursaut, le prince sauta sur ses armes, car, dans ces temps difficiles, il fallait incessamment être en alerte; tous les jours n'était-on pas exposé à des surprises et à des violences? On dit que des avis secrets étaient arrivés au duc d'Enghien de plusieurs côtés; on l'invitait à se retirer dans des lieux plus sûrs, plus écartés, afin d'échapper à la poursuite et aux vengeances du gouvernement consulaire. Soit indifférence, soit légèreté, il n'en avait tenu aucun compte, et rien d'étonnant qu'à son réveil le duc d'Enghien essayât une résistance, lorsqu'il vit tant d'hommes armés autour de sa modeste maison. Bientôt le détachement pénètre jusqu'à lui; ses officiers, ses serviteurs fidèles, Saint-Jacques surtout lui disent: « Monseigneur, toute résistance est inutile; la ville est cernée, et la maison est entourée de toutes parts. » Le prince ouvre lui-même la porte à l'invitation du commandant, qui entre avec une brusquerie soldatesque, et demande : « Qui de vous est le ci-devant duc d'Enghien? » Cette demande était motivée par l'absence de tout signalement positif; on n'avait

---

hâta de chasser les émigrés et fit publier le décret suivant daté de Carlsruhe, le 16 mars 1804 :

« Immédiatement après le rétablissement de l'état de paix entre l'empire d'Allemagne et la République française, S. A. S. et électorale a donné le 14 mai 1798, dans ses anciens États, l'ordre précis et sévère de ne plus permettre aux émigrés, déportés français la continuation de leur séjour sur son territoire.

« La guerre, qui s'est dans la suite rallumée, ayant donné à ces personnes différents motifs de rentrer dans ses États, S. A. S. et électorale a saisi le premier moment favorable, le 20 juin 1799, pour ordonner leur renvoi.

« La paix ayant eu de nouveau lieu, et plusieurs individus attachés à l'armée de Condé s'avisant de se rendre dans ces environs, S. A. S. et électorale a cru devoir donner les ordres suivants, qui sont les derniers, les plus nouveaux, et ceux qui sont suivis encore aujourd'hui.

« Il ne sera accordé à aucun individu revenant de l'armée de Condé, ainsi qu'en général à aucun émigré français, à moins qu'il n'en ait obtenu la permission avant la paix, d'autre séjour que celui qu'on permet aux voyageurs.

« S. A. S. et électorale, par sa résolution expresse, n'a excepté de cette ordonnance qu'individuellement les personnes qui pourraient faire preuve d'avoir obtenu ou

ARRESTATION DU DUC D'ENGHIEN (MARS 1804).

que des renseignements incertains sur la physionomie du prince; le jugement seul le fit fatalement connaître : « Taille, un mètre deux cent cinq millimètres ; cheveux et sourcils châtains; figure ovale, longue, bien faite; yeux gris tirant sur le brun; bouche moyenne; nez aquilin; menton un peu pointu, bien fait. » Le duc d'Enghien n'était revêtu alors d'aucun insigne; loin de là, il portait une veste de chasse, des guêtres, et tout ce qui distingue le campagnard. A cet interrogatoire il répondit : « Vous avez son signalement, cherchez-le donc; » et alors le chef du détachement répondit : « Puisque vous ne voulez pas l'indiquer, alors je vous arrête tous. » Aussitôt des chariots furent préparés, on partit précipitamment, car on craignait que le tocsin ne fût sonné, et la mission aurait été manquée. Il fallait se hâter de passer le Rhin et de mettre à l'abri la capture que l'on venait de faire. On jeta donc les prisonniers, prince, officiers, valets fidèles, pêle-mêle dans des voitures; on mit les menottes au duc d'Enghien, et ce fut ainsi que le petit-fils du Grand-Condé passa le Rhin que son aïeul avait traversé tant de fois en vainqueur. Ainsi changent

---

d'avoir à espérer sous peu leur radiation de la liste des émigrés, et qui auraient par là une raison suffisante de préférer le séjour dans le voisinage de la France à tout autre, et de ne pas être regardées comme suspectes au gouvernement français. Le séjour de ces personnes n'ayant eu jusqu'aujourd'hui aucune suite fâcheuse ou désavantageuse pour le gouvernement français, et le chargé d'affaires de la France résidant ici n'ayant jamais demandé plus de rigueur, S. A. S. et électorale a jugé à propos, au mois de décembre 1802, à l'époque de son entrée en possession de ses nouveaux États, d'accorder aux émigrés français, ainsi qu'à tous les autres étrangers qui s'y trouvaient, à l'égard de leur séjour, la même indulgence dont ils jouissaient en quelques endroits sous le gouvernement précédent, sans cependant les assurer d'une nouvelle protection, mais toujours dans la ferme résolution de leur retirer cette indulgence dès que S. A. S. et électorale aurait la connaissance certaine, et qu'on lui exposerait que le séjour sur les frontières du Rhin de tel ou tel individu, étant devenu suspect au gouvernement français, menaçait de troubler le repos de l'Empire.

« Ce gouvernement venant de requérir l'arrestation de certains émigrés dénommés, impliqués dans le complot tramé contre la constitution, et une patrouille militaire venant de faire l'arrestation des

les temps et les destinées! Exténué de fatigues, on arriva le soir à Strasbourg, et une dépêche télégraphique put annoncer au premier Consul: « Que le duc d'Enghien était au pouvoir de l'expédition, conduite avec prudence et habileté. » Le prince, reconnu à Strasbourg, fut froidement placé dans une des casemates de la citadelle; là seulement il put changer de linge, prendre quelques vêtements nouveaux, demander un peu de nourriture et caresser son pauvre lévrier qui l'avait suivi à pied toute la route. C'était le 16 mars au soir [1].

Dans cette solitude de la citadelle, le duc d'Enghien écrivit quelques lignes de journal, les dernières qui sortirent de sa plume, et il les adressa à la princesse de Rohan-Rochefort. Qui peut dire tout ce qu'il y a de joie mélancolique dans l'âme du prisonnier, quand il peut peindre ce qu'il voit, ce qu'il souffre, et l'abaissement qu'on lui impose? Le journal de la prison est comme le testament moral de l'homme qui se prépare à mourir, en face de ces murs épais, des premiers rayons du soleil, de la fleur qui naît entre les barreaux, de l'araignée qui tisse sa toile; or voici ce qu'écrivait le duc d'Enghien dans les casemates de Strasbourg. « Vendredi, 16 mars.

personnes comprises dans cette classe, le moment est venu où S. A. S. et électorale est obligée de voir que le séjour des émigrés dans ses États est préjudiciable au repos de l'Empire et suspect au gouvernement français. Par conséquent, elle juge indispensable de renouveler en toute rigueur la défense faite aux émigrés de séjourner dans ses États, tant anciens que nouveaux, et en révoquant toutes les permissions limitées ou illimitées, données par le gouvernement précédent ou actuel; ordonnant en outre que tous ceux qui ne sauraient justifier sur-le-champ de leur radiation ou de leur soumission au gouvernement français soient renvoyés, et que, s'ils ne partent pas de gré dans le terme de trois fois vingt-quatre heures, ils soient conduits au-delà des frontières Quant à ceux qui de cette manière croiront pouvoir se justifier à l'effet d'obtenir la permission d'un séjour qui ne porte aucun préjudice, il est ordonné d'en envoyer la liste, avec copie de leurs titres, à S. A. S. et électorale en attendant la résolution, s'il y a lieu, de leur permettre ou de leur refuser la continuation du séjour. »

[1] Récit de M. le baron de Saint-Jacques. C'est le fidèle Jacques dont j'ai parlé dans ce travail.

On vient me prévenir que j'allais changer de logement. Le général Leval, commandant la division, accompagné du général Fririon, l'un de ceux qui m'ont enlevé, viennent me voir; leur abord est très froid. Je suis transféré dans le pavillon à droite en entrant sur la place, en venant de la ville. Je puis communiquer avec les chambres de MM. Thumery, Jacques et Schmidt, par des dégagements; mais je ne puis sortir, ni moi ni mes gens. On m'annonce pourtant que j'aurai la permission de me promener dans un petit jardin qui se trouve derrière mon pavillon. Une garde de douze hommes avec un officier est à ma porte. Après le dîner on me sépare de Gümstein, auquel on a donné un logement seul de l'autre côté de la cour. Cette séparation ajoute encore à mon malheur.

« J'ai écrit ce matin à la princesse; j'ai envoyé ma lettre par le commandant au général Leval. Je n'ai point de réponse. Je lui demandais d'envoyer un de mes gens à Est; sans doute tout me sera refusé. Les précautions sont extrêmes de tous côtés pour que je ne puisse communiquer avec personne. Si cette position dure, je crois que le désespoir s'emparera de moi. A quatre heures et demie on vient visiter mes papiers, que le colonel Charlot, accompagné d'un commissaire de sûreté, ouvre en ma présence; on les lit superficiellement, on en fait des liasses séparées, et on me laisse entendre qu'ils vont être envoyés à Paris. Il faudra donc languir des semaines, peut-être des mois! Le chagrin augmente, plus je réfléchis à ma cruelle position. Je me couche à onze heures; je suis excédé et ne puis dormir. Le major de la place, M. Machim, a des formes très honnêtes; il vient me voir quand je suis couché; il cherche à me consoler par des paroles obligeantes. — Samedi 17. Je ne sais rien de ma lettre, je tremble pour la santé de la princesse; un mot de ma main la rassurerait. Je suis bien malheureux! On vient me faire signer le procès-verbal de l'ouverture de mes papiers. Je demande et j'obtiens d'y ajouter une note explicative pour prouver que je n'ai jamais eu d'autre intention que de servir et faire la guerre. Le soir, on me dit que j'aurai la permission de me promener dans le jardin, même dans la cour, avec l'officier de garde, ainsi que mes compagnons d'infortune, et que mes papiers sont partis pour Paris par courrier extraordinaire. Je soupe et me couche plus content. — Dimanche, 18. On vient m'enlever à une heure et demie du matin. On ne me laisse que le temps de m'habiller. J'embrasse mes malheureux compagnons, mes gens; je pars seul avec deux officiers de gendarmerie et deux gendarmes. Le colonel Charlot m'annonce que nous allons chez le général de division qui a reçu des ordres de Paris. Au lieu de cela, je trouve une voiture avec six chevaux de poste sur la place de l'Église; on me campe dedans; le lieutenant Peterneau monte à côté de moi, le maréchal-des-logis Blistersdorff sur le siége; deux gendarmes, un dedans, l'autre au dehors. »

Ainsi s'exprimait le duc d'Enghien en sortant de la casemate de Strasbourg; le petit-fils du Grand-Condé était froidement traité par des officiers qui avaient étudié la belle histoire de son aïeul; les ordres de Bonaparte étaient rigoureux, et il fallait beaucoup de courage pour se montrer un peu compatissant. Quand le Consul avait commandé, la commisération expirait sur les lèvres; on avait besoin d'une force exceptionnelle pour braver la colère de ce maître qui, fier, hautain, essuyait la larme de pitié qu'il pouvait se surprendre à l'œil, quand une mesure cruelle était commandée par sa politique inflexible.

Le 17 mars au matin une dépêche télégraphique avait ordonné de transférer sur-le-champ le duc d'Enghien de Strasbourg à Paris. Bientôt fut prête une chaise de poste à six chevaux préparée dans la cour, sorte de convoi royal, comme s'il fallait hâter au plus vite l'arrivée fatale du duc d'Enghien et précipiter la catastrophe. On le sépara de tous ses domestiques, même du fidèle Jacques; on n'excepta de cette rigueur que le petit lévrier qui semblait comprendre le sort qui menaçait son maître, et le caressait comme s'il ne devait plus le revoir; le temps pressait pour témoigner son amour. Voilà donc le prisonnier lancé dans une voiture sur la grande route, à travers Nancy, Troyes, glorieuses stations des campagnes du Grand Condé; et le 20 mars à trois heures du soir, le duc d'Enghien arriva aux barrières par le côté de Pantin; il put voir les feux du soleil sur Paris, tandis qu'on envoyait un exprès au premier Consul, alors à la Malmaison, pour décider le lieu où il fallait conduire le prince infortuné. La voiture resta trois heures à la barrière, et, pendant ce temps, le courrier arrivé à la Malmaison recevait l'ordre de conduire le duc d'Enghien à Vincennes.

Ici, l'histoire doit remarquer que le premier Consul avait eu cinq jours pour délibérer sur le sort du duc d'Enghien, depuis l'arrestation annoncée à Paris par une dépêche télégraphique. Ce ne fut pas une affaire improvisée, une résolution subitement prise, comme on l'a écrit[1]; on eut le temps de réfléchir. Le drame eut deux phases : 1° l'arrestation du prince délibérée en conseil et qui s'accomplit le 15 mars; 2° une fois l'arrestation faite, on dut naturellement examiner ce qu'on avait à faire

---

[1] Je n'ai rien trouvé de neuf, ni de révélateur dans la récente brochure publiée par M. de Meneval. Il y a un désir honorable de justifier une grande mémoire, mais il n'y a pas de pièces ni de preuves nouvelles !

du prisonnier et quel sort on lui réservait : le détiendrait-on comme otage, ou bien le livrerait-on à une commission militaire? Pour ce dernier point on eut encore trois grandes journées, et rien ne fut fait d'une manière irréfléchie. La mort put donc être résolue d'avance comme mesure de gouvernement; à tort ou à raison, on s'imaginait que le duc d'Enghien était lié à la conspiration de Pichegru, et il fallait en finir avec une opinion qui menaçait le pouvoir consulaire. Or, trois grands jours pour Bonaparte, c'était la vie.

L'ordre une fois transmis de conduire le prince à Vincennes, les Consuls de la République réunis prirent une mesure commune qui existe encore sur le registre de leurs délibérations. Ils décidèrent sous le contreseing de M. Maret, comme un acte de gouvernement[1] : « Que le ci-devant duc d'Enghien serait traduit devant une commission militaire formée par le gouverneur de Paris, et qu'il serait jugé sur-le-champ sans désemparer. » Circonstance importante en face de l'histoire! Une note émanée du cabinet du premier Consul indiquait les juges appelés à prononcer; tous étaient pris parmi les officiers les plus dévoués au 18 brumaire. Cette liste était adressée au général Murat, gouverneur de Paris, qui n'eut plus qu'à l'approuver pour en régulariser le contenu : elle désignait le général Hullin, commandant les grenadiers à pied de la garde, président de

---

[1] Paris, le 29 ventôse an XII de la République.

Le gouvernement de la République arrête ce qui suit :

« Article 1er. Le ci-devant duc d'Enghien, prévenu d'avoir porté les armes contre la République, d'avoir été et d'être encore à la solde de l'Angleterre, de faire partie des complots tramés par cette dernière puissance contre la sûreté intérieure et extérieure de la République, sera traduit à une commission militaire, composée de sept membres nommés par le général gouverneur de Paris, et qui se réunira à Vincennes.

« Art. 2. Le grand juge, le ministre de la guerre et le général-gouverneur de Paris sont chargés de l'exécution du présent arrêté. » Le premier Consul, Bonaparte.

Par le premier Consul, Hugues B. Maret.

la commission militaire; les colonels Guitton des cuirassiers, Bazancourt de l'infanterie légère, Ravier et Barrois de la ligne, Rabbe de la garde municipale¹; le capitaine Dautancourt, officier de la gendarmerie d'élite, devait remplir les fonctions de rapporteur. Ces juges étaient parfaitement choisis par le Consul, de manière à ne pas trouver de résistance pour le jugement qui était préparé. Quelques versions disent même que la formule de jugement avait été rédigée d'avance dans le cabinet de Bonaparte, et que les juges n'avaient plus qu'à appliquer la peine et à remplir le blanc comme une formule. Qui pourrait avancer une telle atrocité sans preuves? L'arrêté seul des Consuls fut préparé, bien réfléchi; depuis quatre jours on savait l'arrestation du duc d'Enghien, et quand on le livra à une commission militaire, on pouvait deviner le sort qui lui était réservé².

Le prince pendant ce temps était dirigé sur Vincennes par les boulevards extérieurs. Six heures sonnaient, le 20 mars, date fatale! lorsqu'il arriva à la porte de ce vieux château, où les corneilles s'ébattent sur les hautes tours. Vincennes conservait l'aspect du manoir féodal tel

[1] Murat prit sur l'heure l'arrêté suivant qui forme la commission :

« Le général en chef, gouverneur de Paris, en exécution de l'arrêté du gouvernement, en date de ce jour, portant que le ci-devant duc d'Enghien sera traduit devant une commission militaire composée de sept membres, nommés par le général-gouverneur de Paris, a nommé et nomme, pour former ladite commission, les sept militaires dont les noms suivent :

« Le général Hullin, commandant les grenadiers à pied de la garde des Consuls, président;

« Le colonel Guitton, commandant le premier régiment de cuirassiers ;

« Le colonel Bazancourt, commandant le quatrième régiment d'infanterie légère ;

« Le colonel Ravier, commandant le dix-huitième régiment d'infanterie de ligne ;

« Le colonel Rabbe, commandant le deuxième régiment de la garde municipale de Paris ;

« Le colonel Barrois, commandant le quatre-vingt-seizième de ligne;

« Le citoyen Dautancourt, major de la gendarmerie d'élite, qui remplira les fonctions de capitaine rapporteur.

« Cette commission se réunira sur-le-champ au château de Vincennes, pour y juger sans désemparer le prévenu sur les charges énoncées dans l'arrêté du gouvernement, dont copie sera remise au président. »
  J. Murat.

[2] Il est curieux de voir comment le corps diplomatique envisageait l'événement. Une

que saint Louis l'avait fait construire, avec ses portes de fer, ses murs en ruine et ses donjons du xiiie siècle. Le jour mourait sur les arbres de la forêt lorsque le prisonnier descendit avec calme de sa voiture, et le gouverneur vint au devant de lui pour dresser l'acte d'écrou. Prévenu qu'il avait à recevoir un prisonnier d'importance, le gouverneur de Vincennes, le chef de bataillon Harrel, accueillit le prince dans la silencieuse attitude d'un geôlier. Profondément dévoué au Consul, Harrel était le même homme qui avait trahi le parti républicain et livré à la police Ceracchi, Topino-Lebrun et Demerville, âmes fières qui portèrent leurs fronts sur l'échafaud sans sourciller. Le gouvernement de Vincennes avait été la récompense d'une aussi lâche action. Dieu l'en punit alors ! Bonaparte avait compris qu'il fallait les clefs d'une prison, comme récompense, à un homme qui lui avait livré des têtes. Le duc d'Enghien exténué de fatigue et de faim s'assit dans les salles d'attente : « J'ai besoin de manger, dit-il, je n'ai rien pris durant cette grande route ; » or, le château était dégarni à cette heure ; Harrel s'adressa à un brigadier de gendarmerie du nom de Aufort, et comme lui ancien grenadier des gardes françaises, afin qu'il pût procurer quelques moyens de sub-

---

seconde dépêche de M. de Dalberg est adressée au grand duc de Bade.

Paris, le 21 mars 1804.

« On assure que le duc d'Enghien est arrivé hier à cinq heures, escorté de cinquante gendarmes ; tout le monde se demande : Qu'en veut-on faire ?

« Le gouvernement a cru un moment que le duc de Berry et M. de Montpensier étaient ici ; aussi depuis quinze jours tout Paris est emprisonné. Une personne près du premier Consul m'a dit qu'on avait assez de documents pour prouver aux personnes arrêtées le projet d'assassinat ; que le premier Consul ferait grâce aux uns, et exécuter les autres ; que quant aux princes, on les tiendrait en prison, et qu'on déclarerait aux puissances qu'ils répondraient d'un nouvel attentat.

« Depuis la découverte de cette conjuration, le premier Consul n'écoute plus une parole de paix ou de composition avec l'Angleterre. Il est décidé à faire une guerre à mort à cette puissance. Je suis persuadé qu'un changement de ministère à Londres, dont on parle, ne changera rien au système politique anglais. » Dalberg.

sistance au prisonnier important qui venait d'arriver. Le brigadier Aufort, vieux militaire, nous a laissé un touchant témoignage de ses entrevues avec le prince. J'aime ces souvenirs, parce qu'ils expriment, avec naïveté, les derniers moments de celui qui porta dans la tombe tout le sang de la grande lignée des Condé.

« Introduit dans la chambre, dit Aufort, j'y trouve un jeune homme d'une trentaine d'années, dont l'extérieur justifiait parfaitement ce qu'on venait de m'en dire ; il était très pâle et paraissait très fatigué. « Monsieur a sans doute besoin de prendre quelque chose, lui dit Harrel, nous voici à ses ordres. — Je suis loin de refuser vos offres, répondit le prisonnier, du ton le plus honnête et le plus affable ; on m'a fait venir sans m'arrêter de Strasbourg jusqu'ici. Je n'ai pu prendre que bien peu de chose depuis mon départ de cette ville. Je ne vous dissimule pas qu'en ce moment j'éprouve un extrême besoin. — Mon Dieu, m'écriai-je, monsieur doit être exténué ! Malheureusement, à cette heure, les auberges du pays offriront peu de ressources. — Je ne suis pas difficile, ajoute le prisonnier, le moindre ordinaire me suffira. Tout ce que je demande c'est qu'il ne se fasse pas trop attendre. » Je me hâtai d'aller au traiteur le plus proche. Autant que je puis m'en souvenir, il était déjà dix heures du soir. Ce traiteur avait eu à dîner un assez grand nombre de personnes, ses provisions étaient épuisées. Forcé de me contenter d'un très modique ordinaire (un potage au vermicelle et un fricandeau), je m'empresse de le faire dresser, et dès qu'il est prêt je le porte moi-même au château. En rentrant, je cherche à me justifier de la mauvaise réussite de ma commission. Le prisonnier reçoit mes excuses avec une extrême bonté ; il m'assure qu'il est très content, que c'est tout ce qu'il lui faut, et qu'il me sait gré du zèle que j'ai mis à lui rendre ce service. La table était prête; nous le servons. Au moment de mettre la main à la soupière où était le potage, il se retourne vers Harrel qui se tenait en arrière à quelque distance, et lui adressant la parole avec une grâce et un air de noblesse que je ne saurais définir. « Monsieur, lui dit-il, j'ai une grâce à vous demander: j'espère que vous n'y trouverez pas d'indiscrétion. J'ai avec moi un compagnon de voyage, c'est le petit chien que vous voyez là. Il est le seul ami dont on ne m'ait pas séparé. Le pauvre animal a fait avec moi toute la route; il est, comme moi, à peu près à jeun depuis Strasbourg. Permettez que je lui témoigne de mon mieux ma reconnaissance en partageant avec lui ce léger repas. » J'avais regret d'avoir apporté si peu de chose, et je me promettais bien de procurer le lendemain au prisonnier un meilleur dîner. (Hélas! j'étais loin de m'attendre que celui-là dût être pour lui le dernier.) Il avait versé sur une assiette la moitié du potage; il l'offre au petit chien qui s'en accommode parfaitement; ensuite il fait la même chose pour l'autre mets, qui est accepté avec autant de plaisir. »

Le duc d'Enghien acheva son repas, puis caressant son pauvre petit lévrier, il demanda une chambre et un lit, se déshabilla, changea de linge, pour goûter quelques instants de repos; il était près de onze heures du soir, et le prince en avait besoin, lorsque tout à coup un roulement de voitures se fit entendre dans la cour, et le gouverneur de Vincennes fut prévenu qu'une commission militaire s'assemblait pour juger sans désemparer le prisonnier, qui n'était autre, comme il l'apprit alors, que Louis-Antoine-Henri de Bourbon, duc d'Enghien, prévenu d'un crime d'État. Cette commission militaire spéciale s'était formée à la hâte depuis le moment où le premier Consul avait envoyé ses ordres au gouverneur de Paris; le général Murat était trop dévoué aux volontés de Bonaparte pour faire la moindre résistance; souffrant d'une ancienne blessure, il demeura chez lui, mais une expédition de l'arrêté du Consul fut envoyée à chacun des membres composant le conseil de guerre, chargé de juger le duc d'Enghien, avec des instructions spéciales émanées du cabinet. On dit que Murat manifesta quelque douleur de cette triste nécessité; je l'ignore; mais l'obéissance militaire ne souffrait pas le moindre retard; Murat, d'ailleurs, n'hésitait jamais devant la volonté de Bonaparte; le dévouement lui avait fermé souvent le cœur; il signa l'ordre de la commission militaire, comme gouverneur de Paris, et toutes les mesures furent prévues.

Le général Savary prit le commandement d'une brigade et dut seconder l'exécution de l'arrêté des consuls pour le jugement du duc d'Enghien; il était porteur des ordres secrets de Bonaparte. Au milieu de la nuit des régiments se déployèrent en ordre autour de Vincennes, tandis que la gendarmerie d'élite entrait dans le château par la porte basse et ce pont-levis qui s'abaissa pour elle, comme il s'était abaissé pour le prince. J'ai dit que ce roulement de voitures que l'on avait entendu au donjon, annonçait l'arrivée des membres du conseil. Harrel fit préparer dans la vaste pièce du château, une table couverte d'un tapis vert, un feu pétillant dans un immense foyer; là s'assirent le président Hullin et les divers colonels des régiments de Paris qui étaient désignés pour le jugement. Le général Savary vint se placer derrière le président; il avait froid, car la nuit de mars était fraîche; il se mit le dos tourné à la cheminée en attendant le jugement de la commission [1]. C'était une sorte de nuit militaire avec mission, comme on le dit en terme de camp : Hullin ne prononça qu'un mot : « Qu'on amène le prisonnier. »

Le duc d'Enghien dormait d'un profond sommeil, son petit chien à ses pieds, comme on voit dans les vieux monuments, les statues des barons couchés raides avec leurs lévriers sous les sandales. Il fut éveillé assez doucement par le capitaine Dautancourt, rapporteur, aux formes polies, profondément affecté de la mission qu'il avait à remplir [2]. Le major lui dit : « Monsieur, je dois procéder à votre interrogatoire, veuillez répondre attentivement. » Alors le capitaine Dautancourt lui demande son âge, le lieu de sa naissance, à quelle époque il a quitté la France, où il a résidé depuis sa sortie du territoire, où il s'est retiré depuis la paix entre l'empereur d'Allemagne et la République. Le prince lui répond avec calme : « Je suis né à Chantilly, j'ai trente-deux ans ; je suis sorti de France au mois de juillet 1789 avec le prince de Condé mon grand-père, mon père, M. le comte d'Artois et les enfants de ce prince. En quittant ma patrie avec mes parents, que j'ai toujours suivis partout, j'ai traversé Mons, Bruxelles, et de là je me suis rendu à Turin, chez le roi de Sardaigne, où je suis resté à peu

---

[1] Le général Savary dit qu'il n'entra dans la salle que plus tard.

[2] Je donne ici le texte des interrogatoires tels qu'ils sont dans les registres.

« L'an XII de la République française, aujourd'hui 29 ventôse, douze heures du soir, moi capitaine major de la gendarmerie d'élite, me suis rendu, d'après l'ordre du général commandant le corps, chez le général en chef Murat, gouverneur de Paris, qui me donna de suite l'ordre de me rendre au château de Vincennes, près le général Hullin, commandant les grenadiers de la garde des Consuls, pour en prendre et recevoir d'ultérieurs. Rendu au château de Vincennes, le général Hullin m'a communiqué : 1° une expédition de l'arrêté du gouvernement du 29 ventôse, présent mois, portant que le ci-devant duc d'Enghien serait traduit devant une commission militaire, composée de sept membres, nommés par le général gouverneur de Paris ; 2° l'ordre du général en chef, gouverneur de Paris, de ce jour, portant nomination des membres de la commission militaire, en exécution de

près seize mois. De Turin, toujours avec mes parents, je suis allé à Worms et aux environs, sur les bords du Rhin. Le corps de Condé s'est formé, j'y ai fait toute la guerre. J'avais fait antérieurement, en 1792, la campagne de Brabant avec le corps de Bourbon, à l'armée du duc Albert. J'ai terminé ma dernière campagne aux environs de Gratz, où le corps de Condé, qui était alors à la solde de l'Angleterre, a été licencié. Je suis ensuite resté pour mon plaisir à Gratz et dans les environs, à peu près six ou neuf mois, attendant des nouvelles de mon grand-père, qui était passé en Angleterre, et devait m'informer du traitement que cette puissance me ferait. Dans cet intervalle, j'ai demandé au cardinal de Rohan la permission d'aller dans son pays, à Ettenheim en Brisgaw, anciennement évêché de Strasbourg ; j'y suis resté depuis deux ans et demi. Après la mort du cardinal, j'ai demandé à l'électeur de Bade, officiellement, la permission d'y prolonger mon séjour, ce qui m'a été accordé, ne voulant pas y rester sans son agrément. »

Aux questions que lui adresse le capitaine-rapporteur sur ses relations avec l'Angleterre, le traitement qu'il en reçoit, ses correspondances avec les princes français, le grade qu'il avait à l'armée, ses liaisons avec Pichegru

l'arrêté précité, lesquels sont les citoyens Hullin, général des grenadiers de la garde ; Guitton, colonel du 1er de cuirassiers ; Bazancourt, commandant le 4me régiment d'infanterie légère ; Ravier, commandant le 18me régiment d'infanterie de ligne ; Barrois, commandant le 96me de ligne ; et Rabbe, commandant le 2me régiment de la garde de Paris.

« Et portant que le capitaine major soussigné remplira auprès de cette commission militaire les fonctions de capitaine-rapporteur : le même ordre portant encore que cette commission se réunira sur-le-champ au château de Vincennes, pour y juger, sans désemparer, le prévenu, sur les charges énoncées dans l'arrêté du gouvernement susdaté.

« Pour l'exécution de ces dispositions, et en vertu des ordres du général Hullin, président de la commission, le capitaine soussigné s'est rendu dans la chambre où se trouvait couché le duc d'Enghien, accompagné du chef d'escadron Jacquin de la légion d'élite, et des gendarmes à pied du même corps, nommés Lerva et Tharsis,

et Dumouriez, ses projets dans l'intérieur de la République, le prince répond avec toute la modération et la simplicité possibles; il dit naïvement la vérité haute et entière : « Je ne suis jamais allé en Angleterre, je continue d'en recevoir un traitement, je n'ai que cela pour vivre. Les raisons qui m'avaient déterminé à rester à Ettenheim ne subsistant plus, je me proposais de me fixer à Fribourg en Brisgaw, ville beaucoup plus agréable qu'Ettenheim, où je suis resté parce que l'électeur m'avait accordé la permission de chasse, dont je suis fort amateur. Naturellement j'entretenais des correspondances avec mon grand-père, depuis que je l'avais quitté à Vienne où je suis allé le conduire; avec mon père, que je n'avais pas vu, autant que je puis me le rappeler, depuis 1794 ou 1795. Avant la campagne de 1796, je servais comme volontaire au quartier-général de mon grand-père, et depuis cette époque comme commandant d'avant-garde. Je n'ai jamais eu de relations avec le général Pichegru; je crois ne l'avoir jamais vu; je sais que ce général désirait me voir, mais je me loue de ne l'avoir pas connu, s'il est vrai qu'il ait eu le dessein d'employer les vils moyens dont on l'accuse. Je ne connais pas davantage le général Dumouriez. Depuis la paix, j'ai

---

et encore du citoyen Noirot, lieutenant au même corps. Le capitaine-rapporteur soussigné a reçu de suite les réponses ci-après, sur chacune des interrogations qu'il a adressées au duc, étant assisté du citoyen Molin, capitaine au 18ᵐᵉ régiment, greffier choisi par le rapporteur.

« A lui demandé ses noms, prénoms âge et lieu de naissance.

« A répondu se nommer Louis-Antoine-Henri de Bourbon, duc d'Enghien, né le 2 août 1772 à Chantilly.

« A lui demandé à quelle époque il a quitté la France.

« A répondu : Je ne puis pas le dire précisément, mais je pense que c'est le 16 juillet 1789; qu'il est parti avec le prince de Condé son grand-père, son père, le comte d'Artois, et les enfants du comte d'Artois.

« A lui demandé où il a résidé depuis sa sortie de France.

« A répondu : En sortant de France; j'ai passé, avec mes parents que j'ai toujours suivis, par Mons et Bruxelles; de là nous nous sommes rendus à Turin, chez le roi, où nous sommes restés à peu près seize mois. De là, toujours avec mes parents, je suis allé à Worms et aux environs

écrit à quelques amis qui m'étaient encore attachés, et qui avaient fait la guerre avec moi, pour leurs affaires et les miennes; mais ces correspondances n'avaient rien de commun avec l'objet dont on parle. » L'interrogatoire fini, le prince dit au capitaine Dautancourt : « Avant de signer le présent procès-verbal, je fais avec instance la demande d'avoir une audience particulière du premier Consul. Mon nom, mon rang, ma façon de penser et l'horreur de ma situation me font espérer qu'il ne se refusera pas à ma demande. »

Cette démarche franche et loyale pour obtenir une audience du premier Consul était trop importante pour qu'on ne suspendît pas dans une procédure régulière le jugement du prince; on avait mille prétextes pour cela. D'abord, quel était cet interrogatoire de nuit? Était-il dans les formes? Ne valait-il pas mieux attendre le lendemain, et qu'y avait-il de si pressé? Est-ce que la vie d'un homme causait de l'impatience? En matière criminelle les prévenus doivent choisir un défenseur : tout cela demandait du temps et l'on pouvait dans cet intervalle envoyer la prière d'audience au premier Consul. Quelques versions disent que la chose fut faite et que de terribles paroles arrivèrent de la Malmaison; d'autres

sur les bords du Rhin. Ensuite le corps de Condé s'est formé, et j'ai fait toute la guerre. J'avais, avant cela, fait la campagne de 1792 en Brabant, avec le corps de Bourbon, à l'armée du duc Albert.

« A lui demandé où il s'est retiré depuis la paix faite entre la République française et l'empereur.

« A répondu : Nous avons terminé la dernière campagne aux environs de Gratz; c'est là où le corps de Condé, qui était à la solde de l'Angleterre, a été licencié, c'est-à-dire à Wendisch-Faestrietz, en Styrie; je suis ensuite resté pour mon plaisir à Gratz ou aux environs, à peu près six ou neuf mois, attendant des nouvelles de mon grand-père, le prince de Condé, qui était passé en Angleterre, et devait m'informer du traitement que cette puissance me ferait, lequel n'était pas encore déterminé. Dans cet intervalle, j'ai demandé au cardinal de Rohan la permission d'aller dans son pays, à Ettenheim en Brisgaw, ci-devant évêché de Strasbourg; depuis deux ans et demi je suis resté dans ce pays. Depuis la mort du cardinal, il a demandé à l'électeur de Bade, officiellement, la permission de rester dans ce pays, qui lui a été

récits rapportent qu'un faux zèle arrêta toute supplique et pressa le temps ; la dernière prière d'un prisonnier ne fut point écoutée. On dit que l'ordre de juger sans désemparer était formel, et que Bonaparte, dans sa volonté impérative, n'avait point permis d'observations ; il voulait être obéi : tout était prêt, le jugement et la condamnation ; les motifs politiques dominaient les sentiments d'humanité. Tant il y a que la dernière et noble supplique du duc d'Enghien ne fut point exaucée, et que presque immédiatement après l'interrogatoire du rapporteur, il fut amené libre et sans fers devant la commission militaire.

Représentez-vous une vaste pièce du vieux château de Vincennes destinée au conseil du gouverneur et des hommes d'armes ; un large foyer allumé, deux ou trois quinquets, et là posée une vaste table ronde, éclairée par des chandelles dans des lanternes de fer ou d'étain ; autour de cette table le général Hullin en uniforme, à ses côtés les colonels désignés comme juges par rang d'ancienneté ; tous conservant ces physionomies mâles et impitoyables des hommes qui sont résignés à une condamnation. Derrière le général Hullin, se chauffant les pieds le dos tourné au foyer, le général Savary ;

---

accordée, n'ayant pas voulu y rester sans son agrément.

« A lui demandé s'il n'est point passé en Angleterre, et si cette puissance lui accorde toujours un traitement.

« A répondu n'y être jamais allé ; que l'Angleterre lui accorde toujours un traitement, et qu'il n'a que cela pour vivre.

« A demandé à ajouter que les raisons qui l'avaient déterminé à rester à Ettenheim ne subsistant plus, il se proposait de se fixer à Fribourg en Brisgaw, ville beaucoup plus agréable qu'Ettenheim, où il n'était resté qu'attendu que l'électeur lui avait accordé la permission de chasse dont il était fort amateur.

« A lui demandé s'il entretenait des correspondances avec les princes français retirés à Londres ; s'il les avait vus depuis quelque temps.

« A répondu : que naturellement il entretenait des correspondances avec son grand-père, depuis qu'il l'avait quitté à Vienne, où il était allé le conduire après le licenciement du corps ; qu'il en entretenait également avec son père, qu'il n'avait pas vu, autant qu'il peut se le rappeler, depuis 1794 ou 1795.

une foule de gendarmes et de soldats pour auditoire, et au milieu de ce groupe le duc d'Enghien, l'air calme, assis sur un fauteuil de cuir, prêt à répondre aux questions que le général Hullin allait lui adresser. L'horloge de Vincennes sonna deux heures lorsque le président adressa au duc d'Enghien le premier interrogatoire.

Le front du général Hullin était soucieux, sa voix dure et menaçante; les questions portèrent sur les faits contenus dans l'arrêté des Consuls, seul acte d'accusation. « D. Avez-vous porté les armes contre la République? — R. Je les ai portées pour le roi, pour le trône, pour recouvrer le légitime héritage de mes aïeux. — D. Avez-vous conspiré contre les jours du premier Consul? Vous êtes-vous lié au complot d'assassinat tramé par Georges?—R. Est-ce au duc d'Enghien, au petit-fils du Grand-Condé, qu'on ose adresser une pareille demande? » Alors il rappela la gloire de ses aïeux, l'élévation de son rang, la loyauté de son caractère, le droit que tant de titres lui donnent au respect et à l'intérêt des Français. Le président le pressant de nouveau sur ces chefs d'accusation, le prince ne put plus se contenir : « Je vous ai dit non, monsieur ! — Pourtant tout le fait croire. — Non, monsieur », reprit le duc d'Enghien

---

« A lui demandé quel grade il occupait dans l'armée de Condé.

« A répondu : Commandant de l'avant-garde en 1796. Avant cette campagne, comme volontaire au quartier-général de son grand-père; et toujours, depuis 1796, comme commandant l'avant-garde, et observant qu'après le passage de l'armée de Condé en Russie, cette armée fut réunie en deux corps, un d'infanterie et un de dragons, dont il fut fait colonel par l'Empereur, et que c'est en cette qualité qu'il revint aux armées du Rhin.

« A lui demandé s'il connaît le général Pichegru; s'il a eu des relations avec lui.

« A répondu : Je ne l'ai, je crois, jamais vu; je n'ai point eu de relations avec lui. Je sais qu'il a désiré me voir. Je me loue de ne pas l'avoir connu, d'après les vils moyens dont on dit qu'il a voulu se servir, s'ils sont vrais.

« A lui demandé s'il connaît l'ex-général Dumouriez, et s'il a des relations avec lui.

« A répondu : Pas davantage; je ne l'ai jamais vu.

« A lui demandé si, depuis la paix, il n'a

tout colère, et il jette par terre la casquette qu'il porte à la main et la foule aux pieds. Le président s'irrite de ce mouvement de vivacité. « Monsieur, lui dit Hullin, vous prenez soin de nous rappeler votre naissance et votre nom ; cela nous importe fort peu. Je vous fais des questions positives, et au lieu d'y répondre, vous vous jetez dans des digressions tout à fait étrangères. Je vous conseille de chercher d'autres moyens de défense. Prenez-y garde, ceci pourrait tourner mal. Pensez-vous nous faire croire que vous ignoriez ce qui se passait en France, quand le monde entier en était plein? Prétendez-vous me persuader, avec votre naissance, sur laquelle vous revenez sans cesse, que vous étiez indifférent aux événements, quand ils pouvaient vous être si profitables? Cela est trop incroyable pour que je puisse me dispenser de vous en faire l'observation. Je vous le répète, faites-vous d'autres moyens de défense, vous ne sauriez trop y réfléchir, monsieur. » Le rouge était monté au front du duc d'Enghien, il reprit : « Monsieur, je ne serai jamais indifférent aux événements quand ils pourront s'accorder avec l'honneur. J'ai combattu pour des droits légitimes, pour relever un trône que des factions ont abattu ; ce n'est point contre ma patrie, mais contre la Révolution que

---

point entretenu de correspondances dans l'intérieur de la République.

« A répondu : J'ai écrit à quelques amis qui me sont encore attachés, qui ont fait la guerre avec moi, pour leurs affaires et les miennes. Ces correspondances n'étaient pas de celles dont il croit qu'on veuille parler.

« De quoi a été dressé le présent, qui a été signé par le duc d'Enghien, le chef d'escadron Jacquin, le lieutenant Noirot les deux gendarmes et le capitaine rapporteur.

« Avant de signer le présent procès-verbal, je fais avec instance la demande d'avoir une audience particulière du premier Consul. Mon nom, mon rang, ma façon de penser et l'horreur de ma situation me font espérer qu'il ne se refusera pas à ma demande. »

Signé. L.-A.-H. de Bourbon.

Et plus bas :

Noirot, lieutenant; et Jacquin.

Pour copie conforme :

Le capitaine faisant les fonctions de rapporteur. Dautancourt.

Molin, capitaine-greffier.

j'ai porté les armes; cette Révolution qui n'a eu pour trône que des échafauds, et que la France elle-même n'a vue qu'avec horreur, qu'elle ne se rappelle qu'avec exécration! Maintenant, monsieur, vous pouvez décider de mon sort[1]. »

Durant cette séance, il y eut une grande animation de part et d'autre; le prince parla chaleureusement : toutes les fois qu'il s'agit de dire sa vie, de raconter la part militaire qu'il avait prise aux campagnes du Rhin; il avoua tout : il avait servi sous son père et sous son aïeul, c'était son devoir; il était émigré, fidèle aux Bourbons, c'était chose de famille. Mais il engagea un débat corps à corps avec le président, quand il s'agit de la conspiration de Georges; le prince soutint qu'il ignorait tout ce qui s'était passé à Londres, et invoqua sa vie paisible d'Ettenheim.

---

[1] Il y eut plusieurs textes de jugement contre le duc d'Enghien; le premier qu'on va lire est le texte rédigé par les juges; Bonaparte le jugea imparfait et en fit publier un second :

« Aujourd'hui, le 30 ventôse an XII de la République, la commission militaire formée en exécution de l'arrêté du gouvernement en date du 29 du courant, composée des citoyens Hullin, général-commandant les grenadiers de la garde des Consuls, président; Guitton, colonel du premier régiment de cuirassiers; Bazancourt, colonel du quatrième régiment d'infanterie légère; Ravier, colonel du dix-huitième régiment de ligne; Barrois, colonel du quatre-vingt-seizième; Rabbe, colonel du deuxième régiment de la garde de Paris; le citoyen Dautancourt, remplissant les fonctions de capitaine-rapporteur, assisté du citoyen Molin, capitaine au dix-huitième régiment d'infanterie de ligne, choisi pour remplir les fonctions de greffier; tous nommés par le général en chef, gouverneur de Paris;

« S'est réunie au château de Vincennes, à l'effet de juger le ci-devant duc d'Enghien, sur les charges portées dans l'arrêté.

« Le président a fait amener le prévenu libre et sans fers, et a ordonné au capitaine-rapporteur de lui donner connaissance des pièces tant à charge qu'à décharge, au nombre d'une.

« Après lui avoir donné lecture de l'arrêté susdit, le président lui a fait les questions suivantes :

« Vos noms, prénoms, âge et lieu de naissance.

« A répondu se nommer Louis-Antoine-Henri de Bourbon, duc d'Enghien, né à Chantilly le 2 août 1772.

« A lui demandé s'il a pris les armes contre la France.

« A répondu qu'il avait fait toute la guerre, et qu'il persistait dans la déclaration qu'il a faite au capitaine-rapporteur, et qu'il a signée. A de plus ajouté qu'il était prêt à faire la guerre, et qu'il désirait avoir du service dans la nouvelle guerre de l'Angleterre contre la France.

Alors, d'une voix inflexible, le général Hullin déclara que le débat était fermé. Le prince, reconduit à sa chambre par le capitaine-rapporteur et un officier de gendarmerie du nom de Moreau, causa sans affectation avec ces deux officiers, leur parlant de leurs campagnes, des gloires acquises par les armées, et de l'espérance qu'il avait d'obtenir une audience du premier Consul. Une demi-heure était à peine écoulée, lorsque le général Hullin, le regard morne et fatalement préoccupé, vint dire quelques mots à l'oreille du major Dautancourt; c'était le prononcé de la sentence de mort, et l'ordre de la faire exécuter sur-le-champ. D'où venait cet ordre? qui pouvait atteindre la tête d'un Condé sans la volonté expresse de Bonaparte? Si la mort du duc d'Enghien n'avait pas été décidée à la Malmaison, est-ce que le président eût pris sur lui, de faire exécuter le jugement sur

---

« A lui demandé s'il était encore à la solde de l'Angleterre.

« A répondu que oui, qu'il recevait par mois 150 guinées de cette puissance.

« La commission, après avoir donné au prévenu lecture de ses déclarations par l'organe de son président, et lui avoir demandé s'il avait quelque chose à ajouter dans ses moyens de défense, il a répondu n'avoir rien à dire de plus, et y persister.

« Le président a fait retirer l'accusé, le conseil délibérant à huis clos; le président a recueilli les voix, en commençant par le plus jeune en grade; le président ayant émis son opinion le dernier, l'unanimité des voix l'a déclaré coupable; et, en conséquence, l'a condamné à la peine de mort.

« Ordonne que le présent jugement sera exécuté de suite, à la diligence du capitaine-rapporteur, après en avoir donné lecture, en présence des différents détachements des corps de la garnison, au condamné.

« Fait, clos et jugé sans désemparer, à Vincennes, les jour, mois et an que dessus. Avons signé. »

Signé. P. Hullin, Bazancourt, Rabbe, Barrois, Guitton, Ravier, Dautancourt, rapporteur.

Cette pièce est originale. Elle parut irrégulière, je le répète, au premier Consul qui en fit rédiger une seconde plus étendue destinée à la publicité; cette rédaction est longue et plus légale.

Second jugement rédigé le lendemain de l'exécution.

« Au nom du peuple français, ce jourd'hui, 30 ventôse an XII de la République, la commission militaire spéciale formée dans la première division militaire, en vertu de l'arrêté du gouvernement en date du 29 ventôse an XII, composée, d'après la loi du 19 fructidor an V, de sept membres, savoir, les citoyens, etc.

« Lesquels président, membres, rapporteur et greffier ne sont ni parents ni alliés entre eux, ni du prévenu, au degré prohibé par la loi.

« La commission, convoquée par l'ordre du général en chef gouverneur de Paris, s'est réunie au château de Vincennes, dans

l'heure? Une nuit était donc l'éternité! Envoya-t-on au premier Consul la demande d'audience du duc d'Enghien? Je crois que la mort était décidée et que le Consul voulait un exemple pour effrayer les Bourbons, en même temps qu'il donnait un gage aux consciences et aux fatalités révolutionnaires.

D'après la loi, le gouverneur devait présider à l'exécution militaire; Harrel fut prévenu; il se présente un flambeau à la main pour conduire le duc d'Enghien au supplice. Dans le récit funèbre de ce dernier moment, je laisse encore parler le vieux brigadier Aufort, témoin oculaire de tout ce qu'il raconte; c'est de la mort du dernier Condé qu'il s'agit, et le cœur se serre en écoutant ce naïf rapport d'un soldat : « Harrel, d'une voix mal assurée, invite le prisonnier à le suivre ; une torche à la main, il s'avance vers l'escalier étroit et tor-

---

le logement du commandant de la place, à l'effet de juger le nommé Louis-Antoine-Henri de Bourbon, duc d'Enghien, né à Chantilly le 2 août 1772, taille de 1 mètre 705 millimètres, cheveux et sourcils châtain-clair; figure ovale, longue, bien faite ; yeux gris tirant sur le brun, bouche moyenne, nez aquilin, menton un peu pointu, bien fait ; accusé :

« 1° D'avoir porté les armes contre la République française ;

« 2° D'avoir offert ses services au gouvernement anglais, ennemi du peuple français;

« 3° D'avoir reçu et accrédité près de lui des agents dudit gouvernement anglais, de leur avoir procuré les moyens de pratiquer des intelligences en France, et d'avoir conspiré avec eux contre la sûreté intérieure et extérieure de l'État ;

« 4° De s'être mis à la tête d'un rassemblement d'émigrés français et autres soldés par l'Angleterre, formé sur les frontières de la France, dans les pays de Fribourg et de Baden ;

« 5° D'avoir pratiqué des intelligences dans la place de Strasbourg, tendantes à faire soulever les départements circonvoisins pour y opérer une diversion favorable à l'Angleterre ;

« 6° D'être l'un des fauteurs et complices de la conspiration tramée par les Anglais contre la vie du premier Consul, et devant, en cas de succès de cette conspiration, entrer en France.

« La séance ayant été ouverte, le président a ordonné au rapporteur de donner lecture de toutes les pièces, tant celles à charge que celles à décharge.

« Cette lecture terminée, le président a ordonné à la garde d'amener l'accusé, lequel a été introduit libre et sans fers devant la commission.

« Interrogé de ses noms, prénoms, âge, lieu de naissance et domicile.

« A répondu se nommer Louis-Antoine-Henri de Bourbon, duc d'Enghien, âgé de trente-deux ans, né à Chantilly près Paris, ayant quitté la France depuis le 16 juillet 1789.

« Après avoir fait procéder à l'interrogatoire de l'accusé, par l'organe du président, sur

tueux par lequel ils doivent descendre. « Où me conduisez-vous, dit le prince. — Monsieur, veuillez me suivre et rappeler tout votre courage. » Ils s'acheminent; et dans cet obscur et horrible trajet, tandis qu'Harrel éclairait les pas du prince, celui-ci de temps à autre répétait la même question : « Où me conduisez-vous? » Une fois il ajouta : « Si c'est pour m'enterrer vivant dans un cachot, j'aime mieux qu'on me conduise à la mort sur-le-champ. » Son guide ému, comme il devait l'être, ne répondait toujours que par les mêmes paroles : « Monsieur, prenez courage. » Enfin les voilà parvenus au pied de l'escalier. En entrant, dans le fossé, ils aperçoivent devant eux une compagnie de gendarmerie d'élite rangée en bataille, et plus haut, en arrière du parapet qui donne sur le fossé, un groupe d'officiers supérieurs destinés apparemment à servir de témoins à tout le contenu de l'accusation dirigée contre lui ; ouï le rapporteur en son rapport et ses conclusions, et l'accusé dans ses moyens de défense ; après que celui-ci a déclaré n'avoir plus rien à ajouter pour sa justification, le président a demandé aux membres s'ils avaient quelques observations à faire; sur la réponse négative, et avant d'aller aux opinions, il a ordonné à l'accusé de se retirer.

« L'accusé a été reconduit à la prison par son escorte, et le rapporteur, le greffier, ainsi que les citoyens assistant dans l'auditoire, se sont retirés sur l'invitation du président.

«La commission délibérant à huis clos, le président a posé les questions ainsi qu'il suit:

« Louis-Antoine-Henri de Bourbon, duc d'Enghien, accusé :

« 1° D'avoir porté les armes contre la République française, est-il coupable?

« 2° D'avoir offert ses services au gouvernement anglais, ennemi du peuple français, est-il coupable ?

« 3° D'avoir reçu et accrédité près de lui des agents dudit gouvernement anglais ; de leur avoir procuré les moyens de pratiquer des intelligences en France ; d'avoir conspiré avec eux contre la sûreté intérieure et extérieure de l'État, est-il coupable?

« 4° De s'être mis à la tête d'un rassemblement d'émigrés français et autres soldés par l'Angleterre, formé sur les frontières de la France dans les pays de Fribourg et de Baden, est-il coupable ?

« 5° D'avoir pratiqué des intelligences dans la place de Strasbourg, tendantes à faire soulever les départements circonvoisins, pour y opérer une diversion favorable à l'Angleterre, est-il coupable ?

« 6° D'être l'un des fauteurs et complices de la conspiration tramée par les Anglais contre la vie du premier Consul, et devant, en cas de succès de cette conspiration, entrer en France, est-il coupable ?

« Les voix recueillies séparément sur chacune des questions ci-dessus, commençant par le moins ancien en grade, le président ayant émis son opinion le dernier ;

«La commission déclare le nommé Louis-

l'exécution. Longtemps avant l'arrivée du prince sur le terrain, on s'était occupé de creuser une fosse au pied de la tour la plus rapprochée du lieu de l'exécution. A la vue de cette troupe et du spectacle qui tout à coup se présente à ses regards, le prince, loin d'être effrayé, semble reprendre de nouvelles forces; son courage se ranime. Il avait cru descendre au fond d'un noir et humide cachot; maintenant, plus d'incertitude, il va succomber, mais aussi ce sera le terme de ses malheurs. Il s'avance d'un pas ferme et assuré. Un officier se présente devant lui ; il tient en main la sentence de la commission militaire, il en fait lecture au prince, qui l'écoute sans témoigner aucune émotion. Après que la lecture est terminée, le duc, la tête haute et d'un air plein de bravoure et de dignité, se tourne vers la troupe : « Messieurs, leur dit-il d'une voix assurée, j'ai à demander un service important

Antoine-Henri de Bourbon, duc d'Enghien:

« 1° A l'unanimité, coupable d'avoir porté les armes contre la République française ;

« 2° A l'unanimité, coupable d'avoir offert ses services au gouvernement anglais, ennemi du peuple français ;

« 3° A l'unanimité, coupable d'avoir reçu et accrédité près de lui des agents dudit gouvernement anglais, de leur avoir procuré des moyens de pratiquer des intelligences en France, et d'avoir conspiré avec eux contre la sûreté intérieure et extérieure de l'État ;

« 4° A l'unanimité, coupable de s'être mis à la tête d'un rassemblement d'émigrés français et autres soldés par l'Angleterre, formé sur les frontières de la France, dans les pays de Fribourg et de Baden ;

« 5° A l'unanimité, coupable d'avoir pratiqué des intelligences dans la place de Strasbourg, tendantes à faire soulever les départements circonvoisins, pour y opérer une diversion favorable à l'Angleterre ;

« 6° A l'unanimité, coupable d'être l'un des fauteurs et complices de la conspiration tramée par les Anglais contre la vie du premier Consul, et devant, en cas de succès de cette conspiration, entrer en France.

« Sur ce, le président a posé la question relative à l'application de la peine. Les voix recueillies de nouveau dans la forme ci-dessus indiquée, la commission militaire spéciale condamne, à l'unanimité, à la peine de mort, le nommé Louis-Antoine-Henri de Bourbon, duc d'Enghien, en réparation des crimes d'espionnage, de correspondance avec les ennemis de la République, d'attentat contre la sûreté intérieure et extérieure de l'État.

« Ladite peine prononcée en conformité des articles 2, titre 4 du Code militaire des délits et des peines, du 21 brumaire an v; et 2° section du titre 1er du Code pénal ordinaire, du 6 octobre 1791, ainsi conçus savoir

« Art. 2 (du 21 brumaire an v.) « Tout individu, quel que soit son état, qualité ou profession, convaincu d'espionnage pour l'ennemi, sera puni de mort. »

« Art. 1er (du 6 octobre 1791). « Tout complot ou attentat contre la République sera puni de mort. »

pour moi, mais facile à remplir pour la personne qui s'en chargera. Y a-t-il parmi vous quelque homme d'honneur qui veuille s'engager à me rendre ce dernier service?»

« Les soldats se regardent et semblent se consulter entre eux. Enfin, un officier s'approche du prince en mettant la main sur son cœur, comme pour assurer qu'on peut compter sur sa parole. Le duc lui parle tout bas, et de si près que personne ne put l'entendre. Bientôt après, l'officier se retourne, et s'adressant à la troupe : « Gendarmes, dit-il, quelqu'un parmi vous a-t-il une paire de ciseaux? » Ces derniers mots se répètent de rang en rang le long du peloton; l'un des soldats en avait une; elle passe de main en main. Le prince la reçoit, et s'en sert immédiatement pour couper une mèche de ses cheveux; il détache ensuite soit une bague, soit un autre bijou que le brouillard ne permet pas de distinguer. Il renferme ces objets dans un papier qu'il remet à l'officier, en lui adressant encore quelques mots : celui-ci paraît faire encore quelques protestations, et va rejoindre ses camarades. Sans donner la moindre marque de faiblesse, le prince fait encore quelques pas, et se place lui-même à la distance convenable. On veut lui bander les

---

«Art. 11 (*idem*.) Toute conspiration et complot, tendant à troubler l'État par une guerre civile, et armant les citoyens les uns contre les autres, ou contre l'exercice de l'autorité légitime, sera puni de mort. »

«Enjoint au capitaine-rapporteur de lire de suite le présent jugement, en présence de la garde assemblée sous les armes, au condamné.

«Ordonne qu'il en sera envoyé, dans les délais prescrits par la loi, à la diligence du président et du rapporteur, une expédition tant au ministre de la guerre, qu'au grand-juge, ministre de la justice, et au général en chef gouverneur de Paris.

«Fait, clos et jugé sans désemparer, les jour, mois et an dits, en séance publique ; et les membres de la commission militaire spéciale ont signé, avec le rapporteur et le greffier, la minute du jugement.

Signé, Guitton, Bazancourt, Ravier, Barrois, Rabbe; Dautancourt, capitaine-rapporteur; Molin, capitaine-greffier; et Hullin, président.

Pour copie conforme,
Le président de la commission spéciale,
P. Hullin.
P. Dautancourt, capitaine-rapporteur.
Molin, capitaine-greffier.

yeux; il s'y refuse, en disant que plus d'une fois il a vu la mort d'aussi près, sans en être intimidé. Le signal est donné....; il tombe, et à l'instant même on le jette, tout habillé, dans la fosse qui avait été creusée d'avance et qu'on s'empresse de combler. »

Les balles avaient frappé juste; le duc d'Enghien ne remua plus; il mourut bravement et en soldat[1]. Tout fut sinistre dans cette nuit; le jour apparaissait à peine, il ventait fort, des ondées venaient se briser au carreau du vieux donjon; le pauvre petit chien gémissait sur la tombe de son maître. Là, couché sous quelques pieds de terre, se trouvait le dernier prince de la maison de Condé : des soldats frappaient un soldat; le Consul, si grand, n'avait pas de pitié pour le petit-fils de cet illustre ancêtre dont il avait longtemps étudié les batailles et les habiles manœuvres : le prince qui venait de tomber sous les balles meurtrières, un peu plus jeune que le Consul, portait le titre de duc d'Enghien, comme le vainqueur de Rocroy. Quand le Consul sortait de son cabinet, il saluait la statue du Grand-Condé, que lui-même avait ordonné de relever dans les galeries des Tuileries ! Quel motif avait déterminé Bonaparte à ce

---

[1] Dépêche de M. le duc de Dalberg au grand-duc de Bade.

Paris, le 22 mars 1804.

« Le *Moniteur* ci-joint, dont j'ai l'honneur de vous faire passer un exemplaire, annonce aujourd'hui la sentence de mort par commission spéciale contre le malheureux duc d'Enghien, amené mardi passé à Paris.

« La sentence a été, *à ce que l'on a su hier matin*, exécutée au château de Vincennes, la nuit du mardi au mercredi, à deux heures du matin. L'exécution atroce du malheureux duc d'Enghien a produit une sensation difficile à rendre. Tout Paris est consterné, la France le sera, l'Europe entière doit frémir. Nous approchons de la crise la plus terrible ; Bonaparte ne connaît plus de frein à son ambition ; rien ne lui est sacré, il sacrifiera tout à ses passions.

« La noble réputation de S. A. S. E. exige que les cours connaissent qu'il n'a point partagé l'enlèvement du malheureux prince, et je crois qu'il ne peut se refuser d'instruire l'empereur de Russie des circonstances de cet événement. La voie qui compromettrait le moins serait celle de madame la margrave.

« La mort du duc d'Enghien a été déterminée par trois raisons : 1º le danger de le garder en France ; 2º le besoin d'imprimer la terreur dans tous les esprits ; 3º la crainte d'une intervention des cours, démarche

fatal attentat? Quel pacte infernal avait été signé pour jeter sur son manteau de pourpre l'empreinte d'un crime que le temps n'a pas effacé. Il existe à la Bibliothèque du Roi un dessin de Vincennes, pris par un officier, cette même nuit du 21 mars, à trois heures du matin. On ne voit que le château aux murs grisâtres, avec ses fossés, ses ponts-levis de fer, au milieu des ombres silencieuses; puis, dans un de ces fossés, un gendarme d'élite qui creuse une tombe sous quelques rayons de lune d'une lueur sinistre; ce dessin est à faire frissonner au souvenir de la catastrophe.

Voyez aujourd'hui comme tous arrivent pour désavouer leur participation à la sentence sanglante contre le duc d'Enghien; nul ne veut en porter la responsabilité; tous la désavouent: Savary, Hullin, Murat, M. de Talleyrand, Fouché, Cambacérès; on l'envisage avec effroi; tous disent: « Ce n'est pas moi qui ai trempé mes mains dans ce sang; » et le temps n'en a point effacé l'empreinte. Combien n'a-t-on pas publié de justifications sur le meurtre du duc d'Enghien? On est venu dire que le premier Consul, lui qui voyait tout de son œil d'aigle et s'occupait de tout, avait laissé fusiller un

sur laquelle MM. de Lucchesini, de Cobentzl et Oubrill se concertaient, voulant faire sentir l'offense qu'on ferait de nouveau à tous les souverains. Je ne puis vous rendre combien je suis navré de douleur, et combien mon esprit est alarmé de l'avenir. Je regrette de me voir dans ce moment à Paris.

« Il y en a bien peu parmi nous qui ne partagent ce sentiment.

« On parle d'une nouvelle conscription militaire, ce qui prouverait le crainte ou la volonté de la guerre continentale, que j'ai toujours crue immanquable. » Dalberg.

Voici d'autres pièces importantes qui tiennent à la sentence du duc d'Enghien.

« Général, je vous prie de me transmettre le jugement rendu ce matin contre le duc d'Enghien, ainsi que les interrogatoires qu'il a prêtés.

« Je vous serai obligé si vous pouvez le remettre à l'agent qui vous portera ma lettre. J'ai l'honneur de vous saluer. »
Réal.

Un peu plus tard, nouvelle lettre du même conseiller d'État au général Hullin.

« Général, j'attends le jugement et les interrogatoires de l'ex-duc d'Enghien, pour me rendre à la Malmaison auprès du premier Consul.

« Veuillez me faire savoir à quelle heure je pourrai avoir ces pièces. Le porteur de

Condé sans sa volonté; il faut renoncer à ces puérilités historiques. Bonaparte seul a plus de courage; dans son testament, il prend sur lui la responsabilité directe; il n'a fait, dit-il, que suivre la loi du talion; il s'est vengé d'une tentative d'assassinat par un assassinat. « J'ai fait arrêter et juger le duc d'Enghien, parce que cela était nécessaire à la sûreté, à l'intérêt et à l'honneur du peuple français, lorsque le comte d'Artois entretenait, de son aveu, soixante assassins à Paris. Dans une semblable circonstance, j'agirais encore de même [1]. »

Il y a de la franchise dans cet aveu; j'aime les choses nettes; les hommes forts ne s'entortillent pas dans les petites pensées, dans les cas d'excuses, comme s'il s'agissait d'un délit de police correctionnelle. Bonaparte parle en jacobin, et comme la Convention lorsqu'elle frappa Louis XVI, il va droit au but; il fallait donner un gage, et le futur Empereur l'a donné. Maintenant, que signifient tous ces palliatifs après cet aveu? Bonaparte a frappé le duc d'Enghien, parce qu'il l'a jugé nécessaire; il a eu le temps de s'y préparer; le télégraphe lui avait annoncé l'arrestation du prince quatre jours avant l'exécution, et dès ce moment la mort a été résolue. On

ma lettre pourrait se charger du paquet, et attendre qu'il soit prêt, si les expéditions sont avancées.

« J'ai l'honneur de vous saluer. »
Réal.

Enfin le jugement est envoyé, porté à la Malmaison et soumis au premier Consul. Tout Paris s'entretenait déjà de l'exécution qui avait eu lieu la nuit précédente : il y avait nécessité pour le gouvernement de s'expliquer. C'est alors que le nouveau jugement fut rédigé, tel qu'il a été publié. On n'avait pas sous la main les membres de la commission militaire pour prendre leurs signatures, on se contenta de faire figurer leurs noms au bas de la nouvelle rédaction, et l'ancienne fut annulée.

Je trouve encore une dernière pièce émanée de M. Réal, la voici :

Paris le 29 germinal de l'an XII

« Le conseiller d'état, etc., etc., a reçu du général de brigade Hullin, commandant les grenadiers à pied de la garde, un petit paquet contenant *des cheveux, un anneau d'or et une lettre*; ce petit paquet porte la suscription suivante : Pour être remis à madame la princesse de Rohan, de la part du ci-devant duc d'Enghien. »   Réal.

[1] Ceci répond parfaitement à la brochure de M. de Meneval, acte de dévouement et de zèle, mais qui n'apprend rien de nouveau.

27*

ajoute que M. Réal a eu mission de l'interroger, et qu'il était mort lorsque le conseiller d'État se rendait à Vincennes; tout cela est-il croyable? Ne dirait-on pas qu'il s'agit ici de candides magistrats et de naïfs administrateurs? Fouché, Réal, Savary étaient autrement trempés. Dans une affaire aussi grave, nul n'aurait osé agir sans les ordres exprès du Consul. On a obéi ponctuellement; Bonaparte était une tête de gouvernement et d'énergie; il agissait avec réflexion, mais une fois sa résolution prise, il n'avait pas de ces petites pitiés que depuis ses flatteurs ont voulu lui attribuer; il n'avait des entrailles que pour son pouvoir et la postérité. Jamais il n'eût reculé devant une mesure nécessaire, alors même que dans l'ordre moral elle était un crime. Cela est fatal à dire sur la mémoire de Bonaparte, mais c'est un fait, et la puissance d'un fait est invariable.

Il y eut une impression sinistre quand on apprit à Paris l'exécution lamentable du duc d'Enghien; indépendamment des royalistes qui s'indignèrent profondément parce qu'un des chefs de leur dynastie était frappé, il y eut un sentiment unanime de répulsion parmi les hommes pour qui la liberté était quelque chose : quel était ce jugement prononcé de nuit, comme s'il s'agissait d'un crime, entre les murs de Vincennes? Quel était ce tribunal secret siégeant aux flambeaux? On raconta mille bruits sinistres; le prince avait été fusillé une lanterne sur le cœur, à la nuit, afin de ne pas le manquer (visible inexactitude, car le jour arrivait); la fosse était creusée de la veille, des Mamelucks déguisés avaient exécuté la sentence; Savary s'était tenu derrière le président, afin de dicter le jugement, et ne point permettre la moindre pitié ; l'arrêt terrible était tracé d'avance, envoyé de la Malmaison, presque en caractères de sang; sur la réclamation du duc d'Enghien, Bonaparte avait, dit-on, répondu : « Que justice soit faite et qu'on le fusille. » On faisait des récits sur les scènes de la Malmaison, on prêtait des larmes à madame Bonaparte qui n'en avait point versé, des résistances aux uns, des mots affreux aux autres. Il y eut une anecdote épouvantable sur M. de Talleyrand; on l'accusa d'avoir tiré sa montre, et d'avoir dit l'heure fatale de la mort d'un Condé, chez une princesse de ses amies, où le ministre jouait gros jeu jusqu'à quatre heures du matin, et roulait ses pièces d'or sur le tapis.

Quand un événement aussi épouvantable agite les esprits, quoi d'étonnant que mille conjectures soient faites, et mille propos racontés? la mort du duc d'Enghien a donné lieu à tant d'écrits et de justifications! Fut-elle une faute plus encore qu'un crime, comme on l'a fait dire à Fouché dans une phrase immorale? Un crime serait bien assez; quelle serait donc cette théorie politique qui placerait une faute au-dessus d'un attentat? L'exécution du duc d'Enghien a laissé des traces si profondes que quelques vieux paysans s'en souviennent encore à Vincennes; autrefois on pouvait s'approcher pour voir la tombe, et j'ai fait plus d'une fois ce pèlerinage dans le fossé du château, en recueillant tous les souvenirs du 21 mars 1804.

CHAPITRE XIV.

LE PARTI MILITAIRE AU TEMPLE.

MORT DE PICHEGRU.

Moreau au Temple. — Proposition d'une entrevue. — Refus de Moreau. — Procédure. — Interrogatoires. — Lettre de Moreau au premier Consul. — Georges et les Chouans en prison. — Occupation des prisonniers. — M. Réal. — M. Desmarest. — Caractère de Pichegru. — Son courage. — Proposition du premier Consul sur Cayenne. — Persistance de Pichegru. — Crainte des débats publics. — Mort de Pichegru. — Procès-verbal. — Autopsie. — Bruits qui courent. — Impression funèbre de l'événement. — Publication faite par le gouvernement. — Correspondance de Pichegru. — Pamphlets de Montgaillard et de Méhée de la Touche. — MM. Drake et Spencer Smith.

Mars et avril 1804.

L'arrestation de Moreau avait produit une vive et profonde impression dans le peuple et l'armée. Les précautions prises par la police, les publications, les rapports qu'elle avait fait répandre, ne purent détruire ce sentiment presque unanime, que la jalousie de Bonaparte l'avait entraîné à cet acte de colère contre un général de premier ordre, son émule de gloire et de services : Moreau était proscrit, disait-on, pour sa fidélité au principe républicain, et rien ne paraissait moins prouvé que ses liaisons politiques avec le parti des Bourbons. Jamais à aucune époque peut-être l'opinion publique n'avait été plus vivement irritée; Paris était au dernier point de terreur; le double coup de la mort du duc d'Enghien et de l'arrestation de Moreau avait constaté aux yeux de tous les partis que Bonaparte ne ménageait plus rien dans l'exercice de son pouvoir.

Ce mauvais état de l'opinion vint jusqu'au Consul, et il s'en expliqua au conseil d'État avec une violence imprudente. « Paris, s'écria Bonaparte le visage en feu, a toujours fait le malheur de la France; ses habitants sont ingrats et légers; ils ont tenu des propos atroces contre moi. Ils se seraient réjouis du triomphe de Georges et de ma perte. Je ne me croirais pas en sûreté à Paris sans une nombreuse garnison; mais j'ai 200,000 hommes à mes ordres, et 1,500 suffiraient pour mettre les Parisiens à la raison. Les banquiers et les agents de change regrettent sans doute que l'intérêt de l'argent ne soit plus à cinq pour cent par mois; plusieurs mériteraient d'être exilés à cent lieues de Paris. Je sais qu'ils ont répandu de l'argent parmi le peuple pour le porter à l'insurrection. J'ai fait semblant de sommeiller depuis un mois : j'ai voulu voir jusqu'où irait la malveillance; mais qu'on y prenne garde, mon réveil sera celui du lion [1]. » Cette sortie fut silencieusement écoutée par le conseil d'État; Bonaparte avait prévu le mauvais effet de l'arrestation de Moreau; il lui suffisait d'annuler moralement le vainqueur de Hohenlinden, comme il l'avait fait au 18 brumaire; dans ce but, il avait donné l'ordre à M. Réal

---

[1] Ceci est rapporté par M. Pelet de la Lozère, qui ajoute d'autres observations dans son livre *sur Napoléon* par un conseiller d'État :

« Tout prit dans Paris un aspect sinistre. Les barrières furent fermées comme aux jours de crise de la Révolution; on ne put sortir de la ville, après la chute du jour, qu'avec une autorisation du gouverneur de Paris.

« Le premier Consul, renfermé dans la Malmaison, refusa le premier jour de voir personne. Il n'admit que le lendemain sa famille et ses ministres. Informé par eux de l'effet produit à Paris par l'exécution du duc d'Enghien, il devint plus sombre encore et plus menaçant. Ses inquiétudes se portèrent sur le corps législatif alors assemblé : quelque signe de mécontentement pouvait s'y produire ; il donna ordre de conduire Moreau seul à seul dans son cabinet; on éviterait ainsi toute procédure publique : « S'il désire me voir, avait-il dit, conduisez-le-moi sur-le-champ, l'explication se fera de lui à moi, et nous pourrons nous arranger. » Moreau refusa l'entrevue avec une sorte de fierté républicaine; croyant sa réputation compromise, il demandait alors à paraître devant les juges; plus tard sa position changea. Lorsque le premier Consul fut maître de quelques aveux, il ne voulut plus traiter d'égal à égal.

Conduit au Temple et placé au secret, Moreau dut être interrogé comme commencement d'instruction; il y eut deux espèces d'interrogatoires; les uns vinrent de la police, alors conduite par M. Réal et M. Desmarest; les autres furent dirigés par le tribunal spécial, sous la présidence de M. Thuriot, juge instructeur. M. Réal, un des hommes les plus habiles pour arracher les aveux de la poitrine des accusés, maintenait les vieilles formes du Châtelet, cette fermeté de résolution, et cette douceur de manières qui entraînent la confiance; patriote de conviction, il conservait la langue de 1789, et par ce moyen il pouvait parler à cœur ouvert à Moreau et à Pichegru lui-même; dévoué au premier Consul, il conduisait l'instruction avec une grande ténacité, et avait promis d'en venir à bout; il lui répugnait peut-être de compromettre les patriotes, mais il avait joie de tenir sa promesse auprès de Bonaparte, en constatant les rapports de Moreau

---

de clore sa session. Le conseiller d'État Fourcroy reçut un discours de clôture tout fait pour aller le prononcer, et s'acquitta de sa mission. Ce discours parlait de la conspiration découverte et des intrigues des Bourbons. On aurait voulu trouver dans la réponse du président quelques mots de félicitation sur l'arrestation des coupables. Le président se renferma dans des généralités sur les travaux de la session, et garda sur le reste un silence absolu.

« Le même jour Bonaparte se rendit à Paris, et arriva à l'improviste au conseil d'État, qui était rassemblé pour les affaires courantes. Il entra avec un front sévère, prit place à son fauteuil, et exhala, en termes de colère, les sentiments dont il était agité. »

avec Pichegru, Georges et MM. de Polignac et de Rivière, seule circonstance qui pouvait tous les perdre. M. Desmarest, chef des bureaux de la police, était aussi prononcé que M. Réal; son dévouement absolu le rendait un instrument docile dans les mains de Bonaparte; il avait l'habitude de ces sortes d'interrogatoires, car ses services de police dataient de dix ans; il était doux, poli, mais de cette politesse plus cruelle que la dureté, car elle cherche à compromettre; elle ressemble à la gracieusité du geôlier qui vient faire de la philanthropie envers le malheureux condamné à l'échafaud[1]. M. Thuriot, juge instructeur au tribunal spécial, était un conventionnel régicide, avec les convictions impératives, qu'il tenait des souvenirs du tribunal révolutionnaire; Bonaparte savait que rien n'était plus ferme et plus habile que les Jacobins dévoués à sa personne; M. Thuriot serait sans pitié pour les hommes renfermés au Temple, et il lui avait ainsi confié la direction de la haute procédure, et tous les moyens de la mener à bonne fin devant la cour spéciale.

Les premiers interrogatoires adressés à Moreau n'eurent aucun résultat; le général se renferma dans un système absolu de dénégation; on ne put obtenir aucun aveu, si ce n'est que le général était mécontent de l'ambition de Bonaparte; il avait pu causer, comme tous les citoyens, sur les affaires publiques, se plaindre de la conduite du Consul, et même de son ambition, mais ce n'était point là une conspiration. Pichegru se renferma dans cette même idée, avec une ténacité plus grande et en menaçant de dire les faits les plus graves sur Bonaparte. Quand M. Réal lui reprocha ses liaisons

---

[1] M. Réal et M. Desmarest ont laissé des papiers qui sont connus par extraits.

avec Louis XVIII et les Bourbons, et sa correspondance trouvée dans les fourgons de l'armée autrichienne, Pichegru répondit[1] : « Je n'ai fait là que ce que Bonaparte faisait lui-même en Italie, et j'ai la preuve qu'avant Campo-Formio, et durant les conférences de ce traité, Bonaparte a eu des correspondances avec le prétendant, des engagements et des promesses envers le prince de Condé; je dirai tout cela à l'audience. »

Chaque soir M. Réal apportait les interrogatoires dans le cabinet du premier Consul, mettant sous ses yeux les résultats de la procédure, qui prenait une tendance fâcheuse. M. Réal déclarait dangereux de placer Pichegru et Moreau sur un même banc d'accusés, en face de l'armée, et de la gendarmerie surtout, composée de vieux soldats de Sambre-et-Meuse; ils n'étaient pas assez perdus dans l'opinion pour qu'on pût les insulter à la face; Pichegru, avec sa parole hautaine et ferme[2], voulait soutenir à l'audience qu'il avait été entraîné et perdu à la suite d'une intrigue de police conduite par Méhée de la Touche à Londres; on l'avait fait venir en France sous le vain prétexte qu'un mouvement se préparait dans le

---

[1] Dans son interrogatoire Pichegru s'était borné à dire :

« Il y a huit ans que je suis sorti de France par l'effet des démarches de Bonaparte, dont la haine date de l'époque du 13 vendémiaire, pour m'être expliqué sur cette journée en véritable Français, et qui, me regardant probablement comme un obstacle à son ambition, concourut spécialement aux événements de fructidor, en m'éloignant ainsi de France. Fatigué d'un éloignement aussi prolongé de mon pays, fatigué des calomnies des journaux français, qui tantôt me plaçaient à la tête des armées étrangères, tantôt à la tête des conseils, j'ai cru ne pouvoir mieux faire que de rentrer en France. Voilà tout ce que je puis vous dire. »

[2] « Pichegru était un adversaire redoutable; il avait montré dans sa prison autant de fermeté, de courage et de sang-froid que dans les combats. Il avait annoncé qu'il parlerait quand le jour du jugement serait venu, et s'était renfermé dans un système de dénégation absolu qui avait singulièrement embarrassé ses juges. La publicité donnée à ces actes judiciaires avait augmenté l'estime qu'on lui portait. Son éloquence mâle et forte, le souvenir des services qu'il avait rendus à sa patrie, la révélation de plusieurs traits de la vie de Bonaparte peu honorables pour lui, ne pouvaient manquer de produire un grand effet quand il paraîtrait devant ses juges. Moreau, dont l'âme avait moins d'énergie, pouvait se sentir ranimer par la présence

Sénat, et l'agent de police Méhée de la Touche s'était fait le provocateur; si Pichegru était condamné, une multitude de généraux auraient été compromis par ses aveux; Souham, Macdonald, Dessoles, avaient sollicité son retour en France et la fin de son exil; Pichegru y était venu à la connaissance du premier Consul; quel scandale tout cela n'aurait-il pas fait à la face de l'armée? Bonaparte était-il assez fort pour soutenir une telle publicité?

Dans le but d'éviter ce bruit, Bonaparte engagea M. Réal à voir Pichegru pour le sonder sur certaines dispositions qu'on pourrait prendre à son égard; il s'agissait de lui donner le commandement de Cayenne, s'il voulait l'accepter; quelles seraient les forces qu'on pourrait employer et les moyens d'argent qu'on devrait confier au général? Pichegru s'expliqua sur toutes choses avec un certain entraînement; c'était peut-être un jeu; à ce prix on voulait acheter son silence [1], le compromettre ou le faire immédiatement partir. M. Réal vit également Moreau, et lui dit : « Qu'entre deux génies militaires comme le sien et celui de Bonaparte, il ne fallait pas engager une lutte nuisible pour la patrie. » M. Réal invita

---

et les discours de Pichegru. La gendarmerie, mal disposée et très affectionnée à ces deux généraux, pouvait tout à coup changer la scène. » (Témoignages d'un contemporain.)

[1] « Réal, causez avec Pichegru sur Cayenne; que pourrait-on faire de cette colonie? je me fierais à lui, et il y serait sur un bon pied. Mais ne vous engagez à rien. » M. Réal, très satisfait d'une telle mission, se rendit le même jour au Temple; et, après les actes officiels d'interrogatoire et de confrontation, il jeta dans une conversation particulière les insinuations qu'il avait à communiquer. J'étais présent, et je ne m'attendais pas, je l'avoue, qu'un tel caractère voulût s'y prêter. Il les reçut au contraire fort bien, je dirais presque avec abandon, s'il n'eût déclaré en même temps qu'il ne s'abusait pas sur la perspective flatteuse qu'on lui laissait entrevoir. Il traita donc la question de Cayenne sous des rapports fort étendus, nous faisant lui-même l'observation qu'il avait étudié le pays en chassant et dans des vues d'avenir, comme un homme qui ne croyait pas y être toujours déporté. Le résumé de ces réflexions fut en propres termes : « Qu'avec 30,000 hommes et 30,000,000 on ferait de Cayenne le premier établissement colonial du monde, et qui ne laisserait aucun regret sur Saint-Domingue. »

donc le général Moreau à écrire une lettre franche et loyale à Bonaparte; cette lettre servirait de point de rapprochement, et les amis communs interviendraient pour faire les conditions que Moreau pourrait désirer dans l'établissement d'un gouvernement nouveau.

Ces démarches auprès de Moreau et de Pichegru étaient-elles sincères, ou bien voulait-on cacher un piége pour les compromettre tous les deux? Tant il y a que Moreau avec ce sentiment de faiblesse qui le dominait, consentit à écrire au premier Consul; sa lettre était simple, formulée à l'antique; il repoussait au loin toute idée de conspiration, rappelant ses victoires, ses opinions républicaines et la conduite de toute sa vie consacrée à la France : « Général, disait-il, voilà bientôt un mois que je suis détenu comme complice de Georges et de Pichegru, et je suis peut-être destiné à me disculper devant les tribunaux du crime d'attentat à la sûreté de l'État et du chef du gouvernement. J'étais loin de croire, après avoir traversé la Révolution et la guerre, exempt du moindre reproche d'incivisme et d'ambition, et surtout quand à la tête des armées victorieuses j'aurais eu les moyens de le satisfaire, que ce soit au moment où, vivant en simple particulier, occupé de ma famille, et voyant un très petit nombre d'amis, qu'on puisse m'accuser d'une pareille folie. Nul doute que mes anciennes liaisons avec le général Pichegru ne soient le motif de cette accusation; permettez, général, que je remonte à la source de ces liaisons, et je ne doute pas de vous convaincre que les

---

Il s'ensuivit un entretien varié, dont un trait m'est resté; il faut le citer, peut-être, comme une garantie indirecte qu'il nous donnait de sa foi. Dans une de ses tournées en Angleterre, des officiers proposant de lui faire voir un établissement militaire, il s'y refusa. « Il est possible, leur dit-il, qu'un jour, rentré dans ma patrie, je sois destiné à venir attaquer ces points; je ne veux pas que mes souvenirs m'exposent à manquer aux lois de l'hospitalité. » (Papiers de Desmarest.)

LETTRE DE MOREAU A BONAPARTE (MARS 1804).

rapports que l'on peut conserver avec un ancien chef et un ancien ami, quoique divisés d'opinion et ayant servi des partis différents, soient loin d'être criminels. Le général Pichegru vint prendre le commandement de l'armée du Nord au commencement de la campagne de l'an II. Il y avait environ six mois que j'étais général de brigade. Je remplissais, par intérim, les fonctions de divisionnaire. Content de quelques succès et de mes dispositions à la première tournée de l'armée, il m'obtint très promptement le grade que je remplissais momentanément. En entrant en campagne il me donna le commandement de la moitié de l'armée, et me chargea des opérations les plus importantes. Deux mois avant la fin de la campagne sa santé le força de s'absenter. Le gouvernement me chargea, sur sa demande, d'achever la conquête d'une partie du Brabant hollandais et de la Gueldre. Après la campagne d'hiver qui nous rendit maîtres de la Hollande, il passa à l'armée du Haut-Rhin, me désigna pour son successeur, et la Convention nationale me chargea du commandement qu'il quittait. Un an après, je le remplaçai à l'armée du Rhin. Il fut appelé au Corps législatifs, et alors je cessai d'avoir des rapports fréquents avec lui. Dans la courte campagne de l'an V, nous prîmes les bureaux de l'état-major de l'armée ennemie. On me remit une grande quantité de papiers, que le général Desaix, alors blessé, s'amusa à parcourir. Il nous parut, par cette correspondance, que le général Pichegru avait eu des relations avec les princes Français. Cette découverte nous fit beaucoup de peine, et à moi particulièrement; nous convînmes de la laisser en oubli. Je pris néanmoins des précautions pour la sûreté de l'armée. Le déchiffrage des pièces les avait mises aux mains de plusieurs personnes. Les événements du 18 fructidor s'annonçaient, l'inquiétude était assez grande. Deux officiers qui avaient connaissance de cette correspondance m'engagèrent à en faire part au gouvernement, et me firent entendre qu'elle devenait assez publique, et qu'à Strasbourg on s'apprêtait à en instruire le Directoire. J'étais fonctionnaire public, et ne pouvais garder un plus long silence; mais sans m'adresser directement au gouvernement, j'en prévins confidentiellement le directeur Barthélemy, en le priant de me faire part de ses conseils, et le prévenant que ces pièces, quoique assez probantes, ne pouvaient faire preuve judiciaire, puisque rien n'était signé et que tout était en chiffres. Ma lettre arriva à Paris peu d'instants après que le citoyen Barthélemy eut été arrêté, et le Directoire, à qui elle fut remise, me demanda les papiers dont elle faisait mention. Pichegru fut à Cayenne, et, de retour, successivement en Allemagne et en Angleterre; je n'eus aucune relation avec lui. Peu de temps après la paix d'Angleterre, M. David, oncle du général Souham, qui avait passé un an avec lui à l'armée du Nord, m'écrivit que le général Pichegru était le seul des fructidorisés qui ne fût point rentré, et il me mandait qu'il était étonné d'apprendre que c'était sur ma seule opposition que vous vous refusiez à permettre son retour en France. Je répondis à M. David que loin d'être opposant à sa rentrée, je me ferais au contraire un devoir de la demander. Il communiqua ma lettre à quelques personnes, et j'ai su depuis qu'on vous fit positivement cette demande. Quelque temps après, M. David m'écrivit qu'il avait engagé Pichegru à vous demander lui-même sa radiation, mais qu'il avait répondu ne vouloir la demander qu'avec la certitude de l'obtenir; qu'au surplus il le chargeait de me remercier de la réponse que j'avais faite à l'imputation, de m'opposer à sa rentrée; qu'il ne m'avait jamais cru capable d'un pareil procédé, et qu'il savait même que, dans l'affaire de la correspondance de Kinglin, je m'étais trouvé dans une position très délicate. Je n'entendis plus parler de Pichegru que très indirectement, et par des personnes que la guerre forçait de revenir en France. Depuis cette époque jusqu'au moment où nous nous trouvons, pendant ces deux dernières campagnes d'Allemagne, et pendant la paix, il m'a été fait quelquefois des ouvertures assez éloignées pour savoir s'il serait possible de me faire entrer en relation avec les princes Français. Je trouvai tout cela si ridicule, que je n'y fis pas même de réponse. Quant à la conspiration actuelle, je puis vous assurer également que je suis loin d'y avoir eu la moindre part. Je vous avoue même que je suis à concevoir comment une poignée d'hommes épars ose espérer de changer la face de l'État, et de remettre sur le trône une famille que les efforts de toute l'Europe et la guerre civile n'ont pu parvenir à y placer, et que surtout je fusse assez déraisonnable en y concourrant, pour y perdre tout le fruit de mes travaux, qui devraient m'attirer de sa part des reproches continuels. Je vous le répète, général, quelque proposition qui m'ait été faite, je l'ai repoussée par opinion, et regardée comme la plus insigne de toutes les folies; et quand on m'a présenté les chances de la descente en Angleterre comme favorables à un changement de gouvernement, j'ai répondu que le Sénat était l'autorité à laquelle tous les Français ne manqueraient pas de se réunir en cas de troubles, et que je serais le premier à me soumettre à ses ordres. De pareilles ouvertures faites à moi, particulier isolé, n'ayant voulu conserver aucune relation ni dans l'armée, dont les neuf dixièmes ont servi sous mes ordres, ni avec aucune autorité constituée, ne pouvaient exiger de ma part qu'un refus. Une délation répugnait trop à mon caractère. Presque toujours jugée avec sévérité, elle devient odieuse, et imprime un sceau de réprobation sur celui qui s'en est rendu coupable vis-à-vis des personnes à qui on doit de la reconnaissance et avec qui l'on a eu d'anciennes liaisons d'amitié. Le devoir même peut quelquefois céder au cri de l'opinion publique.

« Voilà, général, ce que j'avais à vous dire sur mes relations avec Pichegru, elles vous convaincront sûrement qu'on a tiré des inductions bien fausses et bien hasardées de démarches et d'actions qui, peut-être imprudentes, étaient loin d'être criminelles, et je ne doute pas que si vous m'aviez fait demander, sur la plupart de ces faits, des explications que je me serais empressé de vous donner, elles vous auraient fait éviter les regrets d'ordonner une détention, et à moi l'humiliation d'être dans les fers, et peut-être obligé d'aller devant les tribunaux dire que je ne suis pas un conspirateur, et appeler, à l'appui de ma justification, une probité de vingt-cinq ans qui ne s'est jamais démentie, et les services rendus à mon pays. Je ne vous parlerai pas de ceux-ci, général, j'ose croire qu'ils ne sont point encore effacés de votre mémoire; mais je vous rappellerai que, si l'envie de prendre part au gouvernement avait été un seul instant le but de mes services et de mon ambition, la carrière m'en a été ouverte d'une manière bien avantageuse quelque temps avant votre retour d'Égypte, et sûrement vous n'avez pas oublié le désintéressement que je mis à vous seconder au 18 brumaire. Des ennemis nous ont éloignés depuis ce temps. C'est avec bien des regrets que je me vois forcé de parler de moi et de ce que j'ai fait; mais dans un moment où je suis accusé d'être le complice de ceux qu'on regarde comme agissant d'après l'impulsion de l'Angleterre, j'aurai peut-être à me défendre moi-même des piéges qu'elle me tend. J'ai l'amour-propre de croire qu'elle peut juger du mal que je puis encore lui faire par celui que je lui ai fait. Si j'obtiens, général, toute votre attention, alors je ne doute plus de toute votre justice. J'attendrai votre décision sur mon sort avec le calme de l'innocence; mais non sans inquiétude de voir triompher les ennemis qu'attire toujours la célébrité. »

Cette lettre, noblement écrite et habilement rédigée, exposait les faits dans toute leur simplicité : Moreau avait eu des torts envers Pichegru, son général en chef lors de la campagne de Hollande, son protecteur et son appui à l'armée de Sambre-et-Meuse. Pichegru était venu à Paris moins pour conspirer que pour obtenir sa radiation, et il avait vu Moreau à cet effet; l'abbé David, oncle du général Souham, ami du général Macdonald, avait été l'intermédiaire de toute cette négociation; Bonaparte n'y était pas étranger. Moreau repoussait avec mépris toute idée de restaurer les Bourbons : enfin, et comme dernier trait d'habileté, Moreau déclarait rester aux ordres du Sénat, autorité à laquelle il reconnaissait le droit de changer la forme du gouvernement; tous les mécontents se tournaient alors vers le Sénat et se plaçaient sous ses ordres. C'était à l'instigation de M. Réal que Moreau avait écrit au premier Consul; cette démarche abaissait le caractère du général proscrit. Le Consul lut la lettre et en prit plus de courage pour poursuivre; dès ce moment Moreau n'était plus à redouter; il avait fléchi la tête devant son rival.

Au Temple, l'attitude des Bretons était toujours remarquable; tenus au secret pendant les premiers jours de l'instruction, ils avaient été placés en commun quand la première procédure fut accomplie. Il fallait les voir, ces paysans agrestes et naïfs, tous groupés autour de Georges, leur général, comme s'ils étaient encore au milieu d'une expédition militaire dans les landes du Morbihan; ils obéissaient à ses moindres ordres, à ses commandements. Le matin commençait par la prière. Au soleil levant, ils se mettaient à genoux pour prier avec ferveur; puis c'étaient des chants et des cantiques, vieux souvenirs de la patrie. Ils étaient résignés à tout, l'échafaud ne leur faisait pas peur; Georges paraissait gai, comme s'il s'agissait d'une fête; dans la cour du Temple ils jouaient aux barres comme des enfants; leur général, de temps à autre, leur faisait des exhortations à tous, rangés comme autour du curé de leur paroisse bretonne : « Quand vous ne vous sentirez pas assez forts en vous-mêmes, leur disait-il, regardez-moi, songez que je suis avec vous; songez que mon sort sera le vôtre; oui, mes chers enfants, nous ne pouvons pas avoir un sort différent, et c'est là ce qui doit nous encourager, ce qui embellit notre position. Soyez donc doux et indulgents les uns envers les autres; redoublez d'égards; que des chances communes donnent une force nouvelle à vos affections. Point de regards en arrière; nous sommes où nous sommes, nous sommes où Dieu a voulu que nous soyons; en mourant, faisons des vœux pour que notre patrie arrachée au joug qui pèse sur elle redevienne heureuse sous le sceptre paternel des Bourbons. N'oubliez jamais que cette prison que nous allons quitter est celle d'où Louis XVI ne sortit que pour aller à la mort; que son sublime exemple vous éclaire et vous guide. »

MM. de Polignac et de Rivière conservaient un caractère de fermeté, de courage et de résignation : spectacle curieux et lamentable à voir, que ces hommes de partis déployant un héroïsme inutile au pied de l'échafaud qui se dressait pour eux. Le régime ordinaire du Temple était soumis à toutes les inquisitions de police; pour que la procédure aboutît à un résultat quelconque, il fallait des aveux, et ces aveux on devait les avoir à tout prix. L'habileté de M. Réal ne pouvant vaincre souvent l'obstination des accusés, on avait inventé mille petites tortures : le silence, la diète, les horreurs du cachot le plus ténébreux. D'après le témoignage de quelques-uns des accusés, des moyens déplorables furent employés pour arriver au résultat d'un commencement de preuves. Le fait qu'on devait constater, c'était l'entrevue de Moreau avec Pichegru et Georges, et le concert arrêté d'une conjuration; cette preuve acquise, les deux généraux étaient compromis: or, pour arriver à cette démonstration, tout devait être employé, et il se trouva une circonstance qui rendit la procédure plus favorable au pouvoir.

Parmi les Chouans captifs, il était un jeune homme faible d'esprit et de tempérament, ami de Georges et des Bretons; il se nommait Bouvet de Lozier; les uns disent qu'il avait voulu se donner la mort dans un moment de désespoir; les autres, qu'on l'avait réduit à un jeûne si absolu, que le malheureux tomba dans un état de faiblesse et de découragement[1]. Il voulut se pendre; rappelé à la vie, Bouvet de Lozier, comme Querelle, sollicita une entrevue de M. Réal en présence du grand juge Régnier, et là, quand il fut en leur présence, il fit une déclaration qui grandissait les preuves de la procédure; la police rédigea immédiatement cette déclaration en termes poétiques et solennels, afin de frapper l'opinion des masses.

---

[1] Le rapport de police déclare qu'il s'était pendu.

D'après le registre de l'instruction, Bouvet de Lozier s'exprima en ces termes : « C'est un homme qui sort des portes du tombeau, encore couvert des ombres de la mort, qui demande vengeance de ceux qui, par leur perfidie, l'ont jeté lui et son parti dans l'abîme où il se trouve. Envoyé pour soutenir la cause des Bourbons, il se trouve obligé ou de combattre pour Moreau, ou de renoncer à une entreprise qui était l'unique objet de sa mission. Je m'explique : MONSIEUR devait passer en France pour se mettre à la tête d'un parti royaliste ; Moreau promettait de se réunir à la cause des Bourbons ; les royalistes rendus en France, Moreau se rétracte. Il leur propose de travailler pour lui et de se faire nommer dictateur. L'accusation que je porte contre lui n'est appuyée peut-être que de demi-preuves. Voici les faits, c'est à vous de les apprécier. Un général qui a servi sous les ordres de Moreau, Lajolais, est envoyé par lui auprès du prince à Londres ; Pichegru était l'intermédiaire ; Lajolais adhère au nom et de la part de Moreau aux points principaux du plan proposé. Le prince prépare son départ, le nombre des royalistes en France est augmenté, et dans les conférences qui ont eu lieu à Paris, entre Moreau, Pichegru et Georges, le premier manifeste ses intentions et déclare ne pouvoir agir que pour un dictateur et non pour un roi. De là la dissension, l'hésitation et la perte presque totale du parti royaliste. Lajolais était auprès du prince au commencement de janvier de cette année, comme je l'ai appris par Georges. Mais ce que j'ai vu, c'est, le 17 janvier, son arrivée à la Poterie, le lendemain de son débarquement avec Pichegru, par la voie de notre correspondance, que vous ne connaissez que trop. J'ai vu encore le même Lajolais le 25 ou 26 de janvier, lorsqu'il vint prendre

Georges et Pichegru à la voiture où j'étais avec eux, boulevart de la Madeleine, pour les conduire à Moreau qui les attendait à quelques pas de là. Il y eut entre eux, aux Champs-Élysées, une conférence qui déjà nous fit présager ce que proposa Moreau ouvertement dans la suivante qu'il eut avec Pichegru seul; savoir : qu'il n'était pas possible de rétablir le roi, et il proposa d'être mis à la tête du gouvernement sous le titre de dictateur, ne laissant aux royalistes que la chance d'être ses collaborateurs et ses soldats. Je ne sais quel poids aura près de vous l'assertion d'un homme arraché depuis une heure à la mort qu'il s'était donnée lui-même, et qui voit devant lui celle qu'un gouvernement offensé lui réserve. Mais je ne puis retenir le cri du désespoir et ne pas attaquer un homme qui m'y réduit; au surplus, vous pourrez trouver des faits conformes à ce que j'avance dans la suite de ce grand procès où je suis impliqué [1]. »

La police avait mis toute son éloquence dramatique dans cette pièce à effet; que pouvait désirer de plus le premier Consul? Cette déclaration en termes tragiques et solennels chargeait considérablement le général Moreau; elle le posait comme conspirant contre la personne du Consul : Moreau avait voulu renverser le gouvernement; s'il succombait dans cette entreprise, on ne pouvait pas accuser le pouvoir qui le faisait poursuivre. La déclaration de Bouvet de Lozier était un événement qui changeait la nature de la procédure; dès ce moment, le premier Consul cesse de négocier avec Pichegru et Moreau; il est maître d'eux, il peut dominer une condamnation; pourquoi chercherait-il à dissimuler? Qu'avait-il besoin de tant de ménagements? M. Réal ne voit

---

[1] Déposition de Bouvet de Lozier; la rédaction arrangée fut l'œuvre de M. Réal.

plus Pichegru dans sa prison pour lui parler de Cayenne, on cesse de renouveler les offres d'un gouvernement dans les colonies. Moreau a écrit une lettre, le premier Consul ne lui répond pas; le grand juge, M. Régnier, dans un billet laconique, déclare que la justice est saisie, et qu'elle seule prononcera [1].

Si la procédure prenait ainsi une meilleure attitude dans l'intérêt de l'accusation, l'aveu seul de Bouvet de Lozier pouvait-il motiver une condamnation? On a vu qu'un sénatus-consulte avait supprimé le jury pendant deux ans pour tous les crimes politiques qui menaçaient la sûreté de l'État. Le tribunal spécial, sorte de commission civile, se montrerait-il facile pour une condamnation? Le Consul en avait la conviction profonde. Le président du tribunal spécial avait nom Hémard; les souvenirs historiques de sa carrière se rattachaient aux premiers temps de la Révolution française et au tribunal révolutionnaire; il avait toujours montré de l'inflexibilité pour les accusés. Dans les jours difficiles de la Terreur, ce magistrat était sans pitié, il frappait plus qu'il ne jugeait; M. Martineau, vice-président, avait un caractère modéré et des mœurs douces; M. Thuriot, juge instructeur, était ce régicide dont j'ai parlé, et que les Bretons appelaient *tue-roi* dans leur irritation moqueuse; on comptait parmi les juges: Lecourbe, frère du général; Clavier, dont le nom se mêlait à la science; puis Dameuve, Laguillaumie, Bourguignon, Rigault, Selves, Granger, Desmaisons; le procureur général avait nom Gérard, homme dévoué à la puissance, dur et implacable. Cependant, sauf quelques-uns de ces magistrats décidés à appliquer la cruelle justice du pouvoir, un principe de

---

[1] Cette lettre en réponse du grand juge fut publiée pour compromettre Moreau.

modération dominait au sein de la majorité; le tribunal était en face de l'opinion publique, et, dans cette situation, quelle que soit l'énergie d'un gouvernement, il ne peut pas toujours imposer sa volonté à une magistrature qui répond de ses arrêts aux contemporains et devant l'histoire. Bonaparte avait fait sonder chacun des juges individuellement pour préparer une condamnation; comme on n'était sûr de rien, on avait multiplié les moyens pour obtenir des aveux et justifier les condamnations.

Les mystères du Temple couvrirent plus d'une iniquité; la police si dévouée voulait perdre à tout prix Moreau et Pichegru; tel était le but des hommes qui rêvaient l'Empire. Pichegru d'ailleurs était revenu à son caractère impétueux; quand il vit qu'on l'avait joué par la négociation de Cayenne, il s'écria : « Eh bien! puisqu'on ne veut pas traiter loyalement, je dirai tout en face des juges à l'audience [1]. » M. Réal inquiet s'en revenait de l'interrogatoire en s'écriant : « Quel homme de fer que ce Pichegru! » Les rapports de M. Réal au premier Consul résumaient plusieurs conversations avec Pichegru, dans lesquelles toute la colère du général s'était manifestée : « Je sais, disait-il, pourquoi Bonaparte m'en veut; je n'ai pas approuvé le 13 vendémiaire, je l'ai vivement attaqué à cette époque; cette haine corse, il me l'a prouvée au 18 fructidor; qu'il y prenne garde, j'ai le moyen de constater qu'il a traité personnellement avec les Bourbons en Italie, et je le dirai. »

Il y avait peut-être de la jactance dans tout cela; Pichegru était un de ces caractères faciles à s'animer, énergiques de propos, qui avancent les faits plus qu'ils ne les prou-

---

[1] « Il paraît certain que Pichegru avait en main des pièces qui pouvaient fortement compromettre Bonaparte. On savait que celui-ci avait écouté en Italie des propositions à peu près semblables à celles qui avaient été faites en Allemagne au général

vent; il avait de la colère contre le premier Consul, et chacun en aurait fait la part. Une situation plus dangereuse dans le procès, c'était la présence simultanée à l'audience de Moreau et de Pichegru, en face de l'armée; ces deux généraux étaient les amis de Bernadotte, de Macdonald, de Lecourbe, de Dessolles, de Gouvion-Saint-Cyr, de Moncey, de Jourdan; quel effet ne produiraient pas les éclats de voix de Pichegru, attaquant sans hésiter le premier Consul? Moreau était timide, avocat, discuteur; mais Pichegru était vif, résolu, décidé; l'audience serait publique, les soldats présents; il pouvait s'y passer un mouvement militaire, dangereux pour la sûreté de Bonaparte. En vain disait-on que la parole de Pichegru compromettrait Moreau, et qu'on devait le désirer à l'audience; cela pouvait être. En résultat on jouait un jeu terrible, on se mettait à la merci d'un caprice de l'armée; on ne pourrait répondre à Pichegru s'il disait : « Nous sommes victimes de Méhée, l'agent provocateur; je suis venu à Paris parce que la police du Consul m'en a ouvert les portes pour me perdre dans un complot! »

Au milieu de ces agitations, de ces craintes, auxquelles donnait lieu le procès de Moreau, un événement sinistre vint tout à coup compliquer la situation du pouvoir et des accusés. La police du Temple était entièrement dans les mains de M. Réal; Savary en était comme le gouverneur; le service s'en faisait par les gendarmes d'élite, sous les généraux intimes de Bonaparte; les concierges,

Pichegru, et que la négociation n'avait été interrompue que par l'excès des prétentions du général républicain; les preuves n'en avaient point été anéanties, et Pichegru pouvait en posséder quelques restes dont la lecture aurait produit en public, et devant les juges, un effet extraordinaire. On parlait aussi d'un accord secret entre le cabinet anglais et Bonaparte, qui n'avait, disait-on, obtenu le passage libre d'Égypte en Europe qu'à la condition de relever en France le trône des Bourbons. Tant de motifs suffisaient pour que Bonaparte songeât sérieusement à se défaire d'un adversaire si redoutable. » (Témoignages contemporains.)

MORT DE PICHEGRU (6 AVRIL 1804).

les guichetiers étaient à leurs ordres immédiats; sur une seule parole, les verrous tombaient. L'opinion générale était qu'au Temple on venait souvent la nuit mystérieusement chercher tel prisonnier, désigner tel autre à la mort, et que la gendarmerie d'élite était chargée de ces tristes fonctions. Ces opinions étaient, comme je l'ai dit, répandues dans le peuple; il y avait du mélodrame dans ces récits; tant il y a que les bâtiments du Temple étaient marqués d'un caractère sinistre comme toutes les prisons d'État.

Le 6 avril au matin, tous les prisonniers furent réveillés par le bruit d'une fatale nouvelle; pour eux elle ne se produisit pas sous la forme d'un doute; comme ils étaient aigris et menacés, tous dirent que le général Pichegru avait été trouvé étranglé cette nuit dans son lit[1]. Voici la description de la pièce qu'habitait le général : Au rez-de-chaussée de la tour était une chambre étroite, éclairée par une fenêtre barrée de fer. Au pied de cette tour se tenait un gendarme d'élite regardant fixement l'étage supérieur occupé par le général. On dit que cette nuit des cris lamentables furent poussés; la sentinelle déclara seule-

---

[1] Voici de quelle manière le fait fut annoncé :

«Charles Pichegru, ex-général républicain, s'est étranglé dans sa prison.»

Puis viennent les détails de ce suicide :

« Aux demandes réitérées qu'il en avait faites, et sur sa parole d'honneur de ne point attenter à ses jours, Pichegru avait obtenu l'éloignement de ses gardiens pendant la nuit. Tous les matins un garçon de chambre venait allumer son feu avec un fagot. Pichegru, dans une des matinées précédentes, avait détourné une branche de fagot, avec laquelle il médita dès lors de se donner la mort. Effectivement, le 5 avril, Pichegru, ayant pris un fort bon repas à onze heures du soir, se coucha vers minuit. Le garçon de chambre qui le servait s'étant retiré, Pichegru tire de dessous son chevet, où il l'avait placée, une cravate de soie noire, dont il s'enlace le cou; la branche de fagot qu'il avait mise en réserve lui aide alors à exécuter son projet de suicide; il introduit ce bâton dans les deux bouts de la cravate assujettis par un nœud; il tourne ce petit bâton près des parties glandulaires du cou autant de fois qu'il sent qu'il est nécessaire de le faire pour clore les vaisseaux aériens; près de perdre la respiration, il arrête le bâton derrière son oreille, et se couche sur cette même oreille pour fixer le bâton et l'empêcher de se relâcher. Pichegru, naturellement replet, sanguin, suffoqué par les aliments qu'il vient de prendre, et par la forte pression qu'il éprouve, expire pendant la nuit."

ment qu'elle avait entendu cracher et tousser comme si le général avait une forte oppression. Le premier porte-clef était entré à sept heures du matin dans la chambre de Pichegru pour allumer du feu, il dit que le général paraissait dormir; à la seconde visite il s'approcha de lui et vit qu'il était mort. Aussitôt le bruit s'en répand dans la prison; des commissaires arrivent, constatent la situation du cadavre; il avait le cou serré d'une cravate noire, avec un bâton placé en travers comme un tourniquet et la tête était parfaitement posée sur l'oreiller comme pendant le sommeil; une congestion cérébrale en avait fini avec la vie du vainqueur de la Hollande. On prit immédiatement les précautions les plus minutieuses pour constater le suicide [1]; des médecins furent appelés pour dresser procès-verbal; le corps de Pichegru fut transporté au Palais de Justice; le général était mort, bien mort par la strangulation. Était-ce le résultat d'un suicide? L'opinion publique si facile à jeter le blâme sur le gouvernement, en accusa, presque avec unanimité, les ordres secrets du premier Consul.

Une sorte de terreur planait sur Paris, l'exécution si récente du duc d'Enghien avait fait voir que Bonaparte

---

[1] Je donne un extrait des rapports juridiques concernant le suicide de Pichegru :

« Les citoyens Soupé, Didier, Bousquet, Brunet, Lesvignes et Fleury, chirurgiens nommés par le tribunal criminel pour visiter le corps de Charles Pichegru, et constater le genre de mort, ont unanimement déclaré le 6 avril :

« Qu'ils s'étaient transportés à la cour du Temple, et avaient été conduits par le concierge à la chambre où était Charles Pichegru, ex-général; qu'ils y avaient trouvé, sur un lit, un cadavre qu'ils avaient reconnu être du sexe masculin; que l'homme mort leur avait paru âgé de quarante à quarante-cinq ans; que sa taille était d'un mètre soixante-dix-huit centimètres;

« Qu'il avait les cheveux brun-foncé, les sourcils de même couleur arqués; le front large et chauve, les yeux gris-bleu clair, le nez long, gros, épaté à son extrémité et creux à sa racine; la bouche moyenne, le menton rond et gros, le visage plein et brun, la tête forte, la poitrine large, les cuisses et les jambes grêles en proportion du buste; qu'après avoir examiné toute l'habitude du corps dudit cadavre, ils avaient remarqué une impression circulaire au cou, large d'environ deux doigts, et plus marquée à la partie latérale gauche;

n'était pas scrupuleux sur les moyens; une vie de plus ou de moins n'était rien dans ses doctrines de fatalité, pour préparer l'avènement à l'Empire; quelques Mamelucks, des gendarmes déguisés, le général Savary, avec son dévouement oriental, tout cela suffisait pour livrer cette vie au Consul. Sans doute rien n'était moins prouvé; mais c'est déjà une position malheureuse pour un gouvernement que d'être exposé à de telles accusations; on ne soupçonne que lorsque des antécédents vous condamnent; un pouvoir probe ne peut être jugé capable d'un crime; et il faut bien le dire, dans cette lamentable histoire de Pichegru, tous les soupçons se portèrent sur les hommes qui venaient de faire fusiller un jeune prince de trente-deux ans aux fossés de Vincennes.

Il se trouvait quelque chose d'étrange dans le suicide de Pichegru : d'abord il était difficile qu'un homme pût se donner la mort par la strangulation; la médecine légale explique à peine aujourd'hui ce cas de suicide où s'accomplissent deux actions contradictoires : la force de la vie qui agit, et la faiblesse de la vie qui s'en va. Comment la main conserve-t-elle assez de puissance pour amener la congestion cérébrale; et en supposant la pos-

« Qu'il y avait strangulation; qu'elle avait été faite à l'aide d'une cravate de soie noire fortement nouée, dans laquelle on avait passé un bâton ayant quarante-cinq centimètres de long et cinq de pourtour, et qu'on avait fait de ce bâton un tourniquet avec lequel ladite cravate avait été serrée de plus en plus, jusqu'à ce que ladite strangulation fût effectuée; qu'ils avaient ensuite remarqué que ledit bâton se trouvait reposé par un de ses bouts sur la joue gauche, et qu'en le tournant avec un mouvement irrégulier, il avait produit sur ladite joue une égratignure transversale, d'environ six centimètres, s'étendant de la pommette à la conque de l'oreille gauche;

« Que la face était ecchymosée, les mâchoires serrées et la langue prise entre les dents; que l'ecchymose s'étendait sur toute l'habitude du corps; que les extrémités étaient froides, les muscles et les doigts des mains fortement contractés; qu'ils estimaient, d'après la position dans laquelle ils avaient trouvé le corps et les observations qu'ils avaient faites, et dont ils venaient de rendre compte, que l'individu dont ils avaient visité le cadavre, et que le concierge leur avait dit être celui de l'ex-général Pichegru, s'était étranglé lui-même; et ont signé, etc. »

sibilité d'un tel acte, quel intérêt Pichegru avait-il de l'accomplir? S'il résultait de la procédure la condamnation à la peine de mort, il y avait chance de délivrance avant l'échafaud; le parti militaire aurait-il souffert que le vainqueur de la Hollande succombât? Puis, il devait y avoir joie dans une âme fière et implacable comme celle de Pichegru de dénoncer Bonaparte à la face d'un tribunal. Ainsi parlaient les amis du général, les opposants au système de l'Empire : on ne crut pas au suicide, on jugea le gouvernement capable d'avoir fait commettre un assassinat. Mille versions circulaient : « La nuit on avait ouï des cris, une lutte corps à corps s'était établie entre Pichegru et les Mameluks envoyés pour préparer son exécution; on avait entendu des cris étouffés, des râles de mourant; la police avait les doubles clefs de tous les cachots, un ordre suffisait pour se faire ouvrir les portes. Que venait-on dire de la surveillance des porte-clefs? Ces gens-là étaient complices comme la police elle-même; on avait craint les révélations du général et on l'avait expédié. »

Le parti opposant demeura sous cette impression pendant toute la journée jusqu'au lendemain que le *Moniteur* publia la nouvelle avec des explications justifiées par des pièces authentiques [1] : « Le soir, Pichegru avait copieusement dîné, selon ses habitudes, car il aimait les plaisirs de la table; il était replet, avait le cou court, sanguin, et le défaut d'exercice préparait encore l'apoplexie; le soir il avait demandé un Sénèque, et ouvrant ce livre à la page où le philosophe disserte sur les malheurs de la vie et le passage facile à l'éternité, Pichegru avait essayé le

---

[1] Dépositions : « Le citoyen Sirot, gendarme d'élite, a dit que, ce jourd'hui, vers trois heures du matin, étant en faction, tour du Temple, près de la chambre de l'ex-général Pichegru, il avait entendu tousser plusieurs fois dans ladite chambre et cracher; qu'il avait cru s'apercevoir, à la manière de tousser et de cracher, que

suicide; il avait caché un bâton du fagot dans l'âtre, et sa cravate avait suffi pour préparer la strangulation. Ce récit était justifié par les témoignages du concierge et des porte-clefs et le certificat des médecins; Pichegru avait échappé à la honte de l'échafaud par le suicide. » La censure existait partout inflexible, et il n'y eut d'autres récits dans les journaux sur la mort du général que ceux que put préparer l'autorité.

Les précautions prises par la police, le silence commandé, n'empêchèrent pas l'effet malheureux produit sur l'opinion publique par cette étrange mort. A deux distances si rapprochées, l'exécution du duc d'Enghien et le suicide de Pichegru faisaient juger la fatale tendance du futur pouvoir de l'Empereur. Les vieux généraux en apprirent la nouvelle avec une sorte de frissonnement; la plupart lieutenants sous Pichegru, avaient marché à côté de lui dans les batailles; Jourdan avait commandé simultanément; Lecourbe, Dessoles, Dejean, Sainte-Suzanne, Gouvion Saint-Cyr, étaient les élèves de Pichegru, qui leur avait appris les premières notions de tactique aux armées du Rhin et de Sambre-et-Meuse.

La croyance fut donc générale que Pichegru avait

---

la personne était affectée d'oppression; mais que n'ayant plus rien entendu, il avait pensé qu'il n'y avait pas de nécessité de réveiller pour prévenir; et a signé.

« Le citoyen Lapointe, gendarme d'élite, a dit qu'il était de planton à la tour du Temple depuis hier midi jusqu'à cejourd'hui pareille heure; qu'ayant dormi depuis minuit jusqu'à quatre heures du matin, il n'avait rien entendu; et a signé. »

« Le citoyen Fauconnier, concierge de la tour du Temple, a dit que ce matin à sept heures et demie, le citoyen Popon, gardien de service auprès de Pichegru, était venu l'avertir qu'il venait d'allumer du feu dans la chambre dudit Pichegru, et qu'il était étonné de ne l'avoir ni entendu ni vu remuer; qu'aussitôt il s'était rendu auprès du citoyen Ponsard, colonel de gendarmerie, et lui avait rendu compte de ce qu'on venait de lui dire; qu'ils avaient été ensemble prévenir le citoyen Thuriot, juge chargé de l'instruction, qui leur avait répondu qu'il n'y avait pas une minute à perdre; qu'il fallait envoyer chercher un officier de santé et instruire les personnes qui devaient l'être, ce à quoi il s'était conformé; et a signé.

« Le citoyen Popon, porte-clef de la maison de justice du Temple, a dit que ce

été étranglé [1], croyance fausse peut-être, mais qui témoignait mal en faveur du pouvoir, et les précautions prises pour détourner les soupçons populaires semblaient mieux prouver encore le caractère criminel de la mort de Pichegru. Au Temple on recueillit mille témoignages ; les prisonniers se crurent tous menacés : on s'exagéra les dangers ; les imaginations émues furent incessamment agitées par ces exécutions nocturnes ; on croyait entendre à tout instant les verrous crier sous la main des porte-clefs, on voyait s'introduire des exécuteurs mystérieux, des muets, des Tartares avec le fatal lacet, comme en Orient. Mille accusations planèrent sur M. Réal, sur le général Savary; il y eut les légendes de la prison, et les romans lugubres d'Anne Radcliff furent renouvelés à l'occasion du Temple ; on craignit pour Moreau, pour les généraux détenus dans chacune des chambres de la tour, et la police, pour faire cesser ces idées de suicide, plaça un gendarme dans chacune des chambres des accusés.

L'opinion de Paris fut soulevée au récit de ces exécutions ; il y eut une opposition si violente que dans un moment de colère Bonaparte s'écria : « Qu'il pourrait bien se décider à changer sa capitale, et trouver une

---

matin, à sept heures, il est entré dans la chambre occupée par l'ex-général Pichegru, pour y allumer du feu ; que ne l'entendant et ne le voyant remuer et craignant qu'il ne fût arrivé quelque accident, il a été sur-le-champ prévenir le citoyen Fauconnier. A ajouté que la clef de la chambre de Pichegru avait été emportée par lui, hier à dix heures du soir, après lui avoir servi à souper, et qu'elle était restée dans sa poche jusqu'au moment où ce matin, vers les sept heures, il avait été allumer du feu dans sa chambre ; et a signé. »

[1] Le corps diplomatique ne se fit aucun doute que Pichegru n'eût été étranglé.

Paris, le 11 avril 1804.

« La mort de Pichegru fait ici une profonde sensation. On savait qu'il ne donnait aucune information, qu'il déclarait constamment qu'il parlerait devant le tribunal, et qu'en vain on se flatterait qu'il chargeât ou dénonçât qui que ce fût.

« Georges montre un courage et une fermeté égale ; il importait par conséquent d'enlever l'un ou l'autre de la scène. Il paraît que Pichegru a été choisi comme victime. L'histoire des empereurs romains, le Bas-Empire, voilà le tableau du pays, et de ce règne. » Dalberg.

Byzance comme Constantin, en face de Rome ingrate. »
Alors il dicta l'article curieux qu'on va lire et qui fut
inséré dans les journaux par ordre de la police :

« On a cherché les causes qui ont pu déterminer
Constantin à fonder une nouvelle capitale. Il n'y a pas
de doute qu'il n'ait été déterminé à cette vaste entreprise
par les mêmes raisons qui ont engagé Dioclétien et Maximilien à transférer le siége du gouvernement à Nicomédie et à Milan. Ces deux princes, qui avaient ramené
l'ordre, la paix et la tranquillité dans Rome et dans l'Empire, illustrés par des victoires éclatantes sur les barbares
de l'Asie et du Nord, vinrent, après tant d'exploits, triompher dans la capitale; ils s'attendaient naturellement à
y recevoir l'accueil que méritaient leurs travaux guerriers;
mais ils n'y trouvèrent qu'un peuple ingrat, inconstant,
léger, qui, loin d'apprécier leurs services et de bénir la
main qui avait cicatrisé ses blessures, cherchait à les
tourner en ridicule. Toutes les fois qu'ils paraissaient
dans le Cirque, au théâtre ou dans les autres lieux publics, ils étaient témoins des applications indécentes, des
sarcasmes, des calembourgs qu'on se permettait en leur
présence, tandis que les habitants des provinces se trouvaient honorés de la présence de leurs monarques, se
pressaient sur leurs pas et leur témoignaient la reconnaissance dont ils se sentaient pénétrés. La comparaison
que firent ces empereurs ne se trouva pas à l'avantage de
la capitale, et les détermina sans doute à établir leur
résidence habituelle dans des villes moins splendides à la
vérité, mais où ils recevaient un accueil plus flatteur.
Constantin paraît avoir eu les mêmes motifs à l'égard de
Rome; il n'a pas voulu s'exposer aux désagréments qu'avaient éprouvés ses prédécesseurs. Il est bien étonnant
sans doute que Dioclétien et Constantin n'aient pas senti

que, pour se venger d'une poignée de faquins, de gens sans aveu, de jeunes gens inconsidérés, ils entraînaient la ruine d'un grand nombre de commerçants et de propriétaires. Serait-ce que les meilleurs esprits ne tiennent point contre l'ingratitude? Quoi qu'il en soit, Rome est totalement déchue de son rang. Puisse cet exemple servir de leçon à la postérité [1]. » L'allusion était transparente; c'était contre Paris que cet article était dirigé. Dioclétien et Constantin avaient cessé d'habiter Rome; Bonaparte pouvait bien préférer Lyon à Paris. Lyon, ville plus centrale et plus dévouée au premier Consul.

Tandis que la mort de Pichegru agitait la prison, les Bretons restaient calmes et impassibles en face du sort qui les attendait, obéissant à Georges avec le même respect que dans les sables du Morbihan; le matin, au lever du soleil, on entendait mille voix réciter en bas-breton les chansons de la patrie rappelant le clocher de la paroisse, les périls de la mer et de la côte. Chaque jour on les interrogeait; M. Réal et le juge Thuriot venaient au Temple, confrontaient les accusés afin d'en tirer des aveux par tous les moyens, car il fallait bientôt paraître au grand jour des débats. Les journaux avaient été tous mandés à la police par ordre; on leur enjoignit expressément de ne rien publier sur le procès que ce qu'ils recevraient directement des bureaux de la police sur la marche et l'effet des procédures. M. Réal ajouta : « Les débats seront rédigés dans mes bureaux, et vous en recevrez la note toute faite [2]. » On craignait que les discussions pussent offrir quelques-unes de ces scènes énergiques qui parlent vivement à tous; il s'était passé dans la procédure des choses graves : quelques accusés

---

[1] Pelet de la Lozère. Opinion de Napoléon.

[2] M. Réal se vante de cette précaution comme d'une chose habile.

disaient qu'on les avait mis à la torture pour obtenir des aveux, ils pouvaient montrer leurs doigts et leurs pieds meurtris[1]. Si la publicité de tels débats avait retenti, à Paris surtout, l'opinion publique se serait encore irritée contre le gouvernement consulaire, auteur de ces violences; on imposa la discrétion la plus silencieuse; un bureau de rédaction spécial fut établi à la préfecture de police.

Enfin, pour atténuer l'effet profond de la mort du duc d'Enghien et de la catastrophe de Pichegru, on fit préparer deux pamphlets joints comme pièces justificatives au rapport de M. Régnier. Le premier, sous la forme de mémoire, œuvre de M. de Montgaillard, était la fastidieuse répétition de ce qu'on avait écrit depuis longtemps sur les relations de Pichegru avec le prince de Condé. M. de Montgaillard, esprit intrigant avec le besoin incessant de s'agiter, avait trahi la cause des Bourbons; longtemps émigré, il vit Louis XVIII à Venise et fut choisi comme intermédiaire entre le prince de Condé et Pichegru; mécontent des Bourbons, il livra les secrets de cette négociation à Roberjot, ministre à Hambourg, et ce furent en partie ces pièces qui préparèrent le 18 fructidor. M. de Montgaillard depuis le Consulat habitait Paris, lorsqu'il offrit de publier un mémoire sur la conspiration de Pichegru et sa correspondance avec le prince de Condé[2]. Ce pamphlet parut au moment de la mort de Pichegru; les pages en furent presque sanglantes; M. de Montgaillard se donnait une sorte de complicité dans l'événement; il jetait à un cadavre des insultes et des accusations. C'était lâche; mais il fallait avant tout travailler l'o-

---

[1] Voyez le témoignage de Picot à l'audience.
[2] Ce pamphlet porte ce titre : «Mémoire concernant la trahison de Pichegru dans les années III, IV et V.» On le donna tout entier dans les journaux.

pinion publique justement alarmée; on voulait prouver que Pichegru était un traître, se dérobant par la mort, à la juste vengeance nationale.

Le second pamphlet fut écrit par Méhée de la Touche, l'agent de police dont le nom se mêle tristement à la catastrophe du duc d'Enghien. Au moment où l'indignation était soulevée, M. Méhée raconta, sous le titre d'*Alliance des Jacobins de France avec le ministère anglais* [1], ses négociations en Allemagne. M. Méhée avouait sans pudeur qu'il avait pris de l'argent de toute main; il avait offert ses services au ministère anglais, aux princes de la maison de Bourbon pour les engager à venir à Paris afin de les livrer au Consul. Dès qu'il fut maître des secrets du parti jacobin et du parti royaliste, Méhée les vendit à la police; il avait reçu des sommes considérables de M. Drake et de M. Spencer-Smith pour servir l'Angleterre, et ces sommes lui furent laissées comme récompense de son triste métier. Ce qu'il y avait de déplorable dans le pamphlet de Méhée de la Touche, c'est qu'il se glorifiait de sa trahison comme s'il avait fait un acte d'habileté; avec un sourire d'agent de police heureux d'avoir rempli sa mission [2], il se moquait de

---

[1] 1804, in-8°.

[2] Voici quelques-unes des instructions données par M. Drake à M. Méhée de la Touche :

Art. 1er. « M. D. L. se rendra incessamment en France, et sans aller jusqu'à Paris, trouvera le moyen de conférer avec ses associés auxquels il fera connaître qu'ayant une entière confiance dans leur sagesse, dans la pureté de leurs intentions et de leur patriotisme, on est disposé à leur fournir les moyens pécuniaires qui seront nécessaires pour amener le renversement du gouvernement actuel, et pour mettre la nation française à portée de choisir enfin la forme de gouvernement la plus propre à assurer son bonheur, choix sur lequel dix ans d'expérience doivent l'avoir assez éclairée.

Art. 2. « M. D. L. arrêtera avec ses associés un plan général contenant : 1° Le détail des moyens d'exécution qu'ils se proposent d'employer successivement; 2° l'aperçu des dépenses qu'ils pourront entraîner, en y apportant toute l'économie possible ; 3° l'époque probable à laquelle il sera nécessaire que ces fonds soient payés.

Art. 3. « M. D. L. remettra aux associés cinq cents liv. sterlings pour commencer leurs opérations. Lorsque cette somme sera épuisée ou au moment de l'être, les moyens de la renouveler seront fournis à M. D. L.

ceux qu'il avait dupés; il avait reçu beaucoup d'argent, promis sa parole et donné des gages; il ne se fit aucun scrupule de secouer tout cela et de le publier; c'était l'effronterie d'une double immoralité politique. Sur ces deux pamphlets le grand juge Régnier fit un second rapport, dénonçant les menées de l'Angleterre; il signalait au monde entier ce cabinet comme ayant manqué aux droits des gens dans un complot qui se rattachait à la personne de Bonaparte.

Il y avait, certes, quelque chose d'odieux dans ces hostilités implacables qui ne se bornaient pas à la guerre; hélas! les complots de gouvernement à gouvernement sont tolérés aux époques d'opinions agitées; la France avait remué tant qu'elle avait pu l'Irlande pour la séparer de l'Angleterre, elle avait révolutionné l'Italie, la Suisse, la Hollande; n'accusait-on pas le cabinet du premier Consul de quelques-uns des complots qui avaient éclaté à Londres? Le système anglais à son tour ne s'arrêtait pas même à ces perfidies intimes; c'était vieille habitude pour lui que d'attaquer les gouvernements établis;

Art. 4. « On désire avoir deux fois par semaine un bulletin de tous les événements intéressants dont les papiers publics français ne parlent pas, ainsi que de ce qui se passe dans les ports et aux armées. Les associés pourront y rendre compte du succès de leurs opérations et de leurs espérances. Ces bulletins doivent être exactement numérotés, afin que s'il y en a qui soient égarés ou soustraits, on puisse s'en apercevoir et en prévenir les associés ; ces bulletins doivent aussi suivant la nature des nouvelles qu'ils contiendront, être écrits partie avec de l'encre noire et partie avec de l'encre sympathique, dont M. D. L. leur donnera la recette. Ceux dont une partie sera écrite avec de l'encre sympathique, seront indiqués par une petite goutte d'encre ordinaire jetée au hasard dans le haut de la première page de la lettre. Il est bien essentiel que M. D. L. et ses associés s'assurent des moyens d'être bien instruits de tout ce qui se passera dans les départements des différents ministres ainsi qu'au Sénat, au conseil d'État, dans l'intérieur du palais, etc., etc.; car si ces bulletins cessaient d'être exacts, la confiance pourrait s'alarmer et s'affaiblir. M. D. L. sera l'intermédiaire unique de la correspondance.

Art. 5. « Aussitôt que M. D. L. se sera concerté sur tous ces points avec tous ses associés, il se rendra au lieu de sa destination. »

Dans une lettre M. Drake s'exprime ainsi sur la situation :

l'Angleterre procédait souvent par la révolte des peuples; elle attaquait les pouvoirs, elle jetait des subsides aux masses. Bonaparte révéla cette conduite pour la seconde fois au corps diplomatique, et les ambassadeurs, vivement émus des événements qui éclataient à Paris, et de la mort du duc d'Enghien surtout, firent encore des réponses vagues à M. de Talleyrand, qui ne voulait pas de rupture avec l'Angleterre.

Durant toute la semaine de ces sinistres impressions, les journaux furent remplis des pamphlets de M. de Montgaillard et de M. Méhée de la Touche; on voulait jeter du trouble dans les consciences, distraire l'attention publique, présenter l'état social comme miné par les complots, faire croire enfin qu'il y avait un but secret de briser la République en frappant Bonaparte au cœur; et pendant ce temps les confidents de la pensée du Consul continuaient leur œuvre, préparant plus sûrement la ruine des idées et des institutions républicaines au profit de l'Empire. Bonaparte dénonçait un complot contre la Constitution, lorsque lui-même plus que tout autre conspirait contre cette constitution au profit de sa gloire et de sa couronne. Ce n'était ni Pichegru ni Moreau qui allaient frapper de mort la République, ils étaient impuissants pour le tenter; mais lui, l'Empereur,

« Je n'ai su que par vous les détails relatifs à Georges, etc. Je n'ai d'autre connaissance de ses projets que celle que votre lettre m'a fournie ; mais si vous avez les moyens de tirer d'embarras quelques-uns de ses associés, ne manquez pas d'en faire usage. Je vous prie très instamment de faire dresser et imprimer sur-le-champ une courte adresse à l'armée (officiers et soldats), les interpellant de ne pas laisser mourir Moreau, leur frère d'armes, qui les a si souvent menés à la victoire, comme victime de la rage et de la jalousie du premier Consul. Vous pouvez observer dans cette adresse que le mérite de Moreau a, depuis longtemps, offusqué la vue du petit tyran, et que le premier Consul, pour se défaire de son rival, a choisi le moment de l'arrivée des nouvelles du malheureux port de Saint-Domingue, afin de détourner l'attention d'un désastre qui provient uniquement de sa mauvaise conduite. Vous ferez bien de ne pas perdre un moment à faire cette petite adresse, et à la faire circuler par toutes les armées avec la plus grande diligence. »

se préparait la grande ovation de la pourpre. Toutefois il y avait cela de supérieur, dans Bonaparte, qu'il conservait une haine profonde contre l'étranger; pour arriver à son but d'asservissement de la patrie, il ne se liait ni avec l'Angleterre, ni avec les puissances du continent; il ne serrait la main à aucun gouvernement étranger : Consul, il était resté national; Empereur, il devait placer haut la France, toujours la France : et ici il faut le dire, Bonaparte fut le type immense de l'esprit de nationalité; il lia son ambition aux grandeurs de la patrie.

CHAPITRE XV.

FONDATION DE L'EMPIRE.

Opinion de l'armée. — Projet de proclamer Bonaparte empereur à une revue. — Initiative du Tribunat. — Séance solennelle. — Motion du tribun Curée. — Siméon. — Jaubert. — Carion de Nisas. — Opposition de Carnot. — Vote du Tribunat. — Développement du sénatus-consulte dans un conseil secret. — Communication au Sénat. — La minorité. — La régence. — Corps constitués. — Le Sénat. — Le conseil d'État. — Le Corps législatif. — Le Tribunat. — La haute cour impériale. — Derniers débris des garanties pour la liberté. — Choix des dignitaires et des grands officiers. — L'archi-chancelier. — L'archi-trésorier. — Les maréchaux. — Napoléon salué par le Sénat et revêtu de la pourpre.

Avril et mai 1804.

C'était sous les sinistres auspices de la mort du duc d'Enghien et de la catastrophe de Pichegru que se préparait l'œuvre de l'Empire. De toutes parts, on se pressait aux pieds du premier Consul ; on l'invitait à couronner ses grandeurs ; il fallait finir la crise, mettre un terme à l'inquiétude et à l'agitation des esprits par l'institution d'une monarchie héréditaire. Une sorte de terreur régnait à la suite des derniers événements ; nulle opinion ardente n'aurait osé se montrer ; l'affaissement des esprits était complet, et dans cet anéantissement de toutes les convictions fortes, il était facile aux partisans de la nouvelle dignité impériale d'accomplir silencieusement leur œuvre. Toutes sortes de bruits couraient; les confidents de la pensée de Bonaparte insinuaient, avec un mystère mêlé d'espérance et de crainte : « Que si l'on ne se hâtait de proclamer dans le Sénat et le Tribunat le nouvel empereur, l'armée le ferait à elle seule. » Les régiments demeurés à Paris étaient profondément travaillés par les largesses et les munificences du premier Consul et le dévouement de Murat : on disait que l'impulsion serait donnée par le camp de Boulogne dans une visite que Bonaparte devait faire à ses vétérans et à ses jeunes conscrits ; un cri unanime devait partir de toutes les tentes ; des feux de joie seraient allumés ; *Vive l'empereur!* devait être le mot de ralliement de toute l'armée. Ainsi l'impulsion partirait des camps, et les corps civils seraient obligés de suivre cette initiative militaire [1].

Il y avait ici de l'exagération : Bonaparte voulait hâter l'empire; si la partie de l'armée qui lui était dévouée le proclamait César et Auguste, le triomphe aurait été éclatant; mais la pensée du Consul reculait devant un tel exemple [2] donné par le soldat; comme il avait profondément étudié l'histoire de Rome, il savait

---

[1] Voyez M. Pelet de la Lozère.
« On citait un fait qui témoignait de l'affaiblissement du pouvoir civil, signe précurseur d'un changement au profit du régime militaire. Le gouverneur de Paris, dans une occasion solennelle, se substituant au préfet de la Seine, avait harangué Bonaparte à la tête du Corps municipal. Celui-ci, mécontent de cette innovation, avait fait mentionner le discours dans le *Moniteur* comme prononcé par le préfet; mais le fait ne subsistait pas moins comme indice d'une tendance à la monarchie, et à la monarchie militaire, car les généraux ne faisaient que suivre la direction de leur chef. » (Pelet de La Lozère).

[2] On avait donné une grande impulsion à la garnison de Paris; une adresse fut signée par Murat, Bernadotte et Masséna pour demander l'Empire. Ce fut un gage pour obtenir le bâton de maréchal.
« Vous devez à la France qui vous a choisi pour son chef, et qui vous regarde comme son second fondateur, vous vous devez à vous-même d'assurer à votre ouvrage la même immortalité qu'à votre nom : le fruit de tant de travaux et de tant de triomphes serait-il livré aux caprices du hasard aveugle? Enchaînez vos destins à ceux de l'empire nouveau créé par votre génie! Que cet héritage de gloire reste à perpétuité dans votre famille! Inspirez

la destinée de ces empereurs élevés par les légions dans la Syrie, les Gaules, ou la Bretagne, qui venaient se disputer le monde par de sanglantes batailles. Si sa force réelle était dans l'armée, il ne voulait pas que l'origine de son pouvoir fût aux camps; il redoutait qu'on pût rappeler ces souvenirs de Rome violemment agitée par ses prétoriens; il craignait d'être élevé sur le pavois par un caprice soldatesque. Oui, son armée lui était chère; mais l'impulsion devait venir des corps civils, du Sénat, du Tribunat, formule nécessaire pour dire au peuple qu'il s'agissait d'une constitution politique et de la fondation d'un grand empire. Un nouveau 18 brumaire lui répugnait. Ce qu'on disait des volontés impératives de l'armée était pour hâter le mouvement des corps politiques et l'action constitutionnelle des forces de l'État; on répétait : « Les camps murmurent, pressez-vous; les soldats se groupent autour de leur empereur; si vous ne voulez pas que César soit porté sur le bouclier de ses lé-

votre âme à vos descendants, et que le sang de Bonaparte soit une source éternelle de héros qui lui ressemblent !

« Ainsi vous n'abandonnerez point le peuple que vous avez sauvé ; vous vivrez d'âge en âge dans les rejetons de votre race, et votre esprit ne cessera point de les animer. Les armées françaises ne marcheront plus à la victoire que sous les drapeaux d'un Bonaparte : son nom seul les rendra toujours invincibles.

« La loi qui doit cimenter ce garant précieux de la sécurité publique sera à jamais inviolable et sacrée; elle sera le sceau de l'alliance immortelle que vous contractez avec la nation française. Que nos perfides ennemis pâlissent à l'aspect de ce traité qui vous rend invulnérable ! Les acclamations des Français, dont vous allez combler les vœux, retentiront jusque sur ce rivage qui vomit des brigands; nos cris de joie, présage de la victoire, iront porter l'épouvante dans ces âmes lâches, qui ne connaissent d'autres armes que la trahison, d'autre tactique que l'assassinat.

« Si des guerriers, entraînés par leur enthousiasme pour leur général couvert de tant de lauriers, osaient se permettre de soulever le voile qui cache encore les augustes décrets, objets de l'impatience publique, il nous semble que le titre, autrefois le symbole et le prix de la victoire chez le peuple maître du monde, est le seul qui soit digne du grand capitaine qui compte autant de triomphes que de combats. Pourrait-on appeler autrement celui qui a fait des souverains et donné des royaumes? Enfin le titre d'Empereur, que porta Charlemagne, n'appartient-il pas de droit à l'homme qui le retrace à nos yeux comme

gions[1], il faut que le Sénat, le Tribunat, le Corps législatif prennent l'initiative. »

Depuis le Consulat à vie, le Tribunat avait été épuré dans le sens du pouvoir consulaire ; s'il survivait quelques débris d'opposition républicaine, la majorité dévouée votait toutes les lois, et comme elle craignait le sort des tribuns éliminés, elle était d'une obéissance craintive ; elle pressentait les désirs, suivant de l'œil la volonté du premier Consul. Le Tribunat avait seul des séances publiques dans ce lieu qu'on appelait encore le *Palais Égalité*, car les noms survivent aux choses ; au milieu d'une vaste galerie s'élevait une tribune surmontée de drapeaux tricolores, dernier symbole du système républicain ; les tribuns n'étaient plus que cinquante; on les voyait là assis sur ce que le formulaire appelait encore Chaises curules. Aux habits grecs et romains, oripeaux du conseil des Cinq-Cents, on avait substitué l'habit français avec quelques broderies, effaçant ainsi tout ce qui pouvait laisser des souvenirs de la démocratie. Or, dans cette enceinte, le dernier jour d'avril, on voyait une agitation plus grande ; les membres du Tribunat tous à leur poste, on se parlait, on se communiquait mille pensées, on réchauffait l'enthousiasme. Le tribun Curée[2], un des hommes ardents du

---

législateur et comme guerrier ? Mais, sous quelque dénomination que s'annonce à l'Europe le chef du plus brillant empire de l'univers, l'homme sera toujours bien plus grand que son titre. »

Signé. Murat, Masséna, Bernadotte.

[1] Les généraux les plus fidèles étaient appelés auprès de Bonaparte pour le seconder. Voici une lettre de Duroc à Junot.

« Mon cher Junot, si tes occupations te le permettent, écris à Berthier pour avoir un congé de quatre ou cinq jours. Je voudrais te voir ici en ce moment. Je t'expliquerai pourquoi en te voyant. Ne parle pas de ma lettre. Adieu, mon ami ; crois à ma sincère amitié. » Duroc.

14 février 1804.

[2] Jean-François Curée était né le 21 décembre 1756 à Saint-André, près de Lodève; en 1790 il était membre du département de l'Hérault; en septembre 1791 il fut nommé député de ce département à la législature, puis en septembre 1792 à la Convention, où il se fit peu remarquer. Il

18 brumaire, fervent adepte de l'hérédité, avait déposé une proposition d'une haute importance, concertée avec le conseil privé de la Malmaison. Le plus profond silence régnait dans la salle, lorsque Curée prit la parole avec son accent méridional : « Tribuns, s'écria-t-il, la magnifique révolution de 1789 porte ses fruits ; à cette époque, 30,000,000 d'hommes se manifestèrent pour l'abolition du régime féodal et l'élévation de l'égalité; nous avons subi bien des désolations jusqu'à l'heureux jour où l'ordre a été rétabli dans les finances, la paix conquise par les victoires, et les autels relevés. Nous sommes arrivés au point où nous avait laissés l'Assemblée constituante ; c'est à nous d'achever ce qu'elle avait généreusement entrepris : on voulait alors un changement de dynastie ; c'est le seul moyen de faire cesser l'incertitude de l'avenir ; c'est le seul remède à tant de maux que nous avons soufferts, et auxquels nous serions encore exposés par le maintien d'un système électif. »

« C'est vrai ! c'est vrai ! » s'écrie-t-on de toute part. « Eh bien, continue Curée, l'opinion de l'armée, celle du peuple entier, réclament l'hérédité dans la famille d'un chef qui fut longtemps le premier soldat avant d'être le premier magistrat ; c'est le seul moyen de conserver à nos armées leur état brillant et des chefs fidèles. C'est à nous de proclamer le vœu national. Je ne vois pour le chef de l'État aucun titre plus digne de la grandeur de la nation que celui d'Empereur. Je propose donc qu'il soit porté au Sénat le vœu suivant : Que Bonaparte soit

---

fut nommé en mai 1798 député au conseil des Cinq-Cents. Après le 18 brumaire, qu'il seconda de tout son pouvoir, il prit place dans le Tribunat. Le 22 avril 1800, il en fut élu secrétaire et prononça l'éloge du général Desaix, mort à Marengo ; puis, le 23 novembre 1803, il fut pour la deuxième fois nommé secrétaire. C'était un esprit fort médioc

déclaré Empereur; que la dignité impériale soit déclarée héréditaire dans sa famille; que celles de nos institutions qui ne sont que tracées, soient définitivement achevées. »

Des cris de *Vive l'Empereur!* se firent entendre: « Il nous faut un Monarque! Il faut voter sur l'heure, il faut proclamer Bonaparte Empereur des Français; » et des applaudissements partirent de toutes les chaises curules. Alors parut à la tribune un autre orateur; M. Siméon, né à Aix, comme la famille Portalis; avocat au parlement de Provence, M. Siméon, travailleur infatigable, esprit d'ordre et de règle[1], voyait avec une indicible joie un nouvel établissement monarchique; le tribun appartenait aux esprits du vieux régime qui poussaient au rétablissement de l'ancienne société. Son discours, sorte de déclamation contre la Constituante, faisait le procès à la Révolution: « Quelle longue et terrible expérience nous avons faite! s'écria-t-il. L'excès des abus croissant en foule autour d'un trône décrépit, un prince faible qui ne savait plus comment maintenir, mitiger ou défendre le pouvoir qu'il voulait garder; une constitution que l'on crut faire monarchique, renfermant tous les principes d'anarchie qui ne tardèrent pas à désorganiser la France; la restauration de thermidor troublée par les orages de vendémiaire; la constitution de l'an III plus d'une fois déchirée par diverses secousses; le vaisseau de l'État flottant incertain au milieu d'écueils opposés sur lesquels il risquait tour à tour de

---

[1] Joseph-Jérémie Siméon était né à Aix le 30 septembre 1749; fils d'un avocat célèbre, il suivit la même carrière que son père, et, en 1789, il occupait, avec M. Portalis, le premier rang au barreau d'Aix. M. Siméon accepta, en 1793, la place de procureur-général-syndic du département fédéré des Bouches-du-Rhône; proscrit et mis hors la loi comme fédéraliste, il s'enfuit de Marseille la veille de l'entrée du général Cartaux dans cette ville, et se retira à Gênes. Rentré en France après les événements du 9 thermidor, il fut forcé par les commissaires de la Convention d'accepter de nouveau la place de procureur-général-syndic. Député au conseil des Cinq-Cents par le

se briser, lorsque enfin une main victorieuse et ferme vint en saisir le timon et diriger sa marche vers le port. C'est dans le port qu'en se rappelant les dangers auxquels on est échappé, et visitant ses dommages, on songe à les réparer et à se prémunir contre de nouveaux désastres. Dix ans de sollicitudes et de malheurs, quatre ans d'espérances et d'améliorations nous ont fait connaître les inconvénients du gouvernement de plusieurs, et les avantages du gouvernement d'un seul. »

Ici l'orateur fut interrompu : « Oui, le gouvernement d'un seul, s'écria-t-on; nous le voulons! » — « Les révolutions sont les maladies des corps politiques, continua M. Siméon: résultat d'un régime vicieux, elles font une explosion d'autant plus violente que leurs causes sont plus profondes, plus accumulées, et ont subi une plus longue fermentation. Alors une fièvre ardente se déclare, qui dévore et consume tout, et le mal qui l'a produite, et les organes conservateurs qui étaient trop usés pour lui résister. Si l'État survit à cette crise, débarrassé en grande partie des vices qui altéraient sa constitution, il reprend son assiette, et avec une nouvelle vie, de nouveaux moyens de force et de prospérité! »

Ce n'était pas un spectacle sans curiosité que de voir cette violente diatribe contre la Révolution française, jetée à la face du Tribunat, le corps démocratique de la constitution : on voulait aller sur-le-champ au vote, lorsque M. Siméon rappela, dans son style enthousiaste, les services que le nouveau Consul avait rendus à la

---

département des Bouches-du-Rhône, son premier soin fut, peu de temps après l'installation de ce conseil, le 9 novembre 1795, de dénoncer Fréron, envoyé dans le midi par la Convention. Le 6 février 1797, il fut compris comme complice de la conspiration royaliste dont l'abbé Brottier, Laville-Heurnois, étaient les chefs. Il fut élu président du conseil des Cinq-Cents le 1er fructidor an v ; après le 18 du même mois, il fut mis sur la liste des déportés. Rentré en France sous le gouvernement consulaire, il refusa la préfecture de la Marne, accepta ensuite la place de procureur-général près la Cour de cassation, et fut bientôt appelé au Tribunat.

patrie. Qui pouvait lui refuser la dignité impériale? La pourpre était due à qui avait sauvé l'État de sa décadence et de sa ruine. « Quel empire s'éleva et se rétablit jamais avec plus de force ou de gloire, étouffant, comme Hercule, les serpents qui s'étaient glissés dans son berceau; marchant de cette victoire intérieure à d'innombrables victoires, terrassant ses ennemis, relevant ses alliés, n'ayant plus qu'un ennemi hors du continent pacifié, ennemi dont l'infâme et criminelle politique est dévoilée et qui, réduit à consumer ses trésors dans une guerre défensive, à bloquer de ses orgueilleuses flottes les nacelles prêtes à porter dans son sein notre vengeance et notre fortune, ne sait plus nous attaquer que par des conspirations et des assassinats. »

C'était alors le complément obligé de toutes les harangues que cette déclamation contre l'Angleterre; l'éloge de Bonaparte ne pouvait rester séparé d'une longue diatribe sur la perfide Albion. La flatterie allait loin; elle s'imageait sous la parole retentissante de l'orateur. Le tribun Siméon donna des gages plus avancés encore de son dévouement, en attaquant la dynastie tombée; holocauste inutile, car de telles paroles engagent l'avenir et sont habituellement maladroites[1]. L'enthousiasme de M. Siméon n'avait pas prévu les retours de fortune lorsqu'il s'écriait : « Les catastrophes qui frappent les rois sont communes à leurs familles, ainsi que l'étaient leur puissance et leur bonheur. L'incapacité qui abandonne leurs têtes à la foudre des révolutions, s'étend sur leurs proches, et ne permet pas de leur rendre ce timon échappé à des mains trop débiles. Il fallut qu'après les avoir repris, la Grande-Bretagne chassât les

[1] M. Siméon fut ministre de Louis XVIII.

enfants de Charles Ier. Le retour d'une dynastie détrônée, abattue par le malheur, moins encore que par ses fautes, ne saurait convenir à une nation qui s'estime : il ne saurait y avoir de transaction sur une querelle aussi violemment débattue. »

Résumant enfin la situation, M. Siméon s'écriait avec un accent de conviction historique : « Lorsque les institutions s'affaiblissent, et que la famille dégénérée ne peut plus soutenir le poids des affaires publiques, une autre famille s'élève. C'est ainsi que l'empire français a vu les descendants de Mérovée remplacés par ceux de Charlemagne, et ces derniers par ceux de Hugues Capet. C'est ainsi que les mêmes causes et des événements à peu près semblables (car rien n'est nouveau sous le soleil) nous amènent une quatrième dynastie; la troisième n'avait pas eu d'autres titres ni de plus grands droits. Nous possédons un homme auquel s'applique ce que Montesquieu a dit de Charlemagne : Jamais prince ne sut mieux braver les dangers; jamais prince ne sut mieux les éviter. Il se joue de tous les périls, et particulièrement de ceux qu'éprouvent presque toujours les grands conquérants, je veux dire les conspirations. — Quand Pépin, dit encore Montesquieu, fut couronné, ce ne fut qu'une cérémonie de plus et un fantôme de moins. Il n'acquit rien par là que des ornements; il n'y eut rien de changé dans la nation. — Quand les successeurs de Charlemagne perdirent leurs États, Hugues Capet tenait les deux clefs du royaume : on lui déféra une couronne qu'il était seul en état de défendre. N'avons-nous pas ce nouvel Hugues Capet, ce grand fondateur d'une nouvelle dynastie? »

Alors retentirent encore dans tout le Tribunat ces mots enthousiastes : «Proclamons Bonaparte sur l'heure?

et sans désemparer! c'est le salut de la patrie qui le veut ainsi. Vive Napoléon, Empereur des Français! » On se précipitait à la tribune pour avoir un tour de faveur. Quand M. Siméon eut cessé de parler, M. Jaubert s'élança au pas de course pour payer sa part à l'ivresse générale; c'était à qui parlerait le premier pour prodiguer l'encens à la puissance nouvelle; renouvelant ainsi les époques abaissées du Sénat décrites par Tacite. « En France, s'écria le tribun Jaubert, la doctrine de l'hérédité est nationale, j'en appelle aux quatorze siècles qui nous ont précédés, et aux cahiers des assemblées bailliagères, véritable expression de la volonté du peuple. Par le choc de diverses passions, le trône disparut.... Les amis de la patrie n'en conservaient pas moins dans leur conscience la tradition des siècles et de l'expérience sur la nécessité d'un pouvoir héréditaire à la tête d'une grande nation... Que voulions-nous en 1789? l'intervention de nos délégués dans la création de l'impôt, l'abolition du régime féodal, de toute distinction outrageante, la réforme des abus, le culte de toutes les idées libérales. Tel fut le vœu de tous les Français, et ils avaient bien senti qu'il ne pouvait être accompli qu'avec un trône héréditaire et des institutions protectrices des citoyens contre les erreurs de l'autorité, protectrices du trône lui-même contre la faiblesse des gouvernants. »

Quel pas n'avait-on pas fait! quel langage lorsqu'on le comparait à tout ce qui avait précédé, aux harangues des conseils des Anciens et des Cinq-Cents, même sous le Directoire! Qu'étaient devenus tous ces hommes qui juraient haine à la royauté? L'assemblée du Palais-Royal se précipitait en masse pour se donner un maître; on voyait se grouper autour de la tribune, Duveyrier, Duvidal,

Villot, Fréville, tous déclamant contre le système électif. Ainsi ceux qui avaient proclamé la république la plus sublime, la plus grande des institutions, vinrent s'amender à la tribune; ils flétrirent l'élection; selon eux il n'y avait rien de plus déplorable que ce système qui faisait dépendre de la volonté du peuple, la puissance et la force des gouvernements, démenti jeté à la face de la Révolution. Puis la flatterie déborda pour encenser l'idole; on ne garda même pas cette mesure qui seule donne son prix à l'éloge d'un homme ou d'un pouvoir.

Le plus ardent de tous, le plus décidé à faire entendre des paroles d'adulation, fut un tribun du nom de Carion de Nisas [1]; il avait un grade dans l'armée; né dans les provinces du midi, comme Curée, Duveyrier et Siméon, il avait cette chaleur du soleil qui se manifeste dans la phrase, dans la parole; Carion de Nisas s'écria : « Rendons-nous propres les dons que la Providence nous a faits; comme nos ancêtres, nous avons été obligés de chercher parmi nous un homme digne de nous gouverner; enfin il a paru; vous n'attendez pas que je vous parle ici de sa personne et de sa gloire. Que sont les bornes d'un discours de quelques minutes pour embrasser cette vaste renommée, pour caractériser cette supériorité si grande et si incontestable? Je remarquerai seulement qu'il a réuni au même point la gloire civile et la gloire militaire. On le compare à Charlemagne : à Dieu ne plaise que je veuille déprécier ce grand conquérant et ce grand législateur; mais

---

[1] Carion de Nisas était né dans le village de ce nom près de Pézénas, et embrassa fort jeune la profession des armes. Il était officier d'infanterie à l'époque de la Révolution. N'ayant pas émigré, il épousa une parente de Cambacérès, qui le prit sous sa protection et le fit nommer tribun le 7 février 1801. Le 21 juin 1803, il fut élu secrétaire, et le 23 décembre président.

Il faisait des tragédies; il fut sifflé impitoyablement, le jour même de sa belle harangue, pour sa tragédie de Pierre-le-Grand.

Charlemagne devait la moitié de sa force et de sa grandeur à l'épée de Charles-Martel et à celle des Pépins. Celui-ci doit tout à lui-même, et c'est par ce caractère surtout qu'il nous plaît et qu'il nous convient. C'est par ses propres travaux et ceux de la génération qui lui défère l'empire, qu'il a grandi cet empire même, en dix années, de plus de provinces que la dynastie entière à laquelle il va succéder n'en avait su recouvrer en plusieurs siècles. Sa famille, cette famille dont les membres vont être les chefs et les princes de la grande famille, nous offre un noble assemblage de tous les services, de toutes les vertus et de tous les talents. Quel faisceau glorieux! Ici les palmes de l'Égypte et de l'Idumée; les lauriers de l'Italie et ceux qui croissent sous le tropique. Là les fleurs et les foudres de l'éloquence, le souvenir en est cher et récent. C'est parmi nous aussi qu'après la paix de Lunéville retentit, avec un applaudissement solennel, le nom de celui sur lequel une voix dont nous chérissons les oracles vient d'appeler plus particulièrement nos regards, de celui que son rang approche le plus près du rang suprême; l'olivier brille dans ses mains, l'olivier dont il eût couvert le monde sans le crime de ce gouvernement qu'il va contribuer à punir. La patrie enchantée ne sait ce qu'elle doit chérir le plus de la beauté de son âme, de la solidité de son esprit ou de l'aménité de ses mœurs. »

C'était trop de flatterie à la fois; ce parfum de mauvais goût aurait dû déplaire à l'homme grave et politique qui tenait dans ses mains les destinées de la patrie; Bonaparte était trop marqué à l'antique, pour que ces adulations vinssent jusqu'à lui. Tel était l'entraînement de l'époque, que nul ne trouva cela extraordinaire; on s'accoutumait à l'encens, et le seul orateur qui excita quelques murmures, ce fut Carnot; républicain consciencieux, il vint combattre la motion de Curée. On vit sur une place élevée du Tribunat, un homme à la physionomie fortement accentuée, qui écoutait silencieusement toutes les harangues qu'on jetait à la tête du premier Consul; lui le connaissait bien; plus que personne, Carnot avait admiré le génie militaire de Bonaparte; nul ne pouvait mieux le mesurer. Il avait salué l'immense impulsion que le Consul avait donnée au gouvernement, l'énergie que partout il avait su imprimer à la machine politique; mais Carnot portait au fond du cœur des sentiments démocratiques; il voyait avec douleur s'élever une nouvelle monarchie; depuis le Consulat à vie, tous les actes du Sénat lui paraissaient une usurpation sur la souveraineté du peuple. De ce qu'un homme de génie conduisait les destinées de la patrie, ce n'était pas un motif pour lui sacrifier la République. « Je suis loin, s'écria Carnot d'un ton calme et modéré, je suis loin de vouloir atténuer et l'éclat des grandes choses que le premier Consul a faites, et le mérite des services qu'il a rendus aux Français, et le tribut d'éloges qu'il en obtient, et dont j'aime à lui payer ma part individuelle : ne nous eût-il donné que le Code civil, ce seul bienfait doit faire chérir son existence et bénir à jamais sa mémoire. Mais, quelques services qu'un citoyen ait rendus à sa patrie, il est des bornes à la reconnaissance nationale. Vouloir substituer un nouveau titre à celui qu'il a tant illustré, n'est-ce pas faire tort à sa gloire? N'est-ce pas anéantir son propre ouvrage, que de lui offrir la domination de ce même pays auquel il avait promis un gouvernement libre? Depuis quatre ans nos institutions semblaient assez fortement établies pour assurer le pouvoir et l'empêcher d'être un objet de dispute et de guerre, même à la mort de celui qui en était revêtu : tant de préliminaires n'auront donc été qu'un acheminement insensible au despotisme ? »

Ici des murmures éclatèrent. « Ce n'est point le despotisme que le Tribunat veut proclamer, s'écria-t-on, mais l'établissement d'un pouvoir régulier, le développement du Consulat à vie. Il nous faut prévenir la possibilité d'un attentat contre notre Consul ! — Quoi ! continua Carnot, vous allez décider une telle question sans consulter la France ? Qui vous a dit que la patrie ne veut plus de la République ? — Nous en répondons, dirent les tribuns dévoués; le pays est pour Bonaparte ! » — Alors, s'écria Carnot en entendant des opinions si abaissées, j'ai voté, dans le temps, contre le Consulat à vie, comme je voterai contre la monarchie héréditaire ; et la modération, le calme, la décence seront les seules armes que je propose d'employer dans la défense des lois populaires. Bien que je combatte la proposition faite, je déclare que du moment où elle sera devenue loi de l'État, du moment que le nouvel ordre de choses sera établi, je serai le premier à m'y soumettre. Puissent tous les membres de la société être aussi sincères et dociles que moi ! Est-il bien dans la gloire de Bonaparte de lui faire un patrimoine du pouvoir absolu ? Les Romains ont eu recours à la dictature, dans les crises extraordinaires, comme à une mesure momentanée ; mais ils se sont bien gardés de perpétuer ce pouvoir formidable dans les mains vertueuses et vaillantes qui venaient de s'en servir pour sauver l'État. Aussi, Camille, Cincinnatus, Fabius, déposèrent-ils le pouvoir dès qu'ils n'avaient plus à en faire usage contre l'ennemi du dehors. On va ouvrir des registres pour consigner le vœu qu'on dit être général; de toutes les parties de la France ce vœu va être exprimé dans des adresses... par qui ? par des fonctionnaires publics, qui émettront sans doute le vœu de leur cœur ; mais non celui du peuple tout entier. Quant aux registres ouverts aux citoyens, n'est-on pas autorisé à regarder ce mode de recueillir les volontés comme illusoire et chimérique, quand la liberté de la presse est anéantie, quand une réclamation honnête, respectueuse, n'a aucun moyen d'être connue. Je ne vois qu'un moyen de consolider la République française ; c'est d'être juste, c'est de faire en sorte que la faveur ne l'emporte pas sur le mérite des services réels. Mon cœur me dit que la liberté est possible, et qu'il est des moyens de la soutenir sans l'intervention d'un gouvernement arbitraire à l'ombre duquel elle meurt ; et comment songez-vous à créer un monarque, sans avoir songé aux institutions qui peuvent garantir cette liberté? Tribuns quelles qu'aient été mes observations, croyez à mon respect pour la loi établie. Mon respect et mon obéissance sont affermis dans mon âme par le sentiment de nos longs malheurs et par la nécessité de nous former en faisceau pour résister à l'ennemi commun, dont nous pouvons triompher sans doute avec les grands moyens mis à la disposition du chef de l'État, et dont il fait un emploi aussi brillant qu'heureux. »

Tout ce discours calme et modéré fut cependant écouté avec impatience ; cette voix austère importunait ; quand la liberté croule, ceux qui la trahissent ou la vendent sont fatigués de ces derniers cris des consciences mâles et romaines. Carnot n'était pas un homme à vue de gouvernement et d'ordre monarchique ; mais c'était un patriote, dernier débris de la Révolution ; lorsque tant d'autres subissaient le joug, il relevait un peu la tête ; il allait pleurer sur le tombeau de son idole ; fils du Comité de salut public, il jetait quelques fleurs sur les débris de la liberté expirante. Aussi un des enthousiastes les plus ardents du premier Consul, Carion de Nisas, demanda la parole, et, avec sa chaleur méridionale d'Aragon et de Toulouse [1], il attaqua le discours de Carnot comme attentatoire à cette grande opinion publique qui se manifestait pour Napoléon. Nul ne comprit la voix consciencieuse de Carnot qui restait conséquent avec ses principes. Le Tribunat présenta, comme tous les corps politiques de l'époque, le spectacle que Rome offrit dans ses jours de décadence : on se pressait, on se faisait inscrire en foule; tous auraient voulu encenser le dieu de la victoire, afin de mériter quelques grâces de la puissance. Lorsqu'on ne pouvait aborder la tribune encombrée d'orateurs trop empressés à prononcer leurs discours, on envoyait ses harangues aux journaux; chacun payait son tribut, sans perdre une de ses paroles louangeuses; le moindre grain d'encens était recueilli et jeté à la face de Bonaparte : exemple qui se produit à toutes les époques où un pouvoir nouveau se manifeste; il y a des âmes ainsi faites qu'elles ne savent pas garder de mesure; certes, Bonaparte était grand, mais fallait-il le lui dire avec cette étrange servilité, cette basse flatterie, qui venaient se jeter à ses pieds? Sa belle figure de camée

---

[1] Je répète que M. Carion de Nisas reçut une grande leçon. En voici le souvenir :

« On représenta le jour même au Théâtre-Français une nouvelle tragédie sous le titre de *Pierre-le-Grand* : c'était une production du même tribun Carion de Nisas qui avait soutenu avec tant de chaleur la motion de son collègue Curée, et combattu avec tant de zèle le discours de Carnot. L'allusion était facile à saisir; la flatterie y était prodiguée à l'excès; la pièce fut sifflée dès le commencement jusqu'à la fin. Jamais on n'avait vu une chute plus unanime et plus brillante. L'auteur avait eu la maladresse de dénoncer, avant la représentation, une conspiration des écoles contre sa pièce. Il n'en fallut pas davantage pour armer contre lui-même celles qui n'y songeaient pas. On retint à la seconde représentation les élèves de l'école Polytechnique; mais elle ne fut pas moins tumultueuse que la première, et l'opposition fut si violente, que la police elle-même renonça à soutenir cet ouvrage. » (Témoignage contemporain.)

antique devait rougir de tant de platitudes. Le Tribunat vota unanimement une adresse au Sénat pour demander l'Empire en faveur de Bonaparte. Les orateurs savaient bien ce qu'ils faisaient; des récompenses seraient décernées aux plus empressés dans la manifestation de leurs vœux, dans le dévouement à la pourpre; les uns seraient conseillers d'État, les autres sénateurs, prime donnée à ceux qui marcheraient le plus vite, et, dans cette curée politique, les cœurs s'abaissent, les caractères se flétrissent. Le Tribunat paya plus tard cette condescendance; l'Empereur le frappa comme un rouage inutile; un Tribunat avec un trône, c'était une superfétation; quand la liberté est perdue, à quoi bon une tribune, si ce n'est pour les nouveaux Pline qui prononcent l'éloge de Trajan?

Une fois la proposition du tribun Curée acceptée unanimement, le vœu en fut porté au Sénat par un message solennel. Les fondateurs de la nouvelle monarchie avaient parfaitement combiné leur œuvre[1]; le Tribunat, dans leur idée, c'était le peuple; l'initiative lui appartenait; en élevant Bonaparte à l'empire, il fallait que cette opinion vînt de la partie démocratique de la constitution; le Tribunat faisait les vœux, le Sénat devait les ratifier. Il y eut encore, dans cette communication entre les pouvoirs, des flatteries

---

[1] Chaque corps voulut faire ses stipulations personnelles, en élevant l'Empire : Bonaparte tint plusieurs conseils privés sur cette grave matière. Il y appela des membres du Sénat, du Tribunat, du Corps législatif et du conseil d'État. Les membres du Tribunat demandèrent que la durée de leurs fonctions fût de dix années, au lieu de cinq; et leur traitement de 25,000 francs, au lieu de 15,000. Le président du Corps législatif crut devoir demander aussi, pour son corps, une augmentation dans la durée des fonctions et dans le traitement. Le Sénat avait déjà fait ses conditions : le conseil d'État seul ne demanda rien pour lui.

« Après que tout eût été réglé dans ces conférences, le premier Consul fit rédiger un projet de sénatus-consulte qui fut porté au Sénat. Celui-ci nomma une commission qui fit son rapport séance tenante, et le même jour, le Sénat était en marche pour porter à Bonaparte, à Saint-Cloud, l'acte qui le déclarait empereur. »

(Pelet de la Lozère.)

indicibles; il semblait que le peuple, s'abdiquant lui-même, devait offrir en holocauste la liberté et les garanties publiques; la France si belle, si haute, accourait pour saluer Napoléon. Le Sénat répondit gravement à cette manifestation du Tribunat : « En reconnaissant les services rendus par Bonaparte, le Sénat disait que le vœu du Tribunat était depuis longtemps l'objet des méditations; on s'occupait de mettre en rapport les constitutions de la République avec la nouvelle dignité dont la reconnaissance nationale voulait environner le Consul Bonaparte. »

Le Sénat avait déjà reçu les communications du conseil privé, et dans des conférences intimes à la Malmaison et à Saint-Cloud, on préparait les actes de la nouvelle constitution qui devaient ensuite être présentés en forme de sénatus-consulte. Des conférences s'étaient ouvertes entre le Sénat et le conseil privé, chacun voulait stipuler des garanties. Le Sénat demandait en échange du titre impérial : « Que la dignité des sénateurs fût héréditaire comme la couronne, et qu'ils ne pussent être jugés que par leurs pairs; que le Sénat eût l'initiative des lois, ou le *veto*; que le conseil d'État ne pût interpréter les sénatus-consultes; que deux commissions fussent instituées pour protéger, l'une la liberté de la presse, l'autre la liberté individuelle. »

Ces idées anglaises d'une pairie héréditaire effrayèrent Bonaparte, parce qu'elles proclamaient un principe de trop grande indépendance. Comment retenir dans d'étroites limites des patriciens aussi puissants que l'Empereur? Bonaparte refusa au Sénat le principe de l'hérédité. « Quelque jour, dit-il, le Sénat profitera de la faiblesse de mes successeurs pour s'emparer du gouvernement. On sait ce que c'est que l'esprit de corps; cet esprit le poussera à augmenter son pouvoir par tous les moyens. Il détruira, s'il le peut, le Corps législatif, et si l'occasion s'en présente, il pactisera avec les Bourbons aux dépens des libertés de la nation [1]. » Admirable prescience de l'avenir qui explique 1814 !

On ne concéda que quelques-unes des réclamations faites par le Sénat. Le conseil privé comptait des hommes d'expérience politique et d'une science remarquable ; leur but était de fonder un Empire sur les larges bases d'un pouvoir absolu ; et comme les principes ne pouvaient tous se heurter de front, comme il y avait impossibilité de bouleverser entièrement les quelques garanties libérales qui existaient depuis le Consulat, on voulut concilier les idées les plus disparates, placer le pouvoir absolu au centre, tout en jetant quelques mots du système constitutionnel dans les différentes branches de l'ordre politique. On avait fouillé les anciennes constitutions monarchiques, comparé le pouvoir des empereurs romains, et par dessus tout le formulaire de 1791, base fondamentale du nouveau régime, non point en ce qui touchait le gouvernement et l'administration du pays, mais pour les droits et la prérogative de la personne sacrée et de la majesté de l'Empereur [2].

Le nouveau souverain, inviolable, n'avait aucune responsabilité personnelle de ses actes, les ministres seuls

---

[1] Bonaparte au conseil d'État, avril 1804.
[2] Tandis que le Sénat rédigeait en secret la forme de son sénatus-consulte, le conseil d'État préparait une déclaration motivée sur l'hérédité de l'Empire.
Projet de déclaration pour l'établissement de l'Empire proposé au conseil d'État par les présidents des sections en 1804.
« Les conseillers d'État délibérant d'après l'autorisation du premier Consul, sur le vœu exprimé dans l'adresse du Sénat ;
« Considérant que l'intérêt de la nation est d'avoir un gouvernement dont les principes soient fixes, les vues permanentes, les projets suivis, la politique invariable, les alliances solides ;
« Que la Révolution n'a pas été commencée par la nation, en 1789, contre l'hérédité de la suprême magistrature, et que si elle a été dirigée contre la famille en faveur de laquelle les représentants du peuple avaient confirmé cette hérédité, c'est parce que cette famille s'est armée contre la Révolution et ses principes ;

étaient soumis à la juridiction de la haute cour impériale; on fixa la liste civile comme l'établissait le décret du 26 mai 1791; toutes les dispositions des lois de la Constituante étaient rappelées pour le domaine et la gestion des forêts et des palais où devait habiter l'Empereur; chef de sa famille, sa volonté suprême devait veiller aux mœurs domestiques, à l'établissement de ceux qui touchaient par le sang à sa maison; la minorité était fixée jusqu'à dix-huit ans; l'héritier du trône, s'il était mineur, devait avoir un régent; l'Empereur à son lit de mort le désignait; à défaut, on élevait le premier prince du sang à la régence. Les pouvoirs de cet administrateur temporaire étaient limités et la garde de l'Empereur mineur déférée à la mère, comme le voulait l'Assemblée constituante; si l'Empereur adoptait un fils, il avait tous les droits d'un héritier mâle, successeur direct de la couronne. Puis, venait la fixation des dignités de l'Empire, large part faite à toutes les ambitions: les grands-officiers étaient inamovibles; l'Empereur devait prêter serment dans les deux années qui suivraient son élévation, solennité suprême où se presseraient autour du trône le Sénat, le conseil d'État, le Corps législatif, le Tribunat, les évêques, les conseils municipaux, les maires des villes. Le serment était conçu d'une manière large et

« Que la nation confirmera sa volonté d'éloigner cette famille en appelant une famille nouvelle, et la plaçant à sa tête;

« Que l'hérédité de la suprême magistrature dans une famille n'est pas une concession dans l'intérêt de cette famille, mais une institution dans l'intérêt du peuple;

« Que le moment qui appelle une pareille institution est celui où de grands dangers ont menacé la patrie en la personne du premier Consul, quand l'Angleterre a armé contre lui des assassins, et où d'autres dangers nés des hasards de la guerre peuvent menacer encore le chef suprême de l'État;

« Que puisque l'hérédité peut écarter les dangers qui menacent, prévenir les malheurs qu'on redoute, assurer les avantages qu'on désire, la nation a un intérêt pressant de voir adopter cette institution;

« Que, s'il existait des motifs d'en retarder l'établissement, ils ne pourraient résulter que de considérations prises des relations extérieures de la République que le chef du gouvernement peut seul apprécier

libérale, pour consacrer tous les intérêts révolutionnaires. « Je jure de maintenir l'intégrité du territoire de la République; de respecter et de faire respecter la liberté des cultes et les lois du Concordat; de respecter et de faire respecter l'égalité des droits, la liberté politique et civile, l'irrévocabilité des ventes de biens nationaux; de ne lever aucun impôt, de n'établir aucune taxe qu'en vertu de la loi; de maintenir l'institution de la Légion d'honneur; de gouverner dans la seule vue de l'intérêt, du bonheur et de la gloire du peuple français. »

Comme assemblée délibérante, l'Empire plaçait en tête le Sénat : les princes français à dix-huit ans, les grands dignitaires étaient sénateurs de plein droit; quatre-vingts membres, élus sur des listes, étaient sénateurs par la constitution; d'autres étaient élevés à cette dignité par la volonté de l'Empereur. La présidence du Sénat était annuelle; les Pères conscrits se divisaient en sections; sept membres formaient la commission de la liberté individuelle; quand un citoyen était arrêté, cette commission dérisoire devait faire trois sommations aux ministres; puis on convoquait le Sénat qui déclarait comme une moquerie : « Qu'il y avait de fortes présomptions qu'un citoyen était détenu arbitrairement. » Il y avait aussi une commission pour la liberté de la presse, avec le même

---

dans toute leur étendue, mais qui semblent conseiller plutôt l'accélération que les délais;

« Que l'hérédité de la suprême magistrature est analogue aux mœurs de la nation, convenable à la population, adaptée à l'étendue de son territoire ;

« Que la nation votera, sans hésiter, en faveur du système héréditaire, au même instant où elle sera appelée à la garantie solennelle de toutes les institutions, de tous les droits pour lesquels ses armées ont combattu, et que le même acte assurera irrévocablement et sans retour, avec l'hérédité de la magistrature suprême dans une famille, la liberté individuelle, celle des cultes, la sûreté des propriétés, l'irrévocabilité des aliénations des domaines nationaux, l'égalité politique et civile, le système représentatif pour le vote des impôts et des lois, et enfin l'abolition des priviléges détruits et de tout autre droit héréditaire que celui qu'elle proclamera pour la magistrature suprême, sont d'avis :

« 1° Qu'il est de l'intérêt de la nation

pouvoir d'inviter les ministres à respecter l'indépendance de la pensée.

Le Sénat, autorité régulatrice, pouvait briser les arrêtés du conseil d'État ou du Corps législatif, toutes les fois qu'ils étaient contraires à la constitution. Le conseil d'État lui-même recevait la seconde place dans la hiérarchie de l'Empire et se divisait en six sections; après cinq années d'exercice, on était conseiller d'État à vie, et il fallait un jugement de la haute cour impériale pour être privé de son titre. Le Corps législatif, troisième autorité, réuni sur la convocation de son président, devait entendre les orateurs du conseil d'État et du Tribunat; il votait silencieusement trois jours après la discussion. Le Tribunat, corps désormais sans vie, divisé en trois sections, ne discutait plus publiquement; il portait la parole devant le Corps législatif, comme opposition, mais une opposition tellement restreinte, qu'elle n'avait plus d'action dans le corps social. Les colléges électoraux fixes, immobiles, recevaient les membres de la Légion d'honneur, qui de plein droit faisaient partie de ces colléges.

Enfin, on établissait une haute cour impériale, institution dont on attendait beaucoup d'éclat, vaine pompe de l'édifice impérial; elle devait connaître des crimes et

française de déclarer les fonctions du premier Consul héréditaires dans sa famille;

« 2° Que si des considérations de politique extérieure n'y mettent obstacle, le moment est non seulement favorable, mais pressant, pour proclamer l'hérédité de la magistrature suprême;

« 3° Que l'hérédité doit être établie sur les principes posés au commencement de la Révolution, en écartant toutefois ce qui fut fait par un sentiment de défiance envers la dynastie que la Révolution a renversée,

et en y substituant ce qui sera nécessaire à la conservation de la dynastie nouvelle que la Révolution aura élevée;

« 4° Que la stabilité et la force de la puissance héréditaire et les droits de la nation qui l'aura votée, doivent être inséparablement garantis, dans le même acte, par des institutions fondées sur la liberté des cultes, sur l'inviolabilité des propriétés, sur l'irrévocabilité des ventes des domaines nationaux, sur l'égalité politique qui permet à tous les citoyens de parvenir à tous les em-

délits commis au sein de la famille de l'Empereur, et des attentats contre la sûreté de l'État; c'était dans le sein du Sénat qu'elle siégeait sous la présidence de l'archichancelier, brillante institution, où devaient s'asseoir les ministres, le Sénat, le conseil d'État, vingt conseillers du tribunal de cassation. La haute cour impériale semblait être le fondement de tout ordre judiciaire; les tribuns y feraient les fonctions du ministère public; le Corps législatif y dénonçait les ministres; institution imitée des lois germaniques, trop grande pour qu'elle pût être jamais mise en action, la haute cour impériale fut comme un appendice pompeux et sans vie de cette constitution de l'Empire, depuis tant de fois invoquée comme le fondement des droits d'une nouvelle dynastie [1].

Cet acte avait été élaboré dans le silence le plus profond pendant plusieurs séances du conseil privé; chaque jour on se réunissait à Saint-Cloud, à la Malmaison, aux Tuileries, Bonaparte présent. Là, chaque article était l'objet d'une discussion sérieuse; le Consul effaçait avec ténacité tout ce qui pouvait blesser l'action directe de son pouvoir; il ne voulait pas que son gouvernement fût gêné; le reste il le laissait à la libre disposition du conseil. Tout ce qui était luxe, apparat, tous les petits mots qui pouvaient flatter le peuple, en lui faisant croire à la liberté, Bonaparte n'y touchait pas. Ce qu'il voulait, c'était l'action forte, directe de son autorité; qu'on instituât ensuite les garanties comme on l'en-

plois; sur l'égalité civile qui assure que tous les citoyens sont jugés suivant les mêmes lois; sur le vote de ces lois par une représentation nationale, et sur l'octroi annuel des impôts, après le compte des fonds accordés l'année précédente;

« 5° Que l'acte constitutif de l'hérédité et contenant les garanties de la nation ne pourra recevoir de changement ou de modification que par le vœu du peuple français. »

[1] Il n'y eut jamais de désigné que le procureur-général, M. Regnauld de Saint-Jean d'Angély.

tendrait, cela importait peu à Bonaparte; c'étaient des hochets qu'il fallait abandonner au peuple. Dans le fait, la constitution était rédigée de manière à ce qu'il restât maître. Par ses propres décrets, il pourrait tout gouverner.

Quand le projet fut ainsi bien arrêté et rédigé en conseil privé et dans les formes, il fut transmis au Sénat pour la ratification; le Sénat ne fut ici qu'un simulacre d'assemblée sous la présidence du consul Cambacérès; on lut le projet avec les corrections faites par Bonaparte. Il y eut à peine quelques observations [1]; le sénatus-consulte fut adopté à la presque unanimité, car il n'y eut que sept voix d'opposition. Au moment où Cambacérès proclamait le résultat du vote [2], le canon des Invalides se fit entendre; Paris apprit, au milieu des éclats de l'artillerie, que la République était morte, et qu'une nouvelle dynastie s'élevait sur le pavois: 101 coups de canon ébranlèrent le dôme des Invalides, et les vieux soldats saluèrent Bonaparte, le général d'Italie et d'Égypte, du titre antique d'Empereur. Les acclamations s'élevèrent de toute part, et la garnison de Paris reconnut et proclama Napoléon Ier son César et son Auguste.

---

[1] Un conseiller d'État raconte ainsi la fondation de l'Empire.

« Le Tribunat prit l'initiative. Un de ses membres, qui avait été désigné pour faire la proposition, et dont le discours avait été communiqué au premier Consul, ouvrit l'avis, dans le sein de ce corps, que le premier Consul fût revêtu d'un pouvoir héréditaire, sous le titre d'*Empereur*.

« Cet avis, combattu par cinq ou six membres seulement, fut adopté et converti en résolution. La résolution, portée au Sénat, n'y rencontra guère plus d'opposition: Volney, Grégoire, Sieyès, Lanjuinais votèrent contre; les membres de la société d'Auteuil, Cabanis, Praslin, etc., s'abstinrent de voter, déclarant qu'ils s'en rapportaient à la sagesse du Sénat. »

[2] Le Sénat adopta la formule suivante:

« Votre commission a donc l'honneur de vous proposer; à l'unanimité, premièrement, d'adopter le projet du sénatus-consulte organique présenté par les orateurs du gouvernement; secondement, de rendre le décret suivant: « Le Sénat, en corps, présentera, immédiatement après la séance, le sénatus-consulte organique de ce jour, à Napoléon Bonaparte, Empereur des Français. Le président du Sénat, Cambacérès, portera la parole. »

Un cortége de sénateurs partit gravement du palais du Luxembourg, se dirigeant vers Saint-Cloud, afin de remettre le sénatus-consulte au premier Consul; Cambacérès était à sa tête. C'était le 18 mai, dans un de ces beaux jours qui rayonnèrent depuis tant de fois sur le front de l'Empereur; Cambacérès fut introduit dans de vastes appartements, où une sorte de trône ou fauteuil était préparé : pour la première fois depuis douze ans, on entendit les mots *sire* et *majesté* retentir dans les formulaires d'étiquette. Et qui les prononçait ces mots effacés par la République une et indivisibles? Cambacérès, régicide naguère, qui avait proscrit les rois, un des membres les plus zélés du Comité de sûreté générale : que de pensées durent se refouler dans cette tête! La figure habituellement si blême de Cambacérès devint plus colorée lorsqu'il dit à Bonaparte avec une voix grave, quoique fortement émue :

« Sire, le décret que le Sénat vient de rendre, et qu'il s'empresse de présenter à Votre Majesté Impériale, n'est que l'expression authentique d'une volonté déjà unanifestée par la nation. Ce décret, qui vous défère un nouveau titre, et qui, après vous, en assure l'hérédité à votre race, n'ajoute rien ni à votre gloire ni à vos droits. L'amour et la reconnaissance du peuple français ont, depuis quatre années, confié à V. M. les rênes du gouvernement; et les constitutions de l'État se reposaient déjà sur vous du choix d'un successeur. La dénomination plus imposante qui vous est décernée n'est donc qu'un tribut que la nation paie à sa propre dignité, et au besoin qu'elle sent de vous donner chaque jour des témoignages d'un respect et d'un attachement que chaque jour voit augmenter. Eh! comment le peuple français pourrait-il trouver des bornes pour sa reconnaissance, lorsque vous n'en mettez aucune à vos soins et à votre sollicitude pour lui? comment pourrait-il, conservant le souvenir des maux qu'il a soufferts lorsqu'il fut livré à lui-même, penser sans enthousiasme au bonheur qu'il éprouve depuis que la Providence lui a inspiré de se jeter dans vos bras? Les armées étaient vaincues, les finances en désordre, le crédit public anéanti; les factions se disputaient les restes de notre antique splendeur, les idées de religion et même de morale s'étaient obscurcies, l'habitude de donner et de reprendre le pouvoir laissait les magistrats sans considération et même avait rendu odieuse toute espèce d'autorité. Votre Majesté a paru. Elle a rappelé la victoire sous nos drapeaux; elle a établi la règle et l'économie dans les dépenses publiques; la nation, rassurée par l'usage que vous en avez su faire, a repris confiance dans ses propres ressources; votre sagesse a calmé la fureur des partis; la religion a vu relever ses autels; les notions du juste et de l'injuste se sont réveillées dans l'âme des citoyens, quand on a vu la peine suivre le crime, et d'honorables distinctions récompenser et signaler les vertus. Enfin, et c'est là sans doute le plus grand des miracles opérés par votre génie, ce peuple, que l'effervescence civile avait rendu indocile à toute contrainte, ennemi de toute autorité, vous avez su lui faire chérir et respecter un pouvoir qui ne s'exerçait que pour sa gloire et son repos. Le peuple français ne prétend point s'ériger en juge des constitutions des autres états; il n'a point de critiques à faire, point d'exemples à suivre; l'expérience désormais devient sa leçon; il a pendant des siècles goûté les avantages attachés à l'hérédité du pouvoir; il a fait une épreuve courte, mais pénible, du système contraire; il rentre par l'effet d'une délibération libre et réfléchie dans un sentier conforme à son génie; il use librement de ses droits pour déléguer à Votre Majesté Impériale une puissance que son intérêt lui défend d'exercer par lui-même. Il stipule pour les générations à venir, et par un pacte solennel il confie le bonheur de ses neveux à des rejetons de votre race. Ceux-ci imiteront vos vertus; ceux-là hériteront de notre amour et de notre fidélité! Heureuse la nation qui, après tant de troubles et d'incertitudes, trouve dans son sein un homme digne d'apaiser la tempête des passions, de concilier tous les intérêts et de réunir toutes les voix! Heureux le prince qui tient son pouvoir de la volonté, de la confiance et de l'affection des citoyens! S'il est dans les principes de notre constitution, et déjà plusieurs exemples semblables ont été donnés, de soumettre à la sanction du peuple la partie du décret qui concerne l'établissement d'un gouvernement héréditaire, le Sénat a pensé qu'il devait supplier Votre Majesté Impériale d'agréer que les dispositions organiques reçussent immédiatement leur exécution; et pour la gloire comme pour le bonheur de la République, il proclame à l'instant même Napoléon, Empereur des Français [1]. »

Lorsque Cambacérès eut fini cette harangue grave et monarchique, sorte d'amende honorable de sa vie de 1793 et de 1794, le Sénat, le Corps législatif, le Tribunat, tous ceux enfin qui assistaient à cette solennité firent entendre ces cris unanimes : *Vive Napoléon Ier, Empereur des*

---

[1] L'empereur fit une courte et froide réponse. Il refusa toute déclaration de principes, tout engagement pour l'avenir. Voici ses expressions :

« Tout ce qui peut contribuer au bien de la patrie est essentiellement lié à mon bonheur. J'accepte le titre que vous croyez utile à la gloire de la nation ; je soumets à la sanction du peuple la loi de l'hérédité. J'espère que la France ne se repentira jamais des honneurs dont elle environna ma famille. Dans tous les cas, mon esprit ne sera plus avec ma postérité, le jour où elle cesserait de mériter l'amour et la confiance de la grande nation. »

ÉLÉVATION DE L'EMPEREUR (18 MAI 1804).

Français ! On suivit en tout le formulaire de l'ancienne proclamation des rois. Dès ce moment, une révolution complète se fit dans les usages, dans les formes et l'étiquette; on passa rapidement sans transition de la République à l'Empire, du citoyen premier Consul à la Majesté Impériale. Caprice de la destinée ! les idées monarchiques furent proclamées les seules justes, les seules vraies, par Cambacérès, l'ami de Robespierre, de Couthon et de Saint-Just, un des membres les plus influents du Comité de sûreté générale. Ainsi, marchent les temps !

Tout aussitôt le sénatus-consulte fut proclamé dans Paris avec une solennité inaccoutumée ; on vit, comme sous l'ancienne monarchie, les trompettes et les timbaliers parcourir les rues, les carrefours et les places publiques; ils précédaient un groupe de sénateurs et d'officiers qui agitaient leurs épées, en criant : *Vive Napoléon, Empereur des Français*[1] *!* De temps à autre ils s'arrêtaient pour lire une formule abrégée du sénatus-consulte qui fondait l'Empire, et tous cherchaient à provoquer parmi le peuple les expressions chaleureuses

---

[1] La formule de cette cérémonie nous a été conservée :

« A la sortie du palais du Sénat, le cortège se forma dans l'ordre suivant : Les maires des douze arrondissements municipaux de Paris, le préfet du département, le conseiller d'État, préfet de police, précédés d'un corps de trompettes, des dragons de la garde de Paris, et d'un peleton de musiciens.

« Le chancelier du Sénat, ayant à sa droite le président du Corps législatif et à sa gauche le président du Tribunat ; le garde des archives du Sénat, portant l'original du sénatus-consulte organique ; différents officiers supérieurs de l'état-major de la division et du gouvernement de Paris ; les aides-de-camp du gouverneur et du général chef de l'état-major général du gouvernement ; le général en chef, gouverneur de Paris ; le général Lefèvre, préteur du Sénat ; le général Moncey, premier inspecteur général de la gendarmerie ; les généraux en chef, Bernadotte et Macdonald ; le général, chef des états-majors généraux et du gouvernement, César Berthier ; le général Broussier, commandant les troupes de la garnison de Paris ; les généraux de division, Marescot, Maurice Mathieu, Suchet ; Gouvion, inspecteur de la gendarmerie ; Carra Saint-Cyr, Belliard et Desfourneaux ; les généraux de brigade Noguez, Garault, Sébastiani, Fannetier et Saint-Laurent ; les adjudants-commandants

du dévouement au nouveau souverain. Quelques cris se firent entendre, mais rares ; le peuple resta silencieux, parce que les idées démocratiques étaient profondes dans les faubourgs, et que pour les esprits sérieux, il y avait un peu de comédie dans cette transformation subite de tant d'existences obscures en dignités et en noblesse.

Le même jour, une note communiquée aux autorités, porta que désormais ce peuple qui avait combattu dix ans pour la liberté et l'égalité donnerait aux membres de la famille impériale le titre d'altesses impériales ; les grands dignitaires devaient être appelés altesses sérénissimes et on ajouterait aussi monseigneur ; les ministres eux-mêmes recevaient ce titre en y joignant celui d'excellences, formules proscrites avec le système féodal [1] ; un coup de baguette avait opéré cette transition. Ensuite on fit le partage des dignités : Joseph Bonaparte qui s'était soumis avec tant de respect à la volonté de son frère, fut nommé grand électeur ; on donna le rang de connétable à Louis-Bonaparte, le mari d'Hortense, celui que naguère l'armée comptait à peine parmi ses officiers inférieurs ;

Borel, Lamet et Requin ; les colonels Guitton, Ravier, Rabbe, Ponsard, Jousset, Bazencourt et Gérard ; différents autres officiers supérieurs.

« Venaient ensuite, un escadron de gendarmerie d'élite, un peloton de trompettes et timbaliers, quatre escadrons de cuirassiers.

« La proclamation a été faite par le chancelier du Sénat, en ces termes :

« Le Sénat conservateur, réuni au nombre des membres prescrits par l'article XC de la Constitution, décrète ce qui suit : Le gouvernement de la République est confié à un empereur, qui prend le titre d'*Empereur des Français*.

« Napoléon Bonaparte, premier Consul actuel de la République, est *Empereur des Français*. »

[1] L'ordre de l'étiquette fut ainsi fixé :

« On donne aux princes français et aux princesses le titre d'*Altesse impériale*. Les sœurs de l'empereur portent le même titre.

« On donne aux titulaires des grandes dignités de l'Empire, ce titre d'*Altesse sérénissime*. On donne aussi aux princes et aux titulaires, le titre de *Monseigneur*. Les titulaires des grandes dignités de l'Empire portent l'habit que portaient les Consuls. Un costume particulier leur est affecté pour les grandes cérémonies.

« Le secrétaire d'état a rang de ministre. Les ministres conservent le titre d'*Excel-

le consul Cambacérès fut créé prince, archi-chancelier de l'Empire, et le consul Lebrun, archi-trésorier[1];

Nulle dignité ne fut accordée à Lucien, ni à Jérôme : leur disgrâce fut complète; le Sénat obéissant ne les avait pas appelés à l'hérédité, et l'âme de Bonaparte n'oublia pas *la vendetta* contre les deux frères qui n'avaient pas servi sa volonté et obéi à sa puissance, en renonçant à leur mariage de fantaisie : « J'entends exclure pour le moment de ma succession politique, dit Bonaparte au conseil d'État, deux de mes frères : l'un, parce qu'il a fait, malgré tout son esprit, un mariage de carnaval ; l'autre, parce qu'il s'est permis d'épouser, sans mon consentement, une américaine. Je leur rendrai leurs droits, s'ils renoncent à leurs femmes. Quant aux maris de mes sœurs, ils n'ont rien à prétendre. Je n'arrive point à l'Empire par droit de succession, mais par le vœu du peuple; j'en puis faire part à qui il me plaît. On a dit que si je prononce des exclusions, elles peuvent n'être point respectées; on a cité le testament de Louis XIV. Les circonstances n'auront rien de semblable. Louis XIV avait eu tort d'appeler à la régence un

---

lence. Les fonctionnaires de leurs départements et les personnes qui leur présentent des pétitions leur donnent le titre de *Monseigneur*.

« Le président du Sénat reçoit le titre d'*Excellence*.

« On appelle les maréchaux de l'Empire *Monsieur le Maréchal*. On leur donne aussi, quand on leur adresse la parole, ou quand on leur écrit, le titre de *Monseigneur*.

[1] Bonaparte écrivit à Cambacérès et à Lebrun la lettre suivante :

« Citoyen Consul Cambacérès, Lebrun, votre titre va changer : vos fonctions et ma confiance restent les mêmes. Dans la haute dignité d'archi-chancelier (archi-trésorier) de l'Empire, dont vous allez être revêtu, vous manifesterez comme vous l'avez fait dans celle de Consul la sagesse de vos conseils, et les talents distingués qui vous ont acquis une part aussi importante dans tous ce que je puis avoir fait de bien, Je n'ai donc à désirer de vous, que la continuation des mêmes sentiments pour l'État et pour moi. »

Donné au palais de Saint-Cloud, le 28 floréal an XII.

Signé. Napoléon.

Par l'Empereur.
Le secrétaire d'État. *Signé.* H. B. Maret.

prince non guerrier, fruit d'un commerce illégitime ; il fut aisé au duc d'Orléans d'effrayer le duc du Maine en le menaçant, s'il résistait, de le faire déclarer adultérin, et de le priver de son rang de prince. Louis XIV, d'ailleurs, quand il mourut, avait perdu le respect et l'amour du peuple ; de là ce mépris qu'on montra pour ses dernières volontés. » Ainsi d'une seule enjambée, le Consul arrivait aux idées et aux souvenirs de Louis XIV. Au reste, toutes ces altesses, tous ces princes, tous ces monseigneurs, paraissaient au peuple, comme ces acteurs de mélodrames qui se revêtent de leurs costumes brodés sur la scène aux applaudissements de tous ; la transformation avait été trop rapide pour qu'on y crût complétement [1]. Il fallait les belles campagnes de 1805 à 1807 pour leur donner la sanction de la gloire.

Une institution plus sérieuse, une nomination plus éclatante et plus haute, fut celle des maréchaux de France. Là se trouvaient les nobles services envers la patrie ; le nouvel Empereur fut guidé par cet instinct militaire qui jamais ne l'avait abandonné au milieu des plus difficiles situations ; s'il y eut quelques passe-droits, quelques exclusions dictées par le ressentiment et la haine, tous les maréchaux furent désignés avec cette appréciation des grandes choses qui distinguait Napoléon. Le premier en tête fut Berthier, le compagnon fidèle, le chef d'état-major des campagnes d'Italie. Ce n'était point un général en chef du premier mérite : il n'avait jamais eu de commandement supérieur que de nom, et à Marengo même Bonaparte dirigeait en personne les opérations ;

---

[1] On lit dans le journal à la main, écrit par un ennemi du nouvel Empereur, le passage suivant :

« Les calembourgs et les épigrammes se joignirent à ces marques publiques d'improbation. On ne parlait de l'Empereur qu'avec dérision ou mépris. *Nous avons vu*, disait-on, *un empereur debout* (de boue), *sur un trône sans glands* (sanglant), allusion terrible au meurtre du duc d'Enghien. »

mais Berthier était un excellent chef d'état-major, un secrétaire de camp du premier mérite. Napoléon récompensait sa fidélité, car elle était ancienne et constante.

Le second maréchal fut Murat, beau-frère de l'Empereur; si son intrépidité aventureuse était incontestable, sa capacité ne l'était pas; il avait commandé en chef, mais dans des expéditions d'avant-garde, n'ayant en face que des troupes découragées et sans énergie, comme les Napolitains. Murat avait rendu des services éminents au 18 brumaire; et dans les dernières circonstances, comme gouverneur de Paris, il avait prêté la main à l'arrestation de Moreau et de Pichegru, hélas! peut-être même au fatal événement du duc d'Enghien; il fallait se souvenir de l'impulsion qu'il avait su donner à la garnison de Paris. Moncey, inspecteur de la gendarmerie, vieux général déjà, avait donné des gages à la police impériale; républicain de principes il était néamoins dévoué à Bonaparte; le nouvel Empereur devait reconnaître les services de surveillance et d'inspection qu'il avait partout exercées. Napoléon ne gardait pas de rancune aux intelligences secondaires, aux hommes qu'il ne redoutait plus; il plaça le général Jourdan à côté de Moncey; il fallait bien récompenser la vieille armée de Sambre-et-Meuse; sans avoir une science militaire très avancée, Jourdan avait commandé l'armée la plus considérable de la Révolution française, offrant en ligne plus de 100,000 hommes; il eût été trop significatif de l'exclure du rang des maréchaux de l'Empire.

Dans cette liste des maréchaux parurent également Masséna et Augereau, les vieux divisionnaires des campagnes d'Italie, les compagnons des premières gloires de Bonaparte : Masséna, le vainqueur de Zurich, avait commandé en chef avec une supériorité éminente; Augereau rappelait le haut fait d'armes du pont d'Arcole. Le nouvel Empereur plaçait aussi le bâton de maréchal dans les mains de Bernadotte; il ne pouvait faire autrement, sans établir des catégories et des distinctions : Bernadotte avait commandé plusieurs fois en chef; il était son parent, et, dans l'avénement de l'Empire, on devait oublier quelques-uns des souvenirs du 18 brumaire. D'ailleurs, Masséna et Bernadotte avaient signé avec Murat l'adresse de la garnison de Paris pour saluer le nouvel Empereur; c'était un gage d'obéissance et de fidélité.

Napoléon appelait également, à la première dignité militaire, le général Soult, commandant le camp de Boulogne, la capacité la mieux constatée, l'organisateur le plus fort, le plus intelligent des grandes campagnes; puis Brune, si remarquable sur les Alpes, en Hollande, sur le Rhin; Lannes, brave comme son épée, mais sans intelligence de la stratégie. Les généraux de la garde, Mortier, Ney, Davoust, Bessières étaient aussi élevés au grade de maréchaux d'Empire; et, pour compléter enfin cette glorieuse galerie, Napoléon donnait le même titre aux sénateurs Kellermann, Lefèvre, Pérignon et Serrurier, vieux débris de l'armée, jetés dans le Sénat.

Nul des amis de Moreau ne recevait le bâton semé d'abeilles. Ainsi, les éminentes capacités de Gouvion Saint-Cyr, de Dessolles étaient mises à l'écart : on ne faisait rien pour Lecourbe, Sainte-Suzanne, chefs de l'armée intelligente et supérieure. Mais ce qui dut le plus vivement affliger le soldat, ce fut l'exclusion du général Macdonald qui avait commandé en chef avec une remarquable habileté et qu'on oubliait : c'est que le général Macdonald, avec sa loyauté habituelle, avait montré un vif intérêt pour Moreau; et Bonaparte ne le lui pardonna pas; il fallut encore d'autres services pour que

Macdonald reçût le beau titre déféré à ses camarades. En résultat, nulle couronne ne pouvait montrer un état-major plus brillant, et les preux de Charlemagne étaient retrouvés pour redonner encore à la France les grandes légendes, les romans de chevalerie et les prouesses des chroniques de Turpin.

L'Empire est constitué! Ce n'était pas sans peine et sans efforts, sans dissimulation et sans contrainte que Bonaparte arrivait à ce résultat de son ambition. Trois ans et demi à peine s'étaient écoulés depuis la journée du 18 brumaire, où la fortune capricieuse mit le pouvoir dans les mains du Consul. Bonaparte commence modestement sa magistrature, et il se place comme le troisième collègue de Sieyès et de Roger-Ducos; puis il prend le pouvoir avec énergie; dès qu'il se sent ferme sur ses pieds, il agit; du pommeau de son épée, il brise la chaise curule de Sieyès et secoue l'incapacité de Roger-Ducos. Désormais c'est lui qui choisit ses collègues; il les prend modestes et résignés : quelle opposition peuvent lui faire Cambacérès et Lebrun? La constitution de l'an VIII met tout le pouvoir politique dans ses mains, et il agit vigoureusement pour rétablir l'administration publique sur un pied d'unité forte et constante; il place le gouvernement dans sa volonté unique.

Le voilà maintenant à l'œuvre; il organise la justice, il classe la société, rétablit la hiérarchie; le Consulat est une œuvre de reconstitution politique, et Bonaparte seul marche la tête haute vers son idée fixe, qui est l'unité du pouvoir, réalisée en sa personne. La perpétuité se résume dans le Consulat à vie; il s'avance lentement, avec précaution; avant d'obtenir une si vaste récompense, il lui faut d'éminents services : l'ordre à l'intérieur, la paix à l'extérieur. L'ordre, il le ramène par une volonté vigoureuse, par la violence même s'il le faut; il dompte les partis, brise les Jacobins ou les assouplit sous sa volonté. La paix, il l'obtient sur le continent par la victoire, et avec l'Angleterre par des négociations fermement conduites. Quand la reconnaissance vient à lui et s'élève comme un encens pur, Bonaparte songe à réaliser sa pensée du pouvoir héréditaire; il revêt la pourpre impériale.

Pour arriver à ce résultat, il lui a fallu effacer les souvenirs des Bourbons et les compromettre par mille fautes; écraser le parti militaire mécontent en le confondant avec la Chouannerie, en le perdant par la police, et c'est là le but de la conspiration de Georges, Pichegru et Moreau. Quand tout cela est accompli, Bonaparte avoue ses desseins sur l'Empire; il n'a plus rien à craindre, les cœurs sont assouplis, les âmes républicaines affaissées; le Champ de Mars attend les aigles, Notre-Dame le nouvel Empereur. Maintenant l'œuvre des batailles va commencer; il faut que le nouveau Charlemagne gagne ses éperons contre l'Europe. Le cri de guerre va retentir : à une immense coalition armée, il faut répondre par les champs de bataille d'Austerlitz, d'Iéna et de Friedland.

FIN DU QUATRIÈME VOLUME.

TABLE
DES CHAPITRES
DU QUATRIÈME VOLUME.

Pages.

CHAPITRE I. — DOMINATION DU CONSUL SUR LES GOUVERNEMENTS ALLIÉS DE LA RÉPUBLIQUE. — Plan diplomatique du premier Consul. — 1° L'Italie. — Le Piémont. — Réunion définitive. — Consulte à Lyon.— Institution de la république italienne. — Présidence de Bonaparte. — 2° Hollande. — Modification dans la république batave. — Armements. — Occupation militaire.— 3° La Suisse. — Action secrète du gouvernement français. — Troubles publics. — Acceptation de la médiation. — 4° L'Allemagne. — Intervention de la France dans la Confédération germanique. — Protection accordée à la Bavière. — Médiation commune de la France et de la Russie. — Négociation de M. de Laforest à Ratisbonne. — Marche vers un *conclusum*. — Inquiétudes de l'Europe. — (1801-1802.) 1

CHAPITRE II. —CONGRÈS ET TRAITÉ D'AMIENS, RÉSULTATS COMMERCIAUX. — Lord Cornwallis. —Arrivée de l'ambassadeur à Paris. — Joie publique. — Fixation d'Amiens pour le congrès. — Joseph Bonaparte. — Véritable caractère du congrès d'Amiens. — Discussion. — Signature des articles. — Résultat du traité.

— Le général Andréossy à Londres. — Lord Witworth à Paris. — Mouvement commercial. — Le Hâvre. — Lorient. — Bordeaux. — Cette.—Marseille. — Balance des exportations et des importations. — Sécurité générale. — (1802.)   27

CHAPITRE III. — RUINE DE L'OPPOSITION POLITIQUE; CONSULAT A VIE DE BONAPARTE. — Opposition du Tribunat.—Sur les traités de paix. — La Légion d'honneur. — Instruction publique. — Concordat. — Colonies. — Le Code civil. — Finances. — Nécessité de briser l'opposition. — Agrandissement du pouvoir du Sénat. — Offre d'un Consulat décennal. — Refus de Bonaparte. — Idée du Consulat à vie. — Constitution nouvelle. — Ruine et élimination du Tribunat. — Création des sénatoreries. — Absorption de tous les pouvoirs par le Sénat et du Sénat dans les mains du Consul. — (1802-1803.)   52

CHAPITRE IV. — LES BOURBONS EN EXIL. — Louis XVIII à Mittau. — Madame Royale. — Son mariage avec le duc d'Angoulême. — Brusque changement de Paul Ier. — Exil du roi proscrit. — Arrivée à Varsovie. — Opinion de Louis XVIII sur Bonaparte. — Négociations du Consul auprès du prétendant pour l'abdication. — Intermédiaire de la Prusse. — Instructions du cabinet de Berlin au président de Meyer. — Réponse de Louis XVIII. — Premiers effets de l'avénement d'Alexandre. — Le comte d'Artois à Londres. — Le duc de Berry. — Les aides-de-camp émigrés. — La branche d'Orléans. — Protestation commune. — Le prince de Condé. — Le duc d'Enghien. — Dissolution des corps émigrés. — (1800-1803.)   87

CHAPITRE V. — ORGANISATION DU PALAIS, FÊTES, ESPRIT DE LA SOCIÉTÉ. — Ordre des Tuileries. — Les préfets du palais. — Les dames pour accompagner. — Étiquette. — Réceptions. — Le corps diplomatique. — Costumes. — Dîners d'apparat. — Ordre de travail. — Délassements et fêtes. — Mœurs de cette société. — Les théâtres. — Les acteurs. — Opéra. — Bouffes. —Français. — Vaudeville. — Montansier. — La série des Jocrisse. — Romans à la mode. — Romans anglais. — Anne Radcliff. — Ro-

TABLE DES CHAPITRES. 491

Pages.

mans français. — *Mademoiselle de La Vallière.* — *Adèle de Sénanges.* — Livres orduriers. — Pigault-Lebrun. — (1802-1803.)   122

CHAPITRE VI. — ORDRE ET HIÉRARCHIE ADMINISTRATIVE ET JUDICIAIRE. — La secrétairerie d'État. — M. Maret. — Le cabinet particulier. — Disgrâce de M. de Bourrienne. — M. Meneval. — Création du grand-juge. — Ses fonctions. — Justice. — La cour de cassation. — La cour des comptes. — La cour d'appel. — Tribunaux de première instance. — Tribunaux spéciaux. — Conseil des prises. — Suppression du ministère de la police. — Conseiller d'État chargé de sa direction. — Ministres à département. — Directeurs-généraux. — Les cultes. — Ponts-et-chaussées. — Domaines nationaux. — Enregistrement. — Instruction publique. — Communes. — Régularité de tous les services publics. — (1802-1803.)   148

CHAPITRE VII. — SITUATION DE L'ANGLETERRE, NÉGOCIATIONS A LA SUITE DU TRAITÉ D'AMIENS. — Premiers débats du parlement. — Attitude politique du parti Pitt et Grenville. — Chambre des lords. — Communes. — Adresse. — Dissolution du parlement. — Négociations avec la France pour l'exécution du traité d'Amiens. — État de l'opinion publique. — La presse à Paris, à Londres. — Questions de Malte. — D'Égypte. — Note de Bonaparte contre les journalistes et les émigrés. — *L'Ambigu.* — Procès de Peltier. — Esprit public. — (1802.)   173

CHAPITRE VIII. — SITUATION DE L'EUROPE; RUPTURE DU TRAITÉ D'AMIENS. — Influence du parti Pitt sur les cabinets européens. — La Russie. — L'Autriche. — La Prusse. — Notes sur les envahissements de Bonaparte. — Préparatifs militaires. — Esprit public à Londres. — Ouverture du parlement. — Message du roi sur la France. — Discussion et vote d'enthousiasme. — Situation de lord Witworth à Paris. — Audience des Tuileries. — Nouveau message du roi d'Angleterre. — La Prusse. — Corps diplomatique. — Conférence entre M. de Talleyrand et lord Witworth. — Demande des passeports. — Rupture. — Enthousiasme et inimitié des deux nations. —Mesures de représailles. — (Novembre 1802 à mai 1803.)   208

CHAPITRE IX. — RAPPROCHEMENT DES BOURBONS ET DE L'OPPOSITION MILITAIRE. — Les Chouans. — Leur vie en Angleterre. — Leur forte organisation. — Georges Cadoudal et ses lieutenants. — Les aides-de-camp du comte d'Artois. — MM. de Polignac, de Rivière. — Parti militaire exilé. — Pichegru. — Dumouriez. — Villot. — Lajolais. — Rapprochements à Londres. — Espérance. — Missions de police. — Méhée de la Touche. — Plan général du complot. — Débarquement. — Voyage à Paris. — Tentatives de rapprochement avec Moreau. — Plaintes des Chouans contre la mollesse du parti militaire. — Plan de la conjuration. — Séjour de Georges et de ses lieutenants à Paris. — (1803-1804.)   255

CHAPITRE X. — PRÉPARATIFS DE GUERRE APRÈS LA RUPTURE DU TRAITÉ D'AMIENS. — Esprit militaire de la France. — Levée de la conscription. — Offre des conseils municipaux. — Formation des armées. — Corps d'invasion du Hanovre. — Mortier. — Occupation. — Armée de Hollande. — Camp pour l'expédition d'Angleterre. — Les généraux Soult, Davoust, Marmont, Oudinot. — La division des grenadiers réunis. — Junot. — Préparatifs maritimes. — Le chantier. — Les flottilles. — Visite des camps par le premier Consul. — Voyage en Belgique. — Véritable destination de l'armée d'Angleterre. — (1803.)   284

CHAPITRE XI. — ÉPOQUE DE TERREUR SOUS LE GOUVERNEMENT CONSULAIRE. — La prison du Temple. — Les captifs. — Régime de la prison. — Républicains. — Royalistes. — Bruits populaires. — Exécutions nocturnes. — La gendarmerie d'élite. — Le général Savary. — Les Mamelucks. — Séjour des Chouans à Paris. — Aveu du Chouan Querelle. — Mesures de police. — Projet d'arrêter un prince de la maison de Bourbon. — Situation des conspirateurs à Paris. — Arrestations de Moreau, de Pichegru et de Georges Cadoudal. — Interrogatoire. — Aspect de Paris. — (Octobre 1803 à avril 1804.)   312

TABLE DES CHAPITRES.

CHAPITRE XII. — PRÉPARATIFS DE L'EMPIRE. — Esprit public. — Pensée fixe de Bonaparte sur l'Empire. — Son habileté. — Vœux des conseils-généraux et de l'armée.—Direction de l'opinion publique. —Communication intime au Sénat, au conseil d'État, sur la question de l'hérédité. — Discussion sur le titre. — Roi. — Empereur des Gaules. — Empereur des Français. — Projet sur les dignités impériales. — Les armoiries. — Le lion. — Le tigre. — L'aigle. — L'abeille. — Études de l'époque de Charlemagne. —Préparation du sénatus-consulte. — Esprit de la famille du Consul. — Madame Bonaparte. — Joseph. — Louis. — Lucien. — Jérôme. — Dissensions de famille. — L'hérédité restreinte.— Exclusion de plusieurs des membres de la lignée. — (1804.)   343

CHAPITRE XIII. — CATASTROPHE DU DUC D'ENGHIEN. — Rapports sur les princes de la maison de Bourbon. — Mesures de police. — Conseil privé. — Exposé de M. de Talleyrand. — Opinion de Fouché et de Cambacérès. — Rassemblement d'émigrés sur le Rhin. — Ordre et mission militaire. — Les généraux Caulincourt et Ordener. — Correspondance diplomatique. —Le cabinet des Tuileries et le grand-duc de Bade. — Le duc d'Enghien à Ettenheim. — La princesse de Rohan. — Arrestation du duc. — Translation à Strasbourg. — Arrivée à Vincennes.— Commission militaire. — Les généraux Murat et Savary. — Jugement et exécution du duc d'Enghien.—(Février, mars 1804).   374

CHAPITRE XIV. — LE PARTI MILITAIRE AU TEMPLE ; MORT DE PICHEGRU. — Moreau au Temple. — Proposition d'une entrevue. — Refus de Moreau. — Procédure. — Interrogatoire. — Lettre de Moreau au premier Consul. —Georges et les Chouans en prison. — Occupation des prisonniers. — M. Réal. — M. Desmarest. — Caractère de Pichegru. — Son courage. — Proposition du premier Consul sur Cayenne. — Persistance de Pichegru. — Crainte des débats publics. — Mort de Pichegru. — Procès-verbal. — Autopsie. — Bruits qui courent. —Impression funèbre de l'événement. — Publication faite par le gouvernement. — Correspondance de Pichegru. — Pamphlet de Montgaillard et de

Méhée de La Touche. — MM. Drake et Spencer Smith. — (Mars et avril 1804). 422

CHAPITRE XV. — FONDATION DE L'EMPIRE. — Opinion de l'armée. Projet de proclamer Bonaparte Empereur à une revue. — Initiative du Tribunat. — Séance solennelle. — Motion du tribun Curée. — Siméon. — Jaubert. — Carion de Nisas. — Opposition de Carnot. — Vote du Tribunat. — Développement du sénatus-consulte dans un conseil secret. — Communication au Sénat. — La minorité. — La régence. — Corps constitués. — Le Sénat. — Le conseil d'État. — Le Corps législatif. — Le Tribunat. — La haute cour impériale. — Derniers débris des garanties pour la liberté. — Choix des dignitaires et des grands-officiers. — L'archichancelier. — L'archi-trésorier. — Les maréchaux. — Napoléon salué par le Sénat et revêtu de la pourpre. — (Avril et mai 1804.) 454

FIN DE LA TABLE DES CHAPITRES.

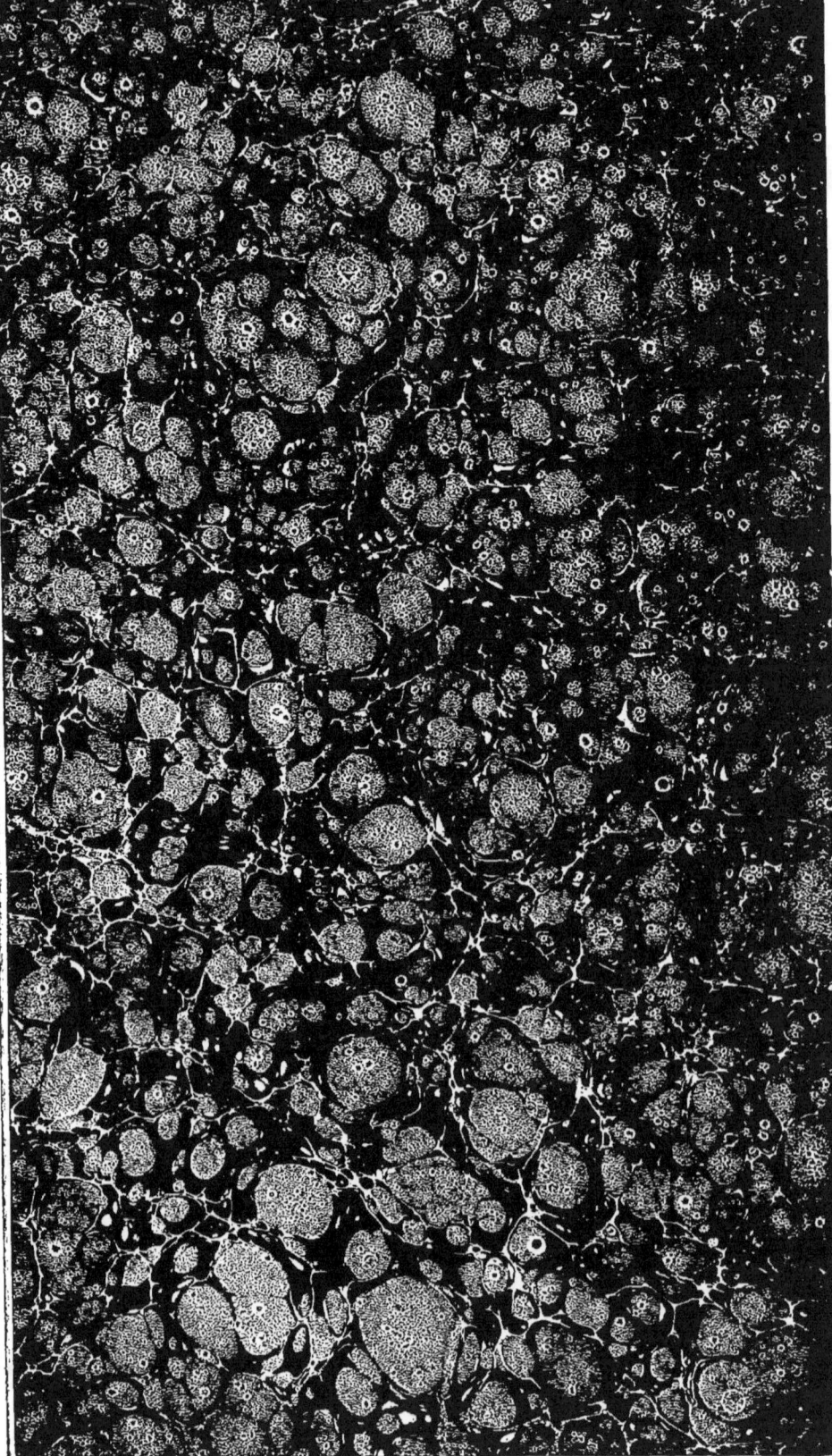

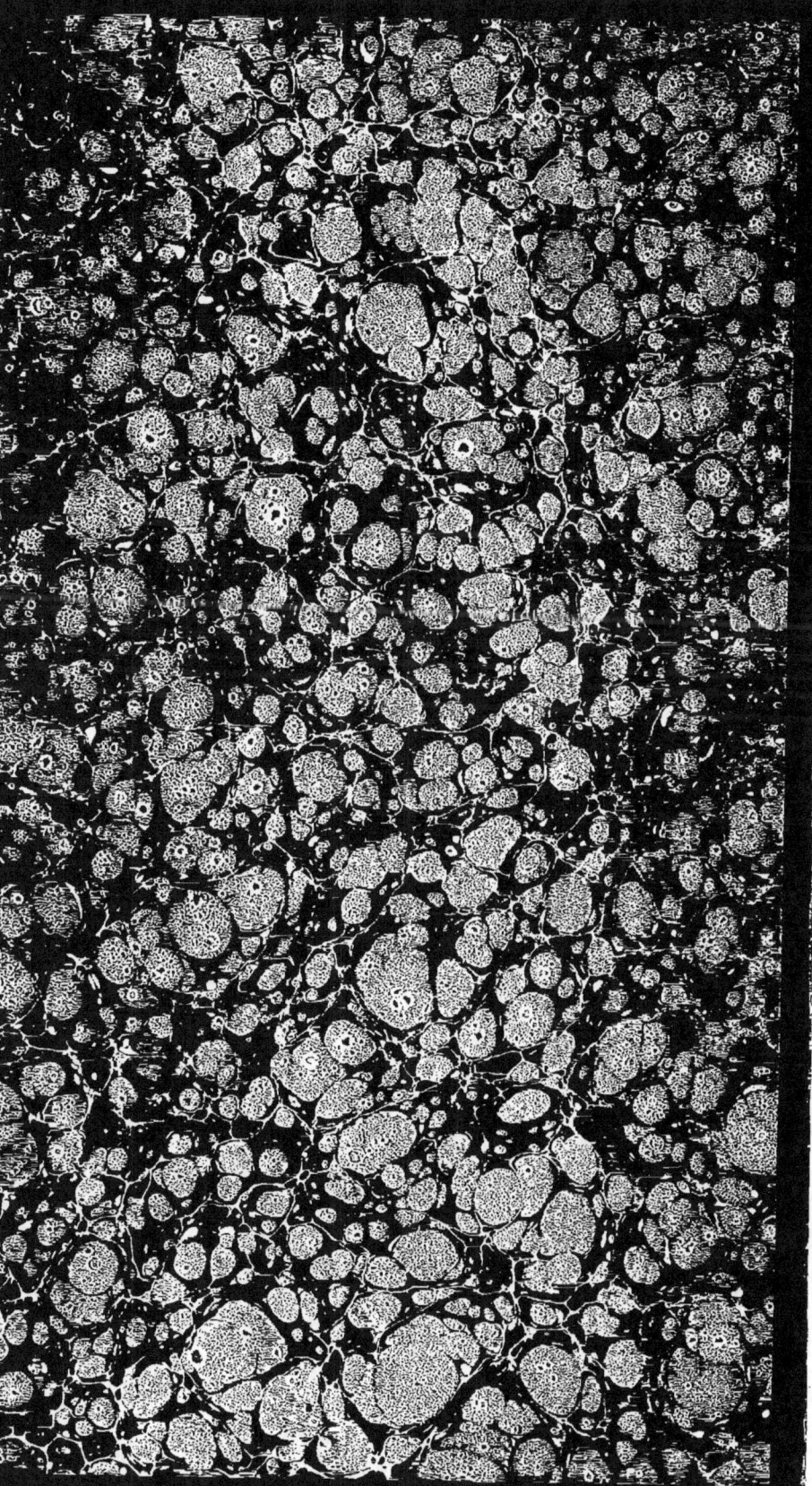

www.ingramcontent.com/pod-product-compliance
Lightning Source LLC
Chambersburg PA
CBHW071713230426
43670CB00008B/1000